协同创新 砥砺前行

——国家食用豆产业技术体系建设十年成就

续 编

国家食用豆产业技术研发中心 主编

中国农业科学技术出版社

图书在版编目（CIP）数据

协同创新　砥砺前行：国家食用豆产业技术体系建设十年成就续编 / 国家食用豆产业技术研发中心主编. -- 北京：中国农业科学技术出版社，2025.1

ISBN 978-7-5116-6629-1

Ⅰ.①协… Ⅱ.①国… Ⅲ.①豆类作物—产业发展—研究—中国②豆类蔬菜—产业发展—研究—中国 Ⅳ.①F326.1

中国国家版本馆CIP数据核字（2023）第256100号

责任编辑　贺可香
责任校对　李向荣
责任印制　姜义伟　王思文

出 版 者	中国农业科学技术出版社
	北京市中关村南大街12号　邮编：100081
电　　话	（010）82106638（编辑室）　（010）82106624（发行部）
	（010）82109709（读者服务部）
网　　址	https://castp.caas.cn
经 销 者	各地新华书店
印 刷 者	北京地大彩印有限公司
开　　本	185 mm × 260 mm　1/16
印　　张	25.75
字　　数	600千字
版　　次	2025年1月第1版　2025年1月第1次印刷
定　　价	160.00元

◆版权所有·侵权必究◆

《协同创新　砥砺前行
——国家食用豆产业技术体系建设十年成就续编》
编　委　会

主　编：程须珍　陈　新

副主编（按汉语拼音排序）：

　　陈红霖　　陈巧敏　　田　静　　王丽侠
　　王素华　　袁星星　　张蕙杰　　张耀文
　　周素梅　　朱振东

编　委（按汉语拼音排序）：

　　畅建武　　陈　新　　陈国琛　　陈红霖
　　陈巧敏　　程须珍　　崔秀辉　　葛维德
　　郭延平　　郭中校　　何　宁　　何玉华
　　季　良　　康玉凡　　孔庆全　　李　芸
　　李彩菊　　梁　杰　　刘昌燕　　刘宏权
　　刘玉皎　　刘振兴　　罗高玲　　任贵兴
　　唐永生　　田　静　　万正煌　　王　斌
　　王丽侠　　王梅春　　王瑞刚　　王述民
　　王素华　　王学军　　魏淑红　　项　超
　　邢宝龙　　徐东旭　　薛文通　　杨　丽
　　杨晓明　　尹凤祥　　余东梅　　袁星星
　　张蕙杰　　张继君　　张时龙　　张晓艳
　　张耀文　　周　斌　　周素梅　　朱　旭
　　朱振东　　宗绪晓

内容介绍

食用豆是除大豆、花生以外，以收获籽粒为主、兼作蔬菜、供人类食用的豆类作物的总称，与谷薯类同属我国三大粮食作物，其茎叶、荚皮等可作饲料和绿肥，根系具有固氮能力，被誉为养人、养畜、养地的"三营养"作物。

国家食用豆产业技术体系于2008年正式启动，十多年来，在农业农村部的直接领导和建设依托单位的支持和帮助下，全体系人员协同创新、砥砺前行，在高产多抗专用新品种选育、节本增效轻简化栽培、病虫草害绿色防控、机械化生产、产后加工、产业经济等学科领域取得了显著成效，在保障农业农村持续增收、种植结构调整、农产品出口、产业扶贫及乡村振兴等国家战略实施中发挥了重要作用。为推动体系研发成果快速转化，促进食用豆产业健康持续发展，本书在2021年1月出版的《协同创新　砥砺前行——国家食用豆产业技术体系建设十年成就》基础上，续编了2019—2021年度国家食用豆产业技术体系建设取得的重要成就，系统总结了各功能研究室及岗位科学家和综合试验站在食用豆科技创新、生产指导、技术培训等方面的成功经验与成果，以及对本领域和本区域产业发展所发挥的支撑作用。本书分为总体概况、体系岗位建设成就、附录三大部分内容。

本书由国家食用豆产业技术研发中心组织全体系人员共同编写而成，内容丰富，实用性强，可供从事食用豆产业相关领域管理、科研、推广、教学、生产、贸易等工作人员及高等院校农学、植保、农机、加工、农经类专业教师和学生参考学习。

前　言

国家食用豆产业技术体系建设于2008年正式启动，十多年来，在农业农村部的直接领导下，全体系人员聚焦食用豆产业难点和技术需求，秉承把论文写在大地上的农科精神，以解决产业重大技术问题为目标，以保障农民增产增收为根本，围绕适合不同生态区高产多抗专用新品种选育、节本增效轻简化栽培、病虫草害绿色防控、全程机械化生产、产后加工等重点领域进行技术研发，破解从田间到餐桌各个环节的技术难题，创新出一批具有突破性的科技成果。依托新品种、新技术、新产品示范，与地方政府及农技推广部门和新型农业经营主体有效对接，在促进成果落地生根、助力产业提质增效的同时培育壮大了一批龙头企业，支撑产业发展迈上新台阶。同时，通过体系管理、文化建设、人才培养等制度的建立与完善，提升了我国食用豆产业科技创新与国际竞争能力和社会影响力，在保障农业农村持续增收、种植结构调整、农产品加工与出口、产业扶贫及乡村振兴等方面发挥了重要作用。

一、针对产业发展需求，在高产多抗专用品种培育、节本增效轻简化栽培、病虫草害绿色防控、产后精深加工等方面取得了突破性进展，原始创新能力显著提升，产业重大难题得到有效解决

针对产业发展中存在的品种多而杂乱、栽培管理粗放、机械化程度低、精深加工技术缺乏、基础研究相对落后等关键技术问题，通过多学科联合攻关，在种质创新与组学研究、突破性多抗专用品种培育、节本增效轻简化栽培、农机农艺融合、病虫草害绿色防控与产后精深加工等领域攻克了一系列技术难题。与体系成立前相比，高产、多抗、优质新品种覆盖率达到45%以上，高效轻简化栽培及病虫草害绿色防控率达到60%以上，主产区机械化播种和收获水平显著提升，生产效率提高20倍以上，功能成分鉴定与健康产品研发步入正轨，整体科技创新驱动产业发展跨上新台阶。

（一）适宜机械化生产的早熟、高产、多抗、广适、优质专用品种的育成，突破了长期以来食用豆生产效率低、病虫草害严重等关键技术难题，推动产业高质量发展

针对我国食用豆生产效率低，品种晚熟，蔓生，成熟时炸荚落粒，病虫害严重，营养和产品加工专用品种缺乏等关键问题，体系以"高产多抗优质专用适宜机械化生产新品种

选育"为首要任务,采用传统育种与分子标记辅助选择相结合方法,培育出一批适宜不同生态区种植的早熟、直立抗倒、宜机收、抗豆象和抗叶斑病等重要病虫害、品质优良、适应性广的高产多抗新品种,以及籽粒商品品质优异、适宜豆荚(粒)鲜食、芽苗菜生产、豆沙与淀粉及高蛋白、高功效饮食品加工等的专用新品种,实现了我国食用豆主产区绿豆和小豆平均单产由90 kg/亩[①]提升到130 kg/亩以上,蚕豆高达500 kg/亩以上的新突破,满足了生产和国内外市场对多样化品种的需求。

其中,适宜东北区优质专用及机械化生产的龙芸豆14、龙芸豆21、吉绿10号、白绿9号、吉红14等,提升了我国食用豆主要出口基地的生产效率和商品品质;适宜华北区早熟间作套种的中绿5号、中绿10号、冀绿19号、冀红20等,促进了一年两季生产和与棉花、玉米间套种等高效农业的发展;适宜西北区耐旱耐瘠的青蚕16号、青蚕19号、临蚕14号、定豌9号、陇豌6号、中秦1号、科豌6号等实现了旱区食用豆产业高产高效发展;适宜南方区抗病耐冷的云豌1号、云豌18号、成豌10号、苏豌4号、云豆早6、通蚕鲜8号、凤豆18号、成胡21号、渝蚕2号等辅以诱导春化技术,实现了蚕豆提早15～20天上市和每亩效益上万元;抗豆象品种中绿6号、中绿7号、苏绿5号、冀绿17号、吉绿16等,解决了长期以来困扰绿豆豆象为害的世界难题;豆沙加工专用品种龙芸豆17、中红20、冀红22号,绿子叶加工型中熟品种青蚕19号、高蛋白质绿皮绿脐绿子叶"三绿"蚕豆品种云豆绿心4号、芽菜加工专用品种中绿14号、中绿27号、冀绿25等,使企业加工生产效益提高10%以上。

系列新品种的育成与示范,使我国食用豆主产区新品种普及率达80%以上,增产15%～39%,增效10%以上,形成了我国食用豆生产区域化布局和多元化发展格局,推动食用豆产业向高产量、高品质、高效益目标奋进,支撑区域农业健康可持续发展。

(二)播种与收获等配套农机具及机械化生产和绿色节本增效生产技术的研究集成与示范,实现了食用豆生产由传统小规模种植向机械化、规模化、标准化及高效生产的历史性转变

食用豆生产机械化程度低、生产成本高是长期以来制约产业高标准、高效益、规模化发展的"卡脖子"问题。经过全体系人员十多年联合攻关,在不同豆种机械化精量播种和不同生态区分段与联合机械化收获等生产环节取得重大突破。其中,适宜黄淮海麦茬免耕的绿豆、小豆播种机,适宜干旱冷凉地区使用的普通菜豆(芸豆)、绿豆覆膜打孔播种一体机,适宜丘陵山区使用的勺舀式蚕豆精量播种机和适宜多豆种小面积种植的手推式播种机,使食用豆播种效率提升20～50倍。适用于丘陵地区和适度规模种植的割晒机、脱粒机、联合收获机等一系列食用豆收获机具实现了批量生产,已在河北、山西、内蒙古自治区(以下简称内蒙古)、吉林、黑龙江、安徽、河南、湖北、重庆、四川、云南、青海、新疆维吾尔自治区(以下简称新疆)等主产区大面积示范应用。其中,全喂入式食用豆联合收割机,平均损失率≤5%、破碎率≤5%、含杂率≤3%,作业效率可达每小时6亩以上,每亩纯收益提高30%,实现了我国蚕豆、绿豆联合收割机零的突破,有效解决了当前食用豆生产环节"无机可用"或"无好机可用"等"卡脖子""掉链子"难题,全面助力

---

① 1亩≈667m^2,全书同。

粮食生产装备"补短板"行动。

针对食用豆类生育期短、耐旱节水、耐瘠薄、耐荫蔽、适宜与多种作物间作套种以及南方区冬闲田高效利用等特点，研究集成了适宜不同产区节本增效、轻简高效的生产模式，引领食用豆生产由传统小农生产模式向机械化、规模化、标准化生产发展。其中，东北"镰刀弯"地区和华北地区食用豆与玉米、小麦、棉花、薯类等轮作、间作套种模式及华东与西南产区"食用豆+"多元复合高效生产模式，在保障主栽作物产量前提下，每亩增收食用豆50~70 kg，复种指数达300%左右，在江浙一带年示范面积约50万亩，亩增收益500元以上，年增经济效益2.5亿元，并带动速冻加工和出口企业快速发展。

（三）豆象、叶斑病等重要病虫害综合防控技术的研发与应用，促进了食用豆产业向绿色安全、环境友好、资源高效、低投入高产出模式发展

体系以"药肥双减、质效双增"为目标，针对食用豆重大病虫害，以抗病虫新品种大面积示范为核心，合理利用轮作倒茬、间作套种、适度密植、适期播种、水肥调控等综合农业防控技术，辅以最低剂量、安全高效、绿色环保的生物与化学药剂相结合，创新集成了田间与仓储豆象、绿豆叶斑病、蚕豆赤斑病、豌豆白粉病、普通菜豆细菌性疫病等病虫害绿色高效综合防控技术。其中，豆象和叶斑病田间绿色防控技术在河北、辽宁、江苏、安徽、河南、湖北、广西、重庆等主产区示范推广超过136万亩，每亩增效120元以上，合计新增经济效益16 320万元。蚕豆赤斑病绿色综合防治技术在重庆示范20万亩，防效80%，增产15.6%。菜豆普通菜豆细菌性疫病综合防治技术在吉林、黑龙江、山西、新疆示范100万亩，增产11.8%。据不完全统计，食用豆绿色综合防控技术在主产区普及率达75.8%，极大地降低了农药使用量，保障了产品质量安全，推动了食用豆病虫害防控向综合治理模式的转变。

（四）降血糖、降血压、清热解暑等功能成分鉴定和精深加工技术与产品研发，提高了产品附加值，促进了企业提质增效和产业高效持续发展

国内食用豆以原粮销售为主，产后加工技术落后、产业链条短是产业发展的"短板"。面向当前"健康中国"国家建设发展目标，立足新型营养健康产品需求，开展产品精深加工技术和新型营养功能产品研发，引领我国食用豆由传统原粮加工销售向现代高值化产业方向转型升级。

研究集成的绿豆清热解暑功能因子牡荆素、异牡荆素检测技术，小豆降血糖功能因子α-糖苷酶抑制活性检测技术，促进了功能性专用品种评价和培育。开发出具有清热解暑、降血糖功能的袋泡茶、高纤维饼干、速溶全粉、速食粉、液态固态饮品等新型食用豆健康食品，产品增值30%以上。降血糖小豆加工技术已在企业落地转化。

利用食用豆应激下的γ-氨基丁酸（GABA）内源酶生物转化技术，研发出适合"三高"等慢性病人群食用的GABA富集产品、低血糖指数制品、蛋白品质改良产品等系列功能性新产品；研制出国内首款三豆饮以及绿豆饮、红豆薏米饮等系列植物萃取饮料。研发出植物基食用豆蛋白饮料3种（养胃饮：白扁豆和小米；祛湿饮：红小豆、白扁豆和薏米；解酒饮：绿豆、葛根和小米）；植物基食用豆酸奶2种；利用挤压膨化技术，将食用豆（红小豆、绿豆）与荞麦粉复配，开发出具有降血糖功能的低GI杂粮米粉。此外，还开

发出新型绿豆挂面、风味豆酱、营养粉、化妆品等，使食用豆由单一精品原粮初加工拓宽到主食、饮品、糕点、调味品、化妆品等多个领域，提升了食用豆产品附加值。

（五）食用豆原始创新能力持续提升，基因组学研究达到国际领先水平

针对我国食用豆产业发展的重大需求，围绕高产、多抗、优质专用等重点性状，开展优异种质创新、基因组学与基因定位等创新研究。完成了国家种质库库存的3万多份食用豆种质资源的重要农艺学、产量、抗性、品质等性状的鉴定评价，筛选到一系列单一性状突出或综合性状优良的品种资源，构建了核心种质。采用常规杂交辅以物理、化学诱变手段，创制出花瓣开张、雄性不育、抗除草剂等特异种质。研发出高通量表型快速检测技术，鉴定出食用豆抗病虫（抗豆象，抗褐斑病、白粉病、立枯病、细菌性疫病、病毒病等）、耐逆境（抗旱、耐涝、耐低温、耐盐碱、抗除草剂等）优异种质，为食用豆育种和生产利用提供亟须种质资源，为突破性新品种培育提供技术支撑。

十多年来，食用豆科技创新研究在新基因的定位和挖掘方面也取得了重要进展，支撑我国食用豆育种新技术的研发。精细定了普通菜豆抗炭疽病、抗细菌性疫病、生长习性等重要性状的候选基因，挖掘到豌豆抗白粉病基因的6个等位变异；鉴定出普通菜豆、绿豆抗豆象遗传位点，并开发出分子标记用于抗性检测；初步建立了普通菜豆抗炭疽病、豌豆抗白粉病、绿豆抗豆象等分子育种体系，促进了食用豆育种技术水平的提升，为食用豆分子育种奠定了基础。

在基因组学研究方面，我国已经走在了世界的前列，引领国际食用豆基因组研究。完成了豌豆、绿豆、饭豆等作物的基因组组装；完成了普通菜豆、绿豆、豌豆等种质资源的基因组重测序，构建了世界首张普通菜豆、绿豆高密度单倍型图谱和豌豆、绿豆的泛基因组；在此基础上，结合表型多年多点鉴定，评选出大量与产量、病虫害抗性、耐逆境等重要农艺性状相关的遗传位点，为食用豆基因发掘与遗传改良研究提供了海量的基因型数据，推动了食用豆基因组学研究的发展。通过转录组测序开发出全球首款130K蚕豆液相芯片，为蚕豆后续基因组学及分子育种研究提供了一个有力的基因分型工具。同时为无参考基因组及复杂基因组的物种在基因组学方面的研究提供了很好的借鉴和指导意义。

二、针对食用豆种类多、特色性强的产业特点，以体系研发成果为核心，示范引领产业新变革

围绕食用豆产业发展需求和"绿色、高产、轻简、高效"的发展理念，以体系研发新成果为核心，与地方政府和新型农业经营主体合作，通过政科企对接、品牌建设、成果展示等，打造出一批具有地方特色的科技成果示范基地，服务县域经济，助力产业精准扶贫和乡村振兴，示范引领产业新变革。

（一）新品种新技术新模式的研发和示范应用成效显著

高产优质多抗宜机化生产的食用豆新品种、重要病虫害综合防控及绿色高产高效配

套技术模式创新等生产关键核心技术的集成与应用，为产业转型升级提供了技术保障，驱动食用豆产业提质增效。其中，东北区研究集成的芸豆高台大垄密植机械化栽培技术在黑龙江推广200多万亩，增产12.0%左右，增效1.5亿元以上；芸豆、小豆和芍药间作生产技术在黑龙江省首创了以豆养药的栽培模式，并以高效利用土地，经济效益显著，促进了地方芸豆、小豆和北方芍药产业发展。绿豆、小豆机械化栽培技术在吉林、黑龙江等地示范150万亩，节约成本60%，累计新增经济效益4.5亿元。华北区绿豆/棉花、绿豆/玉米、小豆/夏玉米等间作高效种植模式，在河北、山西、内蒙古及山东、河南等地示范200多万亩，累计新增经济效益2.6亿～10.0亿元。西北高寒区旱地绿豆/芸豆地膜覆盖栽培技术，在河北、山西、内蒙古、陕西等地示范120万亩，每亩产值超960元，新增效益1.5亿元。绿豆、蚕豆、芸豆新品种及全程机械化生产技术，在张家口等地示范推广38万亩，亩产202.5～382.2 kg，增产23.3%，增产增收效果显著。南方一年多熟区水稻冬闲田稻茬免耕生产、温室短季优质高效豌豆栽培、烟草/玉米旱地短时套作、幼龄苗木林下套作等生产模式辅助机械化生产技术，年示范推广450万亩，增产41.8%，新增效益5.1亿元以上；蚕豆稻茬免耕栽培技术在南方冬闲田示范推广70万亩，增产约42%，新增效益6 500万元以上。

另外，甘肃玉米/马铃薯+豌豆种植模式有效缓解了前茬作物病害突出的问题，玉米套种豌豆种植模式在甘肃等地推广238万亩，新增产值2.8亿元；甘肃中部干旱半干旱区蚕豆、豌豆全膜覆盖、膜下滴灌抗旱保墒增产种植模式，"地膜玉米留茬免耕穴播蚕豆"抗旱节本增效种植模式、地膜马铃薯套种豌豆种植模式，增产8.5%～15.0%；早熟蚕豆及机械化配套技术的集成和应用，为青海海南藏族自治州高海拔区农业发展培育出新产业，构建了"蚕豆+"轮作模式，实现了蚕豆生产全程机械化、经济收益翻一番；构建了三元种植新模式、化肥减量50%以上；秸秆饲用化高效利用等多项历史性突破，被列入地方政府的重点项目。

此外，食用豆分段及联合收获核心技术的突破，兼顾了不同豆类、不同品种的生产需求，累计开发研制相关机具30余台套，其中"食用豆联合收割机"实现了100万元的技术转让合作。经在重庆潼南、河北张家口、青海湟源、江苏南通、河南南阳、甘肃临夏、湖北十堰等地试验示范，显著降低收获损失，提高了收获质量，增加了种植户收益，大幅降低了生产成本，促进了产业发展和提质增效。集成的芸豆、蚕豆、绿豆全程机械化生产技术的研究集成与应用，对于提升当地食用豆生产水平具有里程碑意义，为巩固脱贫攻坚成果和助力乡村振兴战略实施做出积极贡献。集成的旱地机收绿豆栽培技术规程对提高绿豆种植效益、降低劳力成本和促进产业规模发展具有重要作用。在山东枣庄建立的"春播鲜食豌豆/夏播谷子"一年两熟模式，实现了"双减"和产量品质的提升。非化肥配施和菌肥配施技术可改良土壤盐碱度和改善耕层结构，电导率下降45%，土壤容重下降8.7%，孔隙率增加11.6%，田间持水量增加11.8%。

研发集成的绿豆晕疫病绿色防控技术在主产区示范推广，有效地支撑了东北、西北区绿豆产业的发展。创新集成的食用豆田间杂草绿色综合防控技术，可以有效调控杂草和作物的生长态势，达到高效、安全、绿色防控杂草。围绕鲜食蚕豆豌豆产业开展技术研究及推广工作，育成的鲜食蚕豆豌豆品种、研制的标准化栽培技术和高效种植模式在鲜食蚕豆豌豆产业中发挥了重要技术支撑作用。其中，集成推广的高效种植模式、春化及配套栽培技术提升了整个产业技术水平。

（二）建立名优特色产品品牌，新成果强力驱动县域产业经济发展

体系专家根据不同区域的地理生态与产业结构特点，针对特色鲜明的配套硬核技术，按照"建基地、强龙头、兴特色、树品牌"的思路，紧扣产业增效、豆农增收的发展目标，全力推动一二三产业深度融合。打造出山西岢岚红芸豆、安徽明光绿豆、甘肃天祝藏族自治县高海拔反季节鲜食豌豆等一批特色产业市、县，张家口鹦哥绿豆及崇礼蚕豆对当地经济发展和乡村振兴起到了积极的促进作用。

针对山西岢岚县红芸豆产业发展需求，国家食用豆产业技术体系组织专家加强与当地政府、龙头企业合作，通过狠抓良种引进繁育、配套技术提升研发、服务体系创新、示范园区建设、生产与市场对接，不断增加红芸豆产品的科技含量和市场竞争力。培育出普利丰、炜岚、宏晟、中仑奥富等红芸豆原粮加工出口龙头企业。在体系专家帮助下，岢岚县分别被中国粮食行业协会授予"中华红芸豆之乡"，被国家市场监督管理总局授予"国家级出口示范基地"，被农业农村部、国家市场监督管理总局授予"出口红芸豆质量安全示范区"和国家地理标志保护产品。2020年，帮助岢岚县普济农产品小杂粮加工专业合作社认证红芸豆绿色食品A级产品1项，标准产量1 200 t。该县红芸豆出口量占全国的33%，占全球红芸豆贸易总量的20%以上，全县农民种植红芸豆年纯收入稳定在7 000万元左右。

针对安徽明光绿豆产业发展需求，积极与当地政府部门联合，通过品种和技术升级使当地绿豆亩产从50 kg提升到100 kg以上，增产幅度超过100%。成功申报了"明光绿豆"地理标志，绿豆无公害产品2个、绿豆绿色产品2个，发布滁州市级地方标准1项、安徽省地方标准2项、行业标准1项。在明光市涧溪镇建立2万亩现代农业示范区"明光绿豆产业园"，推广"地理标志产品+龙头企业+农户+标准经营模式"，实行绿色增产增效技术，产量稳定、品质提升、效益明显提高。销售价格由原来6～8元/kg提高至16～20元/kg，高档产品达20～30元/kg，效益提高100%以上。

通过"干改鲜"种植模式试验示范，甘肃天祝藏族自治县高海拔豌豆亩增收达2 000元以上，已成为北方高海拔冷凉寒区产业结构优化的特色富民产业。云南大理20万亩四季鲜食蚕豆生产基地建设，已成为保护洱海生态环境和地方经济发展的优势产业。

另外，中绿5号、中绿10号、鹦哥5号、冀张绿1号、冀绿20号等新品种及规模化、机械化、标准化生产技术等新质生产力示范引领，助推食用豆产业在河北张家口地区的高质量发展，培优扶强河北泥河湾农业发展股份有限公司被评为国家级绿色工厂、河北省农业产业化重点龙头企业，河北省高新技术企业，创建并申报获得"阳原鹦哥绿豆"地理标志认证并入选全国名特优新农产品目录，打造出15万亩以上"阳原鹦哥绿豆"品牌生产基地。冀张蚕1号等名优品种建立并申报获得农业农村部和国家知识产权局"崇礼蚕豆"地理标志双认证，并入选全国名特优新农产品目录，建造出20万亩以上"崇礼蚕豆"品牌生产基地。

（三）撒豆成兵，新品种新技术助力地方精准扶贫与乡村振兴

在产业科技扶贫和助力乡村振兴及县域经济发展方面，食用豆体系组织专家成立40多个科技助力产业扶贫和乡村振兴团队，深入老少边远地区探寻强化科技支撑，着力破解县域经济发展瓶颈；围绕体系研究集成的创新成果，积极对接地方政府、龙头企业、种植大户和农民合作社，结合新品种示范和科技扶贫与乡村振兴，建立试验示范基地300多个，试验示范200多万亩，辐射带动1 000多万亩；示范新品种100多个，新技术30多项。技术培训和产业扶贫取得显著效果，打造和培育了一批产业扶贫新典型。

如联合青海昆仑种业集团有限公司、甘肃康乐县进忠粮油进出口有限责任公司、河北泥河湾农业发展股份有限公司、山西忻州普利丰芸豆有限公司等，在青海、甘肃、河北、山西等70多个贫困县建立蚕豆、绿豆、红芸豆等种业及生产和商贸示范基地200余个，创建了云南大理夏秋播鲜食蚕豆、重庆巫山幼林果树间作绿豆/蚕豆、贵州毕节果园（中药材、茶树）套种蚕豆/豌豆及芸豆/小豆、甘肃定西全膜覆盖蚕豆/豌豆及地膜玉米留茬免耕穴播蚕豆，张家口阳原鹦哥绿豆、崇礼蚕豆、岢岚红芸豆、威宁芸豆等多个地方品牌或地理标志及全国名特优新农产品，其中"泥河湾"品牌荣获中国驰名商标，使食用豆成为"十四个集中连片区"和"三区三州"深度贫困区的特色优势产业，对区域扶贫起到了重要的支撑作用。

此外，还联合浏阳河农业产业集团，建设食用豆系列植物萃取饮料——三豆饮、绿豆百合汁、红豆薏米饮等工业化生产线，通过企业加工链条的延伸和湖南武陵贫困山区食用豆加工企业与优质原料种植基地建设，在企业增收的同时为贫困地区农民提供多种就业机会，4 000多户增收显著，该企业也被全国工商联和国务院扶贫办认定为武陵山片区产业扶贫重点联系企业。

（四）充分发挥体系覆盖范围广、专业技术强、行动迅速的特点，突发性事件应急高效化处理，使食用豆体系社会影响力大幅度提升

认真贯彻落实农业农村部关于开展防灾减灾等丰收工作的各项通知精神，密切关注产业发展动态和突发性事件，积极开展食用豆产业监测与预警研究，面对突发性事件，及时深入生产一线，提出科学应急预案与技术指导和科普宣传活动，为农民增收和政府决策提供技术保障。其中，针对2019年河北、山西严重干旱和霜冻天气，体系专家及时提出应对措施。2021年7月中下旬，河南遭受百年不遇的洪涝灾害，首席科学家及时组织专家制定防灾减灾技术措施，提出灾后绿豆、小麦丰产栽培技术，并有11个团队向河南灾区捐赠中绿5号、冀绿13、苏绿2号等绿豆种子超过30万kg。2021年江苏及周边地区发生60年一遇罕见低温雨雪天气，及时开展调研并提出播种早春豌豆等补板措施，以及辽宁台风等重大突发性和灾害性事件，体系专家都在第一时间奔赴生产一线，提出应急预案和指导意见，为农民增收和政府决策提供技术咨询，受到农业农村部及地方政府部门的高度肯定和积极推广。

据不完全统计，2019—2021年，针对应急性处理和决策咨询，为农业农村部提供政策建议及各类报告100余篇，为地方政府、行业协会和专业合作社提供技术咨询和建议300次，为生产上突发的病虫害、药害、自然灾害等提供技术咨询等100余次。国家发布"一

带一路"倡议后,体系系统分析了中美贸易摩擦对我国食用豆产业的影响,深入研究了中国农业国际合作战略,向中国工程院、农业农村部及时提交相关政策建议,部分建议被农业农村部、国家"一带一路"办公室采纳,为我国农业国际合作规划提供了重要支持。

三、建立协同创新机制,开展体系文化建设,推动体系建设高质量发展

(一)建立体系内外协同创新机制,联合攻关成果斐然

针对我国食用豆种类繁多等特点,食用豆体系以产销量较大的绿豆、小豆、蚕豆、豌豆、普通菜豆(芸豆)、豇豆等中国特色豆类为主要突破口,建立"豆种+学科"组织管理模式,明确各豆种产业发展中存在的重大问题,组织体系内外专家共同调研、讨论,发挥不同领域专家的自身优势,组成联合攻关小组,确立产业重点研发任务。例如,针对绿豆豆象和叶斑病等"一虫一病"和机械化生产程度不高等困扰产业发展的关键问题,组织专家从资源收集、鉴定评价、创新利用、品种选育及农机农艺结合的配套技术集成等方面开展协同创新研究,最终获得抗豆象、抗叶斑病且适于机械化生产的绿豆品种,形成了豆象、叶斑病田间绿色综合防控技术,经示范推广,社会效益、经济效益显著。

(二)制定科学管理制度,多种渠道开展体系文化建设

文化建设对体系人员的思想行为、科研氛围和制度管理等均具有重要的导向作用,食用豆体系十分重视优良文化传承和强化制度管理,制定出切实可行的体系管理工作细则及年度管理工作计划,并作为每位体系人员的行为准则,包括求真务实、不弄虚作假的科研态度;团结协作、各司其职的分工制度;奖惩分明、公平公正的激励方式以及阶段性总结、年终考核、3年考评、5年考评与执行专家组决策等管理制度。在制定体系任务时,充分发挥民主性、参与性原则;在任务实施过程中,则密切关注产业发展现状,分时期、分阶段讨论,及时把握和调整研究方法或方向,确保体系重点任务符合产业发展需求、实施方案切实可行。

体系还确立了"参与、创新、协作、奉献"的"食用豆体系精神",鼓励优秀青年人才积极建言献策,参与并投身于体系建设和相关研发工作。在体系建设初期就设计出食用豆Logo,充分利用各种媒介,开展体系建设成果宣传与示范推广;创办了《中国食用豆》科技通讯、食用豆在线、食用豆体系等公众号等,及时刊发和宣传体系研发进展和最新成果。

(三)组织开展国内外多学科学术交流,取长补短,提升了我国食用豆领域研发水平和国际影响力

除了体系内的联合攻关外,大力开展跨体系合作,与地方杂粮系统创新团队、农技推广体系、相关企业联合,共同推动食用豆产业的发展和壮大。体系十分注重高水平和国

际化人才队伍的培养和建设，与农业农村部及科学技术部等相关业务部门开展各类国际学术交流和技术培训活动，如与科学技术部农村技术发展中心线上线下结合联合召开了三届中加学术交流会，与泰国农业大学等单位联合召开了中泰食用豆学术交流会，并建立中泰食用豆类联合实验室等。同时，还先后派出数十名专家赴国外考察学习与学术交流，不仅将国外的先进经验和技术引进来消化吸收，还通过合作与交流，将部分体系研发成果在缅甸、泰国等"一带一路"国家示范推广，提升了我国在食用豆领域研发水平和国际影响力。

总之，国家食用豆产业技术体系全体同仁秉承十年磨一剑的精神，精诚合作、团结奋进，成果丰硕，在有效提升食用豆产业整体研发水平和生产效益的同时，使食用豆体系逐步成为充满活力、崇尚创新、凝心聚力的科技队伍，促进和支撑了食用豆产业的健康、可持续发展。

编　者

目　录

总体概况 ··· 1
 一、2019—2021年国家食用豆产业技术体系建设机构与岗位设置 ········ 3
 二、体系研发目标与任务 ··· 11
 三、体系研发工作重要进展 ·· 13
 四、体系活动大事记 ··· 20

体系岗位建设成就 ··· 41
 首席科学家 ·· 43
 岗位科学家 ·· 51
  遗传改良研究室 ·· 53
   种质资源收集与评价岗位 ··· 55
   育种技术与方法岗位 ··· 64
   绿豆育种岗位 ·· 69
   小豆育种岗位（1） ··· 77
   小豆育种岗位（2） ··· 82
   芸豆育种岗位 ·· 89
   蚕豆育种岗位 ·· 96
   豌豆育种岗位 ··· 104
  栽培与土肥研究室 ·· 111
   栽培生理岗位 ··· 113
   生态与土壤管理岗位 ·· 119
   水分生理与节水栽培岗位 ·· 123
   养分管理岗位 ··· 128
   土壤和养分管理岗位 ·· 133
  病虫草害防控研究室 ··· 139
   病害防控岗位 ··· 141
   虫害防控岗位 ··· 145
   草害防控岗位 ··· 150
   生物防治与综合防控岗位 ·· 154

机械化研究室 ·· 169
　　　　播种与田间管理机械化岗位 ··· 171
　　　　收获机械化岗位 ··· 177
　　加工研究室 ·· 185
　　　　鲜品加工岗位 ·· 187
　　　　食品加工与综合利用岗位 ·· 191
　　　　质量安全与营养品质评价岗位 ··· 195
　　产业经济研究室 ··· 201
　　　　产业经济岗位 ·· 203

综合试验站 ··· 209
　　保定综合试验站 ··· 211
　　张家口综合试验站 ··· 215
　　唐山综合试验站 ··· 220
　　太原综合试验站 ··· 224
　　大同综合试验站 ··· 230
　　呼和浩特综合试验站 ·· 235
　　沈阳综合试验站 ··· 241
　　长春综合试验站 ··· 247
　　齐齐哈尔综合试验站 ·· 252
　　南通综合试验站 ··· 256
　　合肥综合试验站 ··· 262
　　青岛综合试验站 ··· 268
　　南阳综合试验站 ··· 274
　　南宁综合试验站 ··· 279
　　重庆综合试验站 ··· 284
　　成都综合试验站 ··· 288
　　毕节综合试验站 ··· 293
　　曲靖综合试验站 ··· 299
　　大理综合试验站 ··· 304
　　榆林综合试验站 ··· 308
　　定西综合试验站 ··· 313
　　临夏综合试验站 ··· 317
　　乌鲁木齐综合试验站 ·· 322
　　赤峰综合试验站 ··· 327

附　录 ·· 331
　附表1　2019—2021年度获奖成果汇总（主持单位） ·· 333
　附表2　2019—2021年度获奖成果汇总（参加单位） ·· 335
　附表3　2019—2021年度审（鉴、认）定、登记品种汇总（第一培育单位） ············ 335
　附表4　2019—2021年度获准保护权品种汇总 ··· 344
　附表5　2019—2021年度培养人才汇总（不含学生） ··· 346
　附表6　2019—2021年度发布标准及技术规范汇总（第一完成单位） ····················· 349
　附表7　2019—2021年度获准专利汇总（第一完成单位） ··································· 355
　附表8　2019—2021年度发表SCI收录论文汇总 ··· 366
　附表9　2019—2021年度发表非SCI收录论文汇总 ·· 374
　附表10　2019—2021年出版著作汇总（第一完成单位） ····································· 388

总体概况

国家食用豆产业技术体系建设于2008年正式启动，属新型国家级农业科研组织，由产业技术研发中心和综合试验站两个层级构成，体系设有1个国家产业技术研发中心（包括6个功能研究室），研发中心设1名首席科学家、1名秘书，每个功能研究室设1名主任，岗位科学家若干人；每个综合试验站设1名站长，5个示范县；每个岗站有团队成员4～5名。其中，2019年共设有21个科学家岗位，23个综合试验站，115个示范县；2020年增加到22个科学家岗位，23个综合试验站，115个示范县；2021年调整为21个科学家岗位，24个综合试验站，120个示范县，分布在全国22个主产省（区、市）。

一、2019—2021年国家食用豆产业技术体系建设机构与岗位设置

（一）2019年岗位设置情况

1.岗位科学家设置

2019年国家食用豆体系岗位科学家设置情况

机构名称	科学家姓名	岗位名称	建设依托单位
产业技术研发中心	程须珍	首席科学家	中国农业科学院作物科学研究所
遗传改良研究室	田静	室主任	河北省农林科学院
	王丽侠	种质资源收集与评价	中国农业科学院作物科学研究所
	王述民	育种技术与方法	中国农业科学院作物科学研究所
	田静	绿豆育种	河北省农林科学院
	尹凤祥	小豆育种	吉林省白城市农业科学院
	魏淑红	芸豆育种	黑龙江省农业科学院
	刘玉皎	蚕豆育种	青海省农林科学院
	何玉华	豌豆育种	云南省农业科学院
栽培与土肥研究室	张耀文	室主任	山西省农业科学院
	何宁	栽培生理	黑龙江省农业科学院
	王瑞刚	生态与土壤管理	农业农村部环境保护科研监测所
	张耀文	水分生理与节水栽培	山西省农业科学院
	宗绪晓	养分管理	中国农业科学院作物科学研究所
	刘宏权	土壤和养分管理	河北农业大学
病虫草害防控研究室	朱振东	室主任	中国农业科学院作物科学研究所
	朱振东	病害防控	中国农业科学院作物科学研究所
	万正煌	虫害防控	湖北省农业科学院
	杨晓明	草害防控	甘肃省农业科学院
	陈新	生物防治与综合防控	江苏省农业科学院
机械化研究室	陈巧敏	室主任	农业农村部南京农业机械化研究所
	杨丽	播种与田间管理机械化	中国农业大学
	陈巧敏	收获机械化	农业农村部南京农业机械化研究所

（续表）

机构名称	科学家姓名	岗位名称	建设依托单位
加工研究室	周素梅	室主任	中国农业科学院农产品加工研究所
	康玉凡	鲜品加工	中国农业大学
	周素梅	食品加工与综合利用	中国农业科学院农产品加工研究所
	任贵兴	质量安全与营养品质评价	中国农业科学院作物科学研究所
产业经济研究室	张蕙杰	室主任	中国农业科学院农业信息研究所
	张蕙杰	产业经济	中国农业科学院农业信息研究所

2. 综合试验站设置

2019年国家食用豆产业技术体系综合试验站设置情况

序号	试验站名称	站长	单位
1	保定综合试验站	李彩菊	保定市农业科学院
2	张家口综合试验站	徐东旭	张家口市农业科学院
3	唐山综合试验站	刘振兴	唐山市农业科学研究院
4	太原综合试验站	畅建武	山西省农业科学院
5	大同综合试验站	邢宝龙	山西省农业科学院
6	呼和浩特综合试验站	孔庆全	内蒙古自治区农牧业科学院
7	沈阳综合试验站	葛维德	辽宁省农业科学院
8	长春综合试验站	郭中校	吉林省农业科学院
9	齐齐哈尔综合试验站	崔秀辉	黑龙江省农业科学院
10	南通综合试验站	王学军	江苏沿江地区农业科学研究所
11	合肥综合试验站	周　斌	安徽省农业科学院
12	青岛综合试验站	张晓艳	青岛市农业科学研究院
13	南阳综合试验站	朱　旭	南阳市农业科学院
14	南宁综合试验站	罗高玲	广西壮族自治区农业科学院
15	重庆综合试验站	张继君	重庆市农业科学院
16	成都综合试验站	余东梅	四川省农业科学院
17	毕节综合试验站	张时龙	毕节市农业科学研究所
18	曲靖综合试验站	唐永生	曲靖市农业科学院
19	大理综合试验站	陈国琛	大理白族自治州农业科学推广研究院
20	榆林综合试验站	王　斌	榆林市农业科学研究院
21	定西综合试验站	王梅春	定西市农业科学研究院

（续表）

序号	试验站名称	站长	单位
22	临夏综合试验站	郭延平	临夏回族自治州农业科学院
23	乌鲁木齐综合试验站	季 良	新疆农业科学院

（二）2020年岗位设置情况

1. 岗位科学家设置

2020年国家食用豆体系岗位科学家设置情况

机构名称	科学家姓名	岗位名称	建设依托单位
产业技术研发中心	程须珍	首席科学家	中国农业科学院作物科学研究所
遗传改良研究室	田 静	室主任	河北省农林科学院
	王丽侠	种质资源收集与评价	中国农业科学院作物科学研究所
	王述民	育种技术与方法	中国农业科学院作物科学研究所
	田 静	绿豆育种	河北省农林科学院
	尹凤祥	小豆育种	吉林省白城市农业科学院
	魏淑红	芸豆育种	黑龙江省农业科学院
	刘玉皎	蚕豆育种	青海省农林科学院
	何玉华	豌豆育种	云南省农业科学院
栽培与土肥研究室	张耀文	室主任	山西省农业科学院
	何 宁	栽培生理	黑龙江省农业科学院
	王瑞刚	生态与土壤管理	农业农村部环境保护科研监测所
	张耀文	水分生理与节水栽培	山西省农业科学院
	宗绪晓	养分管理	中国农业科学院作物科学研究所
	刘宏权	土壤和养分管理	河北农业大学
病虫草害防控研究室	朱振东	室主任	中国农业科学院作物科学研究所
	朱振东	病害防控	中国农业科学院作物科学研究所
	万正煌	虫害防控	湖北省农业科学院
	杨晓明	草害防控	甘肃省农业科学院
	陈 新	生物防治与综合防控	江苏省农业科学院
机械化研究室	陈巧敏	室主任	农业农村部南京农业机械化研究所
	杨 丽	播种与田间管理机械化	中国农业大学
	陈巧敏	收获机械化	农业农村部南京农业机械化研究所

（续表）

机构名称	科学家姓名	岗位名称	建设依托单位
加工研究室	周素梅	室主任	中国农业科学院农产品加工研究所
	康玉凡	鲜品加工	中国农业大学
	周素梅	食品加工与综合利用	中国农业科学院农产品加工研究所
	任贵兴	质量安全与营养品质评价	中国农业科学院作物科学研究所
产业经济研究室	张蕙杰	室主任	中国农业科学院农业信息研究所
	张蕙杰	产业经济	中国农业科学院农业信息研究所

2. 综合试验站设置

2020年国家食用豆产业技术体系综合试验站设置情况

序号	试验站名称	站长	单位
1	保定综合试验站	李彩菊	保定市农业科学院
2	张家口综合试验站	徐东旭	张家口市农业科学院
3	唐山综合试验站	刘振兴	唐山市农业科学研究院
4	太原综合试验站	畅建武	山西省农业科学院
5	大同综合试验站	邢宝龙	山西省农业科学院
6	呼和浩特综合试验站	孔庆全	内蒙古自治区农牧业科学院
7	沈阳综合试验站	葛维德	辽宁省农业科学院
8	长春综合试验站	郭中校	吉林省农业科学院
9	齐齐哈尔综合试验站	崔秀辉	黑龙江省农业科学院
10	南通综合试验站	王学军	江苏沿江地区农业科学研究所
11	合肥综合试验站	周斌	安徽省农业科学院
12	青岛综合试验站	张晓艳	青岛市农业科学研究院
13	南阳综合试验站	朱旭	南阳市农业科学院
14	南宁综合试验站	罗高玲	广西壮族自治区农业科学院
15	重庆综合试验站	张继君	重庆市农业科学院
16	成都综合试验站	余东梅	四川省农业科学院
17	毕节综合试验站	张时龙	毕节市农业科学研究所
18	曲靖综合试验站	唐永生	曲靖市农业科学院
19	大理综合试验站	陈国琛	大理白族自治州农业科学推广研究院
20	榆林综合试验站	王斌	榆林市农业科学研究院
21	定西综合试验站	王梅春	定西市农业科学研究院
22	临夏综合试验站	郭延平	临夏回族自治州农业科学院
23	乌鲁木齐综合试验站	季良	新疆农业科学院

（三）2021年岗位设置情况

1.岗位科学家设置

2021年国家食用豆体系岗位科学家设置情况

机构名称	科学家姓名	岗位名称	建设依托单位
产业技术研发中心	程须珍	首席科学家	中国农业科学院作物科学研究所
	陈　新	首席科学家	江苏省农业科学院
遗传改良研究室	田　静	室主任	河北省农林科学院
	王丽侠	种质资源收集与评价	中国农业科学院作物科学研究所
	王述民	育种技术与方法	中国农业科学院作物科学研究所
	田　静	绿豆育种	河北省农林科学院
	陈红霖	小豆育种	中国农业科学院作物科学研究所
	魏淑红	芸豆育种	黑龙江省农业科学院
	刘玉皎	蚕豆育种	青海省农林科学院
	何玉华	豌豆育种	云南省农业科学院
栽培与土肥研究室	张耀文	室主任	山西省农业科学院
	何　宁	栽培生理	黑龙江省农业科学院
	王瑞刚	生态与土壤管理	农业农村部环境保护科研监测所
	张耀文	水分生理与节水栽培	山西省农业科学院
	宗绪晓	养分管理	中国农业科学院作物科学研究所
	刘宏权	土壤和养分管理	河北农业大学
病虫草害防控研究室	朱振东	室主任	中国农业科学院作物科学研究所
	朱振东	病害防控	中国农业科学院作物科学研究所
	杨晓明	草害防控	甘肃省农业科学院
	陈　新	生物防治与综合防控	江苏省农业科学院
机械化研究室	陈巧敏	室主任	农业农村部南京农业机械化研究所
	杨　丽	播种与田间管理机械化	中国农业大学
	陈巧敏	收获机械化	农业农村部南京农业机械化研究所
加工研究室	周素梅	室主任	中国农业科学院农产品加工研究所
	康玉凡	鲜品加工	中国农业大学
	周素梅	食品加工与综合利用	中国农业科学院农产品加工研究所
	任贵兴	质量安全与营养品质评价	中国农业科学院作物科学研究所
产业经济研究室	张蕙杰	室主任	中国农业科学院农业信息研究所
	张蕙杰	产业经济	中国农业科学院农业信息研究所

2. 综合试验站设置

2021年国家食用豆体系产业技术综合试验站设置情况

序号	试验站名称	站长	单位
1	保定综合试验站	李彩菊	保定市农业科学院
2	张家口综合试验站	徐东旭	张家口市农业科学院
3	唐山综合试验站	刘振兴	唐山市农业科学研究院
4	太原综合试验站	畅建武	山西省农业科学院
5	大同综合试验站	邢宝龙	山西省农业科学院
6	呼和浩特综合试验站	孔庆全	内蒙古自治区农牧业科学院
7	沈阳综合试验站	葛维德	辽宁省农业科学院
8	长春综合试验站	郭中校	吉林省农业科学院
9	齐齐哈尔综合试验站	崔秀辉	黑龙江省农业科学院
10	南通综合试验站	王学军	江苏沿江地区农业科学研究所
11	合肥综合试验站	周斌	安徽省农业科学院
12	青岛综合试验站	张晓艳	青岛市农业科学研究院
13	南阳综合试验站	朱旭	南阳市农业科学院
14	南宁综合试验站	罗高玲	广西壮族自治区农业科学院
15	重庆综合试验站	张继君	重庆市农业科学院
16	成都综合试验站	项超	四川省农业科学院
17	毕节综合试验站	张时龙	毕节市农业科学研究所
18	曲靖综合试验站	唐永生	曲靖市农业科学院
19	大理综合试验站	陈国琛	大理白族自治州农业科学推广研究院
20	榆林综合试验站	王斌	榆林市农业科学研究院
21	定西综合试验站	连荣芳	定西市农业科学研究院
22	临夏综合试验站	郭延平	临夏回族自治州农业科学院
23	乌鲁木齐综合试验站	季良	新疆农业科学院
24	赤峰综合试验站	魏云山	赤峰市农牧科学研究所

（四）示范县设置

2019—2021年期间国家食用豆产业技术体系示范县设置情况

序号	年份	示范县名称	隶属综合试验站名称	序号	年份	示范县名称	隶属综合试验站名称
1	2019—2021年	唐县	保定综合试验站	5	2019—2020年	涞水县	保定综合试验站
2	2019—2021年	易县	保定综合试验站	6	2021年	清苑县	保定综合试验站
3	2019—2021年	蠡县	保定综合试验站	7	2019—2021年	崇礼区	张家口综合试验站
4	2019—2021年	高阳县	保定综合试验站	8	2019—2021年	沽源县	张家口综合试验站

（续表）

序号	年份	示范县名称	隶属综合试验站名称	序号	年份	示范县名称	隶属综合试验站名称
9	2019—2021年	张北县	张家口综合试验站	32	2019—2021年	赛罕区	呼和浩特综合试验站
10	2019—2021年	康保县	张家口综合试验站	33	2019—2021年	阜新蒙古族自治县	沈阳综合试验站
11	2019—2021年	阳原县	张家口综合试验站	34	2019—2021年	凌源市	沈阳综合试验站
12	2019—2021年	玉田县	唐山综合试验站	35	2019—2021年	喀喇沁左翼蒙古族自治县	沈阳综合试验站
13	2019—2021年	抚宁区	唐山综合试验站	36	2019—2020年	彰武县	沈阳综合试验站
14	2019—2021年	迁安市	唐山综合试验站	37	2019—2020年	庄河市	沈阳综合试验站
15	2019—2021年	迁西县	唐山综合试验站	38	2021年	朝阳县	沈阳综合试验站
16	2019—2021年	乐亭县	唐山综合试验站	39	2021年	黑山县	沈阳综合试验站
17	2019—2021年	岢岚县	太原综合试验站	40	2019—2021年	前郭尔罗斯蒙古族自治县	长春综合试验站
18	2019—2021年	定襄县	太原综合试验站	41	2019—2021年	洮南市	长春综合试验站
19	2019—2021年	五寨县	太原综合试验站	42	2019—2021年	镇赉县	长春综合试验站
20	2019—2021年	盂县	太原综合试验站	43	2019—2021年	长岭县	长春综合试验站
21	2019—2021年	岚县	太原综合试验站	44	2019—2021年	通榆县	长春综合试验站
22	2019—2021年	云州区	大同综合试验站	45	2019—2021年	泰来县	齐齐哈尔综合试验站
23	2019—2021年	阳高县	大同综合试验站	46	2019—2021年	依安县	齐齐哈尔综合试验站
24	2019—2021年	天镇县	大同综合试验站	47	2019—2021年	甘南县	齐齐哈尔综合试验站
25	2019—2021年	右玉县	大同综合试验站	48	2019—2021年	林甸县	齐齐哈尔综合试验站
26	2019—2021年	浑源县	大同综合试验站	49	2019—2021年	杜尔伯特蒙古族自治县	齐齐哈尔综合试验站
27	2019—2020年	突泉县	呼和浩特综合试验站	50	2019—2021年	海门区	南通综合试验站
28	2021年	察右中旗	呼和浩特综合试验站	51	2019—2021年	启东市	南通综合试验站
29	2019—2021年	赤峰市松山区	呼和浩特综合试验站	52	2019—2021年	如皋市	南通综合试验站
30	2019—2021年	丰镇市	呼和浩特综合试验站	53	2019—2021年	如东县	南通综合试验站
31	2019—2021年	凉城县	呼和浩特综合试验站	54	2019—2021年	通州区	南通综合试验站

（续表）

序号	年份	示范县名称	隶属综合试验站名称	序号	年份	示范县名称	隶属综合试验站名称
55	2019—2021年	明光市	合肥综合试验站	87	2019—2020年	资中县	成都综合试验站
56	2019—2021年	桐城市	合肥综合试验站	88	2021年	中江县	成都综合试验站
57	2019—2021年	寿县	合肥综合试验站	89	2021年	自贡市	成都综合试验站
58	2019—2021年	萧县	合肥综合试验站	90	2019—2021年	威宁彝族回族苗族自治县	毕节综合试验站
59	2019—2021年	利辛县	合肥综合试验站	91	2019—2021年	大方县	毕节综合试验站
60	2019—2021年	平度市	青岛综合试验站	92	2019—2021年	织金县	毕节综合试验站
61	2019—2021年	胶州市	青岛综合试验站	93	2019—2021年	纳雍县	毕节综合试验站
62	2019—2021年	昌乐县	青岛综合试验站	94	2019—2021年	毕节市七星关区	毕节综合试验站
63	2019—2021年	临朐县	青岛综合试验站	95	2019—2021年	陆良县	曲靖综合试验站
64	2019—2021年	莱阳市	青岛综合试验站	96	2019—2021年	麒麟区	曲靖综合试验站
65	2019—2021年	邓州市	南阳综合试验站	97	2019—2021年	沾益区	曲靖综合试验站
66	2019—2021年	新野县	南阳综合试验站	98	2019—2021年	师宗县	曲靖综合试验站
67	2019—2021年	宛城区	南阳综合试验站	99	2019—2021年	富源县	曲靖综合试验站
68	2019—2021年	社旗县	南阳综合试验站	100	2019—2021年	祥云县	大理综合试验站
69	2019—2021年	方城县	南阳综合试验站	101	2019—2021年	弥渡县	大理综合试验站
70	2019—2021年	合浦县	南宁综合试验站	102	2019—2021年	大理市	大理综合试验站
71	2019—2021年	崇左市	南宁综合试验站	103	2019—2021年	洱源县	大理综合试验站
72	2019—2020年	富川瑶族自治县	南宁综合试验站	104	2019—2021年	巍山彝族回族自治县	大理综合试验站
73	2019—2020年	陆川县	南宁综合试验站	105	2019—2021年	神木市	榆林综合试验站
74	2019—2020年	博白县	南宁综合试验站	106	2019—2021年	绥德县	榆林综合试验站
75	2021年	全州县	南宁综合试验站	107	2019—2021年	横山区	榆林综合试验站
76	2021年	武鸣区	南宁综合试验站	108	2019—2021年	米脂县	榆林综合试验站
77	2021年	苍梧县	南宁综合试验站	109	2019—2021年	佳县	榆林综合试验站
78	2019—2021年	合川区	重庆综合试验站	110	2019—2021年	漳县	定西综合试验站
79	2019—2021年	永川区	重庆综合试验站	111	2019—2021年	安定区	定西综合试验站
80	2019—2021年	忠县	重庆综合试验站	112	2019—2021年	陇西县	定西综合试验站
81	2019—2021年	潼南区	重庆综合试验站	113	2019—2021年	通渭县	定西综合试验站
82	2019—2021年	巫山县	重庆综合试验站	114	2019—2021年	临洮县	定西综合试验站
83	2019—2021年	简阳市	成都综合试验站	115	2019—2020年	和政县	临夏综合试验站
84	2019—2021年	乐至县	成都综合试验站	116	2021年	临潭县	临夏综合试验站
85	2019—2021年	大竹县	成都综合试验站	117	2019—2021年	康乐县	临夏综合试验站
86	2019—2020年	嘉陵区	成都综合试验站	118	2019—2021年	临夏县	临夏综合试验站

（续表）

序号	年份	示范县名称	隶属综合试验站名称	序号	年份	示范县名称	隶属综合试验站名称
119	2019—2021年	积石山保安族东乡族撒拉族自治县	临夏综合试验站	125	2019—2021年	布尔津县	乌鲁木齐综合试验站
120	2019—2021年	渭源县	临夏综合试验站	126	2021年	敖汉旗	赤峰综合试验站
121	2019—2021年	达坂城区	乌鲁木齐综合试验站	127	2021年	阿鲁科尔沁旗	赤峰综合试验站
122	2019—2021年	木垒哈萨克自治县	乌鲁木齐综合试验站	128	2021年	翁牛特旗	赤峰综合试验站
123	2019—2021年	阿勒泰市	乌鲁木齐综合试验站	129	2021年	巴林左旗	赤峰综合试验站
124	2019—2021年	富蕴县	乌鲁木齐综合试验站	130	2021年	克什克腾旗	赤峰综合试验站

二、体系研发目标与任务

（一）总体研发目标

以产销量较大的绿豆、小豆、普通菜豆（芸豆）、蚕豆、豌豆等中国特色食用豆类为主要突破口，通过现代农业产业技术体系建设，提升食用豆科技创新能力，拓宽产业研究领域，根据产业特色建立以科研单位为依托、市场需求为导向、产业发展为目标的多元化科技创新体系，搭建起从田间到餐桌的产业链条各个环节有机整合的技术桥梁，保证食用豆产品的质量安全，带动整个产业健康可持续发展。

（二）重点研发任务

针对我国食用豆产量偏低、栽培技术落后、农民种植收益不稳等问题，开展新品种选育、高产高效栽培技术研究及新产品研发等。

1. "十三五"期间研发任务核心技术内容（2019年）

（1）食用豆高产多抗适宜机械化生产新品种选育（全体系）。高产、抗病虫、优质、适宜机械化收获的食用豆种质创新；高产多抗适宜机械化生产的食用豆新品种选育；新品种特性与适应性评价；经济效益评估。

（2）食用豆绿色增产增效关键技术集成与示范（全体系）。优质多抗食用豆新品种鉴定与应用；节本增效技术研究集成与应用；绿色防控技术研究集成与应用；机械化生产技术研究集成与应用；产品安全性评估；研究集成技术的经济和生态环境效益评估。

（3）食用豆育种技术创新与新基因发掘（遗传改良研究室）。种质资源鉴定与评价；新基因挖掘鉴定；分子标记辅助育种技术研究与应用；育种技术创新与应用。

（4）食用豆可持续生产关键技术研究（栽培与土肥研究室）。小豆、普通菜豆生长发育、生理调控技术研究；生态与土壤环境状况调查及土壤质量管理；抗旱节水关键技术研究；养分高效利用关键技术研究。

（5）食用豆重要病虫草害绿色防控及关键技术研究（病虫草害防控研究室）。重要食用豆病害病原菌变异及资源抗性研究；食用豆蚜虫绿色防控基础及关键技术研究；食用豆草害绿色防控关键技术研究；食用豆病毒病绿色防控关键技术研究。

（6）食用豆生产全程机械化相关机械与技术研究（机械化研究室）。精量播种技术研究及机具研制；机械化植保技术研究与机具研制；食用豆收获损伤机理研究及分段收获机具研制；食用豆联合收获关键技术研究及技术规程制定。

（7）食用豆加工技术提升与产品创新研究及示范（加工研究室）。鲜品保鲜与加工技术提升；传统制品加工技术提升与综合利用；新型方便营养健康食用豆制品研发；食用豆及其加工制品品质评价。

（8）食用豆产业发展形势研判与政策建议（产业经济研究室）。生产效益分析；生产贸易形势分析；产业发展政策研究。

（9）产业基础数据平台建设（全体系）。建立完善食用豆种质资源、品种、土壤肥力、肥料、病害、虫害等21个数据库。

（10）应急性技术服务（全体系）。监测本产业生产和市场的异常变化；及时向农业农村部上报情况；发生重大自然灾害；及时制订分区域的应急预案与技术指导方案；组织开展应急性技术指导和培训工作；完成农业农村部各相关司局临时交办的任务；加大与龙头企业的对接力度；建立健全体系与龙头企业科技会商、需求对接、联合协作、成果转化、利益共享机制，促进科技与经济紧密结合。

2. "十三五"期间研发任务核心技术内容（2020年）

（1）食用豆农机农艺融合全程机械化生产技术集成与示范（全体系）。适宜机械化生产的食用豆新品种筛选；全程机械化配套机具筛选；适宜机械化生产的配套栽培模式研发与技术集成；全程机械化质量安全与生态效益和经济效益评估。

（2）食用豆重要病虫草害绿色防控技术研究集成与应用（全体系）。绿豆晕疫病绿色防控技术；豇豆荚螟绿色防控技术；食用豆草害绿色综合防控技术；绿豆叶斑病与豆象生物防治与综合防控技术。

（3）服务县域经济发展（全体系）。河北省张家口市阳原县：鹦哥绿豆生产示范基地建设；山西省忻州市岢岚县：红芸豆生产示范基地建设；青海省海南州市共和县：蚕豆种子生产基地建设。

（4）重大突发性事件应急和咨询服务（全体系）。监测本产业生产和市场的异常变化，及时向农业农村部上报情况；组织开展应急性技术指导和培训工作；发生重大自然灾害或重大突发性事件，及时制订分区域的应急预案与技术指导方案，建立专家组，明确工作机制，并以体系的名义上报农业农村部科技教育司；加大与大型地方龙头企业的对接力度，开展交流活动，促进科技与产业经济紧密结合。

（5）产业基础数据平台建设（全体系）。建立完善食用豆种质资源、品种、土壤肥力、肥料、病害、虫害等21个数据库。

3. "十四五"期间研发任务核心技术内容（2021年）

（1）食用豆高产多抗与优质专用新品种选育（全体系）。食用豆种质资源鉴定创新；食用豆高效育种技术研发；食用豆高产、多抗、优质专用且适宜机械化生产的新品种选育；食用豆良种繁育体系建设与新品种示范应用。

（2）食用豆绿色丰产高效生产技术集成与示范（全体系）。适宜机械化生产的食用豆品种筛选；轻简化高效栽培技术模式研究；病虫草害绿色高效防控技术研究；食用豆生产机械筛选与研发；食用豆全程机械化技术集成与示范。

（3）服务县域经济发展（全体系）。河北省张家口市阳原县：鹦哥绿豆生产示范基地建设；山西省忻州市岢岚县：红芸豆生产示范基地建设。

（4）重大突发性事件应急和咨询服务（全体系）。监测本产业生产和市场的异常变化，及时向农业农村部上报情况；组织开展应急性技术指导和培训工作；发生重大自然灾害或重大突发性事件，及时制订分区域的应急预案与技术指导方案，建立专家组，明确工作机制，并以体系的名义上报农业农村部科技教育司；加大与大型地方龙头企业的对接力度，开展交流活动，促进科技与产业经济紧密结合；积极响应农业农村部号召，大力推进科技助力产业扶贫相关工作。

（5）产业基础数据平台建设（全体系）。建立完善食用豆种质资源、品种、土壤肥力、肥料、病害、虫害等21个数据库。

三、体系研发工作重要进展

2019—2021年期间，国家食用豆产业技术体系针对主产区生态条件和产业发展技术需求，重点围绕高产优质多抗适宜机械化生产新品种选育、绿色增产增效关键技术集成与示范、育种技术创新与新基因发掘、重要病虫草害绿色防控及关键技术研究、全程机械化生产机械与技术研究、加工技术提升与产品创新研究等产业重大关键技术难题开展联合攻关，以服务县域经济发展、重大突发性事件应急和咨询服务、产业基础数据平台建设等领域研发工作为依托，通过岗岗联合、岗站对接，分工合作、协同创新，培育出一批高产、优质、抗病虫、耐逆境、适宜机械化生产的食用豆新品种，研究集成一批适用于不同产区利用的高效轻简栽培技术、病虫害绿色防控技术，并在主产区示范应用取得了良好增产增收效果；生产机械与技术研究成效显著，产后加工技术提升与产品创新研究促进产业提质增效。引领产业健康持续发展，推动供给侧结构性改革，助力产业科技扶贫，为政府决策、农民增收提供技术支撑。

（一）科研工作新亮点

1. 理论方法创新研究取得重要突破

（1）食用豆种质资源保护和创新利用研究得到进一步加强，助力食用豆种业快速发展。收集、引进、评价食用豆种质资源上万份，鉴定出高抗枯萎病郑绿8号、张绿3号、桂绿L74等，高抗白粉病云豌18号、成豌9号等近300份特异资源，建立完善世界上最大的食用豆核心资源库。通过对绿豆核心种质进行深度重测序，开发出包含35个Indel标记的世界上首例绿豆分子身份证，研制出新品种分子测试指南，为新品种精准保护提供了可靠的技术支撑。采用辐射诱变技术从20多万株后代材料中发现花开张和雄不育新种质，初步构建绿豆两系杂交育种技术体系，杂交种较父母本可增产20%以上。

（2）鉴定出多个与普通菜豆产量相关性状的遗传位点，为分子标记辅助育种奠定了基础。完成683份普通菜豆核心种质的全基因组重测序，鉴定获得4 811 097个SNP，构建了全球首张普通菜豆高精度单倍型图谱，并鉴定出171个人工改良选择区域，其中籽粒性状受到较强的人工选择。基于表型数据和SNP位点数据，对产量性状位点开展了全基因组关联分析，检测到508个遗传位点涉及15个数量性状。该研究成果已在国际顶尖期刊 *Nature Genetics* 上发表，达到国际领先水平。

（3）食用豆基础研究取得重要进展，遗传研究水平显著提升。精细定位了一批抗病虫、耐逆境关键基因，构建了标记辅助育种技术体系，包括绿豆抗豆象、绿豆抗尾孢菌叶斑病、绿豆抗旱、豌豆抗白粉病等。首次从绿豆中克隆出抗豆象主效基因并解释了其作用机制；将绿豆抗叶斑病基因 *VrTAF5* 定位于第6染色体上13 kb范围内；精细定位了绿豆抗白粉病主效基因，并推测为编码跨膜结构域和钙调蛋白结合结构域。克隆了绿豆抗旱耐盐基因 *VrDREB2A*，并进行了功能验证；鉴定并明确了云豌18号等23个豌豆品种（系）的抗白粉病基因。上述抗病虫、耐逆境基因的发掘及分子标记辅助育种技术的应用，有力地提升了国内食用豆整体分子遗传研究水平。

2. 关键核心技术研究取得新突破

（1）研究集成与高产抗病适宜机械化生产新品种配套的高效生产技术，产业提质增效显著。育成具有高产、优质、抗病虫、宜机械化生产等特性的新品种121个，解决了豆象、晕疫病、白粉病等病虫害严重、适宜机械化收获品种缺乏等关键性技术难题，促进了食用豆产业绿色高效发展。融合农机农艺，研究集成了不同生态区、不同种植模式的食用豆机械化播种与田间管理、分段与联合收获技术，建立起食用豆全程机械化生产技术体系。先后在重庆潼南、河北张家口、青海湟源、江苏南通、河南南阳、甘肃临夏、湖北十堰、云南曲靖等地试验示范，平均每亩可提高经济效益200元以上，产业发展提质增效显著。如矮秆、有限结荚、抗裂荚蚕豆品种青蚕16号的育成，解决了机械化收获对蚕豆农艺性状的要求。利用新品种及其配套栽培技术，在国内不同产区开展高产竞赛活动，其中中绿5号在安徽省明光市创造亩产240.2 kg的国内绿豆百亩以上高产纪录。

（2）播种及收获机具研发取得重大突破，促进食用豆生产方式发生了根本性转变。研制出适宜不同产区和豆种使用的精量排种核心部件4种，开发出绿豆覆膜精量穴播机、绿豆/小豆免耕精量播种机和蚕豆高速精量播种机等播种机具11种，筛选出高效植保机具3种；研究开发出适用于不同品种的4S-0.7KM多用割晒机、5T-80食用豆多用脱粒机、5T-15食用豆单株脱粒机、4D-3A全喂入式食用豆联合收割机和4DL-5B大粒型食用豆联合收割机等分段与联合收获机具4类30余台套。创新设计并优化精量排种机构、收获切割装置、脱粒装置、清选装置等核心工作部件的结构和工作参数，研究集成高效低损收获、高通量脱粒分离和物料低损输送、高效精量排种等核心技术，以兼顾不同豆类、不同品种的机械化生产需求，提高了机具通用性和利用率。食用豆核心生产环节机具的成功研发，填补了相关领域的技术空白，同时积极与有关企业共同构建科技创新合作体系，对全面推动食用豆生产机械化意义重大。

（3）利用无菌种子防治绿豆晕疫病实现了理论与方法上突破，支撑食用豆产业安全绿色增产增效。晕疫病是近来我国绿豆生产上发生的重要细菌性病害，种植无菌种子是防治病害最经济、有效和绿色安全的方法。绿豆晕疫病在低温高湿气候条件下容易发生和流行，高温和干旱则抑制病害发生。研究表明，我国绿豆晕疫病主要发生在北纬37.48°～48.01°、东经87.56°～128.05°的华北北部、东北和西北绿豆产区。通过田间病害调查及种子带菌检测，明确了石家庄及以南夏播绿豆区为无晕疫病发生区域，可用于疫区无菌种子繁殖或直接生产；2018—2020年以无晕疫病发生区域生产的晋绿豆9号、冀绿7号为试验材料，分别在大同、呼和浩特、张家口进行晕疫病无菌种子生产试验示范结果表明，无菌晋绿9号无晕疫病发生，增产16.9%，无菌冀绿7号晕疫病发病率为0%～1.7%，增产15.90%～73.73%。研究集成了加强田间管理、释放天敌赤眼蜂、喷施生物农药Bt或40%氯虫噻虫嗪和20%氯虫苯甲酰胺等高效化学药剂的豇豆荚螟绿色防控技术，在湖北武汉、鄂州、襄阳和河南南阳等地大面积示范应用，平均防治效果为87.34%，挽回产量损失43.87%。针对不同豆种和优势杂草，筛选安全有效的除草剂，初步明晰不同食用豆除草剂抗性特征、药害症状及缓解技术；集成西北灌区食用豆田间草害绿色防控技术规程。

（4）研发出节本增效、安全生产技术，有效提升食用豆安全生产效益。研究集成绿豆非充分灌溉节水增效、微咸水灌溉、膜下滴灌和水肥耦合等节水施肥技术4项，增产效果均在10%以上。明晰了间作套播绿豆土壤养分动态变化规律，研究集成小豆主产区施肥增效方法、蚕豆豌豆减施化肥增施生物菌肥的养分高效利用技术、绿豆硬茬直播栽培和旱地机收及轮作技术等。尤其是针对旱地绿豆出苗差、春季地温低、水分易流失、缺少机械化栽培技术等问题，亩节约成本160元左右，亩增收200元以上。开展了不同种类地膜覆盖方式、机械化栽培技术研究，集成了包括品种选择、整地、覆膜播种、机具操作、施肥、田间管理、收获、保存等全生产过程的技术准则。

研究我国耕地主要污染物Cd和As形成的阻控技术，发现在轻中度As污染农田，优先选择种植普通菜豆和豌豆，辅以中性至偏酸性肥料，增施有机肥，起垄栽培以减少土壤水分流失，可有效降低土壤As含量。在轻中度Cd污染农田，种植普通菜豆和豌豆，辅以中性至偏碱性肥料，增施有机肥，在不影响产量的基础上尽量增加土壤含水量，可有效降低土壤Cd含量。进一步构建了重金属低积累综合栽培模式2套，形成玉米间作绿豆减施N和降低Cd的生产技术。

（5）创新食用豆加工技术，研发功能营养新产品，产业附加值显著提升。吸收日本稻谷GABA高温富化技术，从200多种食用豆原料中筛选获得适宜加工的豆种和品种，构建了高效绿色、节能环保GABA富集技术。研发产品中GABA含量可达到50～100 mg/100 g，较市场对标产品高5～8倍，较传统发芽工艺减少废水排放4～5倍，缩短用时30 h以上，产品价值提升3倍以上。同时，研发出可改善食用豆籽粒的质构与快速干燥技术，产品可与米饭同煮同熟，显著缩短了家庭烹饪时间，攻克了食用豆烹煮加工不便的难题。以专用小豆品种为原料，开发出包括冲调粉、面条、糖果等在内的红豆降糖系列产品，经专业公司转化上市，给糖尿病患者提供了有益的膳食替代品。此外，还有以全利用技术开发的豆沙全粉，喷施技术生产的富硒绿豆芽等新产品，均对提升产业经济、社会乃至生态效益发挥了积极作用。

（6）准确把握国内食用豆生产本底的基本情况，明确了食用豆产业在现代农业中的地位，提出促进食用豆产业发展的相关政策。建立了全国食用豆生产及主要食用豆品种面积统计体系，稳定了江苏南通、云南大理、吉林白城和山西岢岚4省15县约1 000个食用豆种植户的固定观察点，基本摸清了我国食用豆生产、主要品种推广面积及豆农的生产生计现状，弥补了国家统计体系的不足。综合考察了我国食用豆科技进展、生产变迁以及国际竞争力发展态势，促进了我国食用豆与泰国、缅甸等国家以及CIAT、ICRAST等国际机构的科技合作，提出"保证自给、扩大出口、优化结构、合理布局、科技支撑、产业升级"的食用豆发展科技对策与产业政策选择。

3.综合技术研发取得重要进展，促进我国食用豆产业健康持续发展

针对食用豆产区土壤贫瘠、气候多样、良种覆盖率低、栽培技术落后、田间管理粗放、生产效率低、劳动力短缺等问题，科学确定研究目标。通过示范以不同生态区适宜的食用豆抗病虫、耐逆境、高产稳产、优质专用品种为核心，以水肥高效利用调控管理、优质安全高效栽培技术和一体化食用豆种植机械开发为突破口，重点围绕品种优化选择、水肥高效利用、病虫草害综合防治和机械化作业4个方面开展多学科联合协同攻关，有针对性地对影响食用豆优质安全高效生产的主要因素进行深入研究。示范推广优质多抗适合机械化种植的食用豆新品种，研究集成各种技术创新种植模式，建立食用豆全程机械化种植的配套农艺措施和技术标准，有效解决了制约我国食用豆产业化发展的关键问题。并通过技术成果的集成示范和推广，建立了覆盖我国食用豆主产区的持续高效优质安全生产技术支撑体系，节本增效显著，对食用豆生产具有重要的指导意义。

（二）技术服务新亮点

1.服务县域经济发展成效显著

（1）阳原县绿豆采用"四结合"方式实现高质量发展，品牌效应凸显。河北省张家口市阳原县地处丘陵干旱贫瘠区，绿豆在促进县域经济发展、当地农民增收中具有重要作用。针对阳原绿豆品种退化、生产技术落后、机械化水平低等问题，成立了由首席科学家统一部署，遗传改良、栽培与土肥、病虫草害防控、机械化等研究室专家和张家口综合试验站组成的帮扶小组。从创新优化品种、提高生产水平、提供技术服务、打造知名品牌、提高种植效益和促进绿豆产业提质增效等方面，提供全产业链服务。筛选并示范推广了冀绿20、中绿10号、中绿23、张绿2号等品种，以及种子处理、覆膜播种、中耕除草、病虫害绿色防控、收获等全程机械化生产技术，实现了节本增效。同时，联合相关龙头企业、地方政府与技术推广部门，采取"四结合"即新品种与新技术相结合、示范基地与产业化基地建设相结合、现场观摩与技术培训和田间指导相结合、样本建设与辐射带动相结合形式，形成国家体系主导、地方政府协助、龙头企业带动、种植大户参与的"四方合作"工作机制。在阳原县建立绿豆新品种及全程机械化生产技术示范样板5个合计1 550亩，辐射周边5个乡镇，产业规模达5万亩以上。其中，2019年在阳原县10个乡镇示范新品种3.52万亩，免费提供种子90.6 t；2020年在阳原县6个乡镇示范新品种1.49万亩，免费提供种子

44.8 t。新品种早熟、直立抗倒、宜机械化收获、抗病耐旱，增产30%以上，每亩增收150元以上，实现了阳原县绿豆产业高质量发展。

（2）山西省岢岚县红芸豆生产再上新台阶，农业增产农民增收成效显著。山西省忻州市岢岚县地处吕梁山脉黄土高原，属吕梁山集中连片特困地区贫困县。岢岚县年种植红芸豆10万亩以上，被誉为"中华红芸豆之乡"，是"国家出口红芸豆质量安全示范区"，并通过国家地理标志认证。然而，红芸豆连年种植，品种退化，根腐病、枯萎病和普通细菌性疫病等病害严重。太原综合试验站联合体系相关专家，先后开展红芸豆品种提纯复壮、新品种选育，以及肥效、密度、种植方式、病害防治等试验，集成了"旱地红芸豆高产栽培技术"，实现"良种、良法、良田"的配套，建立核心示范田500亩，示范展示红芸豆新品种及配套栽培技术。通过现场培训、示范观摩、各生产环节定期检查等，开展新品种新技术示范推广。经田间测产，核心示范田红芸豆较对照田亩增产18.2%，辐射带动作用明显。旱地红芸豆高产栽培技术累计推广61.2万亩，增产1.365万t，增收超9 000万元。并与相关专业合作社合作，开展红芸豆绿色农产品认证。通过统一供种、统一管理、统一指导的方法，严格按照标准化的红芸豆生产技术规程，结合播种、施肥、覆膜一体及机械化收获技术，规范化种植红芸豆新品种金芸3号，建立绿色红芸豆生产基地2 500亩，助力岢岚县红芸豆生产再上新台阶，品牌效益更显著。

（3）青海省共和县蚕豆种业基地及轮作体系建设，助力县域经济快速发展，社会经济效益显著。青海省共和县地处海南藏族自治州北部，是全州最大的农牧交错区。蚕豆是共和县粮饲肥兼用作物，亩产值为1 000～2 000元，总产值占5%左右。共和县气候干燥冷凉，蚕豆商品性和种子品质优良，已成为青海省重要的蚕豆种子生产基地。蚕豆育种岗位联合体系相关专家，以共和县为核心区域的蚕豆种业为目标，按"一乡一业"的模式，通过种子基地、轮作体系建设等，扶持共和县蚕豆产业，助力县域经济发展。以"科研+企业+农户+基地"的模式，在龙羊镇建立蚕豆种子繁殖基地2 000亩，年产值在350万元以上。辐射贵南县沙沟乡、兴海县曲什安镇、同德县巴沟乡等，建立青蚕14号良种基地4个，种植面积3 000亩，年产值480万元以上。在海拔3 000 m塘格木镇以蚕豆/青稞的轮作模式，建立早熟小粒青海13号商品基地5 000亩，配套高效生产技术实现规模化生产，亩产300 kg，效益1 500元/亩左右，减施化肥50%以上，促进了该区域轮作体系建设。优化传统区域种植业"油菜+青稞"二元结构调整为"青稞+蚕豆+油菜"三元结构，为该区域提供优质饲草，促进畜牧业高质量发展。为了加快新型职业农民培训，助推县域经济发展，先后在海南州各县开展蚕豆种植技术培训、种子生产基地和育种基地观摩会等，种植大户的辐射带动作用明显，有力地支撑县域经济的发展。

2. 科技成果推广应用取得显著成效

食用豆新品种选育及高效栽培模式、机械化生产技术集成等，在不同产区示范应用，效果良好，既保障了耕地质量提升和农田生态环境改善，又促进了产业向适度规模种植、轻简高效栽培方向发展，推进了我国食用豆产业高质量发展。

（1）新品种的示范应用，解决了产业中存在的产量低、抗性差、不宜机械化生产等问题，提高了产量，改善了品质，提升了种植效益。育成了一批抗病虫、高产稳产、优质专用、株形紧凑、成熟期一致、宜机收的新品种，如冀绿15、中绿20号等，解决了目前食用豆品种中存在的产量低、抗性差、不宜机械化作业等问题。特别是抗豆象品种的选育成功解决了我国绿豆在储藏过程中豆象为害问题，社会经济和生态效益显著。据统计，"十三五"期间，新品种在河北、天津、河南、山东、新疆、甘肃、内蒙古、山西等地示范推广上亿亩。其中，2019年在张家口蔚县、阳原县示范冀绿20号100亩，在前期干旱，播种较常年晚近1个月情况下，品种的早熟性、抗病性、高产性突出，亩产达到148.36 kg，较地方品种增产40%以上；抗叶斑病广适性新品种中绿5号在安徽、新疆、河南取得了亩产240.2 kg、241.7 kg、198 kg的高产典型；2020—2021年中绿5号在赤峰市百亩以上集中连片种植连续两年突破当地绿豆高产纪录。实现了第三次全国绿豆品种更新换代。

（2）农机农艺融合，促进产业向适度规模、轻简高效方向发展。在高产、优质、多抗、宜机收等突破性新品种育成的基础上，通过对播种机、中耕机、喷药机、收获机等相关机械与生产技术研发，实现了绿豆、小豆、蚕豆、普通菜豆、豌豆等品种、机械与技术的融合，推进了我国食用豆全程机械化生产快速发展。其中有限结荚型青蚕16号的育成在高海拔地区实现了蚕豆全程机械化、化学除草零的突破。绿豆机械化联合收获在张家口市阳原县可提高经济效益203元/亩，在重庆市潼南区可实现节本增效346元/亩，在安徽明光可节约开支399元/亩，增加效益309元/亩，增产增收效果显著。研究集成西北旱地绿豆全程机械化栽培技术，用播种机一次性完成播种、施肥、覆膜，拖拉机牵引耘锄中耕除草，植保机或拖拉机喷灌防治病虫害，分段收割、捡拾脱粒或联合收获机一次性收获脱粒，籽粒损失率小于5%，破损率小于5%，机械化收获亩节约成本160元，亩增收200元以上。

在夏播产区研发出麦后硬茬复播绿豆生产技术，在冬小麦收获后不耕作、不灌底墒水，直接硬茬播种，达到节时抢墒保水的效果。该技术在山西省临汾市示范推广4.3万亩，其中抗豆象品种晋绿豆7号平均亩产105.3 kg，新品种晋绿豆8号平均亩产122.7 kg，比当地品种及种植方式增产20%以上，水分利用率提高8%，节约成本50元/亩，农民收益超过1 000元/亩。

（3）与其他作物间套作栽培，调整产业结构，促进绿色安全高效生产。研发集成了豌豆—谷子创新轮作模式，突破了传统的"小麦（冬春季）—大豆（夏秋季）"模式，改一年两季大作物为一年两季杂豆杂粮生产，推动产业高质量可持续发展。创新的"果林/豌豆、蚕豆、小扁豆（冬春季）"一年两熟林下经济模式，获得当地果农和政府部门好评。研发的适宜"鲜食豌豆（春季）—鲜食玉米（夏秋季）"一年两熟轮作模式，促进了农民增产增收。集成的以玉米刈割为基础的玉米和绿豆间作技术、南方水稻蚕豆轮作技术模式、烟草+豌豆旱地免耕直播套作模式等，达到了减肥增效的效果。

（4）通过加工新技术、新产品转化应用，带动企业产业转型升级、做大做强。体系研发的食用豆γ-氨基丁酸（GABA）富集新技术在呼伦贝尔农垦集团下属公司得到转化，促进该公司从传统农垦企业的原粮生产销售业务向高附加值、深加工产业链纵深方向发展；同时推动了当地芸豆优势产区加工专用品种的升级换代。湖南浏阳河农业产业集团则通过与体系专家长期合作，公司从最初以绿豆为代表的旱杂粮销售业务，发展到从绿豆基地种植到主食、油脂、饮品、调味品、化妆品、酒类等八大类、30多个产品的多元化、全产业链生产经营，迅速成长为国家级农业产业化龙头企业、湖南省高新技术企业，拥有中国著名品牌、湖南省著名商标等多项品牌荣誉。

3. 应急性服务有效解决产业技术难题

（1）密切关注和监测生产和市场异常变化，及时向农业农村部上报情况。2019—2021年，体系研发中心协同相关岗位专家，组织全体系人员，围绕生产指导、市场预测、产业发展和科技扶贫等积极建言献策，向农业农村部相关部门上报"年度产业技术发展报告""年度产业发展趋势与政策建议""年度产业专家解读报告""年度生产技术指导意见""新时期农业科技创新意见建议""食用豆产业技术体系产业重大难题""'十三五'特困连片区食用豆产业状况调研报告""燕山—太行山区食用豆产业提质增效安全生产关键技术研发与示范"等报告近400份，为政府机构决策、食用豆生产与产业发展等提供了参考。其中，2019年，在前期工作基础上，除组织本体系专家开展食用豆全产业链科技扶贫需求调研外，还组织相关岗位，协同小麦、燕麦、马铃薯、牧草等体系专家，到相关市县产业扶贫对接调研，了解当地产业基本情况、存在问题、技术需求及政策建议，保证了扶贫项目的精准对接和顺利实施。2020年疫情期间，组织全体系人员排除各种困难，进行了"疫情对食用豆产业发展的影响及对策建议""疫情下食用豆产业发展存在问题与对策建议"等调研，促进了疫情期间及复工复产后食用豆产业发展。同时，还系统分析了中美贸易摩擦对我国农业产业产生的影响，深入研究了"一带一路"背景下的中国农业国际合作战略，为中国工程院、农业农村部及时提交相关政策建议，研究成果被农业农村部、国家"一带一路"办公室采纳，为我国农业国际合作工作提供了重要支撑。

（2）针对生产中突发性灾害事件，及时制订应急预案与技术指导方案，恢复生产，减少损失。2019年，针对江苏、安徽等华东地区的蚕豆豌豆苗期发生的冻害问题，组织地方农技部门和种植户，开展增施磷肥、及时中耕等措施，受冻幼苗及时缓解，减少损失110万元。2020年，针对江苏及其周边60年一遇的罕见低温和雨雪，提出的播种早春早熟豌豆等补救措施，得到了江苏省农业农村厅等政府指导部门的肯定和推广。2020年6月我国东北、华北北部地区发生绿豆、芸豆细菌性晕疫病暴发，及时提出"绿豆和芸豆晕疫病发生与防控对策"预警，保障了生产安全。2021年7月，河南遭受重大洪涝灾害，组织全体系人员撰写食用豆防灾减灾生产技术，并向30多个单位捐赠绿豆种子超过30万kg，补种绿豆亩产约113 kg，社会效益和经济效益显著。

（3）积极开展产业应急性调研和技术指导与培训，及时解决生产实际问题。针对食用豆生产上各年度出现的暴发性病虫害、旱涝冰冻等自然灾害及2020年突发的新冠疫情，组织全体系人员及时开展应急性产业调研和技术指导与培训工作，围绕病虫害防控措施、减灾补救措施、高效种植与机械化生产，结合科技扶贫工作，采用集中技术培训、电台电视台讲座、科技大讲堂、视频会议、微信公众号、线上互动等形式，组织各类技术培训千余次，培训技术人员、种植示范户十余万人次，提升了食用豆从业人员的科技水平。其中，甘肃天祝藏族自治县在岗位专家的建议和帮助下实现了5万亩豌豆"干改鲜"的历史性转变，提升了地方农民收入。

总之，国家食用豆产业技术体系建设运行十余年来，对我国食用豆产业发展起到了重要的推动和引领作用，在某些领域达到世界领先水平。但与大作物相比还有一定差距，如由于基础研究水平较低，限制了突破性成果的形成；突破性品种和技术不足，限制了产业转型升级；产品附加值低，市场竞争力缺乏；品种与种业管理制度相对缺失，对新品种推广及保护具有一定的不利影响；政策空间鼓励不足，研发资金与种植补贴双缺乏。"十四五"期间，我们将进一步加强食用豆抗病虫优质专用品种及高产宜机收品种的培育和优异基因发掘力度；提高种质创新与新品种选育水平；加强重大病虫草害调查和预警与绿色防控技术研发集成，保障食用豆生产安全；加强不同豆种、不同区域和不同种植模式的全程机械化生产配套技术研发，全面提升食用豆机械化生产水平；充分挖掘食用豆保健功能优势，实现全产业链科技支撑；强化科技成果推广应用，提升食用豆在农民增收、乡村振兴战略实施中的重要作用。

四、体系活动大事记

（一）2019年

1. 食用豆产业科技扶贫示范观摩会

为了促进体系研发成果快速转化，加强科企合作，充分发挥食用豆产业在助推科技扶贫和乡村振兴战略实施中的重要作用。于2019年7月19—20日，国家食用豆产业技术体系在山西省大同市组织召开了"食用豆产业科技扶贫示范观摩会"。中国农业科学院作物科学研究所党委书记副所长范静、党委办公室主任杨建仓，国家食用豆产业技术体系首席科学家程须珍、部分岗位专家和综合试验站站长及骨干团队成员，山西省农业科学院副院长张强，以及大同市、云州区、许堡乡集仁村等有关领导和农技推广与服务人员、企业代表等70余人参加了活动。

"永远的旗，励志的魂"。走进山西省大同市阳高县大泉山爱国主义教育基地，在范静书记的带领下，与会党员和积极分子高擎右手，重温入党誓词；阅读毛泽东主席修改过的《看，大泉山变了样子》这篇文章，回顾大泉山的发展历史和艰苦奋斗的创业事迹，领悟大泉山精神，感受榜样的力量；参观李培斌先进事迹展，感悟何为"站着是一面旗帜，倒下是一座丰碑"，提醒科技干部要以强烈的事业心和责任感，努力工作争做科技扶贫的先锋军。

"历史横流，岁月推增"。走进东方红纪念馆，参观馆内藏品，感悟时代烙印，缅怀和铭记老一辈革命家在带领中国人民抵御外敌入侵、反抗民族压迫和阶级压迫的艰苦卓绝斗争中所做的伟大贡献，激发广大党员和科技人员勇于担当甘于奉献，在新时代的长征路上做出新的更大贡献的决心。

"科技扶贫，'豆'智'豆'勇"。走进大同市云州区，参加本次科技扶贫活动的与会代表，在许堡乡集仁村开展食用豆产业科技扶贫示范现场观摩与技术培训（图1、图2）。

山西省大同市云州区是国家食用豆产业技术体系和中国农业科学院作物科学研究所"科技扶贫"示范县，属燕山—太行山集中连片特困区，绿豆种植历史悠久并获得国家农产品地理标志认证。针对当地产业优势和技术需求，双方合力打造"食用豆产业科技扶贫绿豆有机旱作示范区"。活动期间，与会领导、科技人员及企业代表等实地考察示范区展示的品种，以及农机农艺融合全程机械化播种、中耕除草、机割晾晒和捡拾脱粒分步收获技术等，现场解决农民生产中存在的问题。通过新品种、新技术的实施，推动了当地农民的增产增收，实现每亩增产150元左右，起到了产业引领和科技支撑作用，初步实现了科技产业扶贫的目标（图3）。

图1　2019年7月爱国主义教育现场（大同）

图2　2019年7月技术培训现场（大同）

图3 2019年7月科技扶贫示范县实地考察与品种展示现场（大同）

2. 食用豆产业科技扶贫示范观摩暨体系中期工作总结会

会议于2019年8月7—9日，在河北省张家口市召开，地点：张家口国际大酒店。会议由国家食用豆产业技术研发中心/中国农业科学院作物科学研究所主办，张家口综合试验站/张家口市农业科学院承办。河北省张家口市农业科学院张斌院长、黄文胜副院长、科研处奚玉银处长，张家口市阳原县李志军副县长，国家食用豆产业技术体系首席科学家程须珍研究员，以及来自食用豆产业技术体系岗位专家、综合试验站站长及团队成员、合作企业代表等近80人参加了本次会议。

与会代表在河北省阳原县要家庄乡柳树皂村，参观了张家口综合试验站的绿豆新品种及轻简化技术集成示范基地，并组织与会全体专家开展了"不忘初心、牢记使命"主题教育科技服务活动，张家口市农业科学院黄文胜副院长主持了本次活动，张家口市阳原县李志军副县长代表阳原县人民政府对与会代表表示热烈欢迎，他还介绍了阳原县农业发展基本情况，并重点就该县食用豆产业在科技扶贫中的重要作用、首席科学家团队与张家口综合试验站提供的绿豆新品种及轻简化技术在该县的应用情况做了详细介绍，充分肯定了相关技术在产业扶贫和乡村振兴中的重要作用。要家庄乡王尚廷副乡长介绍了柳树皂村食用豆产业化基本情况，并对体系相关技术人员在产业扶贫中所做的贡献表示感谢。张家口综合试验站徐东旭站长对该地从品种选用、机械化播种、地膜覆盖等相关技术要点进行了重点介绍。首席科学家程须珍研究员在讲话中对张家口基地的试验示范工作给予了充分肯定，并表示后期将进一步加强合作，对产业科技扶贫和乡村振兴做出更大贡献。在示范观摩活动结束后，与会专家还参观了国家食用豆产业技术体系张家口综合试验站沙岭子试验基地新品种新技术试验示范情况（图4、图5）。

图4　2019年8月示范观摩活动现场（阳原）

图5　2019年8月示范观摩会现场（阳原）

　　观摩活动结束后，与会专家在张家口国际大酒店举办了中期工作总结会议。会议由国家食用豆产业技术体系首席科学家程须珍研究员主持。张家口市农业科学院黄文胜副院长致欢迎辞，并向与会代表介绍了张家口市农业科学院以及该单位食用豆团队的基本情况。在首席科学家程须珍研究员及各功能研究室主任的主持下，体系各岗位专家和综合试验站站长对2019年科技助力产业扶贫与乡村振兴任务落实情况进行了详细汇报，各岗站专家汇报内容丰富，重点突出，得到了首席科学家的充分肯定（图6）。

图6 2019年8月科技扶贫研讨会现场（张家口）

首席科学家程须珍研究员在会议总结时指出，农业农村部科教司张文副巡视员在2018年南京现代农业园区会议上表示，农业农村部对张家口2018年产业扶贫和乡村振兴工作非常满意，并要求各体系在2019年继续做好相关产业扶贫和乡村振兴工作，为此食用豆体系张家口综合试验站联合本体系部分岗位专家进行了认真准备，克服前期干旱严重、晚播等不利因素，取得了一定成绩，值得大家学习。程首席结合半年来各岗站在产业扶贫和乡村振兴方面所开展的各项体系工作，详细介绍了国家相关产业扶贫总体规划及重点区域，对食用豆体系下阶段的相关工作做了统一部署和安排。

3. 国家食用豆产业技术体系2019年度工作总结及2020年任务落实会

会议于2019年12月26—28日，在南京召开，地点：南京国际会议中心。会议由国家食用豆产业技术体系研发中心/中国农业科学院作物科学研究所主办，农业农村部南京农业机械化研究所承办，江苏省农业科学院经济作物研究所协办。农业农村部农技推广中心粮食技术处吕修涛处长，国家食用豆产业技术体系首席科学家程须珍研究员，中国农业科学院作物科学研究所科技处付金东处长，江苏省农业农村厅科教处姜雪忠处长、江苏省农业科学院刘贤金副院长，农业农村部南京农业机械化研究所陈巧敏所长及来自体系的50多位岗位专家和试验站长参加了此次会议（图7）。

图7　2019年12月体系工作会现场（南京）

　　会议由首席科学家程须珍研究员主持，农业农村部南京农业机械化研究所陈巧敏所长欢迎辞，陈所长详细介绍了研究所基本情况、取得的科研成果、食用豆生产机械化发展概况等。江苏省农业科学院刘贤金副院长就江苏省农业科学院基本情况、食用豆营养价值、江苏省食用豆相关情况等做了详细介绍。中国农业科学院作物科学研究所科技处付金东处长就国家食用豆产业发展状况、科技工作相关要求作了重点发言。江苏省农业农村厅科教处姜雪忠处长就江苏省农业发展现状、国家对农业重视程度、江苏省农业成果等方面做了重点介绍。农业农村部农技推广中心粮食技术处吕修涛处长在发言中，首先肯定了食用豆产业技术体系在近几年工作中的突出成绩，随后介绍了食用豆作为粮经饲特色经济作物的优势及在现代农业中的发展趋势，即主要粮食作物供需结构从数量向质量发生转变、发展方式向绿色和可持续发展方向转变、生产技术从传统型向优质高效型转变等。

　　首席科学家程须珍研究员代表体系岗站人员，对一年来的研发工作做了详细汇报。她的汇报重点突出，内容丰富，受到了农业农村部、江苏省农业农村厅、江苏省农业科学院领导的一致好评。随后，体系22名岗位专家和23名试验站长就一年来的工作分别做了详细汇报，并相互打分考核。

　　考评结束后，中国农业科学院成果转化局王述民局长就各岗位专家和试验站长的汇报内容做出了简要点评，阐述了农业发展结构和趋势，并对2020年体系相关工作提出了一些建议和规划。随后各岗位专家就2020年拟实施的总体任务方案进行了充分讨论，并和相关试验站长进行了对接，为2020年体系任务的实施打下了良好基础。

　　首席科学家程须珍研究员最后进行了总结发言。首先肯定了体系各岗位专家和试验站长一年来的工作成果，要求全体岗站人员认真进行相关总结工作，严格按照农业农村部提供的格式进行总结，按时提交首席办要求的相关材料，并对下年的一些重要工作任务进行了布置安排。在体系考评方面，首席科学家再次强调考评纪律，要求各岗位专家和综合试验站站长一定要严格执行农业农村部考评纪律。体系学术交流今后尽可能常态化，为培养年轻科研人员和体系成员交流提供机会（图8）。

图8　2019年12月体系工作会代表合影（南京）

4. 第五届全国食用豆类学术研讨会

会议于2019年12月28—29日，在江苏南京召开，地点：南京国际会议大酒店。会议由中国作物学会食用豆专业委员会/国家食用豆产业技术研发中心共同主办，农业农村部南京农业机械研究所、江苏省农业科学院经济作物研究所承办，来自全国20多个省份130余名从事食用豆科研、生产及企业代表参加了本次会议（图9、图10）。

此次会议的主题为"提升研发水平，助力乡村振兴"。会议开幕式由中国作物学会食用豆专业委员会长程须珍研究员主持，农业农村部南京农业机械化研究所所长陈巧敏研究员、江苏省农业科学院经济作物研究所陈新所长、中国作物学会杨克理副秘书长分别致欢迎辞。会议特邀本领域内知名专家就新品种选育、高效栽培技术、机械化收获等方面的最新研究进展进行了学术交流，其中中国农业科学院作物科学研究所王克晶研究员汇报了野生大豆的考察及评价鉴定、山西省农业科学院旱地农业研究中心王娟玲研究员汇报了有机旱作农业、中国农业科学院蔬菜花卉研究所张秀新研究员汇报了牡丹种质资源创新利用与产业化开发等相关领域的最新研究成果，各位专家和学者齐聚一堂对食用豆产业发展趋势及重点研究方向进行了交流和探讨，为食用豆产业后期发展打下了坚实基础。

图9　2019年12月学术研讨会现场（南京）

图10　2019年12月学术研讨会代表合影（南京）

（二）2020年

1. 促生产、保供给——食用豆体系"抗击疫情"在行动

2020年第一季度，正是抗击新冠疫情的严峻时期，也是我国南方地区秋冬播蚕豆豌豆陆续开花结荚、北方地区春播备耕和南繁试验收获的关键时期。

为降低新冠疫情对食用豆产业发展的影响，国家食用豆产业技术研发中心，积极组织本体系岗位专家和综合试验站，对各主产区食用豆产业发展中存在的问题、产业需求基本信息和南方区蚕豆病害发生发展情况进行了系统调研，开展了"确保食用豆安全生产，保障有效供给，为有关政府部门决策和用户生产销售提供技术咨询"的专项应急性活动。

在全体系人员的共同努力下，"抗疫"行动为有关政府部门决策、保障农产品市场有序供给、涉农企业稳定发展、农技人员及广大农民春耕备耕、复工复产等做出了积极贡献。

（1）统筹部署，抗疫、科研两不误。面对疫情冲击，首席科学家程须珍研究员号召全体系人员一定要高度重视疫情防控工作，积极响应国家号召，严格执行各有关单位的规章制度，坚持做到防疫与科研"两不误"。

根据产业发展实际情况，她提出要把"防疫情、促生产、保供给，为有关政府部门和用户提供技术咨询"列为2020年体系建设应急性任务。并在重庆试验站开展"疫情期间鲜食冬季豆类提质增效关键技术研发与应用"示范，划定保供本地、支援湖北的鲜食蚕豆豌豆主要产区1个，非主要产区3个，示范区面积5万亩。通过早熟、晚熟蚕豆豌豆新品种筛选与配套栽培技术集成，力争达到重庆市鲜食蚕豆豌豆生产能够实现"错峰上市"，提高生产效益。

程须珍研究员以身作则（图11），除认真贯彻落实各项防疫和体系建设任务以外，还积极参加南繁工作，并组织食用豆体系育种研究室主任田静、种质资源岗位专家王丽侠（图12）、唐山试验站站长刘振兴、合肥试验站站长周斌及其团队成员，坚持在三亚南繁第一线，抢节令、抢时间完成各项试验任务，切实做到防疫与科研"两不误"。

图11　程须珍研究员在南繁基地田间试验调查（三亚）

图12　王丽侠博士在南繁基地田间试验调查（三亚）

（2）创建信息平台，技术服务及时到位。为了将体系科研成果和疫情下食用豆产业发展的应急性措施快速传送到广大用户，食用豆体系与中国作物学会联手，由食用豆专业委员会秘书长、种质资源岗位科学家王丽侠与产业经济岗位专家张蕙杰、土壤和养分管理岗位专家刘宏权等体系专家一起，夜以继日，创建起"食用豆在线"微信公众号，并编写了《食用豆科技通讯》抗疫情保生产专刊第一、二期。

通过公众号和科技通讯电子版，将新冠疫情对食用豆产业的影响及政策建议、体系研发成果、当前生产中存在的问题及应对措施，及时发送到有关政府部门、基层农技人员、种植大户和涉农企业等，搭建起食用豆科技服务信息快速传播技术平台。

（3）春耕春种，专家建议不缺席。为了在疫情下能够更好地为广大豆农的春耕春种服务，程须珍研究员组织全体系人员，针对本区域产业经济特点，通过电话、微信、电子邮件，以及下乡村、下基地、下市场调研等多种形式，对疫情发生和未来可能对当地食用豆产业发展产生的影响进行调研和预测，为地方政府和农业农村部相关部门决策提供可靠数据和技术支撑。并组织有关岗位人员撰写科普教材，通过微博微信、视频会议等现代媒体进行技术培训和指导，及时解决各类生产问题（图13）。

图13　南宁综合试验站食用豆与甘蔗间种示范田播种现场（北海）

根据长江流域低温阴雨天气，组织开展南方地区蚕豆豌豆生产情况排查和病虫害预测，撰写了"疫情下南方地区蚕豆赤斑病流行分析及防控对策""疫情下警惕南方地区蚕豆霜霉病流行"等技术报告，并及时报送重庆、四川、江苏等有关农业部门和种植大户进行有效防控，为春耕春种提供了具体有效的对策。

（4）调研供给，"爱心助农"援手"菜篮子"。针对疫情期间部分地区农产品"绿色通道不畅""供销环节脱钩""抗疫情农产品保供给"等问题，程须珍研究员等专家与阿里巴巴等企业联合发布"爱心助农"计划倡议，为全国核心产区滞销农产品打造紧急供应链，保障城市"粮袋子、菜篮子"量足价稳（图14）。

图14　曲靖综合试验站蚕豆全程机械化示范田病虫害防控（曲靖）

食用豆体系组织开展主产区食用豆产业供需情况调研，对16个省份50多家中小企业和农民种植合作社滞销的干鲜食用豆、芽苗菜等进行市场对接，使地处云南保山贫困地区农民合作社滞销的鲜食蚕豆豌豆在淘宝电商平台顺利上线。

同时，南通试验站、重庆综合试验站等积极响应体系号召，摸底并预测了当地食用豆生产和市场情况，为相关政府部门蔬菜保供给提供了技术咨询，为将当地食用豆供应以及支援湖北蔬菜市场提供了有效建议。

在这场突如其来的没有硝烟的战争中，国家食用豆产业技术体系全体成员在首席科学家程须珍研究员的带领下，不忘初心、牢记使命，以服务产业、潜心科研为己任，在平凡的岗位上为疫情防控大局做出了应有的贡献！

2. 食用豆科技创新助推产业扶贫示范观摩会

为促进食用豆领域研发成果快速转化，充分发挥食用豆产业在助推科技扶贫和乡村振兴中的作用，2020年9月4日，"食用豆科技创新助推产业扶贫示范观摩会"在河北省阳原县成功召开。中国农业科学院作物科学研究所党委副书记马秀勇、科研管理处处长郑军，张家口市农业科学院副院长黄文胜，阳原县县委书记孙海东、副县长李英英等领导和专家出席活动。会议由国家食用豆产业技术体系首席科学家程须珍研究员主持（图15）。

图15　2020年9月扶贫示范观摩会现场（阳原）

会议观摩了阳原县要家庄乡王府庄村385亩绿豆示范基地，与会人员对体系专家研究集成的绿豆新品种及轻简高效全程机械生产技术与绿豆专用联合收割机械给予高度评价（图16）。

图16　2020年9月扶贫示范观摩会现场（阳原）

据阳原县县委书记孙东海介绍，自2018年起，中国农业科学院作物科学研究所与阳原县合作建立食用豆传统品种改良及试验示范基地，在食用豆体系专家的指导下开展品种提纯、良种繁育、示范推广等，增产增收效果明显，特别是"鹦哥绿豆"示范亩增产量达30%以上，已获得国家农产品地理标志认证。在食用豆扶贫示范基地中，仅王府庄一个点就直接带动39个农户脱贫，户均增收1 000元以上。通过"一县一业"基地建设培植的食用豆龙头企业"河北泥河湾农业发展股份有限公司"被评为国家知名品牌，带动全县近2万户贫困户增收，约占贫困户总数的70%（图17）。

图17　2020年9月扶贫示范观摩会现场（阳原）

在座谈会上，马秀勇副书记对下一步工作提出了三点意见：一是继续以绿色有机绿豆为抓手，聚焦当地特色资源，全力打造阳原特色品牌，助力脱贫致富和乡村振兴；二是进一步发挥中国农业科学院作物科学研究所国家队的优势，食用豆体系全国性协作的力量，及张家口市农业科学院的地方优势，深入开展技术服务；三是充分发挥政科企合作的作用，推动食用豆产业持续发展（图18）。

图18　2020年9月科技扶贫研讨会现场（阳原）

国家食用豆产业技术体系相关岗位专家，综合试验站站长和团队成员，当地相关政府部门负责人、各乡镇负责人、企业代表、种植大户等60余人参加了本次活动。

（三）2021年

1. 国家食用豆产业技术体系2020年度工作总结及2021年任务落实会

会议于2021年1月12—14日在北京召开。受疫情影响，会议采用线上线下相结合的方式进行，主会场设在中国农业科学院作物科学研究所重大工程楼。居住在北京的岗位科学家在主会场参加会议，并做现场工作总结报告和人员考评。居住在北京以外的岗位科学家、综合试验站站长，在本单位参加线上视频会议，并将本岗位工作总结暨述职报告录制成带有音频的PPT文件，由主会场统一播放，大家集中考评打分。农业农村部科技教育司产业技术处邵华莎副处长、全国农业技术推广服务中心粮食作物技术处贺娟老师、中国农业科学院成果转化局王述民局长、中国农业科学院作物科学研究所所长钱前院士，及国家食用豆产业技术体系首席科学家程须珍研究员和全体岗位科学家、综合试验站站长等50余人出席了会议（图19、图20）。

会议由首席科学家程须珍研究员主持。钱前所长代表体系研发中心建设依托单位及会议主办单位致欢迎词，钱院士指出食用豆类是我国重要出口创汇商品，也是农业种植结构调整的关键环节，在改善人们饮食平衡方面具有重要作用。由于产区主要分布在生态条件较贫瘠、经济欠发达地区，食用豆在助力产业扶贫、实现乡村振兴中发挥着重要作用。钱所长肯定了中国农业科学院作物科学研究所食用豆体系专家在种质资源收集与评价、遗传育种、栽培土肥、病虫防控、产后加工技术等领域取得的成就，及全体系人员在技术研发与成果推广等方面做出的突出贡献。并强调在"十四五"期间，全体系人员要继续努力，本着把小作物做成大产业的理念，围绕国家重点战略计划，以解决产业重大问题为导向，开展联合攻关，凝练出重大科技成果，扩大宣传力度，提升体系对国家食用豆产业发展的支撑作用，助力农民增收、农业增效及乡村振兴。

图19　2021年1月体系工作会现场（北京）

图20　2021年1月体系工作会现场（北京）

邵华莎副处长在讲话中再次充分肯定2020年度食用豆体系建设所取得的成绩，她说体系专家众志成城，在脱贫攻坚和保障供给方面做出了显著成效，不仅为"十三五"工作做了很好的收官，也为"十四五"打下一个良好的开端，她代表农业农村部产业技术处对全体系人员表示感谢。邵副处长说，中国共产党第十九届五中全会、中央经济工作会议等对农业工作做出了重大部署，特别是在产业链安全供给、区域特色农产品发展、提高产地安全水平、防治和应对各类自然灾害等方面做出了重要指示，希望全体系人员加强学习，为国家粮食安全等继续努力。邵处长还就体系下一步工作计划做出相关说明，要求体系专家要把"十三五"工作总结好，把"十四五"工作谋划好，为乡村振兴和农业农村现代化建设做出新的贡献。

贺娟老师介绍了全国农业技术推广服务中心与国家食用豆产业技术体系长期以来的合作情况，并对食用豆体系研发取得的成效表示祝贺。她说体系很多成果在试验示范中得到充分应用，成效显著，对保障国家粮食有效供给做出了良好的技术支撑，产品质量和社会效益明显提升，在助力产业科技扶贫中做出了巨大贡献。贺老师还就2021年体系建设中"一二三"产融合、延伸产业链服务等方面提出建议。

对食用豆体系的考评工作由贺娟老师主持。首席科学家程须珍研究员代表全体系人员对2020年的研发工作做了详细汇报，并受到与会领导和专家的一致好评。她指出，2020年是不平凡的一年，体系专家克服种种困难，围绕产业需求，重点开展了食用豆农机农艺融合全程机械化生产技术集成与示范、重要病虫草害绿色防控技术研究集成与应用、高产多抗适宜机械化生产新品种选育、绿色增产增效关键技术集成与示范、育种技术创新与新基因发掘、可持续生产和重要病虫害绿色防控关键技术研究、全程机械化生产机械与技术研究、加工技术提升与产品创新研究、产业发展形势研判与政策建议，服务县域经济发展，重大突发性事件应急和咨询服务、科企对接、科技助力扶贫，产业基础数据平台建设等工作，解决了制约食用豆产业发展的品种与机械化收获等技术难题，通过示范推广，食用豆单产和产品质量逐渐提高，生产效率和生产水平大幅度提升。程首席总结汇报了食用豆体系2020年度总体工作情况、重大关键问题技术攻关进展亮点、服务县域经济进展亮点、应急与咨询服务工作亮点、科技扶贫工作亮点、对接服务企业工作亮点、重要机制创新、宣传报道情况、经费使用情况、存在问题和下年工作计划。

程首席在报告中指出，在农业农村部的直接领导和建设依托单位的支持和帮助下，经全体系人员共同努力，2020年培育出生产急需并通过国家、省部级审（鉴、认）定或登记新品种64个，其中绿豆18个、小豆11个、蚕豆9个、豌豆11个、普通菜豆11个、豇豆2个、藊豆2个，获得新品种保护权21个；筛选出适宜不同生态区种植高产优质多抗机械化生产新品种45个，其中绿豆14个、小豆7个、蚕豆2个、豌豆13个、普通菜豆6个、豇豆3个；研究集产适于不同生态区、不同种植模式食用豆机械化生产配套栽培技术模式8套，研制出与其配套的播种、田间管理和收获机具；鉴定选育出一批抗重要病虫害优异种质，研究集成绿豆晕疫病、豇豆荚螟、主要田间杂草、绿豆叶斑病与豆象综合防控技术5套。获省部级成果奖9项；研制省级以上技术标准26项；授权发明专利33项；发表SCI论文31篇，影响因子121.8，核心期刊107篇；著作4部。建立试验基地86个5859亩，示范基地225个34 267亩，主推品种94个、技术71项，开展各类技术培训等170多场次，培训技术人员2 797余人次、种植大户及农民1.3多万人次，发放技术资料4.8万份，免费提供种子3万kg、农药1万kg、化肥20万kg，受益农民超过10万户，相关活动被多家媒体宣传报道。

同时，针对主产区产业发展需求，依托体系优势人力资源，按照优势区域布局规划，重点在示范县建立实施示范基地，结合科技扶贫开展技术服务。建立由首席科学家任组长，研究室主任为副组长，专家和站长为骨干的服务团队。制定切实可行工作计划，责任到人分工合作，品种改良、栽培土肥、病虫草害防控、机械化生产、产后利用、产业经济等全方位提供技术服务。与县域政府部门合作，建立"科研+政府+企业/合作社+基地+农户"技术服务模式。与当地农技推广、教育培训机构合作，利用现场与媒体相结合方法，开展丰富多样的技术培训与示范展示。与地方龙头企业、合作社、种植大户合作开展生产指导和技术服务等。推动地方县域经济发展，促进农民增收。

重大突发性事件应急和咨询服务，为政府决策、农民增收提供技术支撑。2020年，向农业农村部有关司局及地方政府和种植大户等，提供产业技术发展报告、发展趋势与政策建议、生产技术指导意见、农业主推技术、种业发展规划、科技扶贫方案等报告近200份次，为推动产业发展提供科学依据和技术服务。研究新冠疫情等突发性事件对食用豆产业需求影响调研及应对策略，重大突发性自然灾害和主要病虫害预警预防机制建立及防控对策。与龙头企业合作，促进体系成果快速转化，推进科技助力产业扶贫成效显著。

对岗位人员的考评由首席科学家程须珍研究员主持。各功能研究室主任及岗位科学家、综合试验站站长分别就总体情况、重大关键问题技术攻关进展亮点、服务县域经济进展亮点、应急与咨询服务工作亮点、科技扶贫工作亮点、对接服务企业工作亮点、重要机制创新、宣传报道情况、经费使用情况、存在问题和明年工作计划等10个方面进行了总结汇报，同时采取无记名投票方式相互测评，主要对任务委托协议规定的各项考核指标完成情况、对本岗位领域的国内外前沿跟踪情况、团队人员参加体系工作和团队建设情况、工作日志填报情况、经费使用情况等方面进行量化打分，并提出改进意见和建议（图21）。

图21　2021年1月体系工作会现场（北京）

按照农业农村部通知要求，本次会议系统总结了"十三五"期间体系研发工作重要进展和取得的标志性成果，讨论提出"十四五"体系建设工作重点和近期工作实施方案，并根据各岗站各年度考评结果和实际工作情况，形成"十三五"体系建设工作总结与考评意见。

2. 绿豆新品种田间课堂培训活动

会议于2021年9月15—17日，在内蒙古自治区赤峰市召开，会议地点：金帝酒店。参会人员：中国作物学会食用豆专业委员会委员、国家食用豆产业技术体系首席科学家、部分岗位科学家和综合试验站站长及团队成员。会议主要内容：

（1）中绿系列新品种示范观摩及实收测产。首席科学家程须珍研究员，对中绿系列品种作了简要介绍并阐明该品种未来发展方向和潜力。在敖汉旗对绿豆新品种"中绿5号"百亩连片超高产示范和宁城县山旱地绿豆品种"中绿5号"高产高效栽培技术示范进行观摩和现场测产，结果显示中绿5号平均亩产量超过150 kg，与当地常规品种相比亩产量提高了30 kg以上（图22、图23）。

图22　2021年9月田间活动现场（赤峰）

图23　2021年9月田间活动现场（赤峰）

（2）开展内蒙古食用豆科研与产业发展研讨会。中国作物学会食用豆专业委员会会长、国家食用豆产业技术体系首席科学家程须珍研究员、赤峰市农牧科学研究所所长杨薇和赤峰市农牧技术推广中心主任左慧忠，分别就食用豆产业的新发展、新机遇及赤峰地区食用豆产业发展现状和潜力做大会报告（图24、图25）。

（3）会议总结。本次活动通过田间培训形式，将中绿系列品种进行了展示和示范推广，为今后科研成果示范推广提供了可复制、可借鉴模式，同时，也为当地食用豆产业发展带来新契机。

图24　2021年9月培训活动现场（赤峰）

图25　2021年9月培训活动现场（赤峰）

（四）2022年

1. 国家食用豆产业技术体系2021年度年终考评暨2022年研发任务落实会

会议于2022年1月7—8日召开，由国家食用豆产业技术体系研发中心/江苏省农业科学院和中国农业科学院作物科学研究所共同主办。受疫情影响，本次会议以线下+线上相结合的形式召开，分别在江苏省农业科学院和中国农业科学院作物科学研究所设立分会场，居住在北京和南京的岗位科学家分别在主会场参加会议，并做现场工作报告和人员考评，其余专家在线上参会。农业农村部科教司技术推广处张振东调研员、全国农技推广服务中心粮油处陈明全副处长、冯宇鹏博士、中国农业科学院作物科学研究所科研处郑军处长、江苏省农业技术推广总站管永祥站长、江苏省农业农村厅科教处嵇召勋副处长、江苏省农业科学院孙洪武副院长、科研处卢宇副处长等有关领导，国家食用豆产业技术体系原首席科学家（现荣誉首席科学家）程须珍研究员、首席科学家陈新研究员、全体岗位专家和综合试验站站长及部分团队成员等150余人出席了本次会议，会议由陈新研究员主持（图26、图27）。

孙洪武副院长致欢迎辞，孙院长首先感谢农业农村部相关部门和体系各岗站对体系研发中心工作的支持，介绍了江苏省农业科学院90年来的发展历程，同时对豆类创新团队近几年研发情况以及江苏省农业科学院对体系研发中心的配套支持政策进行了介绍，他要求相关团队继续传承和发扬体系的优良传统，为我国食用豆产业的发展作出更大贡献。管永祥站长表示要和食用豆产业技术体系做好对接和联系，共同聚焦产业关键问题，创新推广方式，促进体系成果快速转化应用。荣誉首席科学家程须珍研究员总结和梳理了食用豆体系十多年来取得的研发成果和管理工作经验等。嵇召勋副处长介绍了江苏省产业技术体系建设的基本情况，以及与国家食用豆体系有效对接的成效。

图26　2022年1月体系工作会议会场（南京）

图27　2022年1月体系工作会议会场（北京）

受农业农村部种植业管理司和科技教育司委托，全国农业技术推广服务中心冯宇鹏博士主持了对首席科学家的年度评议和民主测评。根据评议要求，首席科学家陈新研究员详细汇报了2021年食用豆产业技术体系在产业重大关键问题技术攻关、"一县一业"技术服务工作、前瞻性研究、基础性工作和应急性服务等方面的进展亮点以及在体系运行机制和学风作风建设方面的新探索。认真剖析了食用豆产业与体系发展中存在的问题与面临的挑战，明确提出了作为"十四五"规划的深化之年，体系全体成员要抓紧落实2022年工作方案，细化目标任务，继续加强合作研究与技术示范，实现全产业链科技支撑，充分挖掘食用豆保健功能优势，继续加强媒体宣传与新闻报道和青年人才培养等工作，为推动全国食用豆产业绿色高质量发展作出积极贡献。岗位科学家和综合试验站站长依次进行了2021年工作汇报，并按照《现代农业产业技术体系人员考评办法》相关规定及任务书考核指标进行考评打分（图28）。

图28　2022年1月体系工作会议现场（南京）

考评结束后，首席科学家陈新研究员传达了农业农村部科技教育司司长周云龙在现代农业产业体系首席科学家会议上的讲话精神，要求大家准确把握新形势新变化新要求，正视并克服体系存在的突出问题，凝心聚力共同推进体系健康发展。与会岗站专家围绕体系"十四五"重点任务，开展深入的讨论，明确了各功能研究室和岗站2022年度工作重点及近期工作安排。

张振东副处长作为食用豆体系联络员，全程参与讨论，对6个功能研究室的研究目标都提出了具体的指导意见，同时代表科技教育司对体系发展提出了两点要求：一是要抓准科技要求，在技术集成创新上取得突破，实现科技助农；二是要抓住重点工作，紧紧围绕粮食安全、产业振兴、"双碳"目标、生物安全4个方面开展工作。

本次会议系统总结了"十三五"以来体系所取得的成就，明确了"十四五"的重点目标任务和相关举措，为体系"十四五"的良好开局打下坚实基础。

体系岗位建设成就

首席科学家

一、岗位简介

2007年，中央为全面贯彻落实党的"十七大"精神，加快现代农业产业技术体系建设步伐，提升国家与区域创新和农业科技自主创新能力，为现代农业和社会主义新农村建设提供强大的科技支撑，在实施优势农产品区域布局规划的基础上，由农业农村部、财政部依托现有中央和地方科研优势力量和资源，启动建设了以50个主要农产品为单元、以产业链为主线，从产地到餐桌、从生产到消费、从研发到市场各个环节紧密衔接、服务国家目标的现代农业产业技术体系，国家食用豆产业技术体系就是其中的一个。2008年1月至2021年9月中国农业科学院作物科学研究所程须珍研究员任首席科学家，2021年9月江苏省农业科学院陈新研究员接任首席科学家（图1、图2）。

图1　首席科学家　程须珍　　　　　　　　图2　首席科学家　陈新

国家食用豆产业技术体系于2008年正式建立，由1个产业技术研发中心和若干个综合试验站组成。研发中心设有首席科学家1名、体系秘书1名、功能研究室4~6个，每个功能研究室设有主任1名、岗位科学家若干名，每个岗位由4~5名团队成员组成；每个综合试验站由1名站长及4名团队成员和5个示范县组成，每个示范县由3名技术骨干组成。每个岗站对接合作企业1~2个。在2019—2021年间本体系共设有21~22个科学家岗位，22~24个综合试验站，115~120个示范县，分布在全国22个主产省份。

二、主要研发任务

作为首席科学家，主要任务是组织带领全国食用豆科技人员，通过调查研究，根据产业发展需求，制定出国家食用豆产业技术体系建设总体研发目标。以绿豆、小豆、蚕豆、豌豆、普通菜豆（芸豆）等特色食用豆类为突破口，通过体系建设提升科技创新效率，拓宽产业研究领域，建立以科研单位为依托、市场需求为导向、产业发展为目标的多元化科技创新体系，保证产品质量安全，带动产业健康发展。

体系重点研发任务是：围绕现代农业产业需求，着力解决食用豆产量偏低、栽培技术落后、农民种植收益不稳等问题，重点开展食用豆高产优质多抗适宜机械化生产新品种选育、绿色增产增效关键技术研究集成与示范、育种技术创新与新基因发掘、重要病虫草害绿色防控关键技术研究、全程机械化生产机械与技术研究、加工技术提升与产品创新研究、产业发展形势研判与政策建议、服务县域经济发展、应急性服务与技术咨询和培训、产业基础数据平台建设等研发工作。

三、重要进展

（一）高产优质多抗专用食用豆新品种选育引领产业优质化

针对我国食用豆种类多、种植范围广、区域性强、多抗优质专用（加工、出口）品种缺乏等问题，体系以"高产优质多抗适宜机械化生产新品种选育"为首要任务，经过多年多生态区多领域联合攻关，利用传统育种与分子生物技术相结合方法，培育出一批通过国家和省级审（认、鉴）定、登记的抗病（叶斑病、根腐病、褐斑病、白粉病、枯萎病、细菌性疫病、病毒病等）、抗虫（豆象、蚜虫、豆荚螟等）、适宜间作套种、机械化作业、出口和加工专用的新品种，其中2019—2021年育成品种120多个，有效解决了我国食用豆生产品种混杂、产量低、抗性差、加工专用品种缺乏、机械化程度低等突出问题。通过示范、展示、技术培训及媒体推介等，新品种示范推广到30多个省（自治区、直辖市），主产区新品种普及率达到85%以上，一般增产13%~40%，保障了食用豆产业发展的品牌化、专用化和优质化。

（二）优异基因资源挖掘及种质创新等基础性研究逐步走向世界前沿

针对我国食用豆优异资源基因匮乏和育种技术落后等问题，着力开展优异种质创新技术研究。通过对国家种质库3万多份食用豆资源表型鉴定、抗性评价和品质分析，首次深度解析了我国食用豆种质资源利用情况，构建了应用核心种质；采用常规杂交，辅以物理、化学诱变及高通量表型快速鉴定等技术，创制出抗豆象、叶斑病、褐斑病、白粉病、立枯病、细菌性疫病、病毒病，抗除草剂，抗旱、耐涝、抗冻、耐盐等优异种质，提升了我国食用豆种质资源的整体研发水平。

建立了普通菜豆抗炭疽病、豌豆抗白粉病、绿豆抗豆象等分子标记辅助育种技术体系。明确了普通菜豆抗炭疽病候选基因和抗细菌性疫病基因位点及生长习性等性状候选基因座位；发现了6个豌豆抗白粉病等位基因，开发出相关功能基因标记；通过全基因组重测序和基因组变异分析，构建了世界首张普通菜豆高密度单倍型图谱，鉴定出500多个重要性状位点；完成了绿豆基因组测序，构建了包含形态标记和分子标记高密度遗传图谱，鉴定出抗旱、抗豆象等重要性状基因位点，引领了国际食用豆基因组学的发展。

（三）节本增效生产技术模式实现了食用豆栽培轻简化

充分发挥食用豆与禾本科作物、幼林果树轮作及间套种的优势，紧紧围绕产业规模小、生产成本高、农机农艺融合度低等问题，以"绿色增产增效关键技术研究集成与示范"为体系重点任务，系统研究不同间作套种模式、麦后复播、抗旱节水、冬闲田利用等多种生产技术，集成创新出适宜不同产区种植的多种轻简化生产模式。其中，东北区芸豆高台大垄密植机械化栽培与绿豆小豆机械化生产，华北区绿豆/棉花、绿豆/玉米、小豆/玉米间作套种，西北区高寒地区旱地绿豆/芸豆地膜覆盖"机艺一体化"种植、豌豆/玉米及豌豆/马铃薯套种，南方区蚕豆稻茬免耕、蚕豆豌豆/绿豆果（桑）园套种等节本增效轻简化栽培技术，在主产区示范8 000多万亩，增产12%～60%，增产200亿元以上。

（四）病虫草害综合防控技术实现了食用豆生产绿色化

绿色无公害是食用豆的生产优势，也是本产业可持续发展的关键。针对食用豆病虫草害研究基础薄弱等问题，组织体系专家系统开展不同区域、不同豆种为害产业发展的重大病虫草害调查与研究，首次明确了我国豆象、豆荚螟种类及发生和为害规律；揭示了蚕豆赤斑病、普通菜豆细菌性疫病、绿豆枯萎病、豌豆白粉病等重大病害抗性机理及病原菌变异特征；研发出病虫害快速检测技术，筛选出一批抗性资源并培育出抗性品种，推动了我国食用豆病虫害防治由盲目打药向有的放矢综合治理的转变。

针对食用豆主要病虫草害发生情况，组织体系人员以"药肥双减、质效双增"为根本，以抗病、抗虫、适宜机械化作业的新品种为核心，利用合理的轮作倒茬、林科植物及幼龄林果树间作套种、适度密植、适期播种、水肥调控、品种搭配等综合农业防控技术，辅以最低剂量、安全高效、绿色环保的化学药剂应用技术，研究集成创新了一批绿色高效防控技术。其中，绿豆叶斑病、蚕豆赤斑病、豌豆白粉病、细菌性疫病等绿色防控技术，在主产区示范1 500余万亩，防效85%以上，增产12%～123%，增收45亿元以上。豆象田间和仓储绿色综合防控技术，经在重点疫区示范，田间防效在70%以上，减少损失超过30万t，新增经济效益15亿元以上。

（五）农机农艺融合推动了食用豆产业机械化

针对食用豆生产机械化程度低、劳动成本高等问题，研究集成蚕豆、绿豆精量播种和机械化收获、麦后绿豆/小豆免耕播种、干旱冷凉地区绿豆/小豆覆膜打孔播种技术。研制出勺舀式蚕豆精量播种机、小型手推式播种机、单行/双行自走式与背负式轻简割晒机等专用收获脱粒农机具。全喂入式蚕豆、绿豆联合收割机，平均损失率≤5%，破损率≤5%，含杂率≤5%，每亩纯收益提高30%以上，实现了我国食用豆联合收割机零的突破。

（六）产后精深加工技术引领食用豆产业高值化

针对食用豆生产效益低、深加工技术落后、产业链短、产品附加值低等问题，开展食用豆产品精深加工技术和新产品研发。研究集成了绿豆清热解暑功能因子牡荆素、异牡荆素检测技术和小豆降血糖功能因子α-糖苷酶抑制活性检测技术。研发出绿豆清热解暑袋泡茶、小豆降血糖产品，适合"三高"等慢病人群食用的γ-氨基丁酸（GABA）富集产品、低血糖指数制品、蛋白品质改良产品等功能性食品，以绿豆、红小豆、黑豆等为主要原料的三豆饮料和速食粉等，引领我国食用豆由传统产业向现代高值化方向转型升级。

（七）决策咨询和应急服务实现了科学高效化

充分发挥首席科学家的引领作用，依靠体系各岗站的优势力量，密切关注产业发展动态和突发性事件，开展食用豆产业发展监测与预警研究。建立了长期固定观察点、主产区和消费区市场调查制度，持续跟踪和分析国内外食用豆市场供需情况，监测食用豆生产与成本效益等。针对食用豆市场变化，主产区低温冷冻、冰雪灾害、低温阴雨、特大干旱等重大突发性事件，组织体系专家在第一时间奔赴生产一线调研，提出科学应急预案与技术指导意见。2019—2021年，为农业农村部、地方有关政府部门、企业（合作社）、种植大户等，撰写各类调研报告、政策建议、技术材料数百篇，为政府决策和农民增收提供技术支撑。系统编写《国家食用豆产业技术体系防灾减灾技术手册》，为保证国家粮食安全提供技术服务。

（八）凝聚体系创新成果助力产业提质增效和科技扶贫

围绕食用豆产业需求和国家"绿色、高效、安全、生态"现代农业发展目标，通过示范、展示、观摩、现场会及技术培训与媒体宣传等方式，宣传普及体系优势研发成果，对推动农业种植结构调整、科技扶贫、乡村振兴战略实施发挥了重要作用。其中，高产优质多抗适于机械化生产的食用豆新品种示范、重要病虫害综合防控及绿色高产高效配套技术示范等，为食用豆生产方式改变、产业提质增效和转型升级提供了强有力的技术保障。

为推动食用豆产业提质增效和科技扶贫，按照农业农村部的统一部署，组织带领全体系人员，对14个特困连片区食用豆产业状况进行系统跟踪调研，针对贫困地区生态特点和产业需求，制定出切实可行的帮扶工作计划和实施方案，组建起由首席科学家任组长、功能研究室主任为副组长、岗位科学家和综合试验站站长为技术骨干的科技扶贫工作组，形成体系内联合、体系间合作的工作机制，实行遗传育种、栽培土肥、绿色防控、机械化生产、产后加工利用等多学科全方位技术服务。自2017年起，食用豆体系直接参与科技扶贫的岗站团队就有40多个，扶贫覆盖面涉及全国20多个省份、60多个地级市、近百个县级单位。新品种新技术示范，增产10%以上，每亩增收食用豆类超过20 kg，每亩增收200元左右，受益农户数万人。

（九）体系管理和文化制度建设创新出科学高效的运行模式

依据农业农村部、财政部《现代农业产业技术体系建设实施方案（试行）》（农科教发〔2007〕12号）和财政部、农业农村部《现代农业产业技术体系建设专项资金管理试行办法》（财教〔2007〕410号），在体系建设初期就研究制定出切实可行的管理工作细则，包括组织方式、岗位职责、任务确定、经费使用、考核与奖惩、相关规定与附则7个章节。针对食用豆种类多区域性强等特点，建立起5个区域工作组。根据产业发展需求与研发工作进展，每年年初制定出本年度体系管理工作计划，包括会议计划、出版计划、出国计划、培训计划等。在文化建设方面，设计出体系Logo，确立了"求真务实、精诚合作、恪尽职守、服务产业"的体系精神，创办了《中国食用豆》科技通讯，食用豆在线，食用豆体系公众号。建立了体系执行专家、岗位科学家、综合试验站、示范县等电子信箱及电话、短信、QQ、微信等工作群。同时，积极开展体系内外、国内外信息交流与合作，组织召开数十次国内外技术培训、学术交流会议。形成了体系内岗岗联合、岗站对接、站站协作，跨体系合作及与地方创新团队、农技推广体系联合，求真务实的体系学风和服务大局的奉献精神。

四、标志性成果

作为国家食用豆产业技术体系首席科学家，十多年来，在农业农村部的直接领导和建设依托单位的支持和帮助下，组织带领全体系人员凝心聚力、协同创新，体系建设成效显著。其中，食用豆高产优质多抗专用新品种选育，解决了主产区品种混杂、产量低、抗性差等问题，种质创新与基因挖掘等基础性研究，提高了育种效率和技术水平，缩短了与大宗作物间的差距；绿色高产高效生产技术研究与示范，促进了农业增产、农民增收和企业增效；机械化生产技术研究，提高了食用豆生产效率；产后加工技术提升与产品创新研究，促进了产业提质增效；决策咨询和应急服务，为政府决策和农民增收提供了技术支撑；体系研发成果示范，对国家农业种植结构调整、科技扶贫发挥了重要作用；体系管理和文化建设，培养了一批团结协作的高层次技术人才，推动了食用豆产业健康可持续发展。其中在2019—2021年间，共获得科技成果奖励26项，包括省部级奖19项，其中科学技术奖及科技进步奖16项、科学普及奖1项、丰收奖和推广奖2项，地市级奖7项。培育通过有关品种管理部门审鉴定品种121个，其中绿豆34个、小豆9个、蚕豆36个、豌豆20个、普通菜豆17个、豇豆3个、藕豆2个。研制颁布国家行业及地方和团体标准与技术规程64个，获国际和国家专利130个（包括发明专利67个、实用新型专利55个、计算机软件著作权8个）、新品种保护权41个（包括绿豆16个、小豆5个、蚕豆9个、豌豆4个、普通菜豆5个、豇豆2个），发表相关研究论文近400篇（SCI 88篇），编写出版科技专著20部。国际培养各类高层次科技人才130多人次，促进了食用豆产业健康可持续发展。

五、对本领域发展的支撑作用

体系建设十余年，食用豆高产优质多抗专用宜机化新品种、抗旱耐冷耐盐碱高效轻简栽培、间作套种立体种植、病虫草害早期预警及绿色防控、精量播种和机械化收获、高值化精深加工等制约产业发展的一系列关键技术得到有效解决，研发水平不断提升。建立起全国性政科企、产学研综合服务技术平台和信息化基础数据平台，促进了体系研发成果快速转化和落地生根。通过与地方有关政府部门及农民专业合作社、新型农业经营主体和商贸龙头企业有效对接，全方位多角度服务于产业发展需求，解决重大技术难题，推动食用豆产业由传统的粗放型生产模式向优质化、轻简化、绿色化、机械化和高值化现代生产方式转变。在全国范围内培育出一批食用豆新品种、新技术、新模式引领产业提质增效的示范典型，在保障我国农业生态系统优化、耕地质量提升、农业持续增收、粮食有效供给、出口创汇、产业扶贫及乡村振兴、防灾减灾等方面发挥了不可替代的作用，国内外市场竞争力和国际影响力不断提升。组建了一支稳定服务于食用豆产业发展的老中青结合、多学科发展的高层次人才队伍，基本条件建设得到大幅度改善。基础性、前瞻性研究水平大幅度提升，重要性状基因定位，基因组学研究达到国际领先水平。

岗位科学家

遗传改良研究室

种质资源收集与评价岗位

一、岗位简介

种质资源收集与评价岗位建设依托单位为中国农业科学院作物科学研究所,岗位科学家为王丽侠博士(图3),现该岗位有团队成员7名,其中研究员2人,副研究员2人,科研助理3人(图4)。课题组实验室120 m^2、种子储藏室20 m^2、办公室15 m^2、学生自习室15 m^2、工作间10 m^{2}等,以及北京内外展示示范基地近百亩,其中顺义基地15亩、延庆15亩、中国农业科学院院内2亩,京外合作基地有山西、河北、新疆、广西、海南等,合作企业2个。

岗位科学家王丽侠: 1972年出生,研究员,硕士生导师,中国作物学会理事,中国作物学会食用豆专业委员会秘书长,国家自然科学基金、北京市自然科学基金、科学技术部国际合作项目等网评专家,《作物学报》《作物杂志》等刊物的审稿专家。主要从事绿豆、小豆等豇豆属作物种质资源的收集保存、评价鉴定、创新利用及新基因发掘等工作。先后主持国家自然科学基金、国家重点研发课题等项目,获省部级奖项2项,在国内外期刊发表论文百余篇。

图3 岗位科学家 王丽侠

图4 岗位团队成员

二、主要研发任务和重要进展

（一）主要研发任务

承担绿豆、小豆、豇豆等热季豆类种质资源的考察收集引进、鉴定评价保存及创新利用等工作；并开展食用豆类作物重要农艺性状的遗传规律及相关QTL定位等分子遗传学研究。

主要包括利用杂交、分子标记辅助选择等手段，创制高产高抗广适的绿豆、小豆、豇豆等食用豆新种质；协同体系其他岗位专家选育并展示示范高产、多抗、早熟、直立、结荚集中、适宜机械化生产的食用豆新品种；协助其他研究室相关专家开展新品种（种质）主要病虫害抗性、抗逆、机械化生产特性、主要营养品质及加工特性等鉴定与评价；开展新品种稳定性、产量、抗性、品质及适应性等特性的鉴定与评价。

（二）取得的重要进展

1. 收集考察国内外食用豆种质资源2 000余份

共收集国内资源2 500份，编目入库2 000份，繁殖更新1 200份，鉴定评价1 500份，在大同、新疆等干旱半干旱地区展示示范新品种/系850份次，为全国食用豆科研、企业等机构分发利用超过5 000份次，为保障国家食用豆生产安全、绿色发展和生态文明建设等奠定了基础，也为食用豆在农业种植结构调整、产业扶贫、乡村振兴中发挥其独特的作用提供了物质基础。

2. 种质创新及深入研究

先后在北京、广西完成280余个杂交组合的配置，繁殖300个组合的F_1代，高代品系1 000余个，其中遗传研究用群体3套。完成3 500余份次资源的抗豆象鉴定，筛选到6份饭豆高抗资源、2个绿豆高抗家系；完成600余份资源的耐盐性鉴定，完成1 200余个后代家系的田间抗叶斑病鉴定，筛选到4个较抗叶斑病家系。选育中绿23、中红21及中豇8号等3个品种并通过中国作物学会品种鉴定；完成绿豆、豇豆、小豆等农艺性状的QTL发掘及表型、品质多样性分析，并发表相关论文10篇（SCI论文4篇），培养毕业研究生4人。种质创新及遗传研究将为品种选育提供物质基础及技术支撑，提升食用豆新品种选育的效率。

3. 体系联合鉴定及展示示范

完成体系绿豆、小豆、豇豆共70个新品系的联合鉴定试验及数据分析，完成7个优良品种的生产试验和数据分析。

在大同、昌吉、三亚、南宁、桦川等不同生态区展示示范绿豆、豇豆高代品系600余份次，其中在昌吉有14份绿豆高代品系折合亩产超过250 kg，在桦川中豇8号和龙芸豆5号的亩产也超过200 kg。分别在河北张家口、内蒙古赤峰等地开展了中绿5号、中绿10号等机械化分段收获技术的展示示范及技术培训，获得较好的宣传效果，其中在赤峰中绿5号、10号的折合亩产均超过160 kg。分别在张家口阳原县组织开展了绿豆机械化收获观摩活动，并参与了佳木斯市桦川县食用豆新品种及配套技术的示范推广、田间培训等科技扶贫工作。

4. 其他业务工作

为推动食用豆科技成果快速转化，充分整合食用豆资源优势，构建食用豆科研、生产、加工等多领域人才合作模式，还组织筹备并成立了中国作物学会食用豆专业委员会；为促进体系研发成果快速转化，加强科企合作，充分发挥食用豆产业助推科技扶贫和党支部在乡村振兴中的重要作用，在山西大同、河北省张家口等地组织召开了"食用豆产业科技扶贫示范观摩会"；参加了院所组织在桦川、新疆、山西等地的乡村振兴战略对接活动，并展示了体系内最新研究成果；为加强国际合作交流，取长补短，优势互补，共同提升食用豆研发水平，先后参加了生物防治与综合防控岗位组织召开的"2019年中加杂豆资源利用与营养健康科技创新交流会"和栽培生理岗位组织召开的"2019年中日国际小豆学术交流会"。

在内蒙古自治区赤峰市开展了中绿5号的大面积示范及配套机械化收获技术培训，获得较好的宣传效果，并参与了佳木斯市桦川县食用豆新品种及配套技术的示范推广、田间培训等科技扶贫工作；此外，还参与了桦川乡村振兴团、乌鲁木齐县萨尔达坂科技帮扶团及中国作物学会沁农专家团、科创中国专家服务团等，并开展了相关技术指导和咨询服务。

（三）应急性工作

参与体系组织管理工作，协助首席组织撰写"十四五"种业发展规划、体系建设十年成就书稿校对、基本科研业务费申报、战略发展书稿修改校对等。先后参与神农奖申报材料组织修改及申报等，参与体系"十四五"重点任务讨论及撰写等，参与体系庆祝世界豆类日活动，体系建设十年成就书稿校对及出版事宜，参加河南灾后补种绿豆技术咨询及技术手册的编写，充分发挥了食用豆在科技扶贫、乡村振兴战略中的作用。

三、标志性成果

（一）获奖成果

《中国食用豆类生产技术丛书》2021年获神农中华农业科技奖科学普及奖（图5）。

该成果以国家农业优质高效、安全绿色发展为主线，采用科研与科普相结合的方式，将创作团队10余年来最新原创成果，分豆种分区域编写，内容针对性强；每个豆种按产业链条，以关键技术环节为核心，分板块按顺序编制；丛书科普渠道丰富多元，构建政府、企业、市场相结合的科普机制，采用技术培训班、示范观摩、微信公众号、科普大讲堂、云课堂、深入田间地头等多种科普渠道，显著提升了基层技术人员的科技素养、农民生产技术水平及从业者的管理水平，推动了我国现代食用豆生产理念与新成果、新技术的普及，促进了食用豆生产由传统粗放型种植向现代高效生产模式转变，社会效应、生态效应和经济效益显著。

图5　种质资源收集与评价岗位获奖成果证书

（二）育成的新品种

选育并通过中国作物学会鉴定的新品种共3个，分别是中绿23、中红21、中豇8号。获新品种保护权6项，分别是中绿7号、中绿16号、中绿17号、中绿18号、中绿19号和中红12（图6）。

1. 中绿7号

早熟品种，夏播生育期70天左右。植株直立抗倒伏，株高约60 cm，幼茎绿色。籽粒碧绿有光泽，籽粒饱满，商品性好，百粒重6.5 g左右。一般亩产110 kg左右，较抗叶斑病、白粉病、绿豆象等。

2. 中绿16号

早熟品种，夏播生育期70天左右。植株直立，株高约55 cm，幼茎绿色。结荚集中成熟一直不炸荚，适于机械化收获。种皮金黄色有光泽，籽粒饱满，商品性好，百粒重7.5 g

左右。一般亩产120 kg左右，抗性较好。

3. 中绿17号

早熟品种，夏播生育期70天左右。植株直立，株高约60 cm，幼茎绿色。种皮深黑色有光泽，籽粒饱满，商品性好，百粒重7.5 g左右。一般亩产120 kg左右，较抗叶斑病、白粉病等。

4. 中绿18号

中早熟品种，夏播生育期70天左右，株型紧凑，植株直立，幼茎绿色，株高约60 cm，百粒重6.5 g，平均产量117.2 kg/亩。该品种种皮蓝青色有光泽，干籽粒蛋白质含量约25.12%，淀粉含量53.83%左右。

5. 中绿19号

中早熟品种，夏播生育期70天左右，株型紧凑，植株直立，幼茎紫色，株高约50 cm，百粒重6.5 g，平均产量117.2 kg/亩。该品种种皮褐色有光泽，干籽粒蛋白质含量约25.23%，淀粉含量53.65%左右。

6. 中红12

早熟品种，夏播生育期95天左右。植株直立，株型紧凑，株高约50 cm。籽粒鲜红有光泽，籽粒饱满，商品性好，适合出口，百粒重约18 g。一般亩产170 kg，较抗病毒病、白粉病等。

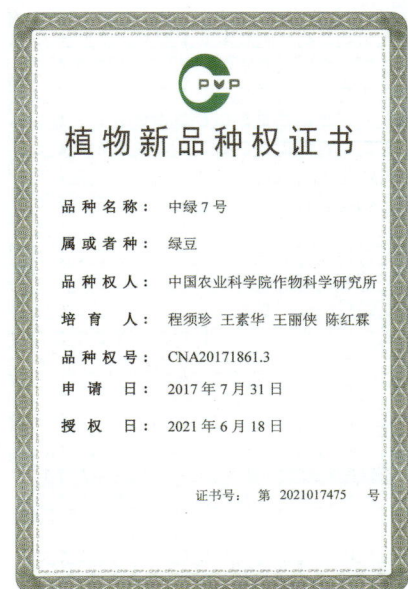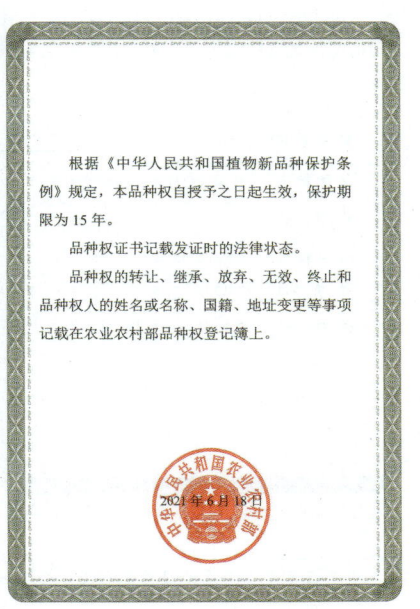

体系岗位建设成就

植物新品种权证书

品 种 名 称： 中绿 18 号
属 或 者 种： 绿豆
品 种 权 人： 中国农业科学院作物科学研究所
培 育 人： 程须珍 王素华 王丽侠 陈红霖
品 种 权 号： CNA20150541.5
申 请 日： 2015 年 5 月 6 日
授 权 日： 2019 年 1 月 31 日

证书号： 第 2019012382 号

根据《中华人民共和国植物新品种保护条例》规定，本品种权自授予之日起生效，保护期限为15年。

品种权证书记载发证时的法律状态。

品种权的转让、继承、放弃、无效、终止和品种权人的姓名或名称、国籍、地址变更等事项记载在农业农村部品种权登记簿上。

植物新品种权证书

品 种 名 称： 中绿 19 号
属 或 者 种： 绿豆
品 种 权 人： 中国农业科学院作物科学研究所
培 育 人： 程须珍 王素华 王丽侠 陈红霖
品 种 权 号： CNA20150542.4
申 请 日： 2015 年 5 月 6 日
授 权 日： 2019 年 1 月 31 日

证书号： 第 2019012383 号

根据《中华人民共和国植物新品种保护条例》规定，本品种权自授予之日起生效，保护期限为15年。

品种权证书记载发证时的法律状态。

品种权的转让、继承、放弃、无效、终止和品种权人的姓名或名称、国籍、地址变更等事项记载在农业农村部品种权登记簿上。

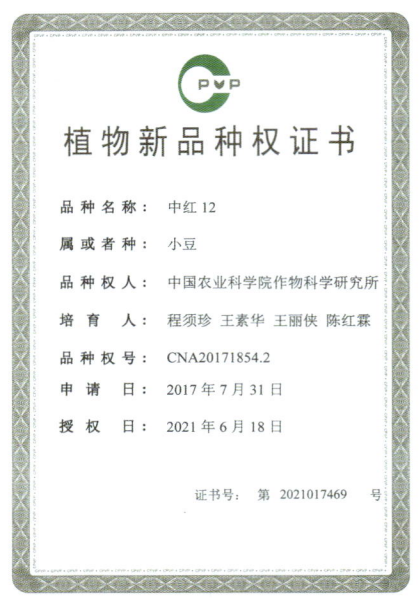
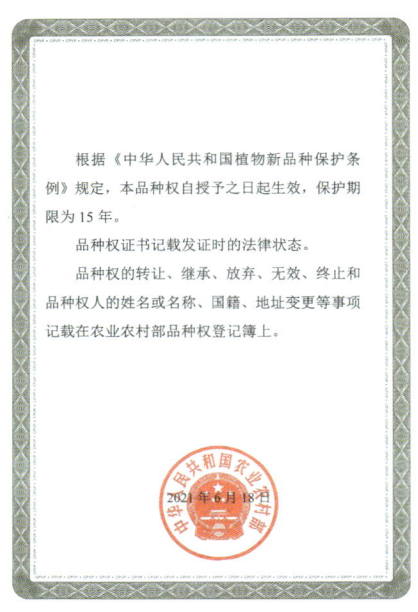

图6　种质资源收集与评价岗位获植物新品种保护权证书

（三）代表性论文、专著

2019—2021年共发表论文10篇，其中SCI论文4篇；编写专著3部，分别为 Advances in Plant Breeding Strategies：Legumes-Adzuki bean（Vigna angularis（Willd.）Ohwi Ohashi）Breeding、《现代农业产业可持续发展战略研究——食用豆分册》《协同创新　砥砺前行——国家食用豆产业技术体系建设十年成就》。

（四）人才培养

晋升高级职称2人，培养硕士研究生4人。

四、科技服务与技术培训

（一）服务县域经济发展

河北张家口阳原县的鹦哥绿豆是中国绿豆传统名优品牌，但由于品种混杂退化、更新换代慢，导致生产效益较低，极大限制了农民的种植积极性和当地绿豆产业的可持续发展。因此，为促进最新研发成果在河北省张家口市阳原县的示范推广，推动鹦哥绿豆品种更新换代，提高生产技术水平和种植效益，在阳原县绿豆生产示范基地的建设中，以首席科学家程须珍任组长，遗传改良研究室田静任副组长，负责顶层设计与总体协调布局。本岗位与栽培与土肥研究室张耀文研究员负责冀绿0816、中绿5号、中绿23及配套技术示范，并开展技术培训与种植指导；联合朱振东研究员负责病虫害绿色防控技术示范与指导；机械化研究室主任陈巧敏研究员负责绿豆专用联合收割机示范与现场指导，播种与田间管理机械化岗位科学家杨丽教授进行播种机、中耕除草机（耘锄）示范与现场指导；张家口综合试验站负责核心示范样本建设，组装集成示范体系研发成果，及全程研发任务落实与技术服务；河北泥河湾农业发展股份有限公司负责基地建设、订单种植、产品加工、市场拓展与品牌建设等；阳原县农业农村局技术站负责研发任务实施及大面积辐射应用。

本岗位结合院地共建、支部对接等，于2020年9月3—4日在阳原县要家庄乡开展了绿豆机械化收获技术成果的现场观摩，得到了中国农业科学院作物科学研究所、阳原县县政府、张家口市农业科学院等各级领导及当地种植大户、生产企业等的普遍好评。

（二）重大突发性事件应急和咨询服务

参与体系组织管理工作，先后协助首席完成《现代农业产业技术体系理论与实践》书稿及扶贫专家先进典型材料等的修改完善及体系十年成果汇总的修改及补充完善等；协助首席科学家在张家口市阳原县组织召开"食用豆科技创新助推产业扶贫示范观摩会"、在石家庄召开中国作物学会"食用豆新品种评价鉴定会"及体系其他事务等。参与中国作物学会的中国科协学会科学传播专家团队的相关宣传及培训工作。疫情期间，通过视频等方式，积极参与体系内外组织的技术培训、学术交流等会议。分别通过室内培训、云课堂、田间课堂、在线报告等完成系列科普宣传及科技培训，充分发挥了食用豆在科技扶贫、乡村振兴战略中的作用。

五、对本学科领域或本区域产业发展所起的支撑作用

种质资源收集与评价岗位属于公益性岗位，主要是考察、收集、引进国内外种质资源，经评价鉴定后，送交国家库保存，为粮食作物的战略储备提供保障。本岗位在上述工作基础上，进一步开展种质创新和新基因发掘以及深入的分子遗传学研究，既为全国食用豆育种研究奠定物质基础，也为分子育种技术在食用豆育种中的应用提供了技术支撑。

育种技术与方法岗位

一、岗位简介

育种技术与方法岗位是"十三五"新设立的岗位,建设依托单位为中国农业科学院作物科学研究所,岗位科学家是王述民研究员(图7),该岗位现有团队成员7人(图8)。本岗位拥有开展相关研究工作的实验室以及各类仪器设备,同时,在黑龙江哈尔滨、贵州毕节、山西岢岚产区建有试验示范基地。

岗位科学家王述民: 博士,博士生导师。长期从事作物种质资源考察收集、鉴定评价、种质创新、遗传多样性分析、新基因发掘及利用等研究。先后主持多项国家攻关课题、重大专项、科学技术部及农业农村部重大科研项目。在 *Nature Genetics* 等期刊上发表论文50余篇,编写著作6部;获国家科技进步奖一等奖(集体奖)、国家科技进步奖二等奖等国家省部级科技奖励6项。

图7 岗位科学家 王述民

图8 岗位团队成员

二、主要研发任务和重要进展

（一）主要研发任务

食用豆优质、多抗及适宜机械化作业新品种筛选；食用豆高产、抗旱、抗病虫等优异种质和优异基因鉴定；食用豆分子标记辅助选择技术体系等育种技术的创新和利用。

（二）取得的重要进展

完成了720份普通菜豆种质资源的枯萎病抗性鉴定，筛选出高抗资源4份，全部为引进品种，分别为YJ012568（笔划豆）、YJ012571（花豆）、YJ005335（五花大铁壳豆）和PI317350；完成了674份普通菜豆种质资源的晕疫病抗性鉴定，获得高抗资源3份，分别为F02675（土褐腰子豆）、F02528（花芸豆）、F01664（红花脸）；完成了1 200份普通菜豆在黑龙江哈尔滨、贵州毕节、山西盂县等三地表型精准鉴定，初步筛选出高产种质F05979（秋莲豆）、早熟种质F00368（花脸豆）、高抗炭疽病种质F02322（红芸豆）。

新品系鉴定。本团队选育的3个芸豆品系（ZYD19-01、ZYD19-02和ZYD19-03）参加了食用豆体系组织的新品系联合鉴定试验。上述品系在联合鉴定试验中表现突出，产量高于对照品种9%以上。2020年度，ZYD19-01、ZYD19-03在参试材料排名分别为第一和第二，分别比对照增产28.4%和25.8%，ZYD19-02在参试材料中排名第三，比对照增产9.7%。

普通菜豆抗旱相关基因定位。采用反复干旱法，调查普通菜豆苗期的反复干旱存活率，利用单指标评价法鉴定出苗期抗旱资源23份。结合表型数据和基因型数据，共检测到12个显著位点，其中包含89个显著SNP，与普通菜豆已报道抗旱相关QTL进行比较，其中4个抗旱相关QTL与本研究检测到的位点一致；对12个位点中的基因进行注释，共包含199个基因，根据基因表达谱、基因注释、同源基因比较共筛选出39个抗旱候选基因，主要包括蛋白激酶、水通道蛋白、*NAC*、*MYB*等家族基因，其中*SNRK2*、*CDPK2*、*MYB88*等在拟南芥中的同源基因已被证实与抗旱相关。在11号染色体上检测到一个稳定位点，包含显著的SNP，共注释41个基因，结合抗旱前后基因表达谱分析发现其中4个基因的表达量上调，9个基因的表达量下调，其中*PvXIP*1、*PvXIP*2的表达量上调最大；表达模式表明*PvXIP*1、*PvXIP*2的表达量受到干旱、甘露醇和ABA的诱导，过表达拟南芥在严重干旱条件下表现出更高的存活率、更发达的根系、积累更多的脯氨酸和更少的丙二醛，过表达的普通菜豆毛状根植株表现更高叶片相对含水量和根系相对生长率。

普通菜豆核心种质构建及群体结构分析。通过对6 500余份普通菜豆种质资源的来源、表型等数据的详细分析，精挑细选在品质和耐逆等方面至少具有1个突出性状的683份普通菜豆种质资源，构建核心种质。核心种质代表了75%的现有普通菜豆种质资源的遗传多样性，包括地方种529个、现代育成种154个，来源于我国20个省、自治区、直辖市，以及阿根廷、巴西、厄瓜多尔、墨西哥等18个国家。完成了核心种质的全基因组重测序，鉴定到获得4 811 097个SNP，634 456个1~5 bp的插入/缺失以及803个大片段的 *CNVs/PAVs*，以此构建了高密度的单倍型图谱，利用这些变异鉴定出171个人工改良选择区域，其中籽粒性状受到强烈的人工选择，揭示了人类在普通菜豆籽粒大小形成进化中的重要作用。通过表型、朊蛋白标记、分子标记等3种标记对普通菜豆的群体结构进行分析，揭示了普通菜豆的遗传构成和群体结构，明确了我国普通菜豆种质来源于中美和安第斯2个基因库，其中中美基因库资源的遗传多样性低于安第斯基因库。

普通菜豆核心种质表型评价。在我国光周期时间长短差异明显、纬度跨度差异较大的黑龙江哈尔滨、河南南阳、贵州毕节和海南三亚四地完成了连续3年基本农艺性状、产量性状、病虫害、籽粒特性等20余个表型的精准鉴定，获得大量的表型数据；完成了室内控制条件下炭疽病、细菌性疫病、菜豆象、干旱等生物/非生物逆境的抗性鉴定，筛选获得一系列单一性状或多个性状突出的优异种质资源，并利用这些种质资源开展新种质的创制和新品系的培育。

普通菜豆产量性状的全基因组关联分析。利用表型数据和单倍型图谱，进行了全基因组关联分析，鉴定到505个涉及开花期、生长习性、籽粒特性、病虫害等性状的位点/基因，特别是籽粒性状、开花期等性状在较大环境差异下稳定性好；农艺性状的全基因组关联分析为进一步开展高产、抗逆育种提供了大量的基因位点信息。

三、标志性成果

2019—2021年，发表学术论文10篇，其中5篇为SCI论文，获得专利授权3项，2个品种通过中国作物学会鉴定。

（一）育成的新品种

1. 中芸6号

直立、高产，中抗细菌性疫病和晕疫病，在17个试点平均产量158.71 kg/亩，较对照种增产25.03%，生产试验平均亩产125.68 kg，较对照增产30.38%。

2. 中芸8号

直立、高产，高抗豆象、抗细菌性疫病、中抗晕疫病，在17个试点平均产量171.76 kg/亩，较对照种增产44.35%，生产试验平均亩产114.82 kg，较对照增产52.22%。

（二）代表性论文

发表研究论文10篇，包括SCI论文5篇。其中：在国际知名期刊 *Nature Genetics* 上发表 *Resequencing of 683 common bean genotypes identifies yield component trait associations across a north–south cline*.

（三）获得专利授权3项

获得专利授权3项（来源于绿豆的抗旱蛋白VrERF1及其编码基因和应用、来源于绿豆的抗旱蛋白VrNAC1及其编码基因和应用、来源于绿豆的抗旱蛋白VrMrB1及其编码基因和应用）（图9）。

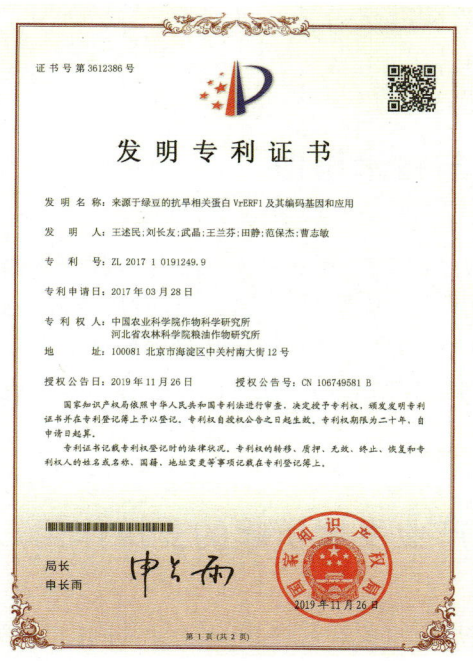
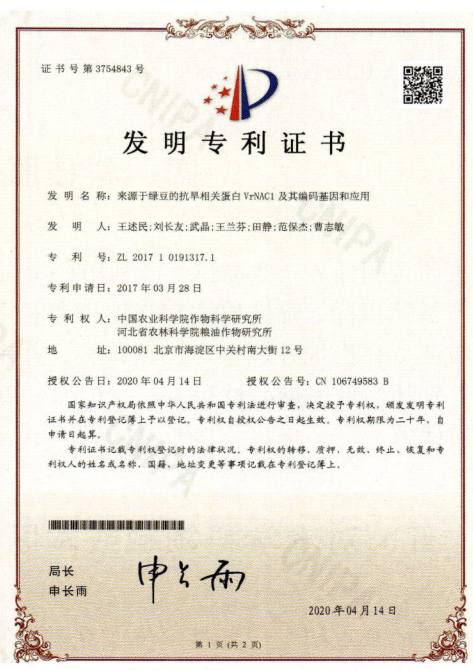
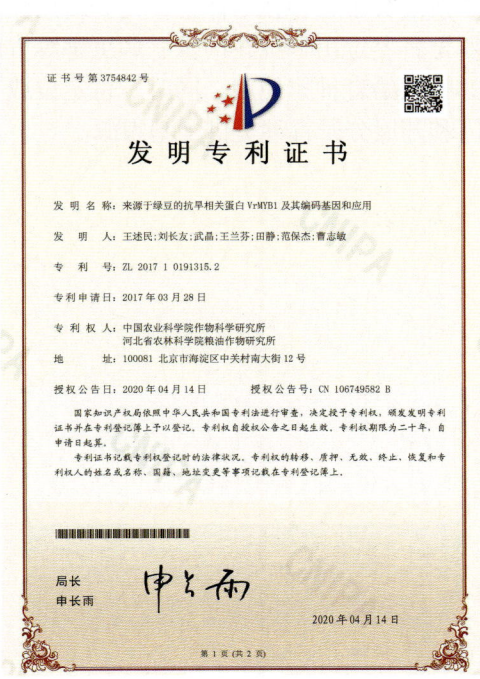

图9　育种技术与方法岗位获国家发明专利证书

（四）人才培养

2019年7月常玉洁博士加入本团队。2020年1月团队成员王兰芬、武晶晋升研究员；2021年团队成员武晶获得中国农学会青年科技奖。

2019—2021年累计培养硕士、博士研究生3名。

四、科技服务与技术培训

按照合同任务，本岗位生产利用在岢岚县开展红芸豆品种的筛选，综合评价其田间抗性、产量等指标，筛选出适宜当地生产利用的高产、优质、高抗红芸豆种质资源。共有5份红粒芸豆在当地开展鉴定比较试验，其中2470、9号、761-763和14号4份材料表现好，产量分别超当地主推品种35.1%、26.7%、20.1%和1.7%。为岢岚县的红芸豆产业发展提供了物质保障。

五、对本学科领域或本区域产业发展所起的支撑作用

团队的重点研发任务是定位或克隆控制食用豆重要农艺性状的位点/基因，并在此基础上开发分子标记，进一步研发分子育种技术体系，提升食用豆的育种水平。近年来，团队通过对种质资源的表型鉴定，鉴定出一批在产量、病虫害等方面单一性状或多个性状综合表现良好的种质资源，并提供给育种家使用。同时，也定位或克隆到相关候选位点或基因，为进一步利用优异基因和开展分子育种提供了基因源。

绿豆育种岗位

一、岗位简介

依托单位为河北省农林科学院粮油作物研究所，遗传改良研究室主任/绿豆育种岗位。该岗位现有团队成员11名，其中，研究员3名，副研究员1名，助理研究员2名，科研助理5名，博士3名，硕士3名。目前，该岗位拥有食用豆专用分子遗传实验室47 m^2，PCR仪、高压电泳仪、高速冷冻离心机、超低温冰箱等仪器设备101台套价值230余万元。堤上试验站固定试验地90亩，专用温室40 m^2，考种作业室7间216 m^2，海南繁育基地5亩，鹿泉3502农场、故城三豆种业有限公司、巨鹿垄翠农业科技有限公司、廊坊、保定、邢台等育种试验基地10个110余亩，吉林、陕西、内蒙古等示范基地10余个，成果转化合作企业2个。

岗位科学家田静：1964年出生，硕士学位，研究员，现为中国作物学会食用豆专业委员会副会长、农业农村部小宗粮豆专家指导组成员、河北省杂粮杂豆种业创新团队首席（图10、图11）。

图10 岗位科学家 田静

图11 岗位团队成员

二、主要研发任务和重要进展

（一）主要研发任务

1. 体系重点任务

绿豆适宜机械化生产高产多抗与优质专用新品种选育：利用杂交、物理及化学诱变、分子标记辅助选择等手段，创制高产、高抗豆象、抗晕疫病、抗枯萎病、抗旱、结荚集中、适宜机械化收获的新种质；以常规杂交育种为主，结合分子标记辅助选择，选育高产多抗优质适宜机械化生产的绿豆新品种，适宜芽菜加工利用的芽用专用品种，具有较好生理活性功能的特用绿豆品种等；在不同生态区域开展新品种（系）产量、抗性、适应性及生物学特性等评价，为品种示范应用提供依据。

鉴定筛选适宜于不同产区应用的绿豆品种，融合农机农艺，集成不同生态区、不同种植模式的绿豆全程机械化生产技术。

2. 研究室重点任务

绿豆特异种质资源和新基因发掘利用与育种技术创新：广泛收集国内外绿豆种质资源，开展农艺性状、抗性、品质等表型及基因型鉴定；针对抗豆象、抗枯萎病、抗细菌性疫病等，开展遗传规律和基因定位与挖掘利用，搭建绿豆分子标记辅助育种技术平台，提高育种效率，培育突破性绿豆新品种。

3. 服务县域经济

筛选出适宜阳原及周边县（市）推广应用的绿豆新品种，示范展示绿豆全程机械化生产技术；联合相关龙头企业和地方技术推广部门等，打造知名品牌，促进阳原县绿豆产业提质增效。

4. 科技扶贫

扶贫地点：国家级贫困县，赞皇县龙门乡西龙门村、阳原县要家庄乡柳树皂村。扶贫内容：示范新品种、绿豆地膜覆盖旱作栽培技术等，开展技术培训与技术指导，提高贫困村绿豆产量水平。

5. 重大突发性事件应急和咨询服务

监测本产业生产和市场的异常变化，及时向农业农村部上报情况；组织开展应急性技术指导和培训工作；发生重大自然灾害或重大突发性事件，及时制订分区域的应急预案与技术指导方案并上报农业农村部科技教育司。

（二）重要进展

1. 育成绿豆新品种3个，转让新品种4个，获得新品种保护权1个，申报新品种保护权6项

（1）抗豆象绿豆品种冀绿17号，高抗绿豆象和四纹豆象。

（2）高产广适宜机收绿豆品种冀绿19号，株型直立，抗倒性强，分枝角度38°，结荚部位19.8 cm，且结荚集中，成熟一致，适宜一次性机械收获。

（3）高产广适抗晕疫病绿豆品种冀绿20号，丰产稳产性好，抗春播区晕疫病，籽粒

大，毛绿豆，适应范围广。

冀绿19号、冀绿20号、冀绿17号、冀绿13号生产经营权分别转让给河北东昌种业有限公司、石家庄川奇工贸有限公司和故城三豆种业有限公司，转让费合计23万元。冀绿15号获得新品种保护权。

2.建立绿豆全程机械化生产示范基地3个，绿豆全程机械化生产示范效果显著

在张家口阳原县、石家庄鹿泉3502农场、堤上试验站建立绿豆机械化播种、机械化中耕、无人机防控、机械化收获等全程机械化生产示范基地3个，规模30～300亩。其中，2020年9月21日堤上试验站"适宜机械化收获绿豆新品种冀绿19号机收现场观摩会"，机械化收获工作效率3亩/h，收获落粒3 g/m^2，籽粒破碎率低于2%，配合机械播种、机械中耕、机械收获，全程机械化生产示范效果良好。

3.育成新品系217份，筛选出区域试验后备材料8份，提交各级区试材料5份，收集绿豆资源165份。创制抗枯萎病种质8份，抗豆象种质7份，抗晕疫病种质6份、芽用种质12份等

利用杂交、回交及分子标记辅助选择等，通过多代选择、室内抗性及品质鉴定等，选育出绿豆新品系217份，对355份新品系进行了初级产比试验和117份新品系进行了产比鉴定试验，筛选出区域试验后备材料8份，提交参加各级区试材料5份。配合国家第三次资源普查收集鉴定绿豆新资源165份。其中，春播枯萎病病圃鉴定，选育出抗枯萎病、高产新种质8份。通过随机区组、三次重复的田间鉴定，鉴定出较对照种冀绿13号平均增产20%以上的高抗豆象绿豆新品系7份。通过春播和夏播初级产比鉴定，筛选出高产、大粒、商品性好的绿豆新种质13份。

创制高抗豆象、抗枯萎病、抗细菌性疫病、高产、早熟直立、商品性优良的绿豆优异新种质35份。其中，高抗豆象种质9份、抗晕疫病种质6份、芽用种质12份、抗枯萎病种质7份。

4.构建遗传群体5个，定位了枯萎病、炸荚性等目标基因，绿豆泛基因组构建、比较基因组学研究及遗传进化取得初步结果，研究了不同消毒方式对绿豆愈伤组织培养的影响

其中，利用组合1707 $F_{2:3}$群体，整合基因型分析和表型鉴定结果，初步定位到绿豆抗枯萎病主效QTL位点3个，分别位于1、2和5号连锁群。主效基因效应值最高可达60%。

利用冀绿7号和绿豆野生种TC1966，以及ACC41构建的2个F_8 RIL群体3～8天处理后的炸荚率作为性状值，进行了QTL定位分析。

结合PacBio Sequel、二代测序和Hi-C技术，完成了一个优良绿豆品种"冀绿7号"的高质量参考基因组的从头组装，该基因组达到了染色体水平。

明确了75%乙醇30 s+1% NaClO 10分钟的消毒方式适用于绿豆组织培养过程中的种子消毒，且有利于绿豆子叶节的愈伤诱导。

三、标志性成果

（一）获得2021年度神农中华农业科技奖科学普及奖1项

成果《中国食用豆类生产技术丛书》获得2021年度神农中华农业科技奖科学普及奖，河北省农林科学院粮油作物研究所为第二完成单位，田静研究员为第三完成人。

该成果针对限制新品种新技术新成果系统全面普及推广的因素，陆续创作、汇编出版了《食用豆生产技术丛书》《食用豆高产栽培技术与综合利用》《东北地区绿豆标准化栽培技术》《白绿8号》等挂图，《高寒区旱地绿豆地膜覆盖高产栽培技术》《棉花绿豆间作种植技术》等光盘，《西北地区豌豆、蚕豆病虫害识别与防治》《豌豆种植技术与知识百问百答》等技术手册以及《食用豆类科技通讯》等。该系列作品内容先进科学、权威性高，既能准确把握国内外食用豆产业发展方向和区域生产特点，又可将食用豆科研、技术推广和科普创作有机结合，是目前为止最科学、最新颖、最全面也最具体的食用豆类专业书籍。构建了科研、政府、企业、基层推广与市场开发相结合的科普模式，通过在各类培训、技术指导、技术推介与观摩会上赠送，促进了食用豆先进生产技术的传播。本系列科普作品的创作理念、方法及相应的科普渠道等也为其他农业技术成果汇编及科普创作提供了有益借鉴。

（二）育成新品种3个，获新品种权1个、申请6个

抗豆象绿豆品种冀绿17号高抗绿豆象和四纹豆象，解决了绿豆储藏期间豆象为害的问题。高产广适宜机收绿豆品种冀绿19号株型直立，抗倒性强，分枝角度小，结荚部位高，且结荚集中，成熟一致，不炸荚，非常适宜一次性机械收获。高产广适抗晕疫病绿豆品种冀绿20号丰产稳产性好，抗春播区晕疫病，适应范围广。

冀绿15号于2021年6月18日获得新品种保护权（图12）。

 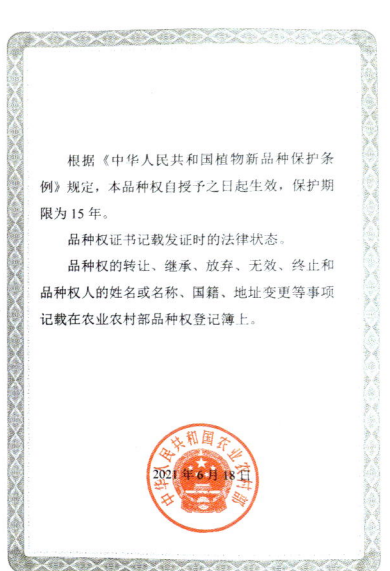

图12　绿豆育种岗位获植物新品种保护权证书

（三）获得授权专利4项，申报发明专利4项

专利"一套适于栽培绿豆品种鉴定的SSR引物组合及其应用"是基于SSR分子标记鉴定法建立的，利用多态性好、PCR扩增稳定的30对SSR引物组成的一套引物组合，对不同

绿豆品种进行鉴定的技术体系。该技术体系能够快速、准确地对不同栽培绿豆品种进行鉴定，能准确区分绿豆品种间差异并最大限度且准确地反映绿豆品种间的亲缘关系。

专利"一种用于绿豆抗豆象基因$Br3$辅助选择的分子标记及其应用"从2 882个SSR标记中筛选到8个与抗豆象新基因$Br3$连锁的标记，其中标记SYD404与$Br3$的遗传距离为4.0 cM，标记SYD1303与$Br3$的遗传距离为9.54 cM。上述2个标记均为自主开发，且与$Br3$基因紧密连锁，均可用于分子标记辅助选择育种。本发明可以将绿豆抗豆象材料选择提前到苗期进行，既可免除大量费时费力的抗豆象鉴定工作，又可对育种材料进行早代选择，并可对目标基因进行精准的逐代跟踪（图13）。

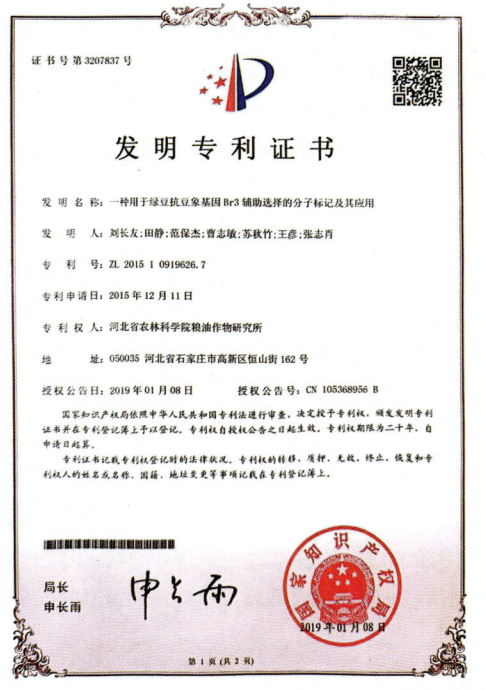 

图13　绿豆育种岗位获国家发明专利证书

（四）承担了两项河北省地方标准的制定工作

承担了河北省地方标准"抗豆象绿豆品种真实性和纯度鉴定SSR分子标记法"和"抗豆象绿豆生产技术规程"的制定工作。

该标准规定了SSR分析标记法鉴定抗豆象绿豆品种的真实性和纯度的仪器设备及试剂、供试样品、方法步骤和结果判断与计算方法。标准适用于抗豆象绿豆品种真实性和纯度的检测。

（五）在《中国农业科学》《作物杂志》等中文期刊上发表论文6篇

如基于新遗传连载图谱的豇豆抗豆象QTL定位等。

四、科技服务与技术培训

（一）服务县域经济

1. 通过绿豆新品种及全程机械化生产技术示范应用，对提升阳原县绿豆生产技术水平起到了较好的示范带动作用

联合张家口综合试验站、栽培与土肥、病虫害防控、机械化等相关岗位专家，在阳原县要家庄乡建立冀绿19、冀绿20、中绿5号、中绿23等绿豆新品种及全程机械化生产技术示范样板5个，面积550亩。其中，2019年9月8日国家体系在该示范区召开了"食用豆新品种新技术机械化收获示范观摩会"，经检测，绿豆新品种较地方品种在早熟性、直立抗倒性、机械化收获特性、产量、晕疫病及叶斑病抗性等方面有显著的改进，产量较地方品种增产30%以上，配合全程机械化生产，核心示范区亩增收150元以上，显著提升了阳原县绿豆生产技术水平，并起到了很好的示范带动作用。

2. 提升产业发展能力

通过2020—2021年两年的实施，绿豆新品种及高产高效全程机械化生产技术在阳原县要家庄乡的核心示范区及周边乡镇，取得了很好的示范效果，并为阳原县政府及相关部门提供绿豆品种提纯复壮与更新换代、推进绿豆全程机械化生产等产业发展建议2项。辐射周边5个乡镇绿豆产业发展，带动产业规模达5万亩以上，提升了绿豆产业发展能力。

3. 提升市场竞争力

对接河北"泥河湾"农业发展股份有限公司，通过公司产品回收、加工与国内外市场销售，解决示范基地产品销售的后顾之忧。同时，通过产品深加工，提升了产品附加值，农民、企业双受益。新品种的推广应用使阳原县传统商品"鹦哥绿豆"的籽粒百粒重提高了1.5 g，商品率提高了20%左右，并开发出目前市场畅销的毛绿豆品种，显著提升了阳原绿豆和泥河湾公司的市场竞争力。

（二）重大突发性事件应急和咨询服务

1. 开展技术培训，促进增产增收

3年来，开展集中技术培训21次，培训乡村技术骨干、农户1 176人次，发放技术资料2 000余份，提供了价值3万元的种子、农机、农膜、农药等。并免费提供绿豆种子1 600 kg。

2. 向农业农村部、首席办提供各类建议、总结、报告等材料20余份，为产业发展和政策咨询提供参考

向农业农村部种植业处提交绿豆产业专家解读报告、绿豆生产技术指导意见、关于增加绿豆、小豆作物实施品种登记制度的建议等。协助研发中心完成了科学技术部"十四五"食用豆重大研发需求、体系建设理论与实践、食用豆种业"十四五"发展研究报告、食用豆产业发展趋势与建议、食用豆产业技术发展报告、体系专家扶贫风采录、"十四五"体系发展意见与建议、食用豆体系"十四五"重大技术攻关任务、"十四五"

体系发展意见与建议、国家食用豆产业技术体系防灾减灾夺丰收工作方案（华北组）等报告20余份；为河北省农业农村厅提供"河北省种业未来10年分阶段发展目标及重点任务"报告1份。

3. 积极参与河南、河北严重涝灾后的绿豆补种工作，向7县市提供早熟绿豆新品种4个，17 406 kg

2021年7月，河南、河北遭受了百年不遇的洪涝灾害，响应农业农村部号召，及时制定防灾减灾技术措施，分别起草了国家食用豆产业技术体系防灾减灾夺丰收工作方案（华北组），形成了华北区涝灾后绿豆丰产栽培技术、小豆丰产栽培技术、芸豆丰产栽培技术、食用豆主要病虫害绿色综合防控技术9项系列技术措施，为今后防灾减灾提供了技术参考。

2021年7月，本岗位先后组织协调河北东昌种业、河北丰苑种业、故城三豆种业公司、河北泥河湾科技有限公司等捐助早熟绿豆品种冀绿19、冀绿17等17 406 kg，助力了河南获嘉县、武陟县、温县、卫辉市、汤阴县、延津县、汝州市的地方灾后补种工作，预估减少经济损失约1 400万元。

（三）科技扶贫工作亮点

张家口阳原县要家庄乡王府庄村是国家级贫困村，地处丘陵旱区，干旱、土壤贫瘠是该地的自然生态特点，绿豆抗旱耐瘠薄，一直是该村种植的重要农作物，同时也是河北省名牌绿豆产品"鹦歌绿豆"的主产地。由于农家种种植历史久远、品种混杂退化严重，晕疫病严重，产量较低，籽粒变小，商品性变差。另外，田间管理粗放落后，生产效率低，农民收入微薄。

本岗位联合张家口综合试验站，以"更换新品种、应用新技术、开发新产品"为科技扶贫的主攻方向，在阳原县要家庄乡王府庄、柳树皂及周边村镇，示范推广抗晕疫病、适宜机械化收获、品质优良的绿豆新品种冀绿19、冀绿20、冀绿0911，春播地膜覆盖旱作栽培、全程机械化轻简高效栽培等高产高效配套技术等。其中，2020年在生长前期干旱、中期晕疫病大发生、地方品种多数大减产的情况下，新品种联合配套生产技术，较地方品种增产40%以上，产量在140 kg/亩以上，得到了地方政府、地方农技推广部门、种植户、企业等的认可和好评。目前，冀绿20、冀绿19、冀绿0911等已成为地方品种更新换代的新品种。新品种新技术覆盖了阳原县要家庄乡11个村，绿豆平均产量达到120 kg/亩，较传统品种增产达60%左右，每亩收入可增加220元以上。

五、对本学科领域或本区域产业发展所起的支撑作用

（一）促进了新品种示范应用

依托本岗位育成的新品种、研究集成的新技术，在河北、山西、山东、陕西、河南、天津等18个示范点，示范了抗晕疫病品种冀绿20、适宜机械化收获品种冀绿19、抗豆象品

种冀绿15号等绿豆新品种，以及丘陵山区春播绿豆地膜覆盖高产栽培技术、绿豆与药材、幼林果树间套种等6 000余亩。通过建立高产核心示范田、在示范区进行宣传培训和技术指导等，辐射带动约15.0万亩大面积示范应用，由于新品种与配套技术的示范应用，平均亩增产12.83 kg，增效90元左右，带动农民增收1 350万元。

（二）促进了企业产品品质提升和品牌发展

冀绿13号高产广适目前已成为故城三豆食品技术开发有限公司原粮产品进入超市、粮油店、为外贸企业提供出口商品的主打品种。冀绿20的发展满足了市场对毛绿豆的需求，将成为河北泥河湾农业发展股份有限公司的新产品，产品价格高于普通产品，目前已建立基地500亩，并有较好的发展势头。冀绿19号成为河北东昌种业有限公司在东北、西北、华北区布局推广食用豆新品种的主导品种，2020年销售种子5 000 kg，丰富了该种业杂粮种子销售的品种类型；冀绿15号、冀绿13号已成为河北丰苑种业有限公司、河北朝霞农业科技有限公司进行绿豆种子经营和推广的品种，年销售1.5万kg，并为今后绿豆种子的经营打下了较好的基础。

（三）推动了农业提质增效、绿色发展，促进了农民增收

对接张家口综合试验站、结合"三区人才"培训，助力地方科技扶贫工作，分别为蔚县涌泉乡任家堡村、阳原县要家庄乡王府庄村、河北泥河湾农业科技有限公司免费提供冀绿19、冀绿1109、冀绿20新品种780 kg，建立示范基地900亩，并进行了机械播种覆膜、病虫草害防控、雹灾后田间管理、机械化收获等培训和技术指导工作。其中，河北泥河湾农业科技有限公司2020年连片种植冀绿19、冀绿20，在强降雨、雹灾等不利天气影响下，通过技术指导，采用地膜覆盖、合理控草、适时喷施叶面肥、收获前喷施落叶剂、机械化收获等措施，取得了显著的示范效果，推动了农业提质增效、绿色发展、促进了农民增收。

（四）科技创新促进了本学科相关领域的发展

在科技创新方面，围绕体系研发任务，跟踪国际前沿，拓展研究领域，增强创新实力。育种目标由原来的高产优质扩展到高产多抗与优质专用。研究内容不断丰富，其中，绿豆重要性状基因定位、基因组学研究等达到国际先进水平。

小豆育种岗位（1）

一、岗位简介

小豆育种岗位建设依托单位为吉林省白城市农业科学院，岗位科学家尹凤祥研究员（图14）。自2008年加入国家食用豆产业技术体系以来，经过体系优化调整，本岗位研究团队、基础设施和创新平台不断发展壮大。岗位研发团队成员8人，其中研究员4人，副研究员1人，助理研究员2人，技术工人1人，硕士学位3人（图15）。拥有固定试验基地1个，10 hm^2（院内）；在洮南、镇赉、通榆等示范基地5个；海南育种基地3亩；抗病鉴定圃7亩；温室100 m^2；晾晒棚2个，200 m^2；抗旱棚1个，200 m^2；分子实验室1个；拥有光照培养箱、超净台、震荡组织培养箱、高速冷冻离心机、PCR仪、凝胶电泳仪等组织培养和分子遗传仪器设备及筛选机、比重机、磁选机、播种机、豆类收获机等种子清选、加工设备和田间管理设备等。

岗位科学家尹凤祥： 1958年出生，吉林省作物学会理事，农业农村部小宗粮豆专家指导组成员。主要从事绿豆、小豆育种和栽培技术研究工作，先后主持和参加吉林省科技厅项目、国家科技支撑、公益性行业（农业）科研专项、农业农村部作物种质资源保护项目等。取得省部级以上获奖成果6项，市级科技进步奖3项。育成绿豆、小豆、豇豆新品种25个；参加《中国食用豆类品种志》《中国小杂粮产业发展报告》《中国小杂粮品种》《绿豆生产技术（丛书）》《小豆生产技术（丛书）》等著作的编写；起草制定吉林省地方标准《绿豆种子质量》（DB 22/T 977—2011）、《绿豆机械化生产技术规程》（DB 22/T 2353—2015）等6个绿豆系列标准。发表论文30余篇。

图14　岗位科学家　尹凤祥

图15　岗位团队成员

二、主要研发任务和重要进展

（一）主要研发任务

筛选适宜东北春播区种植、商品性好、高产、多抗、生育期适宜、适应性强的绿豆、小豆、芸豆新品种；选育高产、多抗、适宜机械化生产的绿豆、小豆新品种；研究集成东北绿豆机械化生产技术；研发新品种优质高产高效配套栽培技术及绿色增产增效关键技术；联合相关试验站进行新品种和新技术的示范应用；东北区豇豆属于豆科豇豆属豆类植物、分布及为害调查；抗病、抗旱绿豆、小豆新品种选育及抗性种质创新。

（二）取得的重要进展

近3年来，小豆育种岗位，紧密围绕体系重点研发任务、基础性工作和应急性任务，密切联合相关功能研究室、岗位专家和试验站，收集引进国内外食用豆种质资源300余份，创新抗旱、抗根腐病、抗细菌性疫病、抗白粉病等新种质15份；新育成国家、省级鉴定新品种4个，获新品种权1个。集成高产高效配套技术2项，形成地方标准1项，完成"基于互联网的无公害绿豆库存管理系统V1.0"计算机软件著作权1项。在促进食用豆产业发展方面，通过品种成果转化，提供了从种子繁育到田间生产技术指导、产品开发、市场信息咨询等系列服务，形成了公司带基地、基地联农户、产学研相结合的产业发展模式，带动和支撑了区域性食用豆产业的发展。其中，《绿豆新品种白绿9号》《小豆新品种白红9号》《绿豆机械化生产规程》和《小豆机械化生产技术规程》的应用，提高了产量水平，拓宽了应用范围，改善了商品品质，提高了种植效益。累计推广新品种和配套栽培技术75万亩以上，应用区域遍及吉林省、黑龙江省、辽宁省、内蒙古和河北省、山西省等，新增总产量超过1 500万kg，创社会经济效益1.5万元以上。

三、标志性成果

（一）获奖成果

本岗位作为第二完成单位，参与了北京农学院、山西省农业科学院等单位联合申报的"小豆种质资源创新与新品种选育"项目，获得2020年度神农中华农业科技进步奖三等奖。其中，本岗位研发的小豆新品种"白红7号""白红9号"和"白红12号"等在东北小豆春播区累计推广应用面积达到150多万亩，新增产量1 500多万kg，增加社会经济效益1.5亿元以上。

作为参加单位完成的《中国食用豆生产技术丛书》获得2020年度神农中华农业科技奖科学普及奖。在该项成果中，本岗位主要承担东北地区小豆和绿豆生产技术与机械化生产技术的编写任务及其技术示范推广工作。

（二）育成的新品种

1. 白绿9号

2020年9月通过中国作物学会品种鉴定，鉴定编号为国品鉴 绿豆2020006，建议在吉林白城、长春，黑龙江齐齐哈尔、哈尔滨，辽宁沈阳，河北张家口，山西大同，陕西榆林，内蒙古呼和浩特，新疆乌鲁木齐等地种植。

2. 白红9号

2020年9月通过中国作物学会品种鉴定，鉴定编号为国品鉴 小豆2020007，建议在吉林白城、长春，黑龙江齐齐哈尔、哈尔滨，辽宁沈阳，河北张家口，山西大同，内蒙古呼和浩特等地种植。

3. 吉豇2号

2020年9月通过中国作物学会品种鉴定，鉴定编号为国品鉴 豇豆2020002，建议在吉林白城、长春，辽宁沈阳，内蒙古呼和浩特，河北石家庄、保定、唐山，陕西榆林等地种植。

4. 白绿16号

2021年1月通过吉林省农作物品种审定委员会认定，认定证书编号为吉认绿豆2021003。

（三）申请专利

2020年11月完成"基于互联网的绿豆库存管理系统V1.0"计算机软件著作权1项。计算机软件著作权登记证书编号：软著登字第E0063586号（图16）。

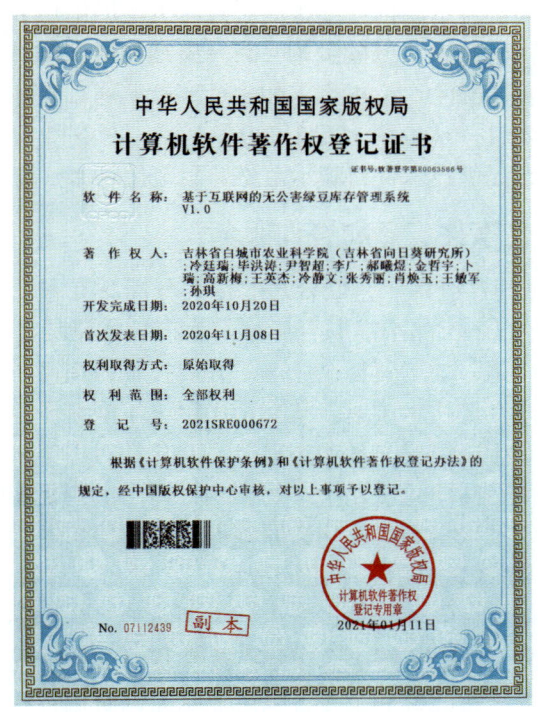

图16 小豆育种岗位获国家计算机软件著作权证书

（四）形成的技术或标准

研究集成"小豆机械化生产技术"一套；制定《小豆机械化生产技术》吉林省地方标准（DB22/T 3338—2022）1项。本标准规定了小豆机械化生产的基地选择、种植管理、病虫害防治和机械化收获等阶段的技术指标，本标准适用于小豆产区的机械化生产。

（五）代表性论文、专著

发表Effects of multiple N，P，and K fertilizer combinations on adzuki bean（Vigna angularis）yield in a semi-arid region of northeastern China，《豇豆新品种吉豇1号的选育及栽培要点》等论文9篇，其中SCI论文1篇。

（六）人才培养

一人晋升为二级研究员；一人晋升为三级研究员；一名团队成员晋升为副研究员。

四、科技服务与技术培训

（一）服务县域经济发展

每年开展集中培训农技推广技术人员和种植大户100多人，举办现场观摩会1～2次。累计培训1 000多人次，发放技术资料15 000多份。并且通过电视讲座、广播电台讲座等，以及深入主产县田间地头进行生产指导等多种形式为生产提供技术指导和技术咨询服务。

主要针对大兴安岭南麓特困片区的贫困县吉林省通榆县、镇赉县开展扶贫工作。开展了绿豆、小豆、豇豆等食用豆生产技术需求和生产实践调研、食用豆新品种和机械化生产技术试验示范、建立原种生产及示范基地1 500多万亩，对贫困县农技人员和种植大户进行技术培训和技术指导，提供技术资料和示范试验示范用种子、农药化肥等帮扶工作。

（二）重大突发性事件应急和咨询服务

2019年和2020年9月间连续两年，联合东北区部分岗站专家及团队成员开展了黑龙江省密山、林甸和齐齐哈尔3个市的小豆联合考察与生产技术指导。参观、考察了试验示范基地、示范田，小豆生产田，加工贸易企业等，开展技术咨询服务，解决小豆生产中遇到的病虫草害防控和品种改良等技术难题。掌握了来源于不同科研单位的新品种在主产区不同生产条件的田间表现和生长情况，预测产量等。并且针对近年来秋季东北地区遭遇特大台风暴雨的极端气候条件，对小豆后期生产的影响，提出适当延期晚收、增加后熟期、田间充分晾晒、脱水干燥等技术指导建议。会同植保专家朱振东老师对密山小豆主产区近年来生产上普遍发生的小豆病毒病开展了田间取样、鉴定和发病率调查等，提出了轮作倒茬、种子处理和做好传播病毒的红蜘蛛、蚜虫的早期防治等防控小豆病毒病为害的防治措施建议等。走访加工贸易企业，了解小豆市场贸易和食品加工情况，摸清了小豆主产区的试产贸易出口量和加工产销情况等。撰写各项产业相关调研报告、产业发展报告和生产技术指导与咨询报告等13篇。

五、对本学科领域或本区域产业发展所起的支撑作用

（一）种质创新，引领食用豆产业发展

主要开展了小豆、绿豆高产、多抗、适宜机械化生产新品种选育、种质创新与新基因发掘。筛选出优质、多抗，适合机械化生产的绿豆新品种白绿9号、白绿11号和小豆白红11号和白红12号；新收集国内外食用豆种质资源300份，其中绿豆109份、小豆130份、芸豆11份。筛选鉴定抗旱小豆品种白红6号和白红9号，鉴定出综合抗病性好的小豆遗传后代材料20份；筛选出抗病性强的优异种质3个。育成新品种小豆8个、绿豆10个、芸豆1个、豇豆1个，为食用豆产业发展提供核心技术支撑。

（二）加快小豆、绿豆成果转化，服务县域经济，科技支撑产业发展

加强与企业和推广部门的合作，承担省级重点农业协同推广项目，积极开展小豆、绿豆新品种和机械化生产技术示范推广，累计推广面积达52.5万亩以上，增加产量达10%以上；节省成本20%以上；可创社会经济效益达1.5亿元以上。特别是绿豆主产县通榆县绿豆种植面积一直稳定在60万亩/年以上，年产量6万t以上，为全国县级绿豆生产第一大县，向海、兴隆山等地绿豆种植面积占农作物种植面积的20%以上。主要种植的绿豆品种为白绿8号、白绿9号、白绿11号，新品种普及率达到80%以上，绿豆机械化生产和地膜覆盖技术得到广泛的应用，单产水平达到106.7 kg/亩以上，绿豆生产效率大幅度提高，促进了县域经济发展。

（三）配合企业和政府品牌建设，拓宽产品市场

采用"科研+龙头企业+合作社+农户的模式"与吉林省洮南市物质粮油贸易有限责任公司、洮南市安定乡远望杂粮专业合作社、通榆县吉祥农资有限公司等企业联合开展绿豆、小豆优质名牌产品生产示范基地、原种生产及示范基地建设，把住产品生产源头、提高产品质量，推广应用新品种和标准化、机械化生产技术，进行可追溯的标准化、机械化和优质化绿豆、小豆生产，创品牌、增效益，探索"科研+龙头企业+合作社+农户的模式"的食用豆产业化经营模式。在洮南市政府的大力支持下，共同开展"洮南绿豆区域品牌"和"白城绿豆"地理标志产品保护等地方农产品名牌创建和优质名牌产品生产、生产基地建设等工作。

（四）深入生产第一线，直接服务生产

采用"科研+合作社+农户"的合作模式，联合齐齐哈尔试验站和吉林省吉翔农业科技发展有限公司，在黑龙江省密山市汇泉小豆专业合作社和吉林省通榆县兴隆山镇开展小豆、绿豆新品种与机械化生产技术示范推广，指导当地小豆和绿豆生产，帮助企业解决生产技术难题。探索使科技成果落地生根、快速转化、普及率高的"科研+合作社+农户"科企合作模式的可行性。

小豆育种岗位（2）

一、岗位简介

小豆育种岗位团队建设依托单位为中国农业科学院作物科学研究所，岗位科学家为陈红霖副研究员（图17），团队成员5人（图18）。本岗位在北京顺义、河北张家口、内蒙古赤峰、河南南阳、广西南宁等地建有试验示范基地5个。

岗位科学家陈红霖： 博士，硕士生导师。主要从事食用豆种质资源搜集、鉴定评价、新基因发掘与创新利用等研究。先后主持国家自然科学基金、国家重点研发计划等项目，主持制定国家农业行业标准1项，以第一或通讯作者在国内外核心期刊上发表论文30余篇，编写著作3部，获国家发明专利10余项，获植物新品种权10余项，获省部级奖励2项。

图17　岗位科学家　陈红霖　　　　　图18　岗位团队成员

二、主要研发任务和重要进展

（一）主要研发任务

食用豆种质资源重要农艺性状的鉴定与评价；抗豆象、耐逆、高产等优异种质创制；抗豆象、耐逆等优异基因发掘与创新利用；高产多抗宜机械化生产新品种选育。

（二）取得的重要进展

一是在核心种质构建及鉴定评价方面，通过筛选国家种质库保存的7 000多份绿豆、5 000多份小豆种质资源，分别构建了620份绿豆、550份小豆核心种质。通过对核心种质重要农艺性状、豆象抗性、耐盐性等进行多年多点精准鉴定，系统评价了不同生态区和各性状遗传变异水平，获得了不同生态区的表型数据，并筛选出早熟、大粒、抗豆象、耐盐等优异种质资源。另外，在广泛收集豇豆属野生资源的基础上进行抗豆象性鉴定，从国内小豆野生种中鉴定出高抗豆象小豆种质，属于世界前列。此外，还从国内收集的野生种中筛选出高抗豆象绿豆种质，打破了绿豆抗豆象种质只存在于国外的局面。筛选出的抗豆象种质解决了国内抗豆象育种急需的抗性资源缺乏问题，为抗豆象育种奠定了重要的材料基础。

二是在新种质创制方面，利用EMS、^{60}Co-γ辐射诱变创制出高耐盐、早熟、长荚大粒等新材料。利用高抗豆象、耐逆等野生种与综合性状优良的栽培种远缘杂交、回交等方法创制了一批高抗豆象、耐逆等新种质，并在沧州黄骅、白城镇赉等盐碱地和多个试验点试验，选育出综合性状优良的高抗豆象、高耐盐碱新品系。

三是在优异基因发掘方面，图位克隆了绿豆抗豆象新基因$VrRSP1$，亚细胞定位于细胞核和细胞器中，并根据抗、感豆象基因差异序列开发了Indel分子标记，应用于抗豆象分子标记选择辅助育种，极大地缩短了食用豆抗豆象育种年限，提高了抗豆象育种效率，节约大量的人力、物力。另外，结合转录组和qRT-PCR技术发掘了$VrERF112$等抗旱耐盐基因，在转基因材料中验证发现能显著增强了耐盐和抗旱性。

四是在新品种选育方面，组织承担了本体系的小豆新品种联合鉴定试验，筛选出5个适宜北方春播区、2个适宜北方夏播区和6个适宜南方区种植，增产10%以上的小豆新品系。本团队选育的两个小豆新品系在联合鉴定试验中表现突出，产量显著高于对照品种，在哈尔滨、齐齐哈尔、呼和浩特、长春、赤峰、太原等地表现优异。在张家口阳原县要家庄乡南洼村建设新品种示范基地，展示了中绿、中红系列优质高产新品种，亩产超过150 kg，比地方品种增产30%以上，取得良好效果。

三、标志性成果

2019—2021年，共发表论文9篇，其中SCI论文4篇，3个新品种通过作物学会鉴定，获国家发明专利3项，中绿C52、中绿20、中绿21、中红14、中红15等5个新品种获植物新品种权。

（一）育成的新品种（图19）

1. 中绿C52

中早熟品种，夏播生育期70天左右，株型紧凑，植株直立，幼茎绿色，株高55 cm，百粒重6.6 g，平均产量1 751.3 kg/hm^2。该品种高抗豆象、高抗叶斑病。

2. 中绿20

早熟品种，夏播生育期65天左右。有限结荚习性，株型紧凑，植株直立、抗倒伏，幼茎紫色，株高55.0 cm，百粒重6.0 g，平均产量1 839.0 kg/hm^2。该品种种皮绿色有光泽，干籽粒蛋白质含量25.98%，淀粉含量46.31%。

3. 中绿21

早熟品种，夏播生育期65天左右。有限结荚习性，株型紧凑，植株直立、抗倒伏，幼茎紫色，株高50.0 cm，百粒重6.2 g，平均产量1 825.5 kg/hm^2。该品种种皮绿色有光泽，干籽粒蛋白质含量26.56%，淀粉含量46.78%。

4. 中红14

早熟品种，夏播区生育期85天左右，有限结荚习性，株型紧凑，直立，株高50 cm，种皮鲜红色，百粒重17.5 g，平均产量1 698 kg/hm^2。

5. 中红15

早熟品种，夏播区生育期85天左右，有限结荚习性，株型紧凑，直立，株高50 cm，种皮鲜红色，百粒重14.3 g，平均产量1 819.5 kg/hm^2。

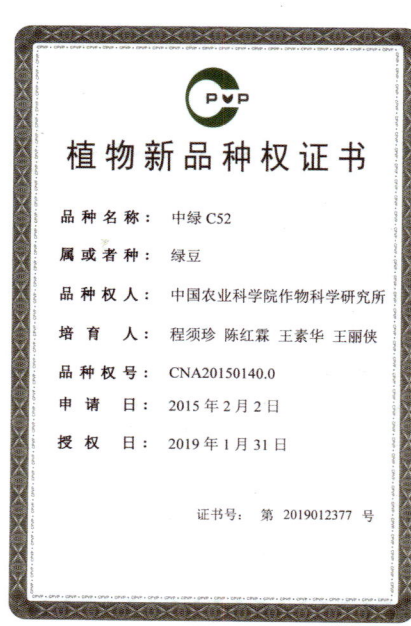
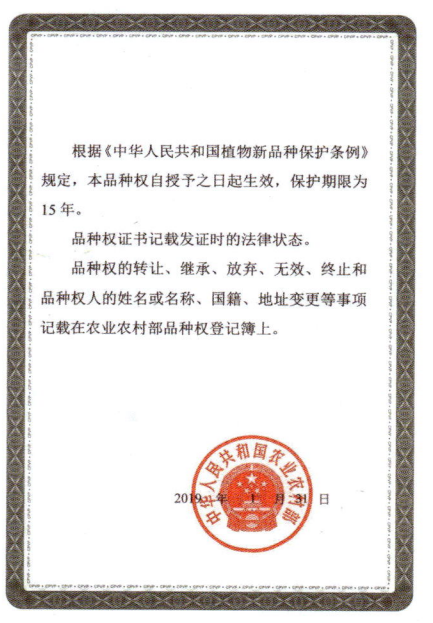

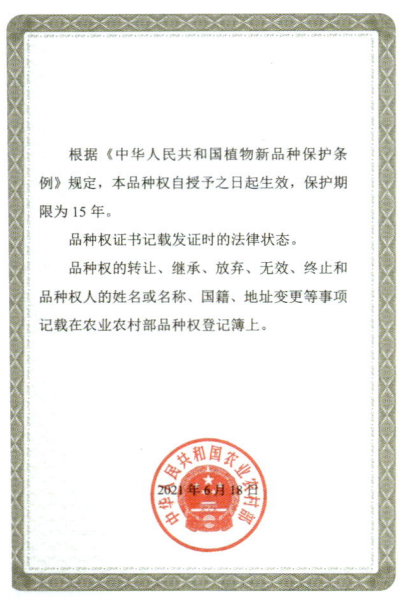
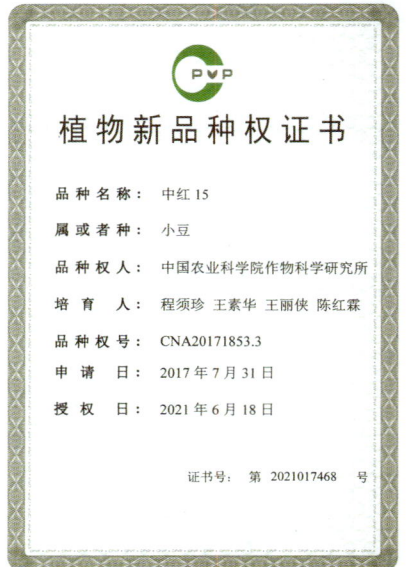
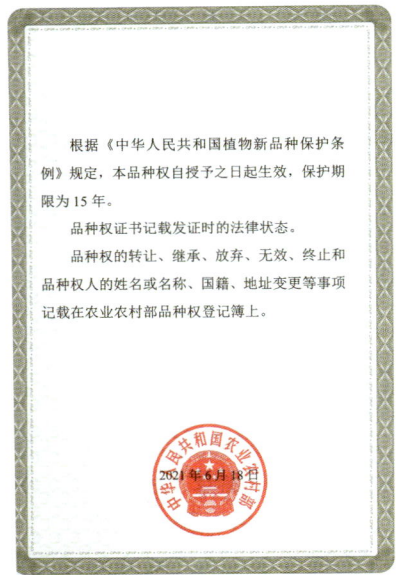

图19　小豆育种岗位获植物新品种权证书

（二）获得的国家发明专利3项（图20）

（1）绿豆抗豆象基因 VrPGIP 功能性分子标记及应用（ZL201610224823.1），授权公告日：2019年7月12日；完成人：陈红霖、程须珍、王丽侠、王素华。

（2）绿豆抗豆象基因 VrPGIP 等位基因 VrPGIP1-2 及其应用（ZL201710534645.7），

授权公告日：2019年11月29日；完成人：陈红霖、程须珍、王丽侠、王素华。

（3）绿豆抗豆象基因 *VrPGIP* 共分离分子标记及应用（ZL201610362607.3），授权公告日：2020年6月9日；完成人：陈红霖、程须珍、王丽侠、王素华（图20）。

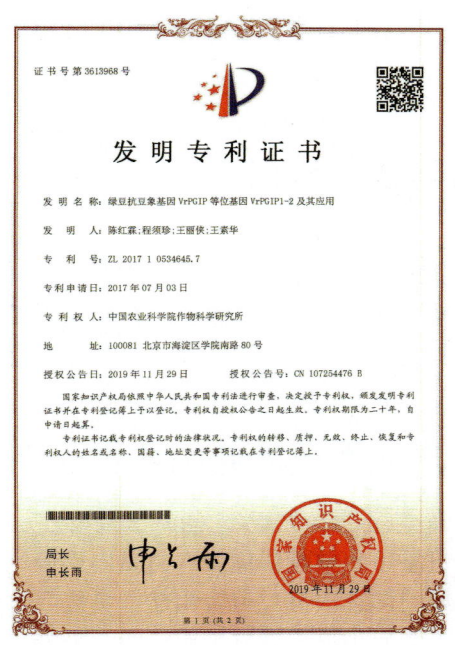
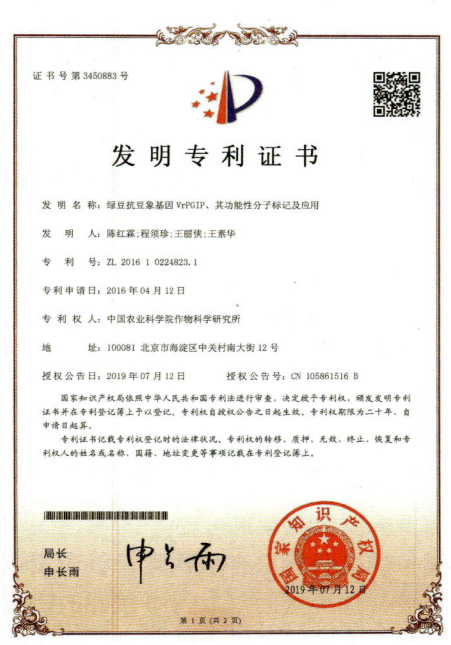
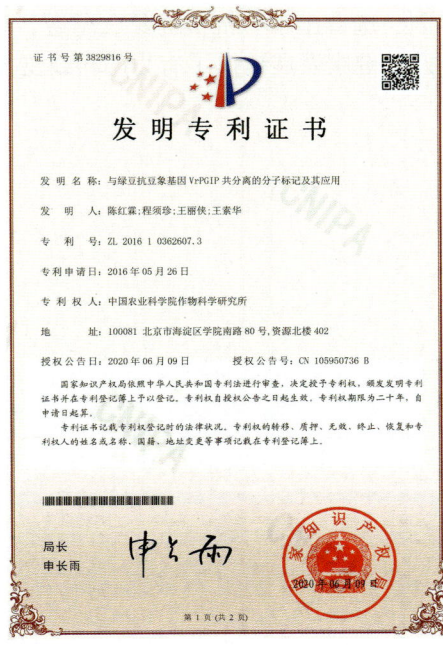

图20　小豆育种岗位获国家发明专利证书

（三）代表性论文

代表性研究论文5篇，其中SCI论文2篇。包括：在国际期刊 *Journal of Applied Genetics* 上发表 *Genome-wide identification and expression profiles of AP2/ERF transcription factor family in mung bean（Vigna radiata 1.）* 和在《中国农业科学》上发表《中国食用豆产业和种业发展现状与未来展望》等。

四、科技服务与技术培训

在张家口阳原县要家庄乡南洼村建设绿豆新品种示范基地，展示了中绿、中红系列优质高产新品种。中绿10号亩产150 kg以上，比地方品种增产30%以上。在阳原县要家庄乡南洼村召开"食用豆新品种新技术机械化收获示范观摩会"，取得较好示范观摩效果。

五、对本学科领域或本区域产业发展所起的支撑作用

本岗位团队在核心种质构建、种质资源评价鉴定、新种质创制、新基因挖掘、新品种筛选、科技帮扶等方面都取得了较好的研究进展。筛选出抗豆象、耐盐、早熟、大粒等优异种质资源，为国家食用豆产业技术体系提供了优异小豆、绿豆种质资源。另外，创制并挖掘了抗豆象、耐逆等新基因，选育出了一批抗豆象、耐逆、高产等新品种，试验示范取得较好效果，为我国食用豆产业健康发展提供了有力的科技支撑。

芸豆育种岗位

一、岗位简介

芸豆育种岗成立于2008年，建设依托单位为黑龙江农业科学院作物育种研究所，2017—2021年岗位科学家为魏淑红研究员（图21），团队成员有王强、孟宪欣、郭怡璠、杨广东、尹振功等（图22）。芸豆育种岗位目前拥有专用实验室54 m^2，PCR仪、电子显微镜及成像系统、高速冷冻离心机、超低温冰箱等仪器设备34台套，价值71万元。国家示范园区民主实验基地45亩，专用温室20 m^2，种质保存低温库70 m^2，考种作业室2间60 m^2，克山县、引龙河农场、海伦市、嫩江市、宝清县等6个试验示范基地300余亩，成果转化合作企业2个。

岗位科学家魏淑红： 从事豆类种质资源研究多年，先后承担中外合作项目、国家科技支撑计划、国家农作物种质资源共享服务平台（黑龙江）等多个项目。在食用豆育种研究中，先后育成食用豆新品种30余个，获国家部级成果奖6项，省级、院级科技进步奖多项，在国家级、省级刊物上发表论文20余篇。

图21　岗位科学家　魏淑红

图22　岗位团队成员

二、主要研发任务和重要进展

（一）主要研发任务

在体系前期工作的基础上，根据国家食用豆体系工作调整，主要研究内容是芸豆育种，展开高产、优质、多抗、适合机械化收获的专用芸豆种质创新与新品种选育，筛选适合不同生态区域的优异品种，扩大优良品种（品系）推广利用范围，缓解食用豆产业技术体系快速发展中品种缺乏等问题，从而促进食用豆产业健康发展。

（二）取得的重要进展

新品种选育方面：龙芸豆9号、龙芸豆14、龙芸豆15、龙芸豆16获得植物新品种权（图23）。选育小白芸豆、紫花芸豆、奶花芸豆、小黑芸豆、中白芸豆等芸豆新品种10个，其中龙芸豆17、龙芸豆18为国审品种，龙芸豆19、龙芸豆20、龙芸豆21、龙芸豆22、龙芸豆23、龙芸豆24、龙芸豆25、龙芸豆26为黑龙江省科技成果登记品种。

园区建设与技术培训：建立科技示范园区5个，示范区面积超过500亩。依托科技示范园区，举办了内容丰富、技术实用、形式多样的各类培训班、现场会10余次，提供技术指导服务及咨询150余次。培训农技人员和农户共计1 000余人次。

在基础研究方面：开展抗旱节水及品种筛选研究，进行苗期芸豆干旱胁迫响应及转录组分析等研究，明确了干旱胁迫对苗期芸豆生长发育及生理生化的影响，确定了芸豆抗旱鉴定生理指标和抗旱育种目标，并筛选出龙18-246等抗旱品种（系）3份。开展了优质耐低磷普通菜豆品种筛选工作，探讨了低磷胁迫下耐低磷普通菜豆品种对低磷胁迫的应答机制，筛选出耐低磷型品种有龙芸豆13、龙17-3525、龙芸豆10号等。开展了芸豆新品种机械化筛选试验，筛选出龙芸豆14、龙芸豆21、龙芸豆33等适合机械化作业的品种。开展"芸豆芍药间作节本增效技术模式"的芸豆新品种适应性生产试验，筛选出龙芸豆5号、龙芸豆14为适合品种。开展了抗菌核种质资源鉴定筛选，筛选出龙芸豆12为较抗菌核品种。

三、标志性成果

（一）育成的新品种10个，获植物新品种保护权4个（图23）、申请5个

龙芸豆17为中熟小白芸豆品种，籽粒椭圆，百粒重18.5 g。平均单产169.41 kg/亩。该品种植株紧凑，直立生长。

龙芸豆18为中熟小黑芸豆品种，籽粒柱形，百粒重21.6 g。平均单产160.12 kg/亩。该品种蛋白质含量大于24%，属于高蛋白品种。

龙芸豆19为中早熟小黑芸豆品种，籽粒椭圆形，百粒重19 g左右。平均产量173.33 kg/

亩。该品种株型紧凑，直立生长，蛋白质含量大于24%，属于高蛋白品种。

龙芸豆20（龙12-2681）为中熟小白芸豆品种，籽粒椭圆形，百粒重20 g左右。平均产量188.67 kg/亩。该品种是优质稳产品种，蛋白质含量24.40%，属高蛋白品种。

龙芸豆21（龙14-1518）为中熟大粒紫花芸豆品种，籽粒肾形，百粒重51 g左右。平均产量150.67 kg/亩。该品种抗病性强，直立抗倒伏，适合机械化生产，高产稳产，商品特性好。

龙芸豆22为中早熟小白芸豆品种，籽粒椭圆，百粒重18 g左右。生产平均产量121.50 kg/亩。该品种直立性好，适合机械化生产。

龙芸豆23为中早熟小黑芸豆品种，籽粒肾形，百粒重20 g左右。生产试验平均产量126.51 kg/亩。该品种直立抗倒伏，蛋白含量24.61%，属高蛋白品种。

龙芸豆24为中熟中白芸豆品种，籽粒肾形，百粒重34 g左右。生产试验平均产量144.24 kg/亩。该品种外观商品性好，蛋白含量25.8%，是优质高蛋白品种。

龙芸豆25为中熟奶花芸豆品种，籽粒肾形，百粒重43 g左右。生产试验平均产量149.84 kg/亩。该品种直立抗倒伏，适合机械化生产，蛋白含量25.0%，属高蛋白品种。

龙芸豆26为晚熟小白芸豆品种，籽粒椭圆，百粒重15 g左右。粗生产试验平均产量152.57 kg/亩。该品种具有高产、优质特性，蛋白含量25.4%，属高蛋白品种。

（二）形成的技术或标准

1. 芸豆大垄通透栽培模式

垄宽1.3 m，垄上4行，垄间距70 cm，大行距40 cm，小行距10 cm，拐子苗播种，株距15~20 cm，能够增强芸豆品种的抗逆性，即提高抗涝和抗旱性，依靠增加群体数量来获得高产。

2. 小白芸豆生产技术

集成了小白芸豆种子选择及其处理、选地、选茬、整地、播种、田间管理、收获、贮藏等要点，为黑龙江省小白芸豆标准化生产和特色农业发展提供了技术支持。

3. 芸豆芍药间作生产技术

集成了芸豆芍药间作方式、选地和整地、种植、田间管理、收获及贮藏等技术要点，在黑龙江省首创了以豆养药的栽培模式。

4. 红小豆与芍药间作生产技术规程

集成了红小豆芍药间作方式、选地和整地、种植、田间管理、收获及贮藏等技术要点，红小豆芍药间作生产技术可以高效利用土地，经济效益显著，促进黑龙江省红小豆和北方芍药产业发展，对黑龙江省种植结构调整具有重要意义。

5. 豌豆复种白菜操作规程

旨在为豌豆和白菜复种生产的标准化、规模化发展提供技术支持，在保障豌豆经济产量的前提下，获得复种白菜的附加效益，节本增效。复种增加了2~3个月的绿色覆盖期，对水土保持、调节气候都有重要作用，对实现经济、生态及社会效益共赢具有重要意义。

图23 芸豆育种岗位获植物新品种保护权证书

（三）代表性论文、专著

发表论文4篇，其中SCI论文3篇。包括在国际期刊《应用生态和环境研究》上发表的

Effects of drought stress on endogenous hormones and osmotic regulatory substances of common bean（*Phaseolus vulgaris L.*）*at seedling stage* 等。

（四）人才培养

2019—2021年，培养3位博士，2位获得高级职称。

四、科技服务与技术培训

（一）服务县域经济发展

在推动县域经济发展的工作中，芸豆育种岗位选育的优良系列芸豆新品种有效缓解了生产上的品种老化、退化、病害严重等问题，降低了生产风险，在产量和商品品质方面得到大幅度提升，实现地域品牌和市场竞争力，如拜泉县、明水县黑芸豆，选用龙芸豆10号、龙芸豆14等新品种，其品质好产量高，在当地形成了较大规模生产，并达到了标准化，由于商品质量过硬，拜泉、明水黑芸豆远销欧美及非洲10余个国家，县域经济显著增长。在国家级贫困县桦川、海伦、拜泉、绥滨进行了科技帮扶工作，在嫩江、宝清、密山、桦南等地开展县域经济支撑服务，2019—2021年，在芸豆主产县建立科技示范园区5个，示范区面积超过500亩，依托科技示范园区，展开了形式多样的技术培训、新品种展示、技术指导等活动，建立科技普学堂、现场会10余次，提供技术指导服务及咨询150余次。培训农技人员和农户共计1 000余人次。产业技术服务工作受到相关专家、当地政府、企业、农户的广泛认可，服务县域经济发展效果显著。

（二）重大突发性事件应急和咨询服务

响应国家产业技术体系应急任务，先后完成了《区域性良种繁育基地发展情况》《科技进步与本产业贡献》《芸豆产业基本情况》《食用豆产业基本情况》《芸豆种业、"十四五"发展研究报告》等5个与产业密切相关的统计、研究、政策指导性报告。面对突如其来的新冠疫情，本岗位在国家食用豆产业技术体系统筹安排下，一边对抗疫情，一边发挥产业、技术优势，进行了形式多样的助农行动。芸豆育种岗位科学家魏淑红研究员做客新浪直播间"科技助农大讲堂"，讲解"杂粮产业现状及备春耕生产技术"，在黑龙江省新闻法治频道的"科技助农在线帮"对食用豆栽培技术进行在线答疑，其中快手、抖音等网络平台同步播放，在黑龙江省公共农业频道帮忙栏目中，针对食用豆锈病在线答疑解惑，并延伸讲解了食用豆防治病害的关键技术，社会反响较好。

五、对本学科领域或本区域产业发展所起的支撑作用

选育的"龙字号"芸豆新品种类型多样，具有多抗、高产、优质、适宜机收等特性，

有效地缓解了东北地区缺乏优良品种的局面，尤其是黑龙江省高寒地区缺少早熟、高产的芸豆新品种。通过体系芸豆育种岗位的研发创新，不断地选育新品种和新种质，为区域产业发展起到了强有力的支撑作用。通过科企合作，与五大连池金杉种业、宝清谷粮农业、密山市汇泉红小豆专业合作社等展开科企合作，在大力宣传和推广下，"龙字号"食用豆新品种被市场广泛认可，品牌效应正逐渐显现。在五大连池、嫩江、宝清、依安、讷河等芸豆产区推广"龙字号"系列新品种超过30万亩，企业直接经济效益500万元以上，创造间接经济效益1亿元以上。"龙字号"系列芸豆新品种选育推动了芸豆产业的持续发展，对支撑黑龙江农业供给侧结构性改革、推动特色农产品优势区建设等方面具有重要的现实意义。

蚕豆育种岗位

一、岗位简介

蚕豆育种岗位建立于2016年,依托单位为青海省农林科学院,岗位科学家为刘玉皎研究员(图24),现有团队成员4名(图25),其中研究员1名,副研究员2名,高级农艺师1名,讲师1名,博士2名,硕士3名。依托平台为青海大学省部共建三江源生态和高原农牧业国家重点实验室、青藏高原种质资源研究和综合利用青海实验室。分别在西宁、互助、湟中建立稳定的试验示范基地3个,规模100亩,"一村一品"新品种繁殖基地多个。

图24 岗位科学家 刘玉皎

图25 岗位团队成员

岗位科学家刘玉皎:1974年生。研究方向:蚕豆种质资源创新与利用,研究领域:种质资源创新与利用。现任:青海大学副校长,博士生导师,青海省蚕豆产业首席专家。荣誉与成绩:享受国务院特殊津贴专家、国家百千万人才工程国家级人选,有突出贡献的中青年专家、全国优秀科技工作者、青海省优秀专家,青海省自然科学与工程技术学科带头人,青海省"高端创新人才计划"领军人才。获青海省科技进步奖5项,其中主持完成4项。选育蚕豆品种12个,获植物新品种权6项,首次创制了适于多元化产业发展的多彩蚕豆和亚有限蚕豆种质资源。制定地方标准8项,发表论文50余篇。以供给侧结构性改革为主线,强化品种和区域结构调整,转变生产方式,持续促进蚕豆产业转型升级。解决了青海省蚕豆品种结构优化问题,以及青海省蚕豆区域化布局和多元化产业发展的难题;构建了"蚕豆+"轮作模式,实现了高寒地区蚕豆种植、蚕豆生产全程机械化、化肥减量、种植业收入翻一番等"四个"历史性突破。提出了"基于生态增效型的'蚕豆+'农业新模式"和蚕豆矮秆化、小型化与多元化新型育种目标定位。

二、主要研发任务和重要进展

（一）主要研发任务

（1）食用豆农机农艺融合全程机械化生产技术集成与示范（CARS-08-01A），以现有主导品种为重点，配套机械化播种、机械化收割等技术，促进蚕豆节本增效。

（2）食用豆高产多抗适宜机械化生产新品种选育（CARS-08-03A），以选育适于机械化的结荚集中、成熟一致的蚕豆种质创新和品种选育。

（3）食用豆育种技术创新与新基因发掘（CARS-08-04B），以蚕豆生长习性、淀粉性状、籽粒性状的相关分子标记研究为主。

（二）取得的重要进展

创制亚有限蚕豆种质14份，创制超小粒圆形蚕豆种质26份，登记非主要农作物品种登记3个，均获植物新品种权证书；构建了包含6个连锁群、210个标记的蚕豆SSR遗传连锁图谱，图谱总长度为2 624.53 cM，标记间平均距离为12.50 cM。对控制生长习性的基因进行初步定位，将控制亚有限生长习性的两对基因（vfGH1、vfGH2）分别定位到LG01的921.0 cM与LG02的278.0 cM处；经简化测序，将子叶颜色相关的基因定位到第2连锁群的50 cM和第4连锁群的52cM的区间内；找到1个与蚕豆淀粉含量关联的分子标记SSR-10927；蚕豆淀粉含量符合2对等加性-显性主基因+加性-显性多基因模型（MX2-EAD-AD）遗传模型；蚕豆结荚节位性状符合2对加性-显性-上位性主基因模型（2MG-ADI）遗传模型；蚕豆结荚高度性状符合2对加性-显性主基因模型（2MG-AD）遗传模型；在海拔2 900 m区域成功构建"蚕豆+"轮作模式，实现高海拔地区蚕豆种植零的突破，实现蚕豆机械化收割零突破，实现蚕豆化学除草零的突破，实现由"二元"种植模式转向"三元"种植模式，实现区域种植效益翻一番，蚕豆种植规模翻两番的目标。

三、标志性成果

（一）获奖成果

一是青海省农牧业科技创新"三级平台"推广模式创新与实践，2019年获2016—2018年度全国农牧渔业丰收奖农业技术推广合作奖。该成果主要以国家食用豆产业技术体系与青海省蚕豆产业科技创新平台、基层推广体系有效衔接，强化了蚕豆产业的全产业链的有机融合，促进蚕豆科技成果有效转化和产业转型升级，岗位科学家育成的青海12号、青海13号和青蚕14号成为青海省蚕豆产业主导品种，占90%以上。

二是青海系列蚕豆品种及其配套技术集成应用。获2019—2021年度全国农牧渔业丰收奖农业技术推广成果奖（图26）。该成果主要以青海13号、青蚕14号和青蚕15号蚕豆新品种、机械化生产技术、化学除草、地膜覆盖抗旱保墒技术为核心，以国家食用豆产业技术体系与青海省蚕豆产业科技创新平台为协同机制，促进了科技成果转化。

三是2021年获青海省科学成果奖——创新驱动奖章。青海省科学技术成果奖是青海省委省政府于2021年设立的，重点奖励在自然科学和哲学社会科学领域取得重大成就的科学家和团队，以及哲学社会科学领域的重大科技成果。蚕豆育种岗位科学家在植物新品种选育及保护方面取得重大成就，获首届青海省科学成果奖的创新驱动奖章。

图26　蚕豆育种岗位获奖成果证书

（二）育成的新品种

育成适于不同生态区和不同用途的蚕豆新品种5个：适于机械化生产的有限型早熟品种青蚕16号〔GDP蚕豆（2019）630005〕、种皮不变色白粒蚕豆品种青蚕18号〔GDP蚕豆（2019）630004〕、结荚集中适于机械化生产的绿子叶加工型中熟品种青蚕19号〔GDP蚕豆（2019）630007〕、粮菜兼用型蚕豆品种青蚕21号〔GDP蚕豆（2022）630011〕、适于机械化收获的中熟品种青蚕25号〔GDP蚕豆（2022）630010〕。

（三）申请专利

授权国家发明专利1项，申请1项。其中，2019年授权发明专利1项"蚕豆根系蛋白质组分学分析的样品制备方法"（ZL201710159164.2）；2023年授权发明专利1项"构建蚕豆指纹图谱的引物组及遗传图谱与应用"（ZL202010907161.4）（图27）。

（四）植物品种权保护

1. 授权品种权4项，申请2个

授权品种分别为结荚集中适于机械化生产的绿子叶加工型中熟品种青蚕19号（CNA20080809.9）、粮菜兼用型蚕豆品种青蚕21号（CNA20183244.6）、百粒重20 g左右的特小粒早熟品种青蚕24号（CNA20201002070）、青蚕25号（CNA20201005451）（图28）。

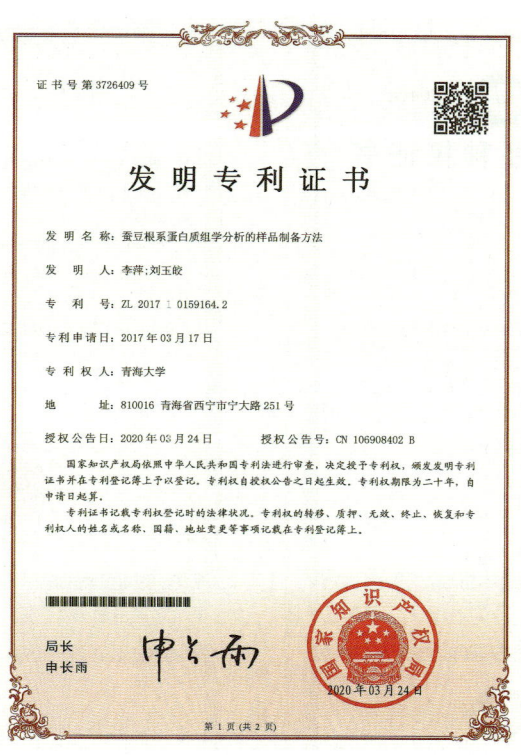

图27 蚕豆育种岗位获国家发明专利证书

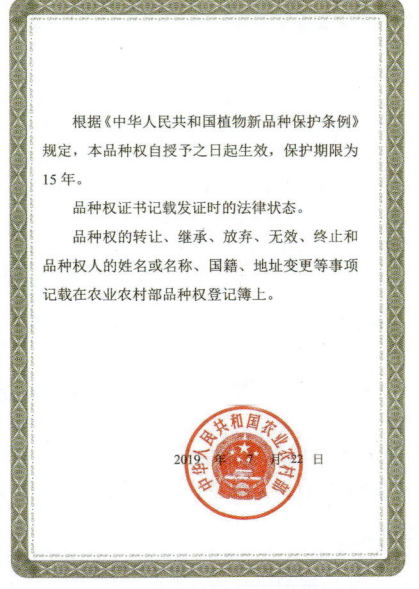

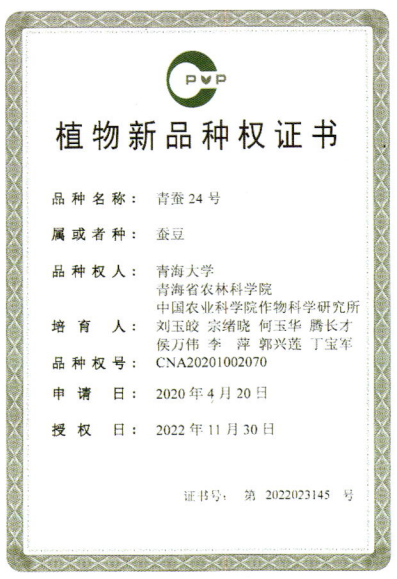 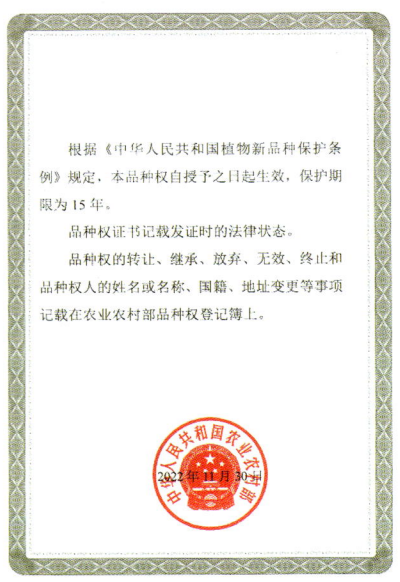

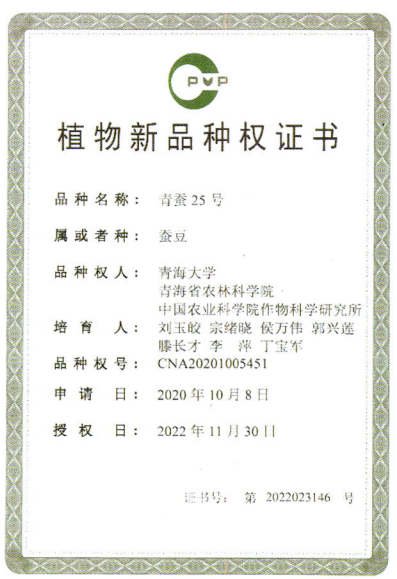 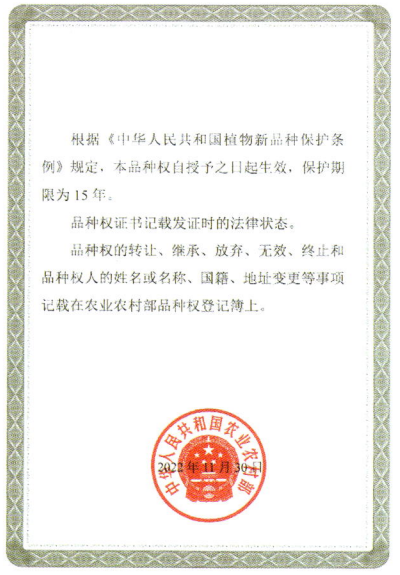

图28 蚕豆育种岗位获植物新品种权证书

2. 申请植物新品种权2项

小粒紫黑色中熟品种青蚕23号（20201002068）、中粒紫红花晚熟品种青蚕26号（20201004483）。

（五）形成的技术或标准

一是制定地方标准1项，《蚕豆联合收割技术规程》（DB63/T 1766—2019）。

二是制定了团体标准2项，分别是《青蚕14号蚕豆有机肥替代化肥生产技术规范》（T/QHNX 020—2021）、《青海13号蚕豆有机肥完全替代化肥生产技术规范》（T/QHNX 018—2021）。

（五）代表性论文、专著

发表研究论文7篇，包括：在国际期刊《生物技术》上发表的 The influence of soil drought stress on the leaf transcriptome of faba bean（Vicia faba L.）in the Qinghai-Tibet Plateau；在《作物学报》上发表的《青海高原耐旱蚕豆品种青海13号响应干旱胁迫蛋白质组学分析》。

（六）人才培养

刘玉皎于2021年任青海大学副校长，博士研究生导师；滕长才于2021年晋升副高职称，培养硕士研究生3名。

四、科技服务与技术培训

（一）服务县域经济发展

共和县产业结构以牧为主、农牧结合，耕地面积46.96万亩，主要粮食作物有小麦、青稞、蚕豆等，经济作物主要有油菜、蔬菜等，粮油总产1.3万t，农牧业总产值12.0亿元左右，种植业产值4.2亿元左右，亩产值为500～2 000元，而蚕豆种植面积约2.0万亩，产量4 000～5 000 t，亩产值为1 000～2 000元，成为共和县重要的增收作物，总产值占5%左右，对于铁盖乡、龙羊峡镇、沙珠玉乡的种植区蚕豆种植收益达种植业总收益的30%～50%。把共和县重点培育成为"一乡一品"的蚕豆种业基地，并在历史上无蚕豆种植的高海拔旱寒区开辟一条蚕豆规模化种植新区域，为当地培育了一个新产业。

围绕青海省"一优两高"战略的要求，全面推进绿色有机农畜产品示范省建设，进一步实现蚕豆产业支撑县域农业经济的途径有两条，分别是：一是以共和县为核心区域的海南州蚕豆种业生产基地建设，以青海省蚕豆种业为目标，构建"科研+企业+专业合作社（家庭农场）+贫困户"模式，促进区域经济发展。以"一乡一品"的模式对蚕豆品种进行区域布局，以"科研+企业+农户+基地"的模式，在龙羊镇、沙珠玉、铁盖、恰卜恰等乡镇累计建立以青蚕14号、青海13号、青蚕25号粒用型蚕豆种子繁殖基地8 000亩，生产蚕豆种子2 000 t以上，累计实现产值在1 000万元左右，结牢利益纽带，促进农企互利双赢。引导共和县各合作社与青海昆仑种业集团有限公司、青海绿禾源农牧科技有限公司订单生产，实行保护价收购，并随行就市调整价格，高于市场价格0.2元/kg收购，订单种植使亩收益提高100元左右，并保障了种子企业收购种子的数量和质量，实现双方互惠共赢。二是构建促进县域优势产业发展的协同产业发展体系，构建高海拔地区轮作体系，推动"化肥减量增效"行动，助力区域内综合产业经济的发展。共和县高海拔地区种植结构的调整，从而推动当地优势产业的发展。以海拔3 000 m共和县塘格木镇早熟小粒蚕豆青海13号、化学除草、全程机械化为核心技术，构建蚕豆/青稞的轮作模式，由2016年的1亩增至2022年的10 000亩，占当地种植面积的25%，亩产300 kg左右，且种植效益达1 500元左右，减施化肥50%以上，实现翻一番的目标，累计增加产值800万元以上；进一步优化区域种植业"油菜+青稞"的二元结构调整为"青稞+蚕豆+油菜"的三元结构，另外，每亩蚕豆田可生产秸秆饲料150 kg左右，为该区域畜牧业提供优质饲草，促进区域内畜牧业高质量发展。促进种养结合，实现区域农牧业协同和绿色发展。

（二）重大突发性事件应急和咨询服务

积极响应农业农村部号召，大力推进科技助力产业扶贫相关工作。蚕豆全程机械化生产助推蚕豆产业成为"四省藏区"青海省海南藏族自治州贫困地区的优势产业：以育种单位+种业公司+生产农户+加工企业为合作模式的蚕豆产业发展，建立了稳定的蚕豆生产基地和产品销售渠道。2020年蚕豆育种岗位在共和县沙珠玉乡、塘格木镇，兴海县曲什安镇，贵南县沙沟乡，同德县唐谷镇等示范推广青蚕14号、青海13号蚕豆1万亩以上。各县平均亩产在300 kg以上，亩收益达到1 500元以上。推动了当地种植业结构的优化和调整，成为当地青稞等特色产业的优势轮作作物，支撑青稞产业持续稳定发展。蚕豆产业也成为区域内的优势产业。通过蚕豆产业的发展实现化肥减量增效，保护农田生态环境，实现区域内农业绿色高效发展。

加强产业体系成果宣传与技术咨询服务。围绕蚕豆在保护农田生态环境，保障人类健康等战略地位，2019年在科技日报、中国科技网发布了"高原布下'蚕豆+'轮作模式"，在青海省新闻网、农业农村部网宣传报道了"蚕豆机械化生产，助推绿色有机农畜产品示范建设"；2020年为青海省人民政府通过青海省科学技术科技创新论坛成果专报，提出"加强青海蚕豆产业发展的建议"；在青海省召开的"青海省与农业农村部共建的绿色有机农畜产品示范省建设推进会上"向农业农村部农产品质量监管司、省农业农村厅、科技厅以及州县级领导全面深刻地分析了蚕豆在推动"绿色有机农畜产品示范省建设"的重要地位。同时，为青海省科学技术厅建议"基于一优两高战略的蚕豆产业认知与发展建议以及商业化育种方案"。

为全国农业技术推广服务中心提供各年度蚕豆产业发展专家解读报告和蚕豆生产技术指导意见。

五、对本学科领域或本区域产业发展所起的支撑作用

（一）强化育种基础研究

找到了9个与蚕豆子叶颜色性状相关的SSR标记，其中5个共显性标记、3个显性标记和1个隐性标记。利用简化基因组测序，将子叶颜色相关的基因定位到第2连锁群的50 cM和第4连锁群的52 cM的区间内。发掘了4个耐旱和耐盐基因。检测到13个粒型性状相关QTL，包括与籽粒长相关的QTL $qGL1$ 和 $qGL2$ 位于Group2连锁群上；与籽粒厚相关的QTL （*qGT*1-*qGT*10），位于Group2和Group3连锁群上；与籽粒重相关的QTL *qGW*t位于连锁群Group2上。

以GF3/RF25的272个F_2单株为作图群体，构建了包含6个连锁群、210个标记的蚕豆SSR遗传连锁图谱，图谱总长度为2 624.53 cM，标记间平均距离为12.50 cM。对控制亚有限生长习性的基因进行初步定位，将控制亚有限生长习性的两对基因（*vfGH1*、*vfGH2*）分别定位到LG01的921.0 cM与LG02的278.0 cM处。

（二）关键核心技术突破

蚕豆产业的关键核心技术是机械化生产技术，即适于机械化的蚕豆品种和适于蚕豆生产的设备研制。蚕豆育种岗位重点围绕适于机械化生产的结荚集中、成熟一致、丰产性好的种质创制和新品种选育开展创新与集成，并取得新突破，创制了一批亚有限生长类型的新种质，既具有无限生长的株型与增产潜力，也具有有限生长型抑制顶端优势的特点。筛选出籽粒均匀和结荚一致的品种青海13号；选育了结荚集中、成熟一致的有限生长型的青蚕16号和结荚相对集中的青蚕19号等品种2个。

豌豆育种岗位

一、岗位简介

云南省农业科学院粮食作物研究所2008年加入国家食用豆产业技术体系，为病虫害研究室/西南区病虫害防控岗位专家依托单位。通过体系岗位调整优化，2017—2021年，更变为遗传改良研究室/豌豆育岗，岗位科学家为何玉华（图29），现有团队成员12名（图30），其中，高职4人、中职2人、初职2人。通过10余年体系项目的运作，岗位试验设施设备、研究团队等方面逐渐发展壮大，目前本岗位拥有科研人员16名，其中研究员4人、副研究员5人、助理研究员7人、硕士9人。拥有食用豆育种研究专用薄膜温室、玻璃温室、防虫网室合计2 100 m²，实验室180 m²，专属试验用地75亩，建立食用豆育种研究基地2个。

图29　岗位科学家　何玉华

图30　岗位团队成员

岗位科学家何玉华：1978年10月出生，硕士，研究员，农业农村部青年人才，云南省突出贡献人才，云南省省级人才计划入选对象，云南省创新人才培养对象。云南大学硕士生导师。农业农村部杂粮专家指导组委员，中国农学会杂粮分会副秘书长，国农智库食用豆专业委员会常务委员，中国作物学会食用豆专业委员会委员，云南省作物学会理事，云南省农作物品种审定委员会委员，云南省科技特派员，云南省科技厅联系专家等。主持科研项目22项，获省科技进步奖6项，其中一等奖1项、二等奖1项、三等奖4项；作为主要负责人完成农业农村部丰收奖二等奖1项。获国家植物新品种权13个、国家登记新品种31个、国家鉴定新品种2个、省级审定新品种4个、省级登记新品种8个、省级鉴定新品种4个；颁布地方标准2项；国内外学术刊物发表论文16篇，其中SCI论文6篇，第一作者/通讯作者9篇，作为合作单位/个人在NG学术期刊上发表论文1篇；主编/参编专著共19部。

二、主要研发任务和重要进展

（一）主要研发任务

食用豆优质高产多抗适宜机械化生产新品种选育、育种技术创新与新基因发掘。研究内容：优异种质引进与创新、品种选育、配套技术研究、适应性评价和在我国豌豆适宜区域进行新品种示范。

（二）取得的重要进展

一是前期研究工作的基础上开展豌豆抗性育种研究，建立了豌豆白粉病抗性育种技术体系，相关研究成果获得云南省科技进步奖二等奖、三等奖各1项，全国农牧渔业丰收奖二等奖1项。

二是专用豌豆品种的选育及示范：育成"云豌1号""云豌18号""云豌21号"等14个豌豆、蚕豆新品种并大面积推广应用产生了重大的经济效益和社会效益，每年为我国豌豆主产区新增利润1.02亿元。

三、标志性成果

（一）获奖成果

三绿、低单宁、高蛋白优质蚕豆新品种选育及应用，2020年获云南省政府颁发的"科技进步奖三等奖"（图31）。完成单位：云南省农业科学院粮食作物研究所、丽江古城区农业技术推广中心等。

该成果深入开展云南省地方蚕豆资源创新研究。首先以云南省特有绿子叶蚕豆资源为基础，开展绿子叶蚕豆种质创新，以有性杂交为主系统选育为辅，历经19年攻克绿子叶蚕豆育种研究遗传群体单一、高代品系纯合度低等技术难点，构建了包含21个差异显著性状、类型丰富的绿子叶蚕豆遗传群体165个，选育出了绿皮、绿脐、绿子叶（三绿）、高蛋白质含量（32.6%）蚕豆新品种"云豆绿心4号"，是我国唯一获得植物新品种权的高蛋白质含量的三绿蚕豆品种；其次以云南省地方资源"大庄豆"为亲本，克服其遗传背景较为复杂的问题，以株型、花青苷显色深浅（单宁含量水平）为主要目标，开展新品种系统选育改良研究，历经17年育成不同粒色、脐色的低单宁含量蚕豆品种"云豆06"和"云豆早8",其中"云豆06"单宁酸含量0.22%,是目前我国通过国家品种登记中单宁酸含量最低的品种;"云豆早8"单宁酸含量0.31%,是目前单宁酸含量最低的绿皮绿脐蚕豆新品种,2017年获得植物新品种权。上述品种满足了云南不同生态区种植和干鲜食多元化消费需求,2016—2018年在云南省推广面积累计88.7万亩,新增利润1.8亿元。其中2018年推广面积37.2万亩,占云南省蚕豆总面积的9.3%。该成果获得国家植物新品种权2项,云南农作物品种审定委员会审定证书1项,国家登记证书2项;获得与品种栽培技术相关的发明专利1项,发表核心期刊论文3篇,出版专著1部。

(二)育成的新品种

14个豌豆、蚕豆新品种通过国家登记,9个蚕豆、豌豆新品种获得植物新品种权证书。包括豌豆新品种"云豌1号""云豌33号""云豌50号""云豌

图31 豌豆育种岗位获奖成果证书

52号"以及蚕豆新品种"云豆2850""云豆470"等(图32)。部分代表性品种的主要特性如下:

1. 云豌1号

2015年获植物新品种权(品种权号CNA20080356.5)。2020年通过中华人民共和国农业农村部非主要农作物品种国家登记,登记编号:GPD豌豆(2020)530022。中熟矮生无须类型品种,豌豆尖生产专用优质品种。全生育期180天。无限结荚习性,荚质硬。干籽粒种皮淡绿色,种脐灰白色,子叶绿色,粒形圆球形,百粒重21.0 g。淀粉含量46.82%、蛋白质含量25.1%,中抗白粉病。干籽粒平均单产201.3 kg/亩,豌豆尖产量650~960 kg/亩。适宜云南省海拔1 600~1 900 m区域秋播种植,或者2 400~3 200 m的区域夏季种植;适宜北方春播区域种植。

2. 云豌33号

白粉病和锈病抗性均表现中抗(MR),综合抗性突出的粮菜兼用型豌豆新品种。2020年7月通过中华人民共和国农业农村部非主要农作物品种登记,登记编号:GPD豌豆(2020)530034。粮、菜兼用型豌豆品种。株型紧凑、矮生,半无叶类型(小叶退化为卷须),中晚熟品种,全生育期188天,播种后135天采收鲜荚。花色白,荚质软,粒型圆球形,种皮白色,子叶黄色。干籽粒百粒重20 g。抗白粉病,中抗锈病。品质检测:蛋白质

含量17.0%、淀粉含量46.69%。

3. 云豌18号

优质抗白粉病豌豆新品种。2018年通过中华人民共和国农业农村部非主要农作物品种登记，登记编号：GPD豌豆（2018）530031。中熟品种，秋播全生育期187天，早秋种植播种后100~110天采收鲜荚。无限结荚习性，半蔓生株型，株高80~120 cm。复叶叶形普通、叶缘全缘，花色白色，荚质硬，单荚粒数5.10粒，干籽粒种皮皱，种皮绿色、种脐绿色，子叶绿色，百粒重21.0 g。鲜荚平均单产650.3 kg，最高1 210 kg。适宜我国秋播区域的四川、贵州、重庆、安徽、广西、江苏、湖北、湖南、河南及春播区域的山东、河北、新疆、甘肃、青海等省（区、市）种植。

 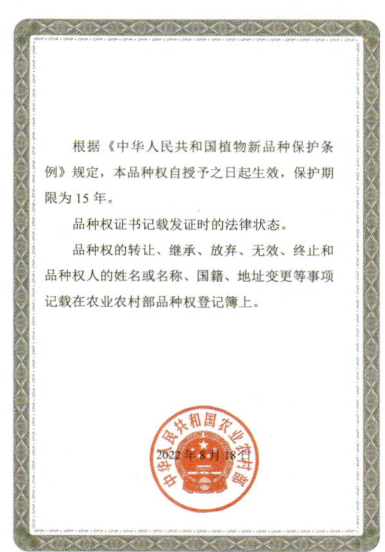

 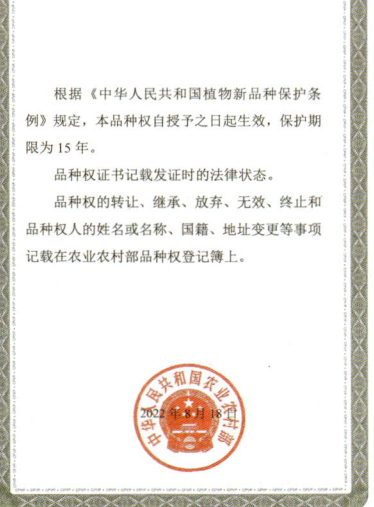

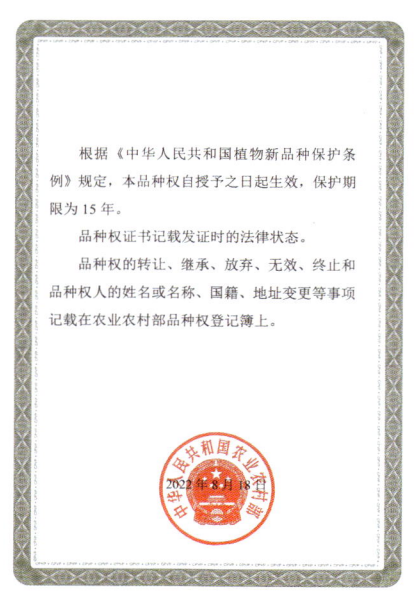

图32 豌豆育种岗位获植物新品种权证书

4. 云豆2850

2021年通过中华人民共和国农业农村部非主要农作物品种登记,登记编号：GPD蚕豆（2021）530003。长荚大粒鲜食类型。生态型冬性。熟期中熟,全生育期190天。株高80.0 cm,百粒重140.6 g。单荚粒数3.38粒,成熟荚黄色,荚质软荚。荚长14.38 cm,属长荚类型。蚕豆锈病及赤斑病的抗性评价均为中抗（MR）。品质检测：经具有资质部门检测结果：干籽粒品种粗蛋白30.00%，干籽粒品种粗淀粉43.66%，糖分含量5.15%。

（三）形成的技术或标准

1. 冷季食用豆作物南北方（云南—河北）穿梭育种技术

以食用豆产业体系全盘建设为基本思路，发挥体系内专业合作优势、岗岗联合、岗站对接，以提高育种效率、降低食用豆作物研发成本为目标，国内首创研发了以豌豆、蚕豆为代表的冷季食用豆类作物南北方（中国农业科学院作物科学研究所河北沽源基地—云南省农业科学院粮食作物研究所昆明嵩明县、禄劝县）穿梭育种技术，建立了穿梭育种基地并开展育种研究。通过在南北方对相同资源开展形态学性状的初步鉴定，鉴定出在南北方表现出广适应性的优异种质材料，利用该类材料作为亲本共同构建和独立构建F_1代群体后再进行南北方异地育种选择试验。本研究为加速我国豆类新品种选育效率和选育广适性新品种提供了技术和材料支撑，育种效益提升50%，成本降低30%以上。

2. 山区旱地鲜食豌豆免耕套作高效生产技术

长期以来我国豌豆生产种植的品种以普通叶型地方品种净作为主，一方面受豌豆作物自身株型特性-茎秆中空、软易倒伏的影响导致豌豆生产中产量水平不高，另一方面地方种混杂较为严重，优异地方品种应用区域狭窄、以干籽粒生产为主导致豌豆生产总体经济效益低下，上述各项因素导致栽培管理技术较为粗放。"山区旱地鲜食豌豆免耕套作高效生产技术"核心技术内容来源于作物套作生产模式。首先，通过蔓生或者半蔓生优质鲜食豌豆品种，如云豌18号、中秦1号、中豌6号、食荚大菜豌1号、苏豌4号、台中小白花、陇豌4号、定豌4号等品种择机播种，有效利用烟草、玉米等前作作物秸秆辅助豌豆攀爬成功克服了豌豆倒伏问题，从而解决了豌豆产量低、产品品质不高、病虫害易高发等方面的问题。

3. 蚕豆稻茬免耕直播种植技术

我国蚕豆主产区位于西南、华中、华东地区，该区域的蚕豆种植面积占我国44.6%以上，于秋季播种，越冬后于次年3—5月收获，称为秋播蚕豆区域。该区域水稻种植面积广泛，水稻收获后用于进行轮作的农作物类型较少，导致冬闲田地面积1 500万亩以上，为解决农田大面积荒芜和发展可持续农业的需要，利用水稻收获后田间富余水分种植蚕豆作物成为理想选择。"蚕豆稻茬免耕直播技术"基于上述背景形成，有效地解决秋冬季节农田大面积荒芜的情况，同时有效地增加了土地单位面积的产值，并形成了"水旱"轮作的高效模式，实现农业生产的可持续良性发展。

（四）代表性论文、专著

2019—2021年间，在 Canadian Journal of Plants Science、MITOCHONDRIAL DNA PART B、《作物学报》《植物遗传资源学报》等刊物上发表《蚕豆、豌豆病理及遗传学研究相关》学术论文11篇。出版专著1部，参与出版专著2部。

代表性论著：《云南优异食用豆类品种及栽培技术》。本书介绍和提供了近30年来云南省数个科研单位食用豆类科研人员潜心培育的优良蚕豆品种39个、豌豆品种10个、鹰嘴豆品种2个、木豆品种2个和小扁豆品种1个，其中"云豆""云豌"系列，"彝豆"系列、"凤豆"系列、"保豆"系列等蚕豆、豌豆品种，耐热耐旱的鹰嘴豆、木豆品种，以及丽江高海拔地区小扁豆品种等食用豆类，在云南不同生境推广种植多年，受到需求者的喜爱和全国市场欢迎。

（五）人才培养

1人进入省级创新人才培养对象；2人晋升正高级技术职称；1人前往加拿大攻读博士学位。

四、科技服务与技术培训

（一）服务县域经济发展

通过体系内外联合对接方式，本岗位积极顺应时代农业产业发展的需要，良好地响应我国农业产业结构调整、饮食结构多元化大背景下人民群众对豌豆生产用途和消费新理念。2019—2021年豌豆育种岗在区域内的玉溪市易门县和华宁县、保山市隆阳区和施甸县以及三区三州区域的怒江州贡山县，通过本岗位育成的优异豌豆、蚕豆品种、良种良法的引入和示范推广，采取"科研+企业+种植户"模式，积极以豌豆产业为主的合作社/企业进行合作对接，有效地促进县域经济的发展。

（二）重大突发性事件应急和咨询服务

2019—2021年，年度本岗位应全国农技中心、国家食用豆产业技术体系首席办、云南省地方政府、科技主管部门、企业、个人以书面报告、网络解答、现场交流等形式向农业农村部全国农技中心、国家食用豆产业技术体系首席办、云南省地方政府、科技主管部门、企业、个人等提供相关咨询建议390份次。应急与咨询服务工作中的亮点集中体现在新冠疫情期间实时关注国家级、省级地方疫情防控政策需求，产业政策发展需求，岗位人员尽职尽责地履行了职责和功能。

五、对本学科领域或本区域产业发展所起的支撑作用

一是依托云南省农业科学院粮食作物研究所建设的"豌豆育种"岗位，以我国传统特色豆类——豌豆为重点，为滇黔桂石漠化区域、乌蒙山区、滇西边远山区打赢改善民生、解决区域性整体贫困、振兴乡村经济、推动特色农业发展方面发挥了积极作用、带动食用豆产业结构调整和产业链的形成、促成国内外协作网络为产业发展提供厚实的科技支撑。

二是岗位建设提高了合作交流的频率，促进了豌豆等食用豆新品种和新技术的快速转化和推广使用，更为重要的是避免了科研同行间的恶性竞争、避免了科研人员不必要的精力支出。通过与体系各岗站合作，最终提高科研人员研究的主观能动性，工作的开展得以延续性、系统性的进行，体系豌豆作物联合协作综合研究成果突出。

栽培与土肥研究室

栽培生理岗位

一、岗位简介

栽培生理岗位建立于2017年，建设依托单位为黑龙江省农业科学院，岗位科学家为何宁研究员（图33）。目前该岗位有团队成员6名，其中，研究员1名，副研究员2名，助理研究员3名（图34）。黑龙江省农科院拥有国内领先的人工气候室1座，该设施拥有4个16 m^2 的阳光型人工智能玻璃室，其温度控制在10～35 ℃，温度精确率为±0.2 ℃，可进行变温处理，也可人为控制CO_2浓度，人工补光等功能。该气候室对研究作物冷害效率较高，能人为模拟作物遭受低温的强度及持续时长，利用该设备可作为食用豆的低温冷害抗逆筛选生理实验并进行抗寒资源指标的评价。还拥有现代实验室面积1 465 m^2，种质资源库面积800 m^2，专业仪器设备180台套，总价值超过1 520万元，10万元以上仪器设备50台套。黑龙江省农科院拥有现代农业示范区1个，该试验区耕地面积8 000多亩，其中栽培生理岗位拥有固定试验地40亩。

图33　岗位科学家　何宁

图34　岗位团队成员

岗位科学家何宁：博士，毕业于日本国立岩手大学，先后在日本带广畜产大学生物机能化学研究室（特聘研究员）、东北林业大学生物学科从事博士后研究工作。主要从事小豆在胁迫环境下的防御机构及应答机制反应等生理特性研究工作。农业农村部全球重要农业文化遗产评审专家委员会委员、联合国粮农组织国际黑土联盟理事、日本红小豆研究会会员、黑龙江省耕作学会常务理事，黑龙江省作物学会理事。先后主持了日本国家豆类基金课题"红小豆低温冷害生物化学研究"、农业农村部"948"项目、人社部归国留学博士后项目、省科技厅科技计划项目、省人社厅留学优秀项目等研究课题。

二、主要研发任务和重要进展

（一）主要研发任务

1. 适宜机械化种植管理的栽培技术

（1）开花期喷施3个不同浓度的外源ABA（50 mg/kg、100 mg/kg、200 mg/kg），并提供2个不同小豆栽培品种，通过分析对小豆株高的抑制效果、抗倒伏性状等生长发育的影响。

（2）在小豆生长关键期——三叶期、开花期、三叶期+开花期，通过叶面喷施多个不同浓度的独脚金内酯（1 mol/L、2 mol/L、3 mol/L、4 mol/L、5 mol/L、7.5 mol/L、10 mol/L），通过分析独脚金内酯控制小豆主茎伸长生长以及抑制分枝形成，最终达到抑制株高及抗倒伏的效果。

2. 节本绿色提质增效栽培技术

（1）在黑龙江省4个不同生态区分别设置了小豆试验[哈尔滨（南部）、大庆（西部）、佳木斯（东部）和黑河（北部）]，通过对4个供试小豆品种进行分期播种，研究不同生态环境下光温变化对小豆生态指标的影响。

（2）在小豆不同生育时期，分3组进行生物硒肥（浓度为1：300）的喷施试验：第一组试验人工喷施3次（初生叶期、结荚初期和结荚中期），第二组试验人工喷施4次（初生叶期和第一复叶展开期、结荚初期和结荚中期），第三组为对照区。旨在探索喷施生物硒对小豆苗期抗逆性效果对后期产量性状及小豆的富硒效果的影响，最终通过对小豆生物富硒技术达到提质增效的效果。

3. 小豆抗寒生理调控技术

研究幼苗期低温胁迫下脱落酸对小豆生理活性及产量的调控效应。通过人工精准控制温度，结合喷施脱落酸，来揭示苗期低温对小豆叶片和根系逆境生理指标的影响，同时探明脱落酸对小豆苗期低温的调控效应。可为生产中抵御倒春寒等非生物胁迫提供缓解措施及理论依据。

（二）取得的重要进展

（1）明确了开花期喷施外源ABA（100 mg/kg）可抑制小豆伸长生长，降低倒伏率并对产量有显著增加效应，为小豆机械化收获提供了有效的栽培措施；

（2）初步探明三叶期及（三叶期+开花期）喷施独脚金内酯（2.5～5.0 mol/L）可有效抑制小豆株高和分枝，促进直立生长利于机械化收获，降低了生产过程中的人力投入，提高了种植效益，初步形成了农机农艺融合，推动小豆全程较简化生产的发展。

（3）通过对4个品种，4个不同生态区进行试验，明确了黑龙江省在5月20—30日，为小豆的最佳播种时期，该期间内播种可有效规避高温引起的小豆色浓化发生及对生育前期造成的主茎徒长，为充分利用自然资源进而提高小豆绿色增产增效提供理论依据。

（4）明确了在生育初期叶面喷施生物硒肥（浓度为1∶300）能够有效地提高小豆生育初期的生物量，并可显著提高小豆产量和籽粒的硒含量，提升了小豆的营养功能属性，同时提高了附加值，促进了小豆农产品提档升级、带动农业经济发展。

（5）明确了开花期低温胁迫导致小豆活性氧类物量含量异常积累，对植株发育造成的严重损伤，通过叶面喷施外源脱落酸，可有效促进植株抗低温能力，对稳产保产起到积极作用，为小豆生产中抵御倒春寒，突出性低温胁迫提供了有效的缓解方法和理论依据。

三、标志性成果

（一）申请专利

2019—2021年获发明专利4项（图35），实用新型专利4项：2019年，ZL 2019 1 0032368.9，一种小豆种子分选及药粉搅拌器；2020年，ZL 2017 1 0262023.3，一种红小豆抗寒性鉴定与评价的方法；2021年，ZL 2019 1 0033032.4，一种小豆地除草灭虫装置；2021年，ZL 2019 1 0045018.6，一种小豆花期施喷叶面肥装置；2019年，ZL 2019 2 0031262.2，一种红小豆育种用良种筛选装置；2019年，ZL 2018 2 1815820.6，一种红小豆多层光照式保温培养装置；2019年，ZL 2019 2 0032159.0，一种红小豆育种快速取样盒；2019年，ZL 2019 2 0032173.0，一种红小豆种子保护装置。

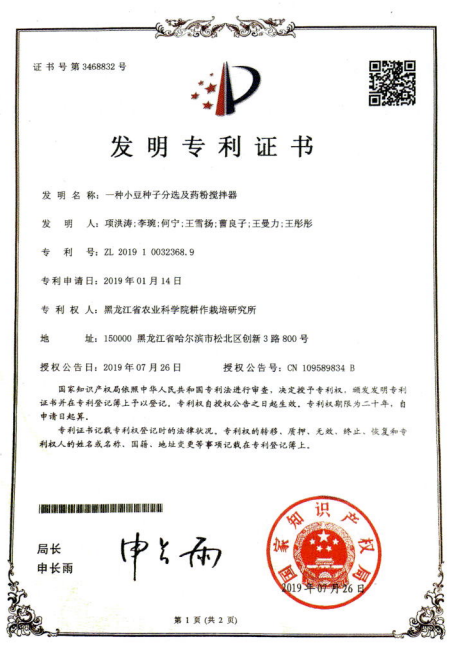
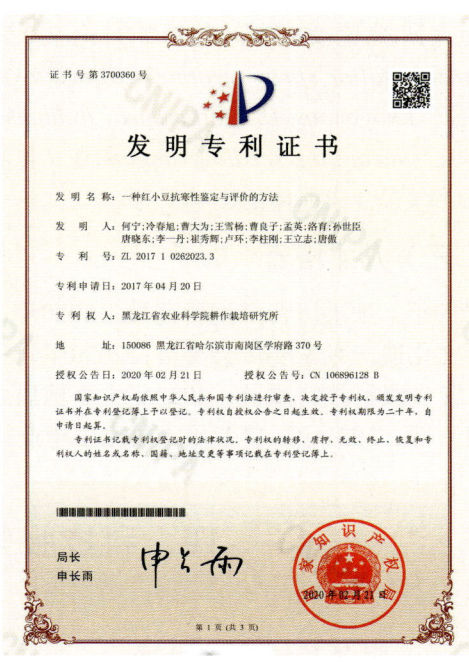

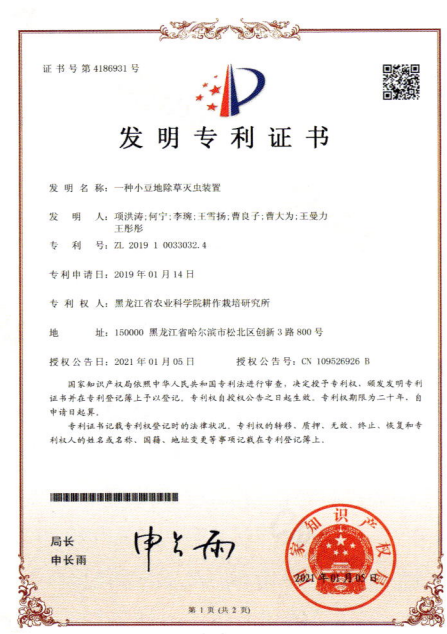

图35　栽培生理岗位获国家发明专利证书

（二）代表性论文、专著

发表研究论文9篇，其中SCI论文2篇，包括在国际期刊《农业生物》上发表 *Uniconazole foliar spray treatment alleviates cold stress in adzuki bean（Vigna angularis）seedlings*，*Exogenous ABA foliar spray treatment alleviates flooding stress in adzuki bean（Vigna angularis）during the seedling stage* 和在《作物学报》上发表的《光温处理对小豆苗期生理性状及叶绿素合成前体的影响》等。

（三）人才培养

2019年，项洪涛晋升副研究员；2020年，何宁晋升三级研究员；2020年，何宁全球农业重要文化遗产专家委员会委员；2020年，王新欣硕士研究生毕业；2020—2021年，项洪涛黑龙江省级科技特派员；2020年，李琬黑龙江省级科技特派员；2021年，项洪涛晋升为副处级干部；2021年，单莹硕士研究生毕业；2021年，万书明博士后出站。

四、科技服务与技术培训

（一）服务县域经济发展

黑龙江省齐齐哈尔市拜泉县是国家级重点贫困县，该县无铁路运输，重工业产业几乎为零，少有的轻工业产业也多为劳动力稀疏的产业，制约该县经济发展。该县耕地面积366.4万亩，辖7镇9乡186个行政村，总人口56.9万人，其中农业人口46.9万人，"十三五"期间是国家深度贫困县，建档立卡贫困人口25 586户53 414人。

2020年初黑龙江省政府常务会批准拜泉县摘帽退出贫困县序列，为了响应习近平总书记"摘帽不摘责任、摘帽不摘帮扶"的号召，栽培生理团队与黑龙江省委组织部精准扶贫驻村工作队继续开展合作，积极开展拜泉县上升乡团结村的扶贫工作，通过示范引领作用，改变农户种植结构，使种植多元化，拉动该村乃至该乡农业经济发展。

团结村种植作物以大豆和玉米为主，食用豆及杂粮栽培技术等相关知识匮乏，2019年利用农民冬闲组织开展了集体培训，2020年由于疫情影响，未能到现场进行培训，通过网络、微信等方式先后为拜泉县上升乡团结村提供科普课件5个、科普视频10余次，着重介绍小豆、芸豆和绿豆栽培技术、肥水管理技术，在线上为种植户疫情下生产提供力所能及的科技帮助。同时为团结村无偿提供芸豆种子150 kg、大豆种子250 kg、小豆种子100 kg，继续助力该村建立小型的食用豆生产示范园，积极发挥岗位专家作用，开展全生产过程中的持续关注与帮扶，为农民排忧解难，解决实际问题。

（二）重大突发性事件应急和咨询服务

2019年7月17日，协助农业农村部南京农机所陈巧敏研究员一行在黑龙江调研。

2020年9月4日，展开团队内紧急会议，研判"三次台风"对各试验任务的影响及聘请专家指导防灾减灾措施，并商讨下一步应急工作预案。

2020年9月5日，积极联系拜泉县工信局以及黑龙江省委组织部驻村扶贫工作队，研判灾情并提出相关防灾和救灾措施。

2020年9月5日，积极联系黑龙江省林甸县百兴粮食贸易有限公司及林甸县永胜豆类合作社，分析当地灾情并提出相关救灾措施的建议。

2021年8月15日，按照首席办要求，向体系提交《东北地区小豆防涝减灾技术指导》。

2021年9月11日，受黑龙江省齐齐哈尔市拜泉县委组织部委托，栽培生理岗位团队聘请专家（黑龙江省农业科学院矫江研究员）为拜泉县全体驻村工作队第一书记进行黑龙江省农业产业宏观动态和形势讲解和分析。

五、对本学科领域或本区域产业发展所起的支撑作用

解决种植结构之需：黑龙江省作为农业大省，正深入推进"两大平原"现代农业改革试验，转变农业发展方式，调整种植结构，促进粮食增产增收，大力发展优质高效农业至关重要。小豆作为黑龙江省主要杂粮作物，具有增产潜力巨大、适于广泛种植、产业发展前景广阔的特点，是全省调整种植结构的主要作物。目前黑龙江省小豆单产每亩不足150 kg，还有较大的提升空间，可以通过项目的技术集成示范，加速科技创新、成果转化

和技术推广，有效促进黑龙江省红小豆产量和质量的提高，从而降低生产成本，增加农民经济效益，发挥小豆在黑龙江省农作物种植中的"调结构"作用。

解决脱贫问题的有效途径：一直以来，黑龙江省小豆种植是拉动县域经济增长，促进农民增收的重要手段。比如宝清、林甸、龙江等小豆种植大县，在全国打出了地域经济优质品牌。但长期以来，黑龙江省多数小豆种植户，靠天吃饭的种植习惯还普遍存在，种植方式单一、良种普及率低等现象较为突出，还没有有效解决"种得好"的根本问题。通过对示范栽培配套技术的应用和普及推广，引导农民科学调整种植结构，减少低端供给，改善长期以来黑龙江省栽培技术落后，田间管理粗放等制约全省小豆生产种植"不大不强"的状况，使小豆生产更加注重质量效益，真正实现促进农村发展、农业增效、农民增收效果。

推进食用豆产业转型的重要保障：通过对小豆栽培技术的实施，推动红小豆产业链扩大延伸，共同探索推动种植业和加工业融合的小豆产业发展模式。其中，小豆种植作为小豆加工产业的基础，只有种植出高产量、高品质的小豆，才能保证小豆种植者和加工者的经济效益。

生态与土壤管理岗位

一、岗位简介

生态与土壤管理岗位，成立于2017年，建设依托单位为农业农村部环境保护监测所团队现有固定人员5人，其中高级职称3人、中级职称2人、博士3人、硕士1人和本科1人，2019—2021年共培养研究生5名（图37），现在云南安宁、湖南北山、河南新乡、广东韶关和福建龙岩建立重金属低积累食用豆品种筛选和修复基地5个。

岗位科学家王瑞刚： 研究员，博士生导师，国家青年人才，农业农村部耕地重金属污染防治联合攻关组专家，中国农业科学院领军B类人才（图36）。主要从事农田重金属污染修复、食用豆生态与土壤管理、全球气候变化与逆境生物学等方面的研究，主持国家青年人才经费、中国农业科学院领军B类人才经费、国家重点研发任务课题、国家自然科学基金、天津市自然科学基金等项目10余项。在国际知名杂志 *ACS Nano*，*Journal of Hazardous Materious*，*Plant Journal* 等发表论文40余篇，SCI收录20余篇，其中第一和通讯作者12篇。先后获天津市科技进步二等奖（排名第六）、全国农牧渔业丰收奖成果奖一等奖（排名第二）。担任 *Environmental and Experimental Botany*、《农业资源与环境学报》的编委。

图36　岗位科学家　王瑞刚

图37　岗位团队成员

二、主要研发任务和重要进展

（一）主要研发任务

（1）食用豆生态与土壤环境状况调查，主要包括重金属和有机污染物（农残）、地力、农田生物多样性等。

（2）食用豆产地重金属污染阻控技术研发。

（3）食用豆与不同禾本科作物间套轮作模式下养分的动态变化规律研究及技术模式构建。

（4）集成技术的生态环境效益评估：建立对绿色增产增效技术模式的生态环境效益评估机制，重点评估土壤环境质量和生物多样性。

（二）取得的重要进展

一是摸清了我国食用豆主产区产地土壤重金属、农药残留和微塑料污染现状。采集和分析了115个食用豆主产县500余个对土壤和食用豆籽粒重金属含量和农药残留样本，发现土壤镉超标率7.14%、有机氯农药超标率为1.6%；西北和华北24个县83个土壤样品中微塑料平均丰度为12 600个/kg，在全国农田土壤中处于较高水平。

二是研发了食用豆镉、砷阻控新技术2套。筛选出低镉食用豆品种24个，低砷食用豆品种38个；研发出炭纳米点和巯基改性材料两大降镉钝化剂；形成了以低砷品种+中性偏酸性肥料+起垄栽培的食用豆砷阻控技术模式，低镉品种+中性偏碱性肥料+降镉钝化剂的食用豆镉阻控技术模式。

三是形成了玉米苗期刈割间作绿豆新技术。确定了刈割关键时期是5叶1心期，使绿豆产量增加38%~44%、减施氮肥15%~20%、降低农产品镉含量25%以上。

四是助推我国重金属污染耕地安全利用和化肥减量。作为全国受污染耕地安全利用攻关组成员，负责广西宾阳和都安联合攻关基地，培训2万余人，参与安全利用面积10余万亩，承担技术服务达2 700万元；通过玉米苗期刈割间作绿豆和南方冬闲田轮作鲜食蚕豆，农民增收最高达0.5万元/亩。

三、标志性成果

（一）技术和标准

1. As污染土壤低As食用豆品种阻控技术

在轻中度As污染农田上，选择种植食用豆，优先选择As低积累的种类（如：芸豆和豌豆），再辅以中性偏酸性的肥料，增施有机肥，起垄栽培以减少土壤水分。

2. Cd污染土壤低Cd食用豆品种阻控技术

在轻中度Cd污染农田上，选择种植低Cd食用豆种类（如：芸豆和豌豆）和品种，再辅以中性偏碱性的肥料，增施有机肥，在不影响产量的基础上尽量增加土壤含水量。

3. 玉米苗期刈割间作绿豆新技术

在玉米5叶1心期进行刈割，使绿豆产量增加38%～44%、减施氮肥15%～20%。

（二）代表性论文、专著

发表SCI论文4篇，包括发表在国际期刊《环境科学》上发表的 *Safe utilization of polluted soil by arsenic, cadmium and lead through an integrated sericultural measure* 等。

（三）人才培养

本团队共培养国家级青年人才1名、博士生导师1名、晋升研究员1名和副研究员1名，获得博士学位1名和硕士学位5名。

四、科技服务与技术培训

（一）服务县域经济发展

1. 提升生产技术水平

（1）利用食用豆（特别是蚕豆豌豆）低富集的特征，将食用豆安全替代种植技术很好地与云南安宁市和河南济源市的受污染耕地安全利用工作中，对当地食用豆替代种植技术有了大幅提高。

（2）利用水稻蚕豆轮作技术在福建进一步助力当地冬闲田种植鲜食蚕豆，使原本不种植蚕豆的地方学会了种植蚕豆技术，提高了福建龙岩当地种植蚕豆的技术水平。

（3）玉米苗期刈割间作绿豆技术显著提高绿豆产量和增强玉米后期植株抗风抗倒伏能力，该技术的应用显著提高了玉米间作绿豆的生产力。

2. 提升产业发展能力

（1）通过食用豆替代安全种植技术将食用豆带入受污染耕地安全利用工作中，促进了食用豆的产业发展；通过南方冬闲田推广种植鲜食大粒蚕豆，以及北方玉米间套轮作绿豆，进一步促进食用豆产业渗透到大宗作物的种植区域，加快食用豆的产业发展水平。

（2）受污染耕地安全利用，通过大量参与广西、广东、福建、云南等省市的受污染耕地安全利用工作，培训了大量农技人员、企业技术人员，大大提高了受污染耕地安全利用产业的发展能力。

3. 提升市场竞争力

通过生态与土壤管理的广泛宣传和试验示范，将食用豆种植的优势传递到多个县市，进而提高食用豆产业的市场竞争力，主要表现在以下几个方面。

（1）福建冬闲田种植鲜食蚕豆，收益很高，亩均纯收益在3 000～5 000元，具有很好的市场竞争力。

（2）玉米苗期刈割间作绿豆模式，不仅可以提高土地生产力，而且豆科作物品质也得到了提升。由于品质提升增加了经济效益，因此本技术提高了合作社和小型农户的种植食用豆的积极性，对于食用豆面积推广具有一定贡献。

（二）重大突发性事件应急和咨询服务

（1）作为广西受污染耕地安全利用专家组副组长，协助广西生态与资源保护站制定了广西受污染耕地安全利用工作方案和实施方案。

（2）作为特邀培训者，为广西各县市开展受污染耕地安全利用联合攻关区建设技术培训。

（3）作为技术负责人，编制了《河池市受污染耕地安全利用实施方案》。

（4）参加了科学技术部组织的北方半干旱半湿润地区和南方红壤地区地力提升重点专项"十四五"实施方案编制。

（5）为福建20多个县（市、区）编制了受污染耕地安全利用实施方案，并进行了20余场技术培训。

五、对本学科领域或本区域产业发展所起的支撑作用

（一）对学科领域的支撑作用

生态与土壤管理岗位的研究涉及土壤学、农艺学、植物营养学和环境科学等多个学科，三年的研究成果不仅丰富了食用豆产地土壤中重金属、农药残留在土—植系统中的迁移转化规律，同时利用食用豆的Cd、As低积累特性为农田重金属治理提供了种植结构调整的品种清单，而且阐明食用豆与禾本科间作增产、减肥养地的相关机制和集成了多个技术模式，为食用豆相关的土壤学、农艺学、植物营养学以及环境科学的发展提供了重要支撑作用。

（二）对区域产业发展的支撑作用

三年的研究成果为云南、广西、河南等区域的重金属污染农田的食用豆安全生产，以及为辽宁、河北、福建等区域的食用豆间/轮作减肥增效生产提供了支撑作用。

水分生理与节水栽培岗位

一、岗位简介

2008年加入国家食用豆产业技术体系,名称为"华北区土肥与栽培岗",依托单位山西省农业科学院作物科学研究所,2017年调整为"水分生理与节水栽培岗"。2021年依托单位更改为山西农业大学农学院。岗位专家张耀文(图38),团队主要成员8人(图39),其中研究员2名、副研究员4名、助理研究员2名,先后有12名科研骨干参与团队工作。现有试验示范基地4个,晋中东阳试验基地,怀仁市示范基地,临汾市西芦村示范基地,大同云州区示范基地,累计面积3 000余亩。

岗位科学家张耀文: 1964年生,研究员,硕士生导师。现任中国作物学会食用豆专业委员会副会长,山西省小杂粮学会副会长,山西省农作物品种审定委员会委员,山西省小杂粮育种与栽培团队带头人,山西省学术技术带头人,山西省新兴产业领军人才。

图38 岗位科学家 张耀文

图39 岗位团队成员

二、主要研发任务和重要进展

(一)主要研发任务

利用杂交、诱变、分子标记辅助选择等手段,创制抗逆性强、商品性好,适宜机械化收获的优质、多抗专用食用豆新种质,为育种提供基础材料;以抗旱节水、降低成本为目标，重点筛选绿豆、小豆抗旱节水品种，研究抗旱生理调节机制，开展蓄墒保苗、地膜覆盖、膜下滴灌等技术研究，研发节水关键技术，为西部旱区食用豆生产提供技术支撑，集成食用豆抗旱节水栽培技术并示范应用；在主产区开展食用豆与不同作物轮作模式研究，筛选出适合不同产区食用豆轮作的最佳作物及模式；研究适合播种机具、收获机具的绿豆品种及相应机械化栽培试验，并进行示范应用。

（二）取得的重要进展

1. 育成新品种5个

育成高产、优质适宜机械化收获的绿豆新品种5个，并绿9号、并绿11号、并绿15号，2020年通过河北省成果评价；并绿16号、并绿17号，2021年通过了山西省品种委员会认定。

2. 集成食用豆高效栽培技术2套

绿豆—玉米/小麦轮作技术：通过5年的定位轮作，集成了适宜晋南地区推广应用的轮作模式，即小麦—绿豆和小麦—玉米隔年轮作或小麦—绿豆和小麦—玉米间隔2年轮作，通过复播绿豆和玉米的间歇轮作种植，可显著提高单位面积的产量和收益，提高小麦的出苗质量，抵御当地单一种植模式（小麦—玉米轮作）对农田生态的潜在风险，对农业可持续发展具有重要的意义。

旱地机收绿豆栽培技术：采用播种、覆膜、施肥一体化机具播种；中耕用拖拉机牵引耘耕；拖拉机牵引喷雾进行病虫害防治；联合收割机一次性收获和割倒机、脱粒机进行分段收获。机械化收获过程中籽粒损失率小于5%，破损率小于5%，机械化收获亩节约成本160元，亩增收200元以上。

3. 新建食用豆类新品种及高产栽培技术示范基地1个

在山西省怀仁市、晋中市东阳镇、临汾市西芦村3个食用豆类示范基地基础上，2019年在大同市云州区峰裕乡沙岭村新建立了特色黑珍珠绿豆高产栽培示范基地，示范面积2 300亩，全部采用地膜覆盖、机械化播种、收获等栽培技术，亩增产22.3 kg，按照7.2元/kg的收购价，亩增收160.5元，辐射带动周边绿豆种植面积达到2万亩。

三、标志性成果

（一）获奖成果

1. 山西省科技进步奖一等奖（图40）

有机旱作农业关键技术研究与集成应用，2021年获得了山西省科技进步奖一等奖。

2. 山西省科技进步奖二等奖

大粒、优质小豆新品种的选育与应用，2019年获得了山西省科技进步奖二等奖，该成果选育出并通过山西省品种委员会认定的大粒、高产优质小豆品种晋小豆3号、晋小豆5号，集成了配套高产栽培技术，并在山西省及周边9省（自治区、直辖市）推广应用。

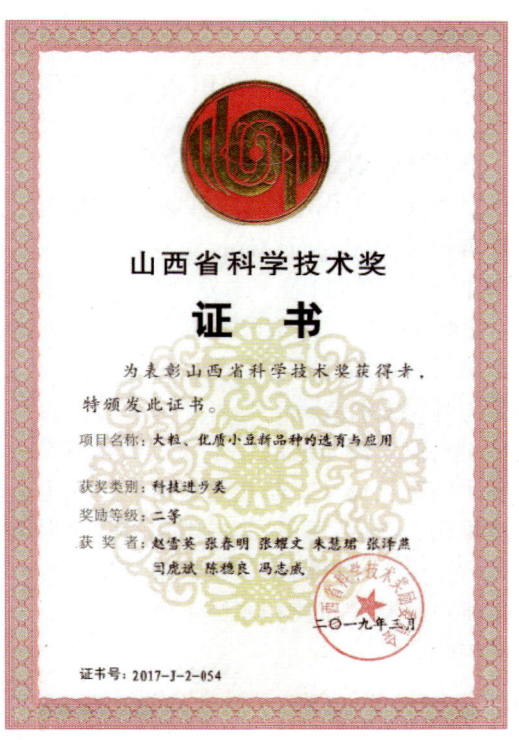

图40　水分生理与节水栽培岗位获奖成果证书

（二）育成的新品种

1. 并绿9号

高产、优质、适宜机械化收获绿豆品种。2020年通过河北省科技成果评价，2021年1月通过了山西省农作物品种委员会认定；被山西省农业农村厅选为2020—2021年山西省绿豆主推品种。

2. 并绿11号

大粒、优质、适宜机械化收获绿豆品种。2020年通过河北省科技成果评价，2021年1月通过了山西省农作物品种委员会认定。

3. 并绿15号

适宜机械化收获专用绿豆品种。2020年通过河北省科技成果评价，达到国内领先水平，2021年1月通过了山西省农作物品种委员会认定。

4. 并绿16号

高产、优质、适宜机械化收获绿豆品种。2021年8月通过了山西省农作物品种委员会认定。

5. 并绿17号

大粒、优质、适宜机械化收获绿豆品种。2021年8月通过了山西省农作物品种委员会认定。

（三）申请专利

发明专利1项：一种田间杂豆割倒装置（图41）。该专利2020年9月15日授权，此装置针对绿豆成熟植株在割倒时由于机械及离心力作用而引起一定量的落荚或炸荚损失的问题而设计，可有效克服收获时上述存在的问题。本发明包含3台电机和2条传送带，第一电机带动伸缩杆使得活动刀片沿着车体左右来回滑动，配合固定刀片将豆秆切断，豆秆正好被传送带运输至右侧，爆裂后的豆子通过回收槽被回收至储存箱储存，防止豆粒落在地面上造成损失，之后豆秆被第二电机运输至另一条传送带上，同时第三电机带动第二传送带将豆秆整齐排放在车体下侧，方便豆秆的晾晒。

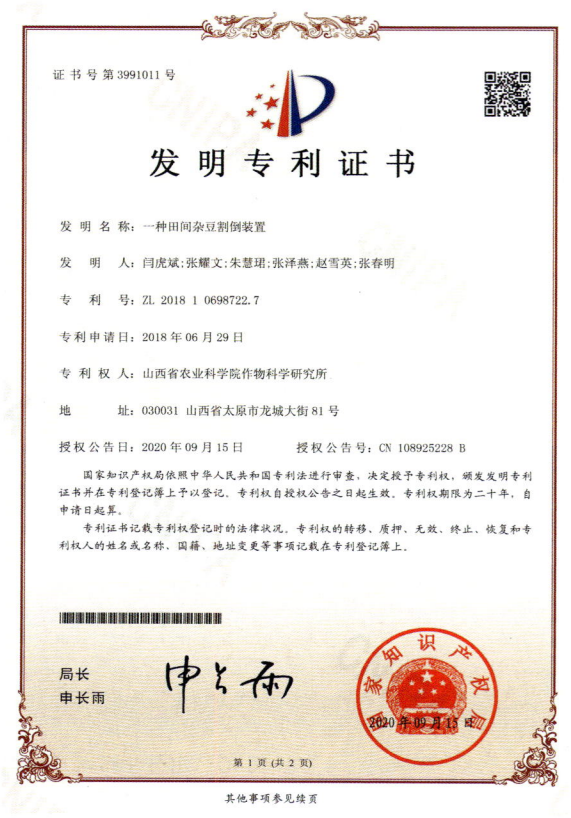

图41 水分生理与节水栽培岗位获国家发明专利证书

（四）形成的技术或标准

制定山西省地方标准1项：《旱地机收绿豆栽培技术规程》（DB 14/T 2203—2020）。该标准根据绿豆的生物学特性和分段机械收获的要求，结合多年实践而制定，规定了绿豆的品种选择、栽培模式、机械割倒详细操作及捡拾脱粒等具体技术内容。2020年9月25日发布，2020年11月25日实施，该标准的推广实施对于提高绿豆种植效益、降低劳力成本和促进产业规模发展都具有重要作用。

（五）代表性论文、专著

发表论文14篇，包括SCI 2篇，中文12篇。其中在 *Plant Physioligy and Biochemistry* 上发表的 *Genome-wide nalysis of ethylene-response factor family in adzuki bean and functional determination of VaERF3 under saline-alkaline stress.*

（六）人才培养

岗位专家张耀文研究员，2020年获得山西省新兴产业领军人才称号；团队成员赵雪英研究员，2019年获得山西省"三晋英才"支持计划拔尖骨干人才称号；团队成员闫虎斌、朱慧珺2人晋升副研究员；培养硕士研究生5人。

四、科技服务与技术培训

（一）服务县域经济发展

根据体系任务方案，先后在河北省张家口市阳原县鹦哥绿豆生产示范基地、山西省忻州市岢岚县红芸豆生产基地开展高效栽培技术指导。在山西省各地区开展县域服务，累计开展技术培训、现场会33次，累计培训人数1 366人。

扶持当地龙头企业3家，与怀仁市龙头企业山西圣天农牧有限公司、龙首山粮油贸易有限责任公司合作、兴县山花烂漫有限公司按照"龙头企业+基地+农户"发展模式提供技术服务。

（二）重大突发性事件应急和咨询服务

为抗击疫情，助力生产发展，通过电话、网络、实地调研等各种方式与合作社、龙头企业、县农业农村局等部门沟通了解春耕备种、旱涝灾情等情况，针对山西怀仁市、忻州市连年春旱严重、夏季涝灾等问题，通过实地勘察，及时调整栽培技术模式，制定应急措施，指导食用豆生产技术。

五、对本学科领域或本区域产业发展所起的支撑作用

作为山西省食用豆产业领军团队，本岗位选育的绿豆、小豆新品种实现了山西省农业生产上绿豆、小豆品种的更新换代，尤其是选育出的绿豆新品种兼顾高产优质、适宜生产加工和机械化收获的优点，已经连续2年被山西省农业农村厅优选为主推品种，并配套集成的高效绿豆机械化收获技术大面积示范推广，年推广面积10万亩以上，亩节本增收200元以上，经济效益和社会效益突出，对山西省食用豆产业发展起到了支撑作用，促进了山西省乃至全国绿豆产业的发展。

养分管理岗位

一、岗位简介

栽培与土肥研究室养分管理岗位团队，依托中国农业科学院作物科学研究所，岗位科学家为宗绪晓研究员（图42）。团队成员5人（图43），包括2名研究员、1名副研究员、1名高级农艺师和1名助理研究员，学历结构包括3名博士和2名硕士学位拥有者。本岗位团队拥有3个试验基地：①中国农业科学院作物科学研究所河北沽源试验基地，拥有6个大型防虫网棚7亩，试验田30亩；②中国农业科学院新乡试验基地，面积5亩；③中国农业科学院作物科学研究所海南三亚试验基地面积2亩；④中国农业科学院作物科学研究所山西吕梁兴县示范展示基地面积25亩。

岗位科学家宗绪晓：系农业农村部小宗粮豆专家指导组副组长，中国农业科学院研究生院博导。2019—2021年期间，获得辽宁科学进步奖三等奖1项；以第一完成人培育的"中秦3号"豌豆品种获得国家植物新品种保护权、"中秦1号"农业农村部新品种登记；以第一完成人，获国家发明专利4项；制定并获得颁布国家行业标准2项；发表SCI论文8篇，出版食用豆科普读物1部。

图42　岗位科学家　宗绪晓

图43　岗位团队部分成员

二、主要研发任务和重要进展

（一）主要研发任务

一是参与豌豆蚕豆新品种培育的理论与方法研究、新品种选育，特性评价，适应性评价与示范；二是筛选高产优质豌豆新品种，开发"豌豆—谷子""果树/豌豆"等一年两熟间套轮作栽培新模式，集成节本增效栽培技术；三是豌豆种质资源的重要农艺性状精准鉴定评价，筛选根瘤菌优良菌株，构建豌豆蚕豆减施化肥、增施生物菌肥养分高效利用关键技术；四是应急性任务。

（二）取得的重要进展

1. 2019年度

完成春播豌豆品种联合鉴定；复筛出R2、R1、R3含优良菌系的菌肥，形成1套豌豆、2套蚕豆减化肥增生物菌肥养分高效关键技术；分离提纯保存根瘤菌系155份，构建了食用豆类根瘤菌分子标记辅助选择体系；"中秦1号"权转让120万元，良繁基地1 800亩；在枣庄山亭建立"春播鲜食豌豆/夏播谷子"一年两熟模式，完成"双减"效果和产量、品质、农残测定；创新"豌豆（冬播）/谷子（夏播）"一年两熟模式和"桃树/豌豆（冬播）"林下经济模式。在山东、西藏、河北、重庆开展扶贫。成果1项，发表论文7篇，主编《带您认识食用豆类作物》、英文著作2部3个章节。

2. 2020年度

培育出中秦系列早熟豌豆新品种，口感和营养品质优良，适合全程机械化作业，用于扶贫和产业振兴；优化沽源-昆明一年两季蚕豆豌豆穿梭育种体系；筛选出极端pH、温度抗性根瘤菌株各3个；培育的强冬性豌蚕豆品种"中豌201、202"和"中蚕201、202"，参加全国秋播区试，创新"果林/豌豆、蚕豆"林下经济模式并示范推广；承担完成辽阳、廊坊、新乡试验点5套全国豌豆、蚕豆区试；与企业对接建成"中秦"系列良种繁育体系，推广面积2万~3万亩；在宁夏固原、河北丰宁扶贫；制定颁布国家标准2项，获国家发明专利授权4项，获辽宁省科技进步三等奖1项，"中秦1号"获部新品种登记，发表SCI论文2篇、中文核心期刊4篇。

3. 2021年度

开发了蚕豆130 K液相SNP芯片，助推育种；完成了豌豆育种株系和群体穿梭加代；完成了3个试验点5套豌豆、蚕豆的春、秋播区试；"中秦3号"通过DUS测试，获得新品种权；在北京密云创新"鲜食豌豆—鲜食甘薯"一年两熟模式，试验280亩，"中秦1号"鲜荚产量1 385.6 kg/亩；发表SCI论文4篇、中文论文3篇；培养硕士生、博士生、西部之光访问学者各1名。制定颁布国家标准2项，获辽宁省科技进步三等奖1项。参加了《防灾减灾技术手册》编写，完成了"2020年度小扁豆、鹰嘴豆专家产业解读报告"撰写及13篇小宗作物解读报告审改；合作完成"六盘山特困区小杂粮精准扶贫技术集成示范"成果登记；在河南组织了"中秦1号"现场测产宣传现场会，制作了宣传片。

三、标志性成果

（一）获奖成果

菜用豌豆专用新品种培育及优质高效栽培技术研发应用，获得2020年度辽宁省科学技术进步奖三等奖。

（二）育成的新品种

"中秦3号"获得农业农村部新品种权证书（图44），"中秦1号"获得农业农村部植物新品种登记证书，上述品种均为特早熟粮菜兼用型豌豆新品种，正在我国南北方快速推广利用。

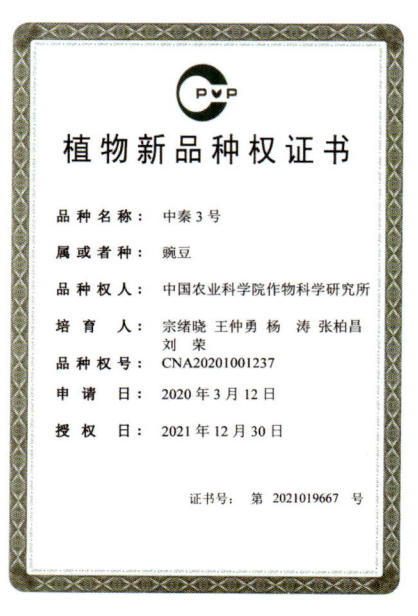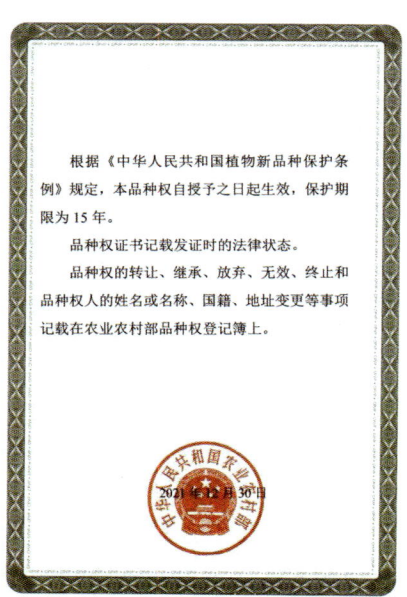

图44 养分管理岗位获植物新品种权证书

（三）申请专利

获得国家发明专利4项（图45）。

（1）一种蚕豆SSR指纹图谱的构建方法（ZL201611062135.6），授权公告日：2020年02月11日。

（2）豌豆耐寒相关SSR引物组合及其应用（ZL201611266919.0），授权公告日：2020年02月11日。

（3）一种豌豆SSR指纹图谱的构建方法（ZL201611247537.3），授权公告日：2020年02月11日。

（4）用于鉴定豌豆品种和纯度的核心SSR引物及试剂盒（ZL201710831156.8），授权公告日：2020年04月24日。

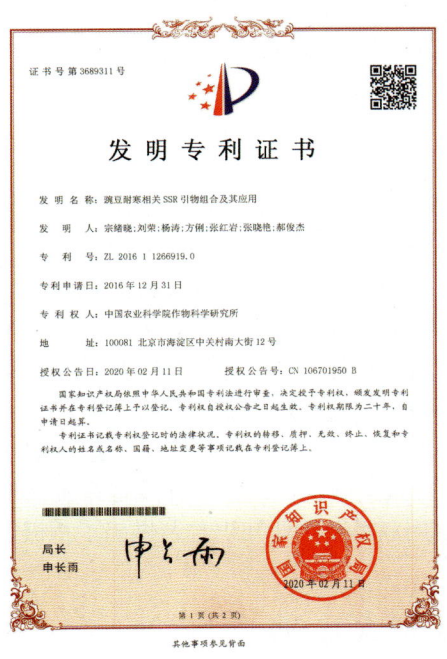
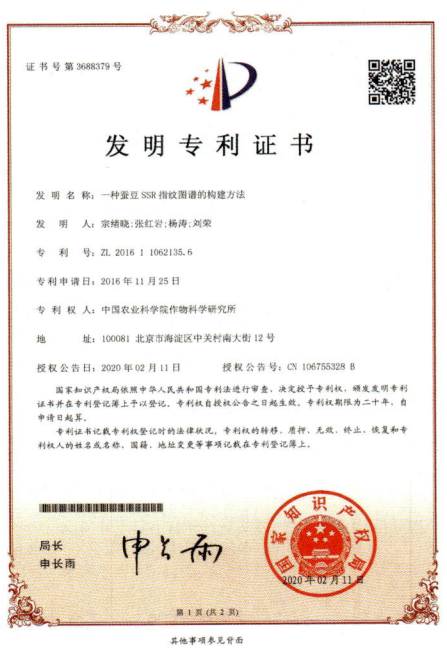
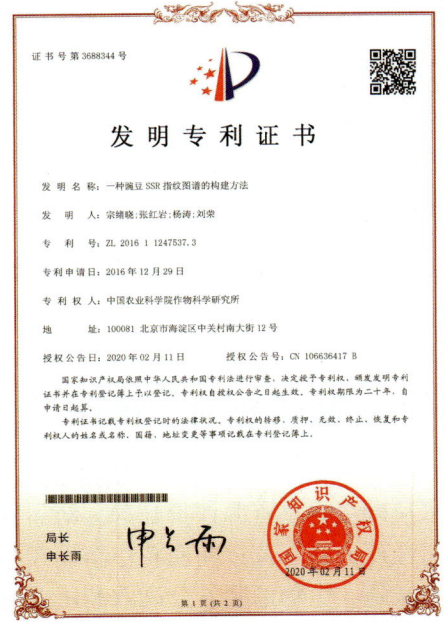

图45　养分管理岗位获国家发明专利证书

（四）形成的技术或标准

（1）《豌豆品种真实性鉴定SSR分子标记法》（NY/T 3755—2020），中华人民共和国农业农村部公告第375号，2020年11月12日颁布。

（2）《蚕豆品种真实性鉴定SSR分子标记法》（NY/T 3756—2020），中华人民共和国农业农村部公告第375号，2020年11月12日颁布。

（五）代表性论文、专著

三年期间，本团队以第一和通讯作者的身份在 Theoretical and Applied Genetics、The Crop Journal、Journal of Systematics and Evolution、Molecular Biology Reports、Plant Breeding 等SCI刊物上发表了6篇研究论文；在 Journal of Advanced Research、Systematic and Applied Microbiology 等SCI学报上，以共同作者的身份发表了2篇研究论文。上述论文，从冷季豆类基因芯片开发、组织培养和基因编辑、起源演化、种质资源遗传多样性、固氮根瘤菌研究等多个方面，为食用豆类育种、栽培的科技进步做出了突出贡献。

由本团队编著并由中国工程院院士刘旭做序言的食用豆类科普读物《带您认识食用豆类作物》，2019年1月由中国农业科学技术出版社正式出版，该书图文并茂地系统性地介绍了15个食用豆属27个栽培种的基础知识，为我国食用豆类及产业知识普及做出了积极贡献。

四、科技服务与技术培训

（一）服务县域经济发展

培育的"中秦""科豌"系列豌豆新品种及配套栽培模式，在河南、山东、重庆、辽宁县域经济发展中起到了积极作用。

（二）重大突发性事件应急和咨询服务

2019—2021年，圆满完成了农业农村部小宗粮豆专家指导组和产业体系安排的应急任务和咨询服务工作。

五、对本学科领域或本区域产业发展所起的支撑作用

本岗位团队为国家食用豆产业技术体系提供了从豌豆蚕豆资源评价筛选，新品种培育的理论与方法研究，新品种选育，特性评价，适应性评价与示范；间套轮作新模式开发，节本增效栽培技术集成，优良根瘤菌株筛选与化肥减施、生物菌肥养分高效利用关键技术开发等产前产中技术研发与示范任务，为我国主要冷季食用豆类的产业健康发展提供了有力的科技支撑。

土壤和养分管理岗位

一、岗位简介

土壤和养分管理岗位2019年正式建设，依托单位是河北农业大学，刘宏权教授为岗位科学家（图46）。目前岗位团队有固定成员9人，其中教授2人，副教授及相应职称5人，讲师2人，团队还包括在读研究生十多名（图47）。岗位立足食用豆肥水管理，以水调肥，提高养分利用率，优化肥料制度，改善土壤食用豆种植条件及农业生态环境。当前在巨鹿、黄骅、唐县、易县等地设有食用豆试验示范基地。

岗位科学家刘宏权：河北农业大学教授，1979年10月生，农业水土专业博士。主要从事农业水肥调控和养分管理方面的教学科研工作。主持国家重点研发计划子课题、河北省重点研发计划、农业农村部种植业司项目等十余项。现任学院党委委员，水利系副主任，水利硕士点学术带头人。农业农村部"百名专家联百县"科学施肥专家指导组成员，河北省绿色种养循环农业专家组成员，河北省"三三三人才"，河北农业大学师德先进个人，《河北农业大学学报》青年编委。发表学术论文30余篇，获授权专利/软著16件，相关成果获省科技进步奖4项。

图46　岗位科学家　刘宏权

图47　岗位团队成员

二、主要研发任务和重要进展

（一）主要研发任务

一是针对盐碱地利用率低和耕地农膜污染，在适宜盐碱地开展绿豆品种筛选和盐碱地、地膜污染耕地绿（小）豆栽培技术模式研发。

二是针对食用豆施肥灌溉粗放，从优化水肥制度着手，提高养分利用率关键技术研究与集成。

（二）取得的重要进展

（1）培养箱试验从体系联合鉴定绿豆品种中筛出白绿13号等5个盐碱抗性强的品种，进一步大田试验筛出适宜河北盐碱地品种白绿13号、132-346，在旱作雨养下，盐碱地种植，亩产100 kg左右。

（2）开展地膜污染土壤小豆盆栽试验，探究土壤中地膜种类、浓度及不同前茬作物对小豆苗期生长影响。地膜种类浓度、前茬作物及交互作用对小豆地上、地下部性状存在显著影响，地膜显著抑制了株高、单叶面积、植株地上部干重等指标。

（3）在邢台、保定、唐山、白城和沈阳开展小豆施肥岗站联合试验，连续3年试验表明整体上减施30%常规肥量，减肥不减产，显著提升养分利用效率。

（4）开展绿豆水氮调控和膜下滴灌试验，优化后施氮较常规减肥7%，增产5%；膜下滴灌较常规，增产20%，水分利用效率提高30%。

（5）开展有机肥、生物炭、菌肥等非化肥配施试验，改善用肥结构。非化肥配施提高绿豆的单株荚数、百粒重，增产效果显著。其中，配施菌肥种植绿豆会改良盐碱土壤，表层土壤电导率下降45%；配施生物炭能改善耕层结构，土壤容重下降8.7%，孔隙率增加11.6%，田间持水量增加11.8%。

三、标志性成果

（一）获奖成果

1. 一种新型集约化节水抗堵的智慧渗灌系统

获第一届全国大学生农业水利工程及相关专业创新设计大赛三等奖。一种新型集约化节水抗堵的智慧渗灌系统由农田工作系统、客户端、物联网云数据平台组成。通过田间土壤墒情传感器，结合AI云数据平台（水肥信息库）与模糊识别技术，为作物设置适宜的水肥水平。研发的新型渗灌管有效地解决了渗灌系统出水不均匀、易堵管等问题。

2. 一种高效节水的智慧灌溉系统

获第二届全国大学生农业水利工程及相关专业创新设计大赛二等奖。以研发的新型渗灌管为特色，耦合物联网、水肥一体化技术、专家系统和作物模型，达到智能、低能耗的作物水肥供给和高效利用。

3. 一种适应地埋滴灌系统的新型吸嘴出口

获第三届全国大学生农业水利工程及相关专业创新设计大赛二等奖。针对传统浅埋滴灌中滴头易堵塞问题，以创新设计的新型吸嘴出口式出水口为特色，孔口设置成十字形，并做成凹凸两面，凹面为内侧，凸面为外侧，有柔性胶体阀，该胶体阀具有柔性和弹性，在灌溉时，受水压力后，胶体阀向外打开，形成通道，而不灌溉时，该胶体阀自动闭合。

（二）授权专利

围绕农业灌溉施肥轻简自动化申请专利16项，其中国家发明专利3项（图48），国家实用新型专利13项。

1. 一种智能水肥一体化设备及其使用方法（ZL202110845033.6）

本发明设计的光谱检测装置设置有光源保护座和光谱仪保护座，防止光谱检测装置工作时受外界光线和环境影响，导致检测结果出现较大误差，设计的滑杆和弹簧可以方便取出光源保护座和光谱仪保护座进行检修和更换。设计的肥料供给装置可以使用液体肥料和颗粒肥料，研磨杆可对颗粒肥料进行研磨，加快颗粒肥料溶解速度，提高了效率，在灌溉过程中搅拌杆和搅拌叶片可保证肥料在水中均匀分布，防止肥料沉降导致肥料浓度发生变化，影响精准施肥效果。设计的添加管路肥料供给装置、光谱检测装置的配合下，可以对不同灌区的分水管进行精准施肥，保证灌溉的同时，对每个灌区精准施肥。

2. 一种用于农业种植的播种施肥一体设备（ZL202111221597.9）

本发明在施肥时可以根据不同地块土壤肥力的不同灵活调节排肥器的进料口大小，调节施肥量。同时调节块可以随着农业机械工作时的震动做横向震动，带动弹性绳索震动，可有效防止肥料在肥料桶内的粘连和堆积，提高施肥效果。在进行精量播种时，可以通过导向杆监测播种槽内是否有种子，当播种槽内没有种子时，导向杆下移，带动补种轮转动半周，完成补种，有效防止漏播，提高精量播种的质量。

3. 一种基于作物需水量测量的自动灌溉控制方法及控制系统（ZL 202111308189.7）

包括土壤湿度传感器、信息监测系统、中心处理系统、远程控制系统、过滤系统、水源沉降系统、水源存储系统、药肥混合系统和灌溉给药系统，土壤湿度传感器和监测摄像头监测土壤水分和农作物信息，将信号传递给信息监测系统，信息监测系统将信息传输至中心处理系统分析处理，发布指令完成后续的灌溉、施肥和给药的操作。本发明控制系统有效地对农作物进行全区域或定区域自动灌溉、施肥、给药，降低工作人员的劳动强度，提高农作物的智能化管理，效率高、效果好；本发明有效地对水源进行过滤处理，保证水源干净，减少污染物堵塞灌溉系统，同时能有效地对污染物进行清理。

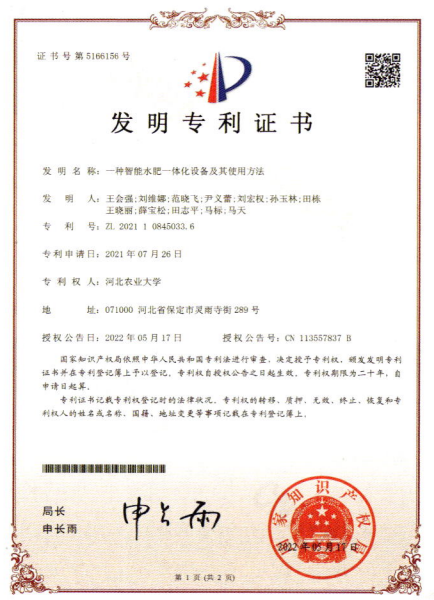
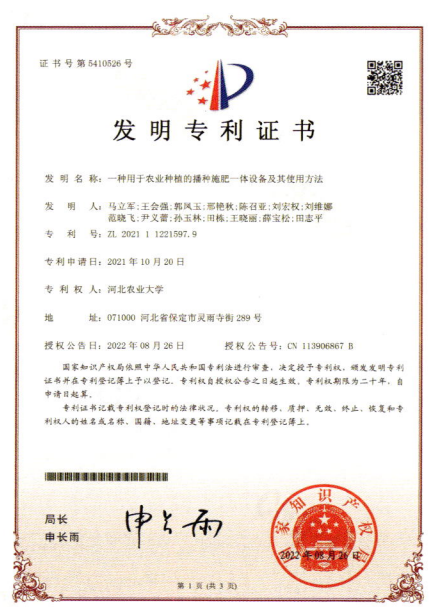
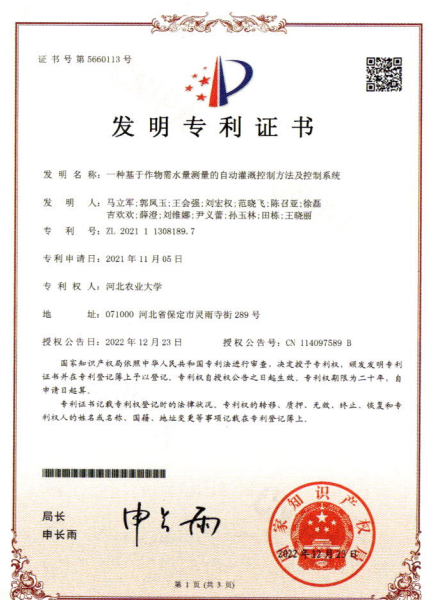

图48　土壤和养分管理岗位获国家发明专利证书

（三）代表性论文、专著

本岗位，发表相关研究论文12篇，其中SCI论文2篇。

其中，在期刊 *Plant Science* 上发表的 *Transcriptome Analysis of Short-Day Photoperiod Inducement in Adzuki Bean（Vigna angularis L.）Based on RNA-seq*，通过研究获得了植物激素、昼夜节律和天线蛋白3个与小豆开花相关的代谢通路，在三个代谢通路中共筛选到13

个差异性显著且与开花相关的基因,是调控小豆开花时间的候选基因。明确了调控小豆开花时间的功能条目和代谢通路,筛选的13个调控开花相关基因对于解明不同代谢通路的调控机制起着重要作用,也为小豆分子育种提供重要参考。此前,有关光周期调控小豆开花的代谢途径和相关基因的研究鲜见报道。

(四)人才培养

岗位专家刘宏权被遴选为中华人民共和国农业农村部"百名专家联百县"科学施肥专家组成员,河北省绿色种养循环农业试点专家组成员。团队成员高惠嫣晋升副教授。培养硕士研究生30多名。

四、科技服务与技术培训

(一)构建"试验基地+田间大学"技术咨询模式

2019年岗位团队在巨鹿县苏家营镇设立科研试验基地,2020年巨鹿县以岗位为主要技术依托在苏家营镇建立起农业"田间大学"(巨字〔2020〕5号文),并在该镇设立了"京津冀农业专家乡村振兴科创园"。当前常年有研究生驻巨鹿基地开展试验,政府部门、农业企业和种植户等每年到基地参观、培训20多次,百余人次。通过基地培养研究生20多名,数十名本科生在基地完成专业实习。

"试验基地+田间大学"技术咨询模式助力县域农业经济发展,团队工作得到当地县委县政府高度肯定。

(二)探索"岗位团队+乡村振兴"乡村振兴服务模式

结合国家和地方战略需要,岗位团队主动撰写意见建议类文章,发挥科技工作者资政咨询作用。进入体系以来,先后撰写了《疫情下关于加强我国磷肥生产的对策建议》《减轻疫情对农资和春耕影响的对策建议》《农业灾害性天气预警机制及防范措施》《高温干旱农业管理应对措施》等十多篇对策建议,通过体系、岗位公众号或微信等途径向相关政府部门、农业经营主体发布,助力农业防灾减损。

岗位专家刘宏权每年都带领河北农大李保国志愿服务小分队进村入户就灌溉施肥、耕地状况、食用豆种植、农业气象灾害等开展调研,并对食用豆栽培及特点、农业防灾减损措施等进行培训。同时,刘宏权还是农业农村部"百名专家联百县"科学施肥专家组成员、河北省农业农村厅绿色种养循环农业专家组成员、国家级科技特派员等,通过不同渠道活动,服务乡村振兴工作。

五、对本学科领域或本区域产业发展所起的支撑作用

立足岗位职责,聚焦食用豆高效水肥利用、非化肥配施关键技术,聚焦盐碱地、山

坡地、林下地等食用豆边际土地利用和培肥地力关键技术的研发。同时，发挥食用豆间作套、接茬和培肥优势，积极探索绿豆玉米带状复合种植模式，推广"食用豆+特色""食用豆边际土地利用"种植模式。3年来岗位先后在邢台、保定、石家庄等地，推广"绿豆+枣""绿豆+葡萄""绿豆+苹果等"2 000多亩，在沧州、雄安新区、保定等地，示范食用豆边际土地利用500多亩。"食用豆+特色""食用豆边际土地利用"种植模式既可稳定扩大食用豆种植规模，还可促进特色产业发展，提升边际土地利用价值，能起到农业增产、农民增收、土地增效、生态增绿多方共赢的作用，进而助力乡村振兴战略的实施。

病虫草害防控研究室

病害防控岗位

一、岗位简介

2008年农业农村部建立国家食用豆产业技术体系，设立"病虫害鉴定与防控"岗位，岗位依托中国农业科学院作物科学研究所，岗位专家为朱振东研究员（图49）。之后，随着体系任务的变化，2011年岗位名称变为"东北病虫害防控"、2016年变为"病害防控"。岗位团队先后由12位植物病理或植物保护专业的科研骨干人员组成，其中包括高级职称4人、中级职称3人，此外先后有12名研究生和10名科研助理参加团队工作（图50）。建立了完善的植物病理学和分子生物学研究实验室、用于抗性鉴定和种质创新的温室。

岗位科学家朱振东：中国农业科学院作物科学研究所研究员，博士生导师。主要从事作物抗病新基因发掘、种质资源抗病性评价和抗性遗传多样性、植物病原菌遗传变异及分子检测、豆类病害鉴定及防治研究。迄今发表论文210余篇，编著或参编著作10部，获得发明专利授权9项，获国家科技进步奖二等奖1项、省部级科技进步奖二等奖2项、三等奖1项。

图49　岗位科学家　朱振东

图50　岗位团队成员

二、主要研发任务和重要进展

（一）主要研发任务

本岗位承担的体系主要研究内容包括：食用豆病虫害调查与鉴定；食用豆病害数据库建立；食用豆主要病害抗性资源和品种筛选；食用豆抗病基因发掘、分子标记及抗病种质创新；食用豆主要病害综合防控及绿色防控技术研究等。

（二）取得的重要进展

1. 食用豆病害研究取得新的进展

通过形态学、致病性和分子特征分析，确定小核盘菌、核盘菌和三叶草核盘菌为豌豆菌核病病原菌。在我国首次报道了蚕豆炭腐病。通过接种国际通用鉴定别寄主对不同地理来源于60个豌豆枯萎病菌分离物进行生理小种鉴定，明确了1号小种是我国优势小种，发现了新的小种。系统鉴定了我国豌豆和蚕豆锈病病原菌，明确了两种病害病分别由蚕豆单胞锈豌豆分离物专化型和蚕豆分离物专化型引起。将引起绿豆疫霉茎腐病的病原菌鉴定为豇豆疫霉绿豆专化型，完成了3个豇豆疫霉专化型基因组测序组装及比较分析，从分子水平明确3个专化型之间的差异；通过开发SSR标记，对豇豆疫霉绿豆分离物进行遗传多样性分析，并开发出能够有效区分豇豆疫霉不同专化型的特异性标记。

2. 筛选出食用豆抗病资源，创制了一批抗病新种质

对600多份食用豆资源或品种进行抗病性鉴定，筛选出优异豌豆抗白粉病和枯萎病、绿豆抗枯萎病和疫霉根腐病，小豆抗炭腐病、芸豆抗炭疽病资源或品种。通过多轮鉴定和单株选择，获得了桂绿豆L74、张绿3号、郑绿8号、保200832-9、保200843-1和晋绿8号纯合抗枯萎病系，获得豌豆品种云豌18号和成豌9号抗枯萎病株系、奇珍76和20012抗白粉病株系。

3. 发现了新的豌豆抗白粉病等位基因

对55份豌豆抗白粉病资源的抗病基因进行了分子鉴定，发现7份资源含有抗白粉病基因$er1-1$、37份资源含有$er1-2$、7份资源含有$er1-6$、2份资源含有$er1-7$；在G04839和G04400发现新的Er1突变位点，通过遗传分析和分子作图，确定两份资源含有$er1$新的等位基因，分别命名为$er1-8$和$er1-9$，并开发功能性分子标记。

4. 初步研究了种植无菌种子绿豆晕疫病绿色防控技术，效果显著

以在无晕疫病发生区域生产的绿豆品种冀绿7号、冀0816和晋绿豆9号种子为材料，开展了无菌种子防治绿豆晕疫病生产示范，结果表明：与带菌种子生产田比较，无菌种子示范田无晕疫病或轻微发生，增产效果明显，证明利用无菌种子是防治绿豆晕疫病简单、有效途径。

三、标志性成果

（一）育成的新品种

与重庆试验站等单位合作育成了绿豆新品种渝绿10号和渝绿11号。

（二）代表性论文、专著

2019—2021年共发表SCI论文10篇，期刊主要为 *Frontiers in Plant Science*、*International Journal of Molecular Sciences*、*Plant Disease*、*Crop Protection*等，累计影响因子为43.03。

（三）人才培养

团队成员孙素丽博士，2019年晋升为副研究员和入选研究所后备人才。共培养博士生2名，硕士生2名。

四、科技服务与技术培训

（一）服务县域经济发展

协助张家口试验站、太原试验站等开展相关工作，指导病虫害防控。

（二）重大突发性事件应急和咨询服务

为贯彻落实农业农村部关于开展防灾减灾夺丰收工作的各项通知精神，积极开展防灾减灾工作，普及科学救灾知识，减轻各种灾害对食用豆生产的影响，进一步提高食用豆生产中应对灾害的能力。如通过田间调查、微信交流及病害样品鉴定对食用豆病害发生情况进行调查，发现蚕豆黑根病、菜豆腐霉根病、绿豆苗期疫霉根茎腐病等新10余种食用豆新病害；对多次突发性病害进行预警、诊断并提出防治建议；通过多种方式开展技术咨询220余次，及时解决生产中发生的重要食用豆病虫害问题。

五、对本学科领域或本区域产业发展所起的支撑作用

全面系统的病虫害调查与准确鉴定，为合理、有效的防治策略和技术制定、抗性资源筛选及抗性品种选育奠定了重要基础，促使我国食用豆病虫害防治从盲目乱治到有的放矢综合治理的转变。

针对重要病害开展大规模种质资源及品种的抗性鉴定，筛选出大量抗病资源。利用抗病资源，一批具有优异综合性状的抗病虫食用豆品种已育成并在生产中发挥重要作用，

极大地推动了食用豆生产，取得了较大的经济和社会效益。通过先进的分子生物学技术手段，发掘多个抗病基因，一些与抗性基因紧密连锁的分子标记也被开发。抗性基因的作图与标记开发为抗性资源的有效利用及分子辅助选择育种提供了支持，使食用豆抗性育种在技术手段上有了革命性突破。

研发集成了绿豆晕疫病绿色防控技术在主产区示范推广，有效地支撑了绿豆产业的发展。

虫害防控岗位

一、岗位简介

虫害防控岗位,依托单位为湖北省农业科学院,万正煌研究员为岗位科学家(图51)。岗位团队由9位植物保护等专业的科研骨干人员组成,其中包括高级职称4人,博士4人,中级职称5人(图52)。团队在武汉拥有核心试验基地30亩,湖北鄂州拥有高标准试验基地60亩,共建立固定试验示范基地3个,包括在湖北荆州与长江大学农学院共建基地1个,在湖北谷城县建立基地1个,与十堰市农科院在郧阳区共建基地1个。

岗位科学家万正煌: 1972年出生,1995年毕业于华中农业大学农学专业,获农学学士学位。近年来,主持并承担农业农村部现代农业产业技术体系项目、科学技术部国际合作项目、湖北省重大专项、湖北省国际合作项目、湖北省财政厅项目等多项科研项目;曾获国家科技进步奖一等奖1项、江苏省科学技术奖一等奖及神农中华农业科技奖等奖项。出版学术专著3部,授权国家发明专利5项,发表科研论文30多篇。作为第一选育人育成鄂绿4号、鄂绿5号、鄂蚕豆1号、鄂豌1号等多个食用豆新品种。

图51　岗位科学家　万正煌

图52　岗位团队成员

二、主要研发任务和重要进展

(一)主要研发任务

本岗位承担的主要研究内容包括:高产多抗专用品种筛选;豇豆荚螟绿色防控技术集

成与示范；蚜虫绿色防控及关键技术研究等。

（二）取得的重要进展

筛选出适宜机械化生产的绿豆品种鄂绿5号；经过多年田间鉴定，筛选出高产、优质及综合性状优良的豌豆品种3个；联合唐山、南阳、重庆、南宁和沈阳试验站开展了豇豆荚螟田间为害消长规律的研究，明确了各地区豇豆荚螟田间发生规律，并在南阳、重庆、唐山、南宁、沈阳、鄂州和襄阳等地进行豇豆荚螟绿色防控技术的示范应用，示范效果良好。在南阳试验站对本岗位研发集成的豇豆荚螟绿色防控技术进行了示范推广，示范效果良好，比对照增产14.17%；在湖北襄阳市高新区刘集镇黄陂村集成以示范品种"鄂绿5号"，"初花期喷施生物农药BT，盛花期释放赤眼蜂"为核心技术的"豇豆荚螟绿色防控技术"大面积示范，示范面积400亩，经专家组进行现场检测，示范品种长势良好，茎秆、叶片及荚果无明显虫害发生，防控效果显著，比对照减少产量损失33.44 kg/亩，减少经济损失334.4元/亩。通过释放田间天敌昆虫大草蛉、黄板及在蚜虫为害达到防治指标时，喷施吡虫啉或吡蚜酮等高效药剂，使蚜虫防治效果达95%以上。克隆了抗蚜相关基因 $PrBAR1$。

三、标志性成果

（一）获奖成果

（1）绿豆新品种选育及绿色高效栽培技术集成应用，获江苏省科学技术奖一等奖。

（2）抗病虫绿豆新品种选育及绿色增产增效机械化栽培技术推广应用，获中国商业联合会科学技术奖全国商业科技进步奖一等奖。

（3）《中国食用豆类生产技术丛书》获神农中华农业科技奖科学普及奖。

（二）形成的技术或标准

绿豆尾孢菌叶斑病抗性鉴定技术规程。绿豆具有极强的生产适应性、独特的营养价值、良好的保健功效、有效的固氮养地功能，已成为湖北省的特色产业，在保障农民增收致富、改善广大居民膳食结构、促进农业可持续发展、保护农业多样性等方面起到了非常重要的作用。由变灰尾孢（*Cercospora canescens*）引起的绿豆尾孢菌叶斑病是绿豆生产上的重要病害，轻者减产20%~50%，严重的高达90%以上。培育抗病品种是控制该病最有效的方法之一，而建立快速简便的抗性鉴定体系是进行绿豆尾孢菌叶斑病抗病育种的关键。为此，我们通过多年的试验研究，制定出本技术规程，可有效克服绿豆尾孢菌叶斑病抗病性鉴定难题，为绿豆抗病资源筛选和抗病品种的选育提供技术支持。本文件规定了绿豆尾孢菌叶斑病接种体准备、鉴定材料准备、接种、病情调查和抗病性评价。

（三）代表性论文、专著

发表研究论文7篇，其中SCI论文3篇。

通过在种子萌发期对耐盐和盐敏感蚕豆品种的转录组分析，解释了蚕豆耐盐机制，研究结果于2020年在 Scientific Reports 上发表；通过转录组分析和iTRAQ分析，揭示了小豆种子萌发期抗旱机制和调控小豆种子萌发期耐旱性的关键蛋白，研究结果分别于2020年在 Frontiers in Genetics 上发表和2021年在 Scientific Reports 上发表。

（四）申请专利

获得国家发明专利2项（绿豆抗蚜性快速鉴定方法、蚕豆对豌豆蚜抗性的快速鉴定方法）详见图53。

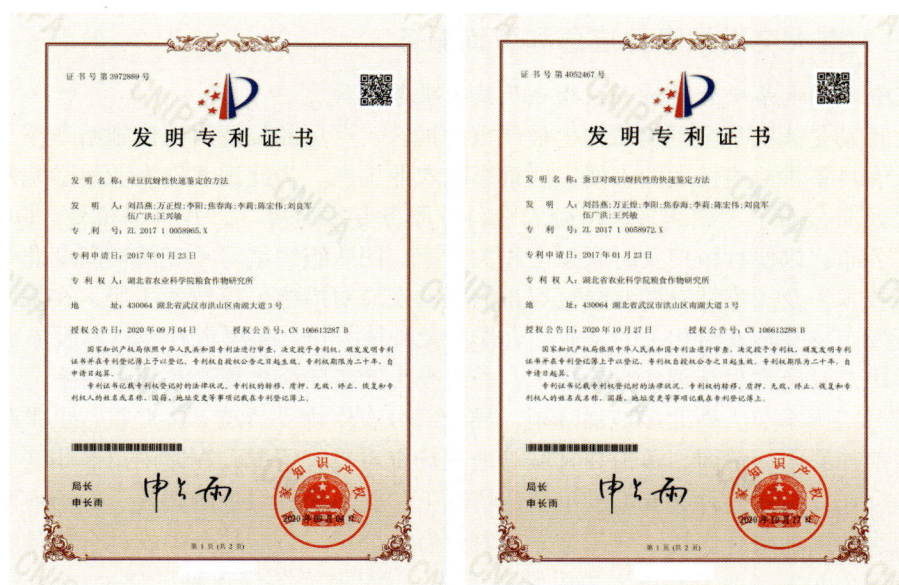

图53　虫害防控岗位获国家发明专利证书

（五）人才培养

2021年，刘昌燕博士入选湖北省农业科学院青年拔尖人才培养计划。
2021年8月，韩雪松博士后出站。

四、科技服务与技术培训

（一）服务县域经济发展

湖北省十堰市郧阳区大柳乡余粮村属于国家特困连片地区。目前已相继开发了高山红小红豆、绿豆等极具地方特色的系列产品。通过引进国家食用豆体系优良食用豆品种鄂绿4号、鄂绿5号、中绿5号、冀绿11和冀红352，并建立核心示范基地，推广应用病虫草害防控研究室、机械化研究室的技术成果，大力推广绿豆、小豆和核桃、猕猴桃套作等绿色高效栽培模式，起到了良好的示范带动作用，助推精准扶贫产业化、规模化、品牌化。

加强与湖北沛丰粮油股份有限公司、湖北向上食品股份有限公司和十堰市郧阳区土疙瘩种植专业合作社等一批农产品加工企业合作，探索"科技+企业+农户"的合作之路，建立良好的产学研合作关系和科技成果转化机制，为企业与农户提供技术支持，连接企业与农户，打通生产与市场渠道，打造山区杂粮系列品牌。自2019年以来，湖北向上食品股份有限公司在郧阳区大柳乡等地推行订单农业，在播种季与农户签订收购协议，收获季以高于市场价收购小豆、绿豆等食用豆种子，农户种植食用豆比种植玉米等作物每亩增收200元以上，切实提高了贫困户收入，增强了农户种植的积极性。

（二）重大突发性事件应急和咨询服务

1. 充分利用网络平台开展科技指导及技术服务

湖北特别是武汉是全国疫情发生最严重的地区，严厉的疫情防控措施给冬季豆类的田间管理及春耕备耕造成极大的不便，严重影响农业生产。为此湖北省农业科学院网站及微信公众号及时公布了"湖北省农科院农业科技服务专家名单"，并将手机号、QQ及微信号进行了公布，以便种植户及时联系上相关专家。团队组织编写《疫情期间湖北冬季豆类田间管理技术》及《疫情对湖北绿豆春耕的影响及应对措施》等技术手册，在院网站及公众号进行发布，并转发给相关的企业、合作社及种植大户，多渠道开展技术服务。

2. 多次前往受灾现场调查受灾情况，并结合生产实际给出建议及技术指导

6—7月梅雨季节，湖北多地强降雨，导致部分农作物受渍涝灾害严重，虫害防控团队成员多次前往襄阳、黄冈、黄梅和宜城等地现场查看受灾情况，在襄阳市襄州区阳光雨琪油菜种植合作社两次播种芝麻都没出苗的情况下，提出改种绿豆的建议、并给襄阳市襄州区阳光雨琪油菜种植合作社、襄阳金立丰农业有限公司、宜城楚金山农林合作社、湖北华缘种业有限公司等企业及种植大户提供鄂绿4号、鄂绿5号等绿豆种子超过3 250 kg，化肥以及技术手册，现场指导绿豆机械化播种，帮助合作社和种植大户开展生产自救，被人民政协网、新华社、中国农网、湖北日报、长江日报等多家媒体宣传报道。

五、对本学科领域或本区域产业发展所起的支撑作用

近年来，针对十堰市杂豆杂粮产业现状与存在的问题，结合产业发展与精准扶贫和乡村振兴，虫害防控团队从新品种、新技术、新模式三个角度展开工作。分别引进鄂绿4号、鄂绿5号、冀绿11号、中绿5号、冀红352、鄂蚕豆1号和鄂豌1号等食用豆新品种，并进行大面积示范推广，优化十堰地区豆杂粮品种结构，助推精准扶贫，产业扶贫。

同时探索与研究林豆、果豆、粮豆间套作技术，在十堰山区推进核桃、猕猴桃等果树、玉米等主粮作物与绿豆、小豆等杂粮作物间套作，以提高土地资源利用率，培肥土壤，减少化肥投入，提高单位面积产出，促进农业增效，农户增收。并研究采用合理轮作，深翻土地，清洁田园，挂设频振式杀虫灯、黄板，保护和利用天敌等绿色高效无公害病虫害防控技术，有效防治豆杂粮作物病虫害为害，提高产品价值，确保"南水北调"水

源区水质安全。在郧阳区大柳乡余粮村、谭家湾镇心怡农场等地发放频振式杀虫灯8个，防治效果显著。为有效解决山区劳动力不足、地块小、坡度大等制约农业发展的资源、环境、人力问题，团队联合机械化研究室开展了绿豆、小豆等豆杂粮作物"机播、机耕、机收、机器脱粒"全程小型机械化操作模式研究与示范，助力精准扶贫。

草害防控岗位

一、岗位简介

草害防控岗位依托单位为甘肃省农业科学院作物研究所,岗位科学家为杨晓明研究员(图54)。本岗位2017年由西北区病虫害岗位调整为草害防控岗位,岗位现有团队研究人员6人,其中1名研究员、2名副研究员、2名助理研究员、硕士研究生1人(图55)。拥有开展食用豆科学研究的基本仪器和设备,实验室2间、办公室2间、种子储藏室1间。在农科院秦王川试验站有固定试验基地80亩;在农科院兰州试验基地有温室2座。在天祝县打柴沟镇和永登县上川镇有产业化示范基地3个300余亩,在武威市凉州区有合作研发和成果转化企业2家。

岗位科学家杨晓明:兰州大学理学博士,硕士生导师,甘肃省第九届青年委员,甘肃省领军人才,科学技术部、农业农村部、自然科学基金和博士后基金评审专家,*Agronomy*、*Euphytcica*审稿人、甘肃省细胞学会委员、作物学会食用豆专业委员会委员、甘肃省农业标准委员会委员,主要从事豆类作物遗传育种和重大病虫草害防治研究。先后完成国家自然科学基金、博士后基金、重点研发等国家和省列科研项目17项,获省部级科研奖励5项,制定国家、地方标准6项,发明专利3项。主持育成豌豆新品种陇豌6号通过了国家鉴定,陇豌1号获甘肃省科技进步奖二等奖。在国际SCI期刊*Agronomy*、*Euphytica*、《作物学报》等刊物上发表论文50余篇,出版专著4部;培养博士研究生2名,硕士生11人。

图54 岗位科学家 杨晓明

图55 岗位团队成员

二、主要研发任务和重要进展

（一）主要研发任务

1. 重点任务

在我国食用豆主产区开展田间优势杂草种类、分布、为害特点、群落组成等系统性地调查和研究，有针对性地开展食用豆类田间除草剂药害鉴定与缓解技术研发，筛选广谱、高效、安全的除草剂品种，并结合轮作、水肥调控、覆盖等农业措施集成并建立草害绿色综合防控技术体系，为我国食用豆规模化、标准化、安全生产提供技术支撑。

2. 基础性工作

建立食用豆田间优势杂草数据库；配合首席科学家、其他功能研究室、岗位科学家和综合试验站联合开展其他产业研发任务，牵头并联合西北产区有关岗位、综合试验站，开展食用豆产情调研和有关产业技术咨询和培训。

3. 应急性任务

针对阳原县绿豆和岢岚县芸豆以及地方产业发展问题，联合张家口综合试验站、太原综合试验站等地方政府积极开展技术咨询和培训等服务，支撑食用豆优势产区县域经济的快速发展；负责西北产区有关产业突发事件的技术支撑工作。

（二）取得的重要进展

1. 完成主要食用豆品种耐除草剂抗性鉴定评价

对我国食用豆主栽品种、地方品种、育成品种以及优异品系进行除草剂土壤处理和茎叶抗性鉴定评价；初步明晰了不同食用豆品种的除草剂抗性特征、药害症状以及有效的缓解技术；通过对42份国内临蚕、成胡、青蚕、通蚕系列等蚕豆品种苗期耐咪唑乙烟酸抗性评价，鉴定出抗性种质2份；完成33份豌豆育成品种苗期耐除草剂苯达松和烯草酮抗性评价，鉴定出抗性种质2份。

2. 鉴定筛选出广谱安全有效除草剂品种

针对我国不同产区食用豆田间优势杂草种群消长动态和为害规律研究，基于化学除草剂安全使用和评价，根据除草剂特性及不同生态区优势杂草发生和为害规律，选择43个除草剂单剂品种及16个复配品种，通过23个生态区不同食用豆品种除草效果和安全性评价，筛选出高效安全、不同产区可普遍使用的除草剂品种7种，复配品种4种；明晰了不同除草剂使用的关键技术和方法。

3. 研究集成了轻简化综合高效田间草害防控技术

在筛选利用抗性品种及传统草害综合防控的基础上，对我国南方秋播区食用豆花荚期和鼓粒期草害发生和为害规律进行研究，开展农业生态控草技术、机械中耕除草和药剂处理除草比较研究和示范，筛选出有效控制杂草的不同轮作模式、种植方式、中耕除草技术、水肥调控技术及高效安全的除草剂使用技术。系统研究了食用豆田间杂草为害、消长动态，开展全生育期除草剂草安全、除草效果评价，创新集成了食用豆田间杂草绿色综合防控技术。以耐密适宜中根除草的食用豆品种为核心技术，辅以安全高效的除草剂应用技术，充分利用禾本科作物轮作倒茬、幼林果树间作套种、适度密植、适期早播、水肥调控、品种搭配等技术，有效调控杂草和作物的生长态势，达到高效、安全、绿色防控杂草。

三、标志性成果

（一）获奖成果

承担完成的国家自然科学基金项目——野生种豌豆抗豆象基因发掘、遗传图谱构建和分子定位，在甘肃省科技厅进行了成果登记。成果简介：通过对野生种豌豆资源抗豆象基因的等位性分析，明晰了野生种豌豆所携带抗豆象基因的等位性；通过豆象抗性和农艺性状关联分析，豌豆豆象抗性与控制豌豆红花基因、籽粒褐色基因紧密连锁。利用数量遗传模型对抗、感豆象双亲及后代豆荚和子叶豆象抗性表型遗传学分析，利用MultiQTL检测到5个调控豌豆种皮抗豆象性状的QTLs，解释表型变异率70%。通过控制子叶豆象抗性和豌豆荚或种皮豆象抗性的QTL共线性分析，这两种豆象的抗性机理可能存在相同的信号转导途径。

（二）育成新品种

育成陇豌7号和陇豌8号两个品种通过DUS测试，并已提交国家品种登记；联合育成靖豌2号和渝豌1号2个豌豆新品种。

育成的陇豌1号［登记号：GPD豌豆（2018）620005］、陇豌3号［登记号：GPD豌豆（2018）620006］、陇豌4号［登记号：GPD豌豆（2018）620007］、陇豌5号［登记号：GPD豌豆（2018）620008］、陇豌6号［登记号：GPD豌豆（2018）620009］等5个品种通过农业农村部非主要农作物品种登记。

（三）申请专利

获得国家实用新型专利2项：一种便携式田间实用测量尺（专利号：ZL201920290392.8；授权公告号：CN209295849U）；田间多功能插地标签牌（专利号：ZL2020203078 52.6；授权公告号：CN211044842U）。

（四）形成的技术或标准

制定地方标准2项：《豌豆品种　陇豌6号》（DB62/T 4227—2020）；《豌豆主要病虫害综合防治技术规程》（DB62/T 4651—2022）。

（五）代表性论文、专著

发表论文7篇，SCI论文2篇；主编《小扁豆》专著1部，参加编写《中国现代农业产业可持续发展战略研究——食用豆分册》专著1部。

（六）人才培养

通过体系项目执行，共培育各类专业技术人才10名。培育研究生4名，岗位专家杨晓明再次入选甘肃省领军人才（2022—2025年），项目参加人员1人晋升副研究员，2名项目参与者晋升助理研究员，1名项目参加人员2021年获得博士学位。岗位专家杨晓明入选甘肃省广播电视总台农村广播智库专家和甘肃省"三农"服务科技特派员。

四、科技服务与技术培训

（一）服务县域经济发展

在服务县域经济发展方面，主要包括：河北省张家口市阳原县的鹦哥绿豆生产示范基地建设、青海省海南州共和县的蚕豆种子生产基地，甘肃省武威市天祝藏族自治县的北方高海拔冷凉寒区天祝县鲜销豆类产业化生产基地，服务的重点主要是田间草害的防控。

（二）重大突发性事件应急和咨询服务

2019—2021年度在甘肃省天祝藏族自治县、永登县、碌曲县、镇原县等地开展了食用豆产业发展的应急性任务和技术指导。起草的《甘肃高海拔冷凉区鲜销食用豆产业可持续发展建议》受到天祝县农业技术推广站的高度重视，在有效推动地方食用豆产业持续稳定发展方面发挥了重要作用。

五、对本学科领域或本区域产业发展所起的支撑作用

新品种助推食用豆产业快速发展。草害岗位积极对接天祝县地方农技部门，以干改鲜为目标，将传统以收获干籽粒为目标的豆类生产，调整为以鲜籽粒、鲜荚、豆苗加工型的鲜食豆类生产，在甘肃天祝县和永登县优势产区，围绕豆类产业发展的关键问题，以"政府引导+岗位专家指导+合作社兜底+农户尽力"技术服务模式，依托天祝佳禾农业专业合作社和兰州新昌鲜食豆类生产农民合作社，开展鲜食豆类新品种及配套生产技术、病虫草害防治技术的推广和应用，着力解决了产区品种更新、病虫草害防控、机械化作业、轻简化栽培、水肥优化、减药减肥、质量安全、提质增效等产业科技需求。加快成果转化和应用，促进科技与产业经济紧密结合。

生物防治与综合防控岗位

一、岗位简介

"十三五"期间,江苏省农业科学院承担国家食用豆产业技术体系生物防治与综合防控岗位,岗位科学家为陈新研究员(图56)。目前岗位有团队成员16名,其中,研究员3名,副研究员7名,助理研究员4名,博士后2名(图57)。拥有食用豆专用分子遗传实验室120 m^2,实验设施良好,拥有开展表型组、基因组、分子育种、组织培养等研究的先进仪器设备。六合基地固定试验地80亩,专用温室120 m^2,淮安市丁集镇、溧阳市上兴镇和南京市江宁区特色豆类等试验基地6个200余亩。

岗位科学家陈新:1970年4月生,分别获得南京农业大学和泰国农业大学博士学位。现任江苏省农业科学院经济作物研究所所长,豆类作物创新团队首席;兼任江苏省农业科学院学术委员会主任、亚洲与大洋洲高级育种协会第一副主席、中国作物学会食用豆专业委员会副会长、中国园艺学会豆类蔬菜分会副理事长、江苏省特粮特经产业技术体系首席专家、江苏省农学会特粮特经专业委员会主任委员、江苏省园艺学会常务理事,先后获得国务院特殊津贴专家、国家百千万人才工程中青年学术骨干、江苏省333人才工程第一层次和第二层次培养对象、江苏省有突出贡献中青年专家、江苏省优秀科技工作者等称号。

图56 岗位科学家 陈新

图57 岗位团队成员

二、主要研发任务和重要进展

（一）主要研发任务

1. 食用豆高产多抗与优质专用新品种选育

利用杂交、辐射及化学诱变、分子标记辅助选择等手段，创制抗豆象、适宜机械化收获的绿豆新种质；抗赤斑病蚕豆新种质等。以常规育种技术与分子标记辅助选择相结合，选育高产、抗叶斑病、早熟、直立、结荚集中、适宜机械化生产的绿豆新品种；高产、抗赤斑病蚕豆新品种。

2. 食用豆重要病害和草害高效绿色防控技术研究

筛选不同区域优质抗豆象和抗叶斑病绿豆新品种，建立豆象和叶斑病发生发展规律与早期预警机制，筛选与集成绿色高效防控药剂，植保无人机绿色飞防集成示范，生物防控技术大面积推广应用。

（二）取得的重要进展

1. 食用豆高产多抗适宜机械化生产新品种选育和分子育种技术研发卓有成效

建立了基于叶绿素荧光和高光谱的高通量表型鉴定和评价技术，利用从4 680份绿豆种质资源库中基于绿豆核心种质的聚类分析，获得抗黄花叶病毒病、抗叶斑病、抗豆象、耐钙质土等21个绿豆新种质，为特异种质创制和品种选育提供基础。

创制了世界上首个花开张和结荚期集中的新种质，为绿豆杂交育种和适合机械化品种选育奠定基础。从20多万株辐射诱变后代中发现世界上第一个花开张资源cha和结荚集中的苏资8号。利用cha创制免去雄快速杂交技术，使育种效率比传统杂交育种方法提高3倍以上。苏资8号成熟期相对一致，收获期由21天缩短为3天，为宜机械化品种选育提供了新材料。

精细定位了抗豆象、抗叶斑病和花开张基因，并开发了紧密连锁分子标记，建立了常规育种与分子标记辅助育种平台。克隆获得抗豆象关键基因$VrPGIP$1和$VrPGIP$2，明确了其作用机制。将花开张基因cha定位在第6染色体上277.1 kb范围内并获得候选基因，模式植物转基因功能验证结果表明该基因与IAA合成以及花瓣的发育有关，抗叶斑病基因$VrTAF$5位于第6染色体上13 kb范围内。建立了基于子叶节的遗传转化体系和基因编辑技术，为基因功能验证打下基础。开发出与抗豆象、抗叶斑病和花开张性状紧密连锁的分子标记，建立了常规育种与分子标记辅助育种平台。

创制绿豆首个8亲本的MAGIC群体，开展全基因组选择育种技术研究。育成了抗黄花叶病毒病和抗豆象绿豆新品种5个，在缅甸和国内绿豆主产区应用效果显著，获得农业农村部相关主管部门的肯定。

2. 食用豆绿色增产增效关键技术集成与示范成效显著

在绿豆抗豆象与抗叶斑病新品种选育方面，通过筛选获得抗豆象、抗叶斑病苏绿2号、中绿3号等新品种并进行大面积示范，系列新品种对豆象的抗性达到85%以上，对叶斑病的抗性达到80%以上，解决了以往单纯依靠药剂熏蒸的传统模式，减轻了生产季节与储藏期间豆象为害防控造成的农药残留及环境污染。在抗叶斑病抗豆象田间绿色防控药剂筛选方面，成功研制豆象和叶斑病田间绿色防控技术，通过抗性品种的应用与田间和仓储技术相结合等技术的综合应用，建立了食用豆绿色防控技术体系。通过在全国8个试验站不同绿色防控方法的多点鉴定，豆象田间防控以苦参碱、苏云金芽孢杆菌、印楝素等为最优，绿豆叶斑病生物防控药剂以多抗霉素、枯草芽孢杆菌、宁盾1号、丁子香酚等为较好生物防控药剂，平均防效在70%左右。通过与南阳、合肥、沈阳、重庆、榆林、南宁、唐山、成都等试验站联合，综合运用抗性品种选用、生物防控药剂选用及其他农业措施等，总防控面积超过136万亩，每亩增效120元，合计新增经济效益16 320万元。

3. 社会效益显著

围绕乡村振兴与产业扶贫，与政府部门及企业等联合，建立了以高效食用豆品种为核心，轻简化、绿色化等栽培技术为配套的食用豆高产高效扶贫体系，推动产业高质量发展。在南京农业嘉年华打造豆豆王国、在溧阳市上兴镇打造食用豆产业研究院、在涟水南集打造特色豆类产业园等基地12个，新增经济效益5 000万元以上。

三、标志性成果

（一）获奖成果

3年来，获江苏省科学技术一等奖、全国商业联合会科技创新一等奖和中国产学研创新成果二等奖各1项（图58）。

联合首席科学家团队及湖北、安徽、河南、广西等相关岗站团队，申报的成果"绿豆新品种选育及绿色高效栽培技术集成应用"获得2019年江苏省科学技术进步奖一等奖。针对绿豆抗病虫品种缺乏的关键问题，建立了绿豆资源高通量表型评价技术，挖掘出抗叶斑病、抗豆象等特异资源，为特异种质创制和品种选育提供基础。精细定位了抗豆象、抗叶斑病和花开张基因，并开发了紧密连锁分子标记，建立了常规育种与分子标记辅助育种平台。利用以上技术选育出系列新品种，针对新品种进行高产高效栽培技术集成应用，并开展大面积推广应用。

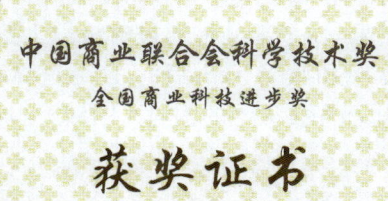

图58　生物防治与综合防控岗位获奖成果证书

（二）育成的新品种

苏绿9号等8个新品种通过省级以上鉴定，其中苏绿2号和苏绿12号为高抗黄花叶病毒病、早熟、宜机收绿豆新品种，已通过缅甸国家审定，初步解决缅甸绿豆产业因黄花叶病毒病发生严重而濒临灭绝的困境（图59）。获得苏绿4号等授权品种权4项，申请1项（图60）。

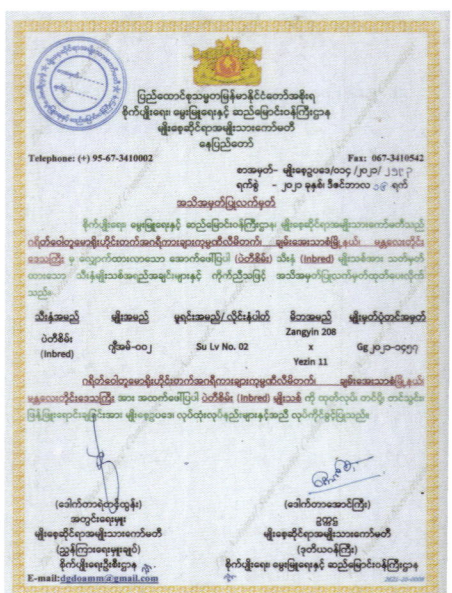
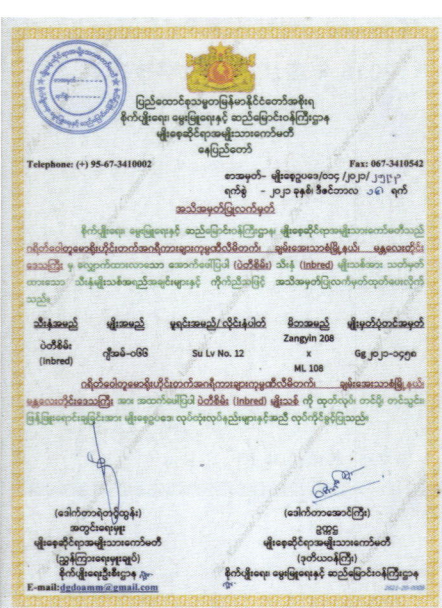

图59 生物防治与综合防控岗位通过缅甸国家品种审定证书

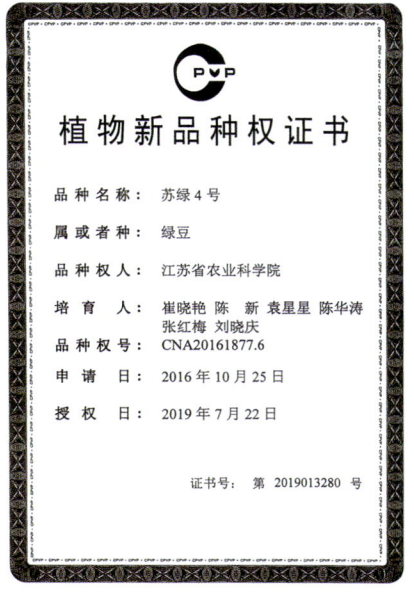
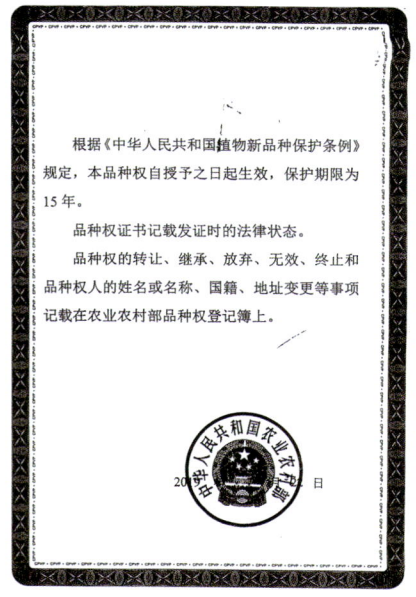

体系岗位建设成就

植物新品种权证书

品种名称： 苏绿6号
属或者种： 绿豆
品种权人： 江苏省农业科学院
培育人： 陈华涛 陈 新 张红梅 袁星星
　　　　　崔晓艳 刘晓庆 顾和平
品种权号： CNA20160757.3
申 请 日： 2016年5月20日
授 权 日： 2019年7月22日

证书号： 第 2019013279 号

根据《中华人民共和国植物新品种保护条例》规定，本品种权自授予之日起生效，保护期限为15年。
品种权证书记载发证时的法律状态。
品种权的转让、继承、放弃、无效、终止和品种权人的姓名或名称、国籍、地址变更等事项记载在农业农村部品种权登记簿上。

植物新品种权证书

品种名称： 苏红1号
属或者种： 小豆
品种权人： 江苏省农业科学院
培育人： 陈 新 袁星星 顾和平 崔晓艳
　　　　　陈华涛 张红梅
品种权号： CNA20140381.9
申 请 日： 2014年3月21日
授 权 日： 2019年1月31日

证书号： 第 2019012373 号

根据《中华人民共和国植物新品种保护条例》规定，本品种权自授予之日起生效，保护期限为15年。
品种权证书记载发证时的法律状态。
品种权的转让、继承、放弃、无效、终止和品种权人的姓名或名称、国籍、地址变更等事项记载在农业农村部品种权登记簿上。

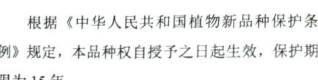

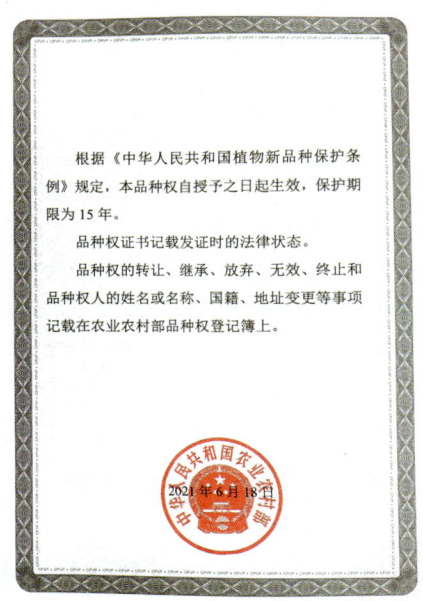

图60　生物防治与综合防控岗位获植物新品种保护权证书

（三）申请专利

获授权国家发明专利11项（图61）；申请PCT国际专利2项（绿豆抗豆象基因VrPGIP等位基因VrPGIP1-ACC41、分子标记及应用，202007446；一种基于光谱成像技术的豆象为害情况观测技术，LU503449），国家发明专利9项（用于鉴定绿豆抗白粉病表型的分子标记VrMLO Indel2及其引物和应用，ZL201910327315.X；用于鉴定绿豆抗白粉病表型的分子标记VrMLO Indel1及其引物和应用，ZL201910327322X；一种绿豆InDel分子标记检测引物组及其应用，ZL202110435459.4；绿豆叶斑病抗性基因$VrTAF5$的2个PARMS-SNP分子标记，ZL202110081828.4；用于鉴定绿豆抗白粉病表型的分子标记VrMLO Indel3及其引物和应用，ZL20190327421.8；菜豆普通花叶病毒的单克隆抗体、其杂交瘤细胞株及应用，ZL2019112382688等）。其中"一种绿豆InDel分子标记检测引物组及其应用"发明专利已公开，属于植物分子标记技术；所述绿豆InDel分子标记检测引物组均匀分布于11条染色体上，数量丰富、多态性高、遗传稳定且重复性好，可用较简单、便捷的琼脂糖电泳检测，大大提高了效率；本专利还公开了所述InDel分子标记的试剂盒与检测方法，该方法简单、便捷、成功率高，且能避免由于特异性和复杂性导致的后续分析模糊的问题，拥有广泛的应用前景。"绿豆叶斑病抗性基因$VrTAF5$的2个PARMS-SNP分子标记"发明属于分子遗传育种领域，所述PARMS-SNP分子标记特异性高，检测结果准确可靠，可用于专利绿豆叶斑病抗性品种快速筛选，分子标记辅助选择育种，缩短育种周期。

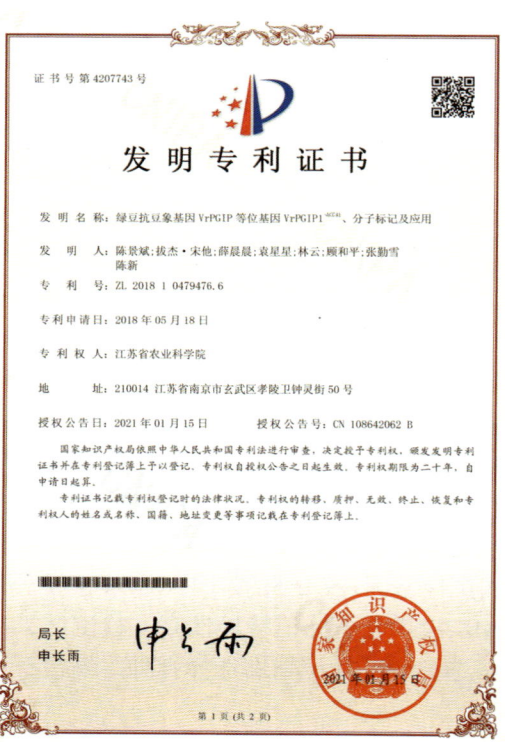

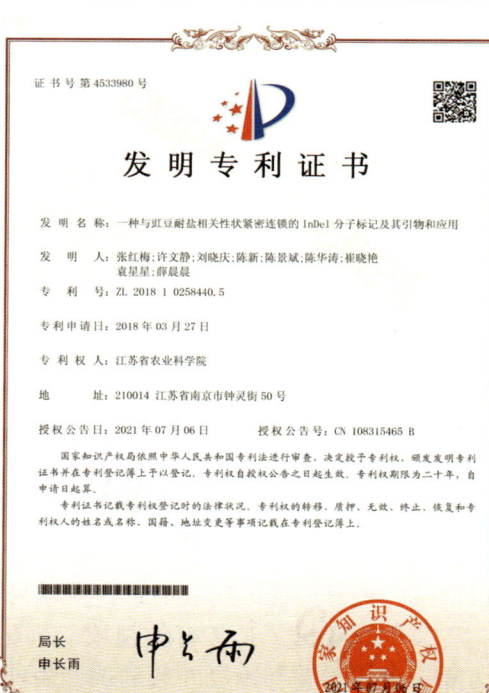

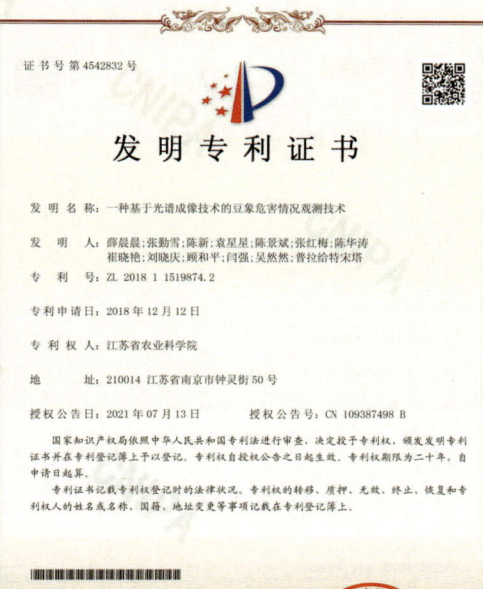
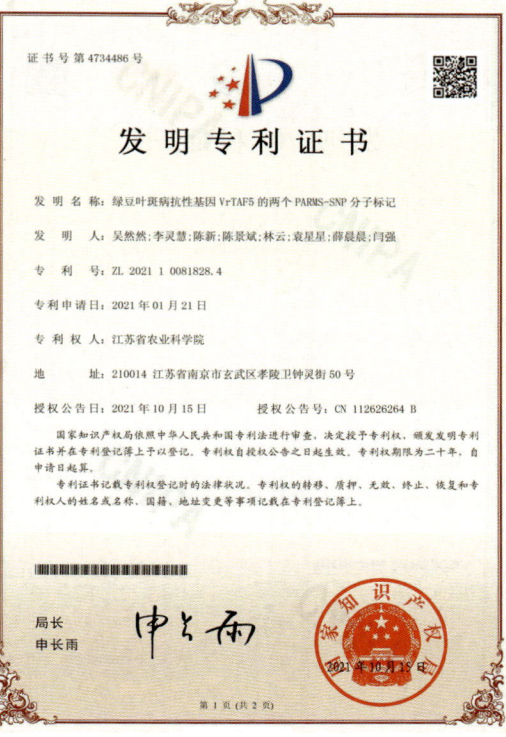
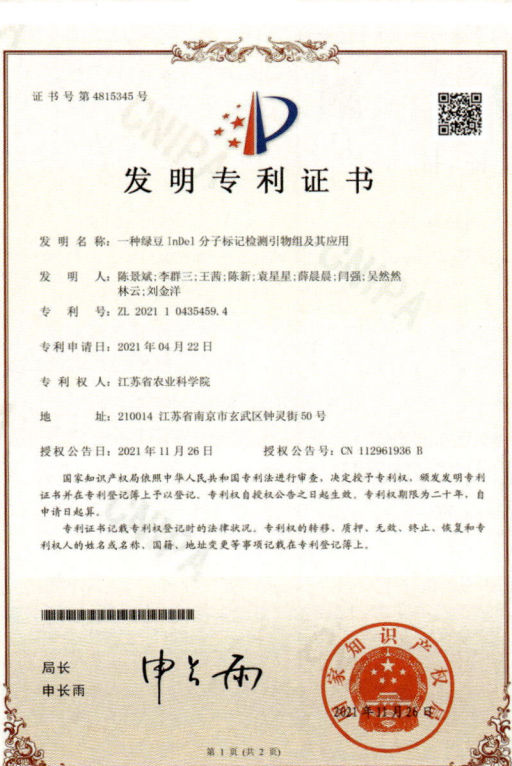
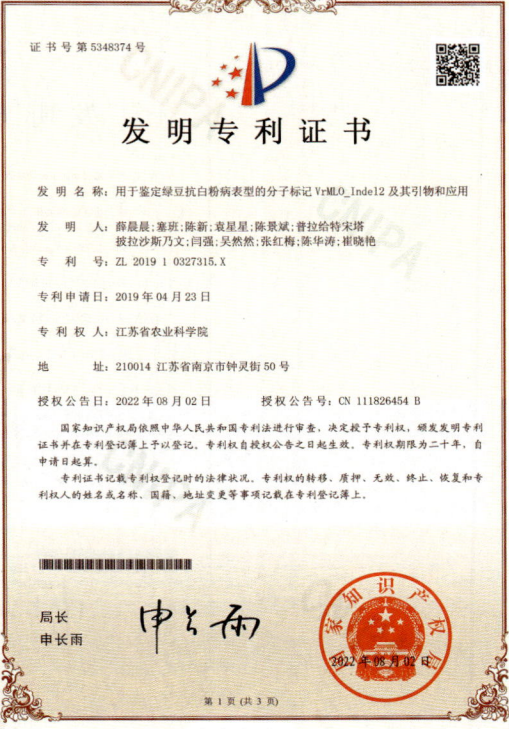

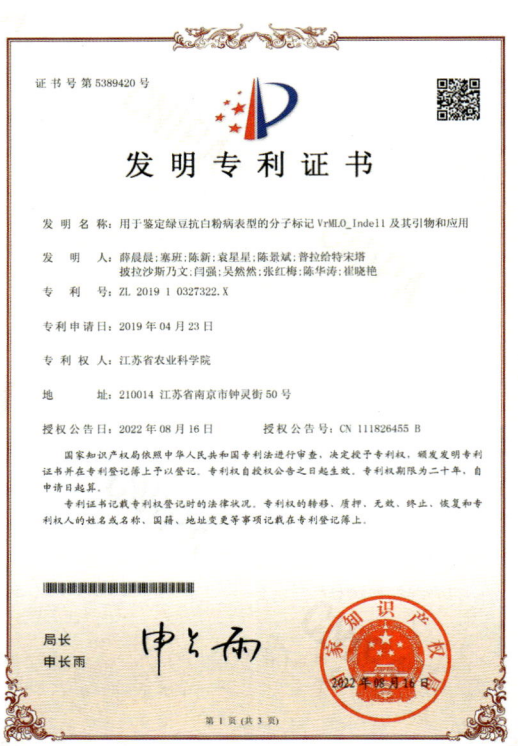

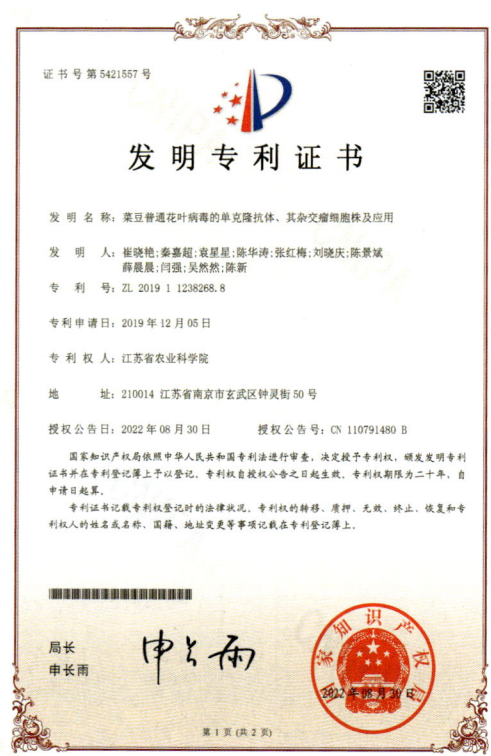

图61　生物防治与综合防控岗位获得国家发明专利证书

（四）形成的技术或标准

以食用豆为主的特粮特经多元多熟高效栽培技术连续入选江苏省主推技术；9项团体标准通过江苏省农业技术推广协会发布，分别是：玉米—蚕豆间作套种生产技术规程（T/JATEA 006—2021）、玉米—绿豆间作套种生产技术规程（T/JATEA 007—2021）、鲜食蚕豆绿色高效生产技术规程（T/JATEA 011—2021）、蚕豆赤斑病综合防控技术规程（T/JATEA 013—2021）、林下鲜食蚕豆生产技术规程（T/JATEA 014—2021）、鲜食豌豆"苏豌8号"生产技术规程（T/JATEA 020—2021）等。

（五）代表性论文、专著

3年来，共发表论文28篇，其中SCI论文13篇，出版专著2部。在 *Theoretical and Applied Genetics* 等国际期刊上发表文章《精细定位绿豆抗叶斑病关键基因 *VrTAF5*》；首次明确了绿豆抗豆象的 *PGIP*1 和 *PGIP*2 基因，通过人工种子证明 *VrPGIP*1 和 *VrPGIP*2 可能通过抑制多聚半乳糖醛酸酶活性在抗豆象中发挥关键作用；并利用分子标记辅助回交育种策略（Marker-Assisted Backcross Breeding，MABC），开发分子标记DMB-SSR158应用于绿豆抗豆象育种中。

（六）人才培养

岗位科学家陈新研究员，任江苏省农业科学院学术委员会主任，获得国务院特殊津贴专家、国家百千万人才工程中青年学术骨干、江苏省"333人才工程"第二层次考核优秀，入选第一层次培养对象；团队成员袁星星入选省"333人才工程"第三层次培养对象，获得院优秀共产党员、院巾帼建功标兵等荣誉称号；陈华涛、崔晓艳、袁星星晋升研究员；薛晨晨、张晓燕、吴然然、闫强晋升副研究员；联合泰国农业大学培养博士后3名；培养博士研究生2名，硕士研究生16名。

四、科技服务与技术培训

（一）服务县域经济发展

岗位以特色食用豆新品种及绿色生产技术为主要抓手，结合轻简机械化栽培技术、高品质加工技术等核心技术，进行产业化基地建设，提高了周年种植效益，在服务启东等地县域经济工作中取得突出成效。

主要推广技术有多元多熟高效栽培模式和绿豆一次性收获技术，多元多熟技术主要包括"鲜食蚕豆—鲜食玉米/鲜食大豆""麦/油菜—绿豆/花生""毛豆/鲜食豌豆—棉花"等高效种植模式。一次性收获绿豆优质绿色高效丰产技术则主要集成了绿豆适宜密度和播期高产栽培技术、绿豆病虫草害绿色防控技术、水稻绿豆轮作技术、绿豆机械化栽培等技术，形成绿豆绿色高效丰产技术体系，实现绿豆产业的绿色增产增效。

提高了食用豆的亩经济效益与产值。通过合理安排种植茬口和优良品种，一般每亩食用豆可以获得2 000元以上的经济收益，高于水稻和小麦两季的收益。另外通过农业机械化的运用，每亩可节本增效300元左右，进一步提升了经济效益。在启东推广8万亩以上，新增经济效益2 000万元以上。

建立一批特色示范基地，大规模提升了基地发展水平。本岗位在优势主产区特色食用豆生产核心示范基地，综合利用多元多熟高效栽培等省主推技术模式，制定相关产地绿色生产标准，开展机械化绿色高效栽培，为产业化龙头企业生产优质原料，进行全产业链高产、高效、高质化开发，生产速冻蚕豆等系列产品，建立品牌江苏优势特色豆类产业集群，在推广体系相关技术成果同时打造拳头产品和名牌产品。系列新产品通过优质优价，获得了绿色农产品系列标志，提升了市场竞争力。

（二）重大突发性事件应急和咨询服务

3年间经历了新冠疫情、寒潮和河南洪灾等相关重大突发性事件，开展了富有成效的工作，为食用豆产业保驾护航做出了重要贡献。

1. 及时调研各类农情，通过微信群开展田间技术指导工作

生物防治与综合防控岗位和南通综合试验站一起，组织省内重点区域启东、溧阳、涟水、六合等地积极开展食用豆田间技术指导，针对在田食用豆赤斑病、病毒病、根腐病、霜霉病、茎基腐病、蚜虫等病虫情况，及时发布相关学习技术指导方案，利用田间实时照片或视频鉴别病害，在加强疫情防控工作的同时，做好病虫田间监测调查，科学做好田间管理和病虫防治，保障食用豆安全生产。

2. 积极与各地主管部门汇报沟通，提前做好各类食用豆的决策和咨询工作

及时与省农业农村厅等主管部门进行汇报沟通，在农技耘等平台发布各类政策建议和技术指导方案，提早做好各类规划和种子、农药、肥料等各项工作。

3. 组织各类课件，开展各类技术培训，做好"不出门的课堂教学"

我们还积极编制各类多媒体教学课件，通过微信直播等各种形式，开展各类课堂教学。在启东、溧阳、涟水等地针对林下绿豆播种技术、蚕豌豆倒春寒管理、蚕豆豌豆田间管理技术、豆类病毒病防控等各类技术，开展技术辅导，收到了很好的效果。

4. 积极筹备新品种和其他各类农业生产资料和技术库存，为春耕早做准备

我们还针对未来生产上对营养保健型食用豆新品种的青睐，特别是对部分功能型绿豆品种可能的需求等等，提前做好新品种的种子和各类配套技术的提前准备工作，做到"防疫不结束，工作早开展，生产要需要，技术定跟上"，相关调研需求得到部分种植户的好评。

5. 开展网络教学，提高教学效率

联合江苏省农业科学院新农学院拍摄豆类生产技术培训视频，开展各类网络课堂教学，提高技术水平。赠送各类农资，做好技术示范工作。

6. 积极开展各项救援与资助工作

与相关专家联合，相关包括食用豆产品1万余份捐赠湖北一线抗疫医护人员，相关食用豆保健功能防疫指南编入江苏省中医药管理局相关读本。

7. 应对冻害、洪灾等自然灾害有力，措施得当

2021年江苏及其周边地区发生60年一遇罕见低温和雨雪，2天内温度降低15 ℃左右，给在田蚕豌豆带来极大考验，本岗位联合南通试验站等积极开展组织调研，并提出播种早春豌豆等补救措施，得到江苏省农业农村厅等政府指导部门的高度肯定和积极推广。

在河南洪灾发生时，积极组织体系内专家和相关试验站长，制定食用豆生产救灾措施，包括救灾种子储备情况调研，免费提供救灾绿豆种子，及时出台田间技术指导方案，开展线上技术培训等等，共召开各类技术培训3次，培训技术人员和农户150多人，为灾后绿豆自救提供了良好的技术支撑。

五、对本学科领域或本区域产业发展所起的支撑作用

3年来，本岗位紧密围绕食用豆产业需求，在食用豆抗病虫遗传资源挖掘、育种技术研发、抗性新品种选育和主要病虫害生物防治与综合防控技术应用等方面均取得了突出成效，部分领域居国际领先水平，有效提升了我国食用豆研究的国际影响力，支撑产业发展。

首次通过两系法获得绿豆杂交种，比对照品种增产15%以上。通过EMS诱变发现绿豆雄性不育、柱头外露、花开张等系列新种质，通过基因定位获得绿豆柱头外露基因，挖掘出控制绿豆雄性不育的候选基因$VrCYCA1$，通过分子设计育种技术杂交获得世界上第一个杂交绿豆品种苏绿10号。

首次克隆并验证绿豆豆象等抗性关键基因，建立分子标记辅助选择育种技术体系。首次明确了绿豆抗豆象的$PGIP1$和$PGIP2$基因，通过人工种子进行功能验证；精细定位绿豆抗叶斑病、抗白粉病关键基因，建立了绿豆抗豆象、抗叶斑病等分子育种技术体系，为优质多抗基因聚合育种打下良好基础。

病虫害绿色防控示范推广，经济效益显著。针对绿豆叶斑病与豆象及病毒病发生严重的产业问题，与体系相关试验站联合，通过抗性品种选用、生物防控药剂选用及其他农业措施等，总防控面积超过136万亩，每亩增效120元，合计新增经济效益16 320万元。在蚕豆抗赤斑病与病毒病等生物防控与综合防控方面，据不完全统计，抗性品种和生物防控技术累计使用面积超过170万亩，每亩可增效60元计算，合计新增经济效益1.02亿元。

机械化研究室

播种与田间管理机械化岗位

一、岗位简介

播种与田间管理机械化岗位于2017年正式建立，岗位依托单位是中国农业大学，岗位专家为杨丽教授（图62），团队成员包括1名教授、1名副教授、1名讲师、1名实验员，此外还有5名博士生和3名硕士生参与团队研究工作（图63）。拥有智能精量播种试验台、高速播种质量检测仪、田间管理作业部件测试试验台等先进仪器。

岗位科学家杨丽： 2005年毕业于中国农业大学，获工学博士学位。现为中国农业大学工学院教授，博士生导师，农业农村部土壤—机器—植物系统技术重点实验室主任，全国农机化科技创新专家组种植机械化专业组专家，中国农业工程学会副秘书长。长期从事农业机械化及其自动化方面的研究工作，先后主持国家自然科学基金、公益性行业（农业）科研专项、"十二五"国家科技支撑、"十三五"和"十四五"国家重点研发计划等课题20余项，在作物高速精量播种技术及智能控制方面学术成就突出。相关研究成果发表SCI/EI论文70余篇，获国家发明专利30余项，获国家科技进步奖二等奖、教育部科技进步奖二等奖、中国土壤学会科学技术奖一等奖、中国农业工程学会突出贡献奖、中国农业机械学会青年科技奖、中国农业工程学会先进工作者等6项。

图62 岗位科学家 杨丽

图63 岗位团队成员

二、主要研发任务和重要进展

（一）主要研发任务

1. 食用豆新品种机械化生产特性评价

对食用豆新品种机械化适播性能进行评价，筛选出适合机械化精量播种的食用豆品种。

2. 食用豆精量播种技术研究与机具研制

研究食用豆专用精量排种技术与排种器，筛选、优化和研发适宜不同豆种、不同种植方式的食用豆精量播种机具。

3. 食用豆机械化植保技术研究与机具研制

研究药液精量喷施技术，筛选、优化和研发适宜不同种植方式的食用豆高效喷药机具。

4. 食用豆机械化生产技术集成研究与应用

针对不同豆种以及不同主产区，提出食用豆机械化播种与田间管理作业技术模式，进行机械化精量播种、中耕喷药技术集成与示范。

（二）取得的重要进展

1. 提出了适宜机械化精量播种的食用豆种子特性评价标准

收集了蚕豆、豌豆、芸豆等豆种的种子，通过对种子物理特性参数与机械化播种质量评价指标之间关系的研究分析，明确各豆种种子适宜机械化精量播种的评价标准3个，为适宜机械化精量播种的食用豆良种选育提供了参考。

2. 研发了食用豆专用精量排种器2种，食用豆精量播种机3种，筛选研发了高效植保机具1种

（1）毛刷式绿豆/小豆精量排种技术与排种器。针对绿豆、小豆等小粒种子每穴2~3粒播种的农艺要求，在对种子物理特性参数分析测量的基础上，创新设计了一种周向型孔充种、毛刷携种的精量穴播排种器。该排种器可以完成每穴2~3粒小粒种子的精量播种，满足绿豆、小豆的播种农艺要求。

（2）高速气力式蚕豆精量排种技术与排种器。根据蚕豆高速精量播种实际需求，针对蚕豆种子表面不平整、流动性差、充种困难等问题，创新设计了增加充种区种子扰动性能促进充种的排种盘及双侧多次清种装置，优化了排种盘型孔参数与清种装置结构参数，研发了适宜蚕豆高速精量播种的气力式排种器。作业速度6~10 km/h时，播种合格指数>90%，达到了精量播种要求。该研究为蚕豆高速精量播种机的研发提供了核心部件和技术储备。

（3）适宜干旱冷凉地区的绿豆/小豆覆膜打孔播种一体机。针对干旱冷凉地区绿豆、小豆覆膜播种的生产需求，在绿豆、小豆精量排种器筛选研发的基础上，集成覆膜打孔技术，研发了适宜干旱冷凉地区的绿豆/小豆覆膜打孔播种一体机。该机具一次进地可完成开沟、施肥、覆膜、打孔、播种等多道作业工序，减少了农机作业次数，降低了播种环节

生产成本；可实现精量穴播，行距40~50 cm可调，穴距8~30 cm可调，每穴2~3粒，提高了播种精度，有利于节约良种、增加产量。在河北张家口综合试验站、山西大同综合试验站进行了试验，作业效果良好，满足种植大户的实际生产需求。

（4）适宜丘陵山区的勺舀式蚕豆精量播种机。针对南方丘陵山区蚕豆机械化播种的生产需求，采用链式传动方式创新设计了勺舀式排种机构，集成圆盘开沟器、覆土镇压装置，研发了适宜丘陵山区小地块的勺舀式蚕豆精量播种机。播种时种勺经过种箱进行充种，当种勺随链条越过顶点时，勺内的种子落入前一种勺的背面，随链条运动至底端，平稳落入种沟，完成投种。该播种机可实现每穴2~3粒蚕豆的精量播种，穴距10~30 cm可调，可根据种子大小更换种勺，以适应不同尺寸蚕豆种子的精量播种。在四川成都综合试验站进行了试验示范，能够满足丘陵山区小地块大粒蚕豆的播种需求。

（5）手推式小区播种机。对手推式小区播种机的卸种装置进一步改进，优化了种腔结构和卸种开关，使充种区域更加集中、清种区域更加紧凑、卸种更加方便快捷。由于充种区域集中，可减少种子用量，使得少量的种子也能实现充分充种，减少漏播，提高播种精度；卸种开关改为旋转卸种口，一按一拧即可卸种，操作方便快捷；由于清种区紧凑，播种完成后清种更加干净，不会混杂。在云南曲靖、云南昆明、河南南阳、江苏南京等地进行了示范应用，效果良好，作业效率是人工的10倍以上。

（6）药液精量喷施技术与植保机具。研发了药液精量喷施控制系统，采用GPS测速技术实时检测喷药机的前进速度，根据该速度控制药液流量，实现了喷药量与作业速度的实时精确匹配，提高了喷药精度和药液利用效率，减少药液浪费。与河北张家口综合试验站的喷杆式喷雾机进行集成，用于绿豆全程机械化试验示范基地的田间植保作业，为食用豆田间生产全程机械化提供了技术支撑。

三、标志性成果

（一）申请专利

2019—2021年，获得国家发明专利4项（图64），国家实用新型专利3项。

1. 一种具有辅助充种作用种盘的气吸式高速精量排种器（ZL 201711370047.7）

针对高速播种需求，以提升充种性能为目标，创新设计了具有扰种作用的排种盘以及高速精量排种器，实现了高速精量排种。

2. 一种播种机单体转弯定位及补偿方法（ZL201811274452.3）

针对在转弯路径上进行播种作业时因内侧路径短、外侧路径长导致播种后内侧粒距密、外侧粒距稀疏的问题，提出了播种机单体转弯定位及补偿方法，实现了转弯路径上内外侧株距一致。

3. 一种适用于不规则种子的排种器（ZL201810008787.4）

提出采用勺夹机构来托住并夹持种子，避免充种不充分及携种过程中种子易掉落等问题，以提高对形状不规则种子的适应性。

4. 一种播种机单体定位方法（ZL201811273497.9）

针对常规播种机不能识别已播区和未播区边界导致重复播种或区域漏播的问题，提出了播种机单体定位方法，当播种机到达已播区和未播区边界时，使相应的排种器自动停转，实现播种区域的精准衔接，避免重复播种区域漏播。

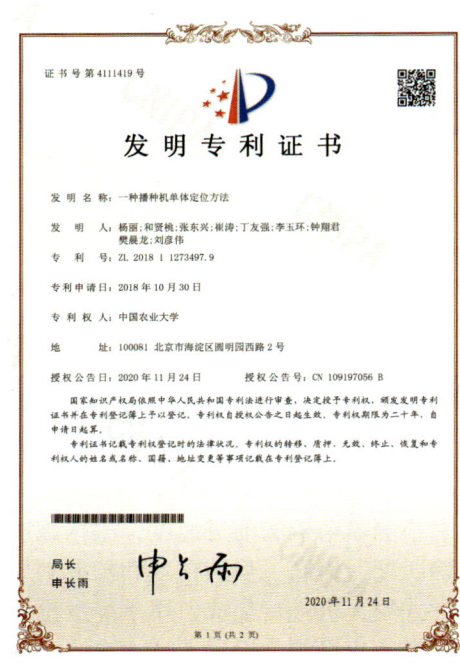
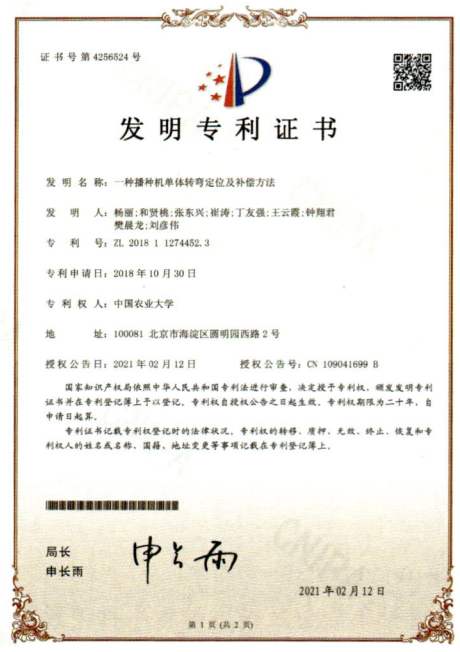
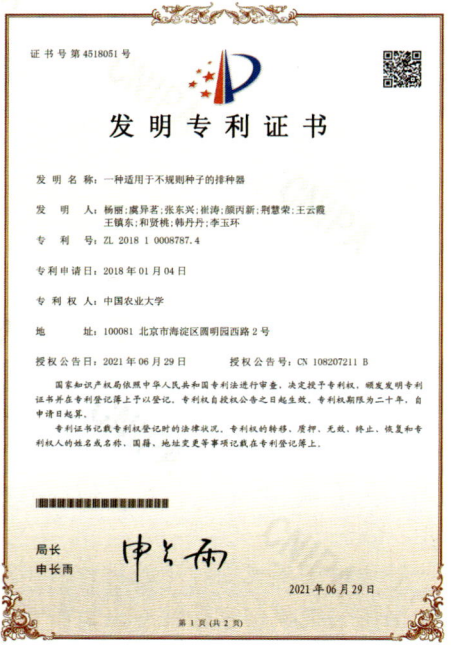

图64　播种与田间管理机械化岗位获国家发明专利证书

（二）代表性论文

发表研究论文5篇，其中SCI论文5篇，包括：

（1）在Computers and Electronics in Agriculture上发表Modeling the interaction of soil and a vibrating subsoiler using the discrete element method.

（2）在Computers and Electronics in Agriculture上发表Field performance of an electric-hydraulic control system for vibrating subsoiler with flexible tines.

（3）在Journal of Integrative Agriculture上发表Effects of subsoiling depth，period interval and combined tillage practice on soil properties and yield in the Huang-Huai-Hai plain，China.

（4）在Computers and Electronics in Agriculture上发表Experimental analysis on the variation law of sensor monitoring accuracy under different seeding speed and seeding spacing.

（5）在Interntional Journal of Agricultural Engineering上发表Application of swarm intelligence algorithms to characteristic wavelength selection of Soil moisture content.

（三）人才培养

岗位科学家杨丽获第七届中国农业机械学会青年科技奖（2020）、中国土壤学会科技一等奖（2020）、中国农业工程学会先进工作者（2021）。

四、科技服务与技术培训

（一）服务县域经济发展

与张家口综合试验站密切合作，在张家口崇礼区、阳原县开展蚕豆和绿豆机械化示范基地建设和机械化生产技术示范。本岗位主要负责机械化播种方式和除草方式研究、播种机具和除草机具的选型配备和研制、播种和田间管理环节农机具使用技术培训和技术指导等工作。以合作社和种植大户为依托，通过集成覆膜精量播种、中耕除草等重要环节的关键生产技术，为当地引进专用的食用豆播种机具和田间管理机具，进行示范展示，实现了蚕豆、绿豆播种和田间管理环节的机械化，降低了生产成本、提高了种植效益，对当地食用豆产业起到积极的引领和推动作用。以张家口崇礼区和张北县的蚕豆机械化生产为例，机械化精播可节约良种30%以上，机械化除草效率是人工的10倍以上。经初步效益测算，在核心示范区，蚕豆平均亩增收超过150元，亩节约成本超过350元，具有显著的节本增收效果，显著提高了当地蚕豆的市场竞争力。

（二）重大突发性事件应急和咨询服务

在疫情期间，为保障生产任务的顺利实施，本岗位组织团队成员积极开展工作：①进行了机械化生产需求情况调研，根据春播生产需求，撰写了《食用豆春播机械化生产技术要点》等培训资料在网上发布，供农机技术人员参考；②通过电话、微信等方式对种植大户、农机手、合作社管理人员等进行农机具使用方法及相关农机技术的指导，及时解答春耕春播生产中的各种问题；③充分发挥种植户和农机生产企业之间的桥梁纽带作用，一方面积极了解种植户对田间作业机具的需求，另一方面积极与农机生产企业联系，了解相关的产品信息，并将信息及时反馈给种植户，帮助种植户建立与农机生产企业的联系机制，确保生产中农机具的有效供给。

五、对本学科领域或本区域产业发展所起的支撑作用

我国食用豆田间生产基本上处于人工作业阶段，劳动强度大、生产成本高、种植效益低。据调研，生产中使用的播种机大都在大豆、玉米、小麦等主粮作物播种机的基础上改装而来，或直接采用大豆、玉米、小麦播种机具进行播种，存在播种质量达不到农艺种植要求、良种浪费严重、产量低下等问题。因此，本岗位研发的食用豆专用精量播种机，解决了实际生产中特别是丘陵山区食用豆播种环节无机可用、无好机用的难题，为食用豆生产提供了适用、好用的播种机具，对降低生产成本、提高种植收益、促进食用豆产业增效、豆农增收具有重要意义。

收获机械化岗位

一、岗位简介

国家食用豆产业技术体系收获机械化岗位于2017年正式建立，岗位依托农业农村部南京农业机械化研究所，岗位科学家为陈巧敏研究员（图65）。本岗位团队成员共5名，其中研究员1名，副研究员1名，助理研究员3名，博士1名，硕士3名（图66）。在南京白马建设食用豆机械化收获试验示范基地，进行机械化收获试验示范。

岗位科学家陈巧敏：1963年8月生，硕士生导师。现任农业农村部南京农业机械化研究所所长、中国农业机械化协会副会长、中国农业工程学会和中国农业机械工业协会常务理事、中国农业机械学会理事等职，全国农机化科技创新专家组综合组成员，担任《中国农机化学报》《智能化农业装备学报（中英文）》和《农业开发与装备》主编。

图65　岗位科学家　陈巧敏

图66　岗位团队成员

二、主要研发任务和重要进展

（一）主要研发任务

1. 农机农艺融合及食用豆宜机化特性评价研究

研究不同生态和地力条件下机械化收获模式，集成不同生态区、不同种植模式的食用豆机械化分段及联合收获技术，建立食用豆全程机械化生产技术体系。完善绿豆、小豆、芸豆、蚕豆和豌豆新品种适宜机械化收获的评价标准体系，筛选适宜机械化收获的品种，进行食用豆新品种机械化收获特性评价。

2. 食用豆全程机械化生产技术与装备开发

根据食用豆收获特征，研究食用豆低损脱荚机理，研制绿豆割晒机具，改进开发食用豆专用脱粒机，提高机具适应性和可靠性。开发适用于蚕豆联合收获的高效低损输送机构，定型蚕豆联合收割机；开发适用于中小籽粒豆类联合收获的高效低损输送机构、脱粒装置，集成试制中小籽粒豆类联合收割机。

3. 食用豆绿色丰产高效生产技术集成与示范

通过对食用豆机械化生产需求调研，对收获机具作业效果的比较与研判，研发、改进或筛选出适宜不同种植区域以及不同豆种的食用豆收获作业机具。在核心产区，联合相关岗站集成食用豆机械化收获技术进行示范和大面积推广，促进食用豆生产向规模化和全程机械化转变，实现食用豆生产绿色轻简、提质增效。

（二）取得的重要进展

1. 食用豆分段收获机具研发改进

研究并优化食用豆机械化分段收获机具的切割装置、脱粒装置、清选装置结构参数、工作参数以及相互之间交互影响关系，研发食用豆割晒机、脱粒机等分段收获机具，以含杂率、损失率和破碎率等为检测指标，通过田间试验不断优化和改进各种类型机具，提高收获效率和质量，已通过研发改进定型了多种食用豆分段收获机具。

2. 食用豆高质低损联合收获机具研发优化

针对绿豆等小粒型食用豆机械化联合收获需求，全新设计输送机构、清选机构和割台机构，改进卸粮机构，研发出4DL-5型绿豆联合收割机。针对蚕豆（大粒型食用豆）机械化收获作业中存在的含杂多、损失大、破碎高等难题，设计了4DL-5C型蚕豆联合收割机，该机型创新采用了横置式振动清选、低损风力输送和可调速负压排杂等一系列技术，能实现对高杂草环境下不同粒型食用豆低损收获，对保证产品品质，提升种植效益意义重大。上述机具已在江苏、湖北、山东等企业小批量试制。

3. 食用豆机械化生产技术及装备示范应用

结合食用豆全新机械化生产技术模式及研发机具，联合体系相关岗站分别在河北石家庄、山西怀仁、吉林通榆、河南南阳、云南建水、江苏启东、青海湟源等地进行了食用豆机械化生产技术试验示范，累计40余次，培训相关人员1 500人次以上，同时开展机械化生产效益分析，以绿豆、蚕豆机械化生产技术为例，经专家现场测算，相比较传统人工生产方式，每亩综合经济效益可提高110元以上。

三、标志性成果

（一）获奖成果

1. 4D-3A食用豆联合收割机

获第二十二届中国国际高新技术成果交易会优秀产品奖。通过攻克割台防堵、高效脱粒清选和物料低损输送等关键技术，研发出全喂入式食用豆联合收割机，解决了作业中割台损失大、含杂高及籽粒破损严重等问题，填补了国内食用豆专用收获机具空白。作业田间综合损失率≤5%、含杂率≤3%、破碎率≤5%。

2. 一种食用豆联合收割机

获南京市优秀专利奖获。该技术成果解决了现有技术中缺乏专用的食用豆联合收割机，常规的稻麦联合收割机在收割食用豆时会造成籽粒剥离不完全以及破损率居高不下的问题，目前该专利已转让授权，企业正进行产业化应用。

3. 食用豆机械化低损收获技术与装备研发

获农业农村部南京农业机械化研究所优秀科技成果奖。提出了食用豆宜机化品种选育标准和全程机械化生产技术集成路径及装备配置方案，开发出适用于复杂生产环境下作业的食用豆专用收获机具。研发成果已在重庆、河北、江苏和安徽等地进行示范应用。

（二）申请专利

2019—2021年获国家发明专利1项，申请5项；获国家实用新型专利2项，申请1项；获计算机软件著作权1项。

1. 一种大粒型食用豆联合收割机（ZL202110422484.9）

在筛板的下方配置倾斜的输送板，利用振动的输送板实现豆粒的汇聚，相比于传统食用豆联合收割机内的绞龙，输送板本身体积更小且无需额外的动力，有利于大粒型食用豆联合收割机的小型化并且降低对豆粒的损伤。

2. 一种用于食用豆联合收割机的清选机构及其工作方法（ZL202110520192.9）

清选机构利用调节器中的直线驱动器驱动连接轴上下运动，使得筛板的倾斜角度能够发生变化，通过这种倾角变化使得筛板的筛选功能和废料滑落能力都有了明显的提升，既能确保豆粒筛选干净又能避免废料堆积（图67）。

3. 一种应用于食用豆脱粒设备的脱粒滚筒（ZL202110231002.1）

脱粒滚筒使用带有滚动体的钉齿组件替代传统的圆柱形的钉齿，滚动体本身具有自转功能，使得滚动体对豆荚的压力更加均匀，减少豆粒的破碎率；同时滚动体与豆荚的接触面积更大，滚动体还能促使豆荚向后翻转，有利于提高豆荚的脱粒效果。

4. 一种食用豆专用割晒机（ZL202111576081.6）

在机架上设置了带有摆杆的分拨器，通过摆杆的不断摆动，使得不同的植株向着不同的方向倾倒，进而使得摊铺在地的植株彼此交叉，植株的上半部分与下半部分出现一定的叠加，上层植株和下层植株之间的空间也会增大，有利于晒干集中在植株上半部分的果实。

5. 一种气力输送式食用豆联合收割机（ZL202110783112.9）

在存储仓内设置可旋转的内筒，通过内筒与外筒配合，利用提升机构产生的气流向排料筒输送豆粒，替代了传统的倾倒式存储仓，不但结构更加简单，而且方便豆粒装袋。

6. 一种双筛选式豆类联合收割机（ZL2022104543162）

包括行走机构、切割机构、输送机构、脱粒机构、清选机构、排料机构、提升机构和存储仓；行走机构负载所有零部件，输送机构的两端分别衔接切割机构和脱粒机构，清选机构位于脱粒机构之下，提升机构连接清选机构和存储仓，振动板位于脱粒机构之下，双筛选式豆类联合收割机在振动板上设置上层筛板和绞龙，提前筛选出尺寸较大的废料并利用绞龙送走，克服了吸气式排料机构难以应对大尺寸废料的缺陷。

7. 食用豆脱粒机作业质量检测控制系统V1.D

登记号：2019SR0948360（图68）。

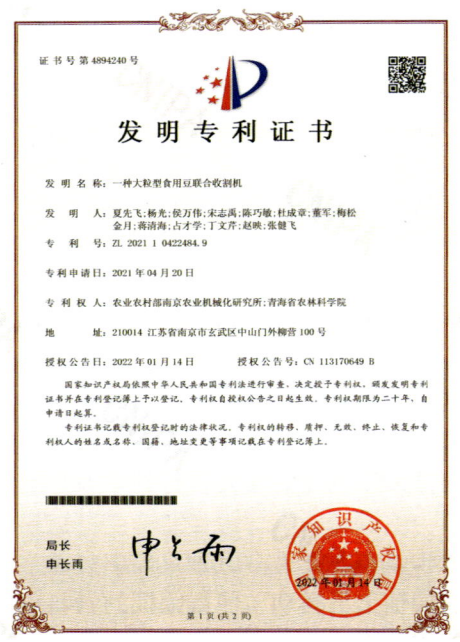
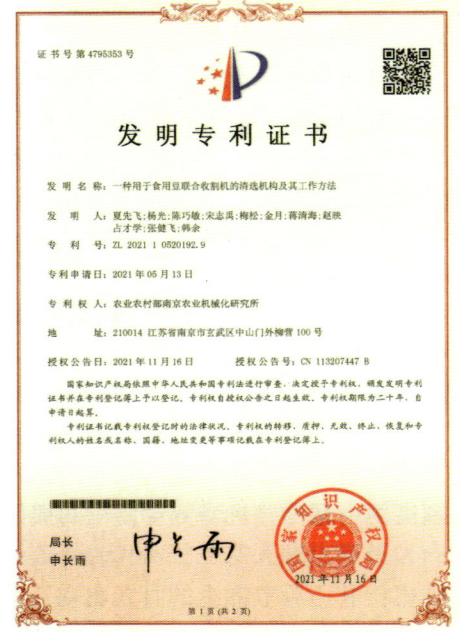

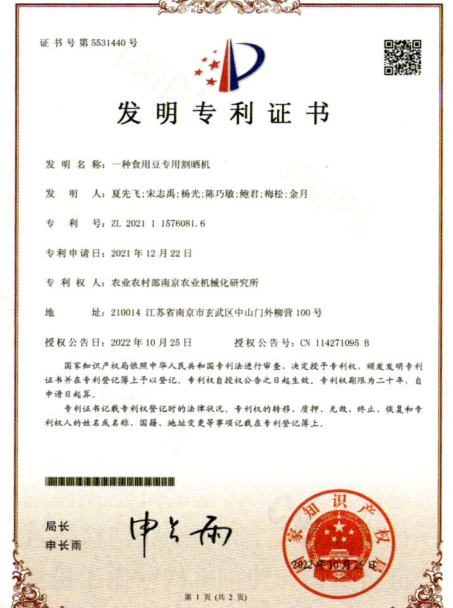

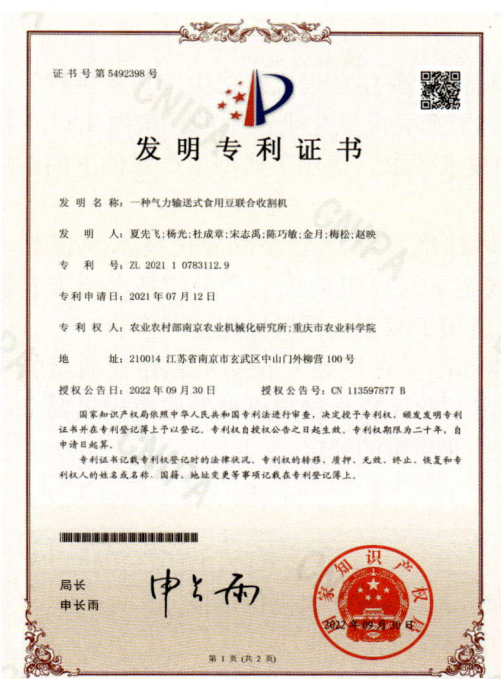
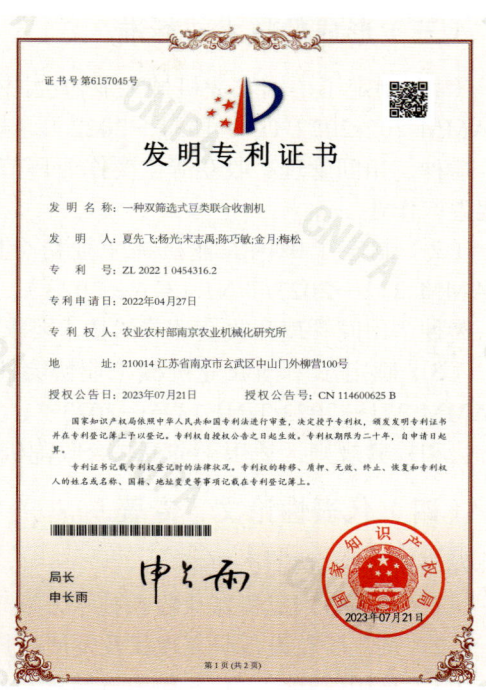

图67 收获机械化岗位获国家发明专利证书

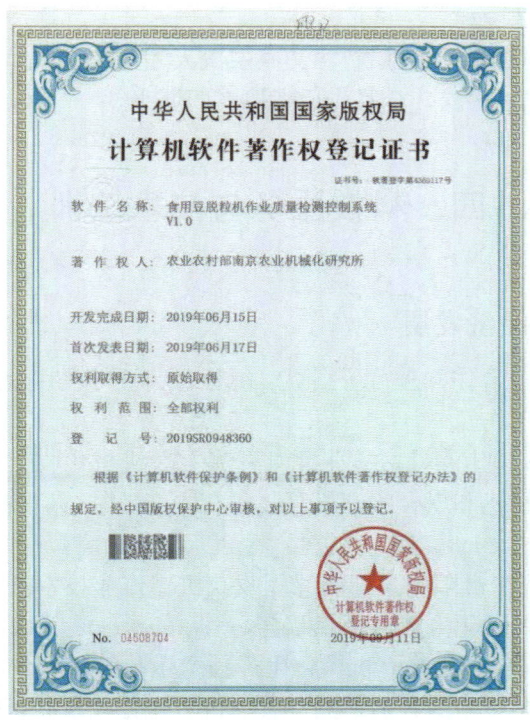

图68 收获机械化岗位获国家计算机软件著作权证书

（三）形成的技术或标准

（1）制定了中国农业机械工业协会团体标准《蚕豆全程机械化生产技术规程》（T/CAAMM 202-2022/T/NJ 1331—2022），规定了蚕豆机械化生产中的一般要求以及耕整地、播种、田间管理、收获等主要作业环节的技术要求，适用于典型生产条件下的蚕豆机械化生产作业。

（2）制定了中国农业机械工业协会团体标准《绿豆全程机械化技术规程》（T/CAAMM 272—2023/T/NJ 1376—2023），规定了绿豆机械化生产中的基本要求、耕整地、播种、田间管理和收获环节的技术要求，适用于绿豆全程机械化生产作业。

（3）制定了中国农业机械工业协会团体标准《蚕豆联合收割机械作业质量》（T/CAAMM 271—2023/T/NJ 1375—2023），规定了蚕豆联合收割机械的作业质量要求、检测方法和检验规则，适用于蚕豆联合收割机械作业质量的评定。

（四）代表性论文、专著

发表研究论文4篇，包括：
（1）我国食用豆机械化收获技术发展现状及对策.中国农机化学报。
（2）蚕豆脱粒设备研究现状及发展趋势.中国农机化学报。
（3）食用豆联合收获脱粒清选装置适用性分析.中国农机化学报。
（4）4DL-5A型蚕豆联合收割机关键部件设计与优化.农业工程学报。

（五）人才培养

（1）团队成员夏先飞入选江苏省"333高层次人才"。
（2）团队成员杨光、梅松、金月先后考取在职博士。

四、科技服务与技术培训

（一）服务县域经济发展

与相关岗站开展技术合作，进行了蚕豆、绿豆、芸豆等食用豆机械化生产技术服务，全面开展服务县域经济工作。

（1）在河北省张家口市崇礼区、张北县开展蚕豆机械化收获，将研究开发的食用豆专用割晒机、系列化脱粒机和联合收获机等装备在主产地进行应用，并交付多台蚕豆联合收割机。

（2）在河北省张家口市阳原县开展绿豆收获机械作业技术研究与示范，提供机具开展绿豆新品种、新技术机械化生产示范观摩会。

（3）在江苏省启东市开展蚕豆机械化生产技术示范与培训，交付蚕豆联合收割机作业。此外，本岗位筛选了多台适宜的绿豆、芸豆机械化分段及联合收获机，交付青海、河北等地用户使用。通过食用豆机械化收获技术在相关地区的应用示范，有效解决食用豆收获用工难和贵的难题，大幅降低生产作业强度和生产成本，为县域经济发展、农民增产增收和乡村振兴做出了积极的贡献。

（二）重大突发性事件应急和咨询服务

疫情、极端天气因素等给科研工作、机具试制、田间试验和农业生产带来较大影响，本岗位应急与咨询服务工作如下：

（1）定期监测本产业生产和市场的异常变化，撰写了2020年度产业技术发展报告、2021年产业发展趋势与政策建议、体系重大技术攻关任务（食用豆全程机械化生产技术集成与示范）建议、"十三五"体系建设亮点成效报告等材料，并提交首席办。

（2）组织开展应急性技术指导和培训工作，撰写了《疫情下我国食用豆机械化生产存在问题与对策建议》并提交首席专家办公室。开展生产调研和技术培训40余次，培训基层技术人员1 500人次以上。

（3）加大了与农机企业的对接力度和范围，在与农机龙头企业开展深入技术协作的基础上，进一步扩大与中小型农机企业的合作，为各地食用豆生产提供适宜的收获技术装备。

（4）完成了农业农村部各相关司局临时交办的各项任务：完成农机化司委托撰写的收获机具作业情况相关材料；参加科教司组织的"十四五"科技发展规划，对各领域提交的重点任务材料进行凝练修改。

（5）技术咨询科普宣传工作：为促进食用豆机械化生产技术的科普宣传，编写并提交科普文章"蚕豆是怎么种出来的？"

五、对本学科领域或本区域产业发展所起的支撑作用

食用豆具有各地生产条件迥异、品种和种植模式多样性、收获需求多样性的特点，大多数豆种籽粒形状极不规则，实现高效全程机械化生产难度大，收获过程中籽粒损伤和损失高。本岗位历经多年潜心研发，在食用豆分段及联合收获中的切割、脱粒、清选等装置结构设计及参数优化，高效低损收割、高通量脱粒分离等核心技术突破，以及各部件的标准化、通用化、系列化研究等方面取得了诸多显著成果，兼顾不同豆类、不同品种的生产需求，累计开发试制了食用豆分段及联合收获机具30余台套，其中"食用豆联合收割机"实现了100万元的技术转让合作，有效提高了机具的利用效率，提升其可靠性。根据本岗位提出的机械化收获技术模式，与相关岗站在重庆潼南、河北张家口、青海湟源、江苏南通、河南南阳、甘肃临夏、湖北十堰等地进行了绿豆、蚕豆机械化收获试验示范，通过机械化应用，可降低收获损失，提高收获质量，增加种植户收益，大幅降低绿豆生产成本，对产业发展提质增效显著。

本岗位研发的食用豆机械化收获技术具有作业效率高、综合生产成本低的优势，示范带动效应好，目前食用豆收获机具正在向高性能、高效率、高可靠性转变，将对解决相应收获装备的供给侧难题，实现产业发展的提质增效，对实施乡村振兴战略中产业兴旺和农业农村现代化具有重大意义。

加工研究室

鲜品加工岗位

一、岗位简介

中国农业大学于2008年加入国家食用豆产业技术体系，为鲜品加工岗位依托单位，岗位科学家为康玉凡教授（图69）。通过体系调整优化，2017年本岗位由综合加工岗位变更为鲜品加工岗位。目前本岗位的基础设施、创新平台和研究团队等均在不断发展和壮大。本岗位现有团队成员10名，其中教授3名，副教授2名，博士后1名，博士2名，硕士2名（图70）。同时拥有"植物蛋白与谷物加工北京市重点实验室""中国农业大学功能食品重点实验室""中日食品研究中心"等平台，以及食用豆加工所需的各类实验仪器设备和分析平台。

岗位科学家康玉凡：1963年出生，现任中国农业大学农学院教授、博士生导师。担任中国农业产业经济发展协会豆类芽菜产业分会副会长兼秘书长。曾先后主持和参加完成国家、省、市级科研项目9项，校企合作项目4项；获省级科技进步奖、省科技星火二等奖、校巾帼建功标兵称号等9项，主编和参编著作共9部。

图69 岗位科学家 康玉凡

图70 岗位团队成员

二、主要研发任务和重要进展

（一）主要研发任务

重点任务：围绕国家和产业重大战略需求，开展食用豆加工技术提升及产品创新研究，以实现产业的提质增效，主要包括鲜食食用豆优质品种的筛选及营养特性与加工适应性评价研究；鲜食食用豆优质品种的筛选及营养特性与加工适应性评价研究；鲜食食用豆产地商品化处理加工和品质保鲜关键技术研究；"豆"变"芽"加工与品质保持关键技术研究；功能性食用豆鲜品加工及新产品创新加工技术研究等。

基础性工作：建立食用豆产品加工企业数据库及相关加工技术与标准数据库档案；撰写食用豆产品研发进展报告、食用豆加工业发展趋势与建议等；对加工企业技术人员进行培训；配合首席科学家、其他岗位科学家和综合试验站开展相关工作。

应急性任务：参与体系的各项咨询活动，完成首席交办的各项任务，密切关注并监测食用豆加工产业生产和市场的异常变化，针对突发性事件和农业灾害事件组织开展应急性技术指导和培训工作。

（二）取得的重要进展

1. 筛选出优质的食用豆品种

从全国主要豌豆产区的75份材料中，筛选出酚类含量及抗氧化性较高的豌豆品种16个；适合芽苗菜生产的豌豆品种15个。从中国农业科学院现有育成的绿豆、小豆和豇豆品种中筛选出了30个商品性优良且适宜鲜食的品种，建立起鲜食豆评价体系，为后续进一步开展优质鲜食豆品种的筛选以及育种工作提供了依据。

2. 集成食用豆鲜品加工技术4项

在前期研究的基础上，建立了绿豆芽不同时段和不同温度的"分段式培育"模式，形成了绿豆芽产量提升技术1项；采用光环境调控、营养富集处理技术，形成芽苗菜生长过程中催生技术2项；突破了豌豆食品低温真空膨化关键技术，创新完成膨化豌豆研发新工艺1项；攻克技术难题，研发出荷兰豆脆条制备新工艺1项。

3. 开发创新型产品4个

研发出休闲方便型产品荷兰豆脆条、营养健康型产品富锌豌豆苗面条及2个鲜食豌豆调味品。

4. 攻克鲜品保鲜关键技术

采用低温贮藏（4℃）和生物保鲜（0.75%肉桂提取物）技术相结合的方式，形成适宜食用豆芽苗菜的简易、节能高效贮藏保鲜技术1项。

5. 完成调研报告

配合首席完成各年度"产业技术发展报告"和"产业发展趋势与政策建议"。对食用豆新品种的加工特性、加工适应性、鲜食特性进行了鉴定与评价，形成食用豆营养成分检测报告1份、鲜食食用豆品种评价报告2份。

三、标志性成果

（一）获奖成果

2019—2021年，本岗位获得省部级成果奖励1项：第十三届山东省大学生科技节食品加工与安全创新设计大赛科普奖三等奖。作为参与单位获得国家级二等奖和省部级一等奖各1项：特色果蔬精准物流保鲜关键技术研究与应用、生鲜果蔬物流保鲜关键技术和装备的开发与应用。

（二）申请专利

申请国家发明专利2项，获得计算机软件著作权3项。
（1）一种荷兰豆脆条的制备方法，申请号为：201910778104.8。
（2）一种富锌食用豌豆苗的培育及其在富锌面条中的应用，申请号为：202110786558.7。
（3）大宗特色果蔬冷链物流在线培训系统V1.0，登记号：2021SR1013766。
（4）大宗特色果蔬冷链物流保鲜预警和检测系统V1.0，登记号：2021SR1013767。
（5）大宗特色果蔬冷链物流实时在线监控系统V1.0，登记号：2021SR1013779。

（三）形成的技术或标准

绿豆芽不同时段不同温度分段式培育技术、芽苗菜生长过程中催生技术、鲜品保鲜关键技术。

（四）代表性论文、专著

发表论文12篇，其中SCI论文2篇，核心期刊10篇。
专著：教育部《一村一品大学生技术教材——食品工厂设计与设备》（第2版）；登记号：ISBN 978-7-304-10732-1。

（五）人才培养

培养博士3名，硕士8名，博士后1名。

四、科技服务与技术培训

（一）服务县域经济发展

将科研成果在河北、山西、云南、黑龙江等省的相关县进行了产业化示范工作，带动了县域农产品加工产业的发展，增加农民的收入。与河北曲周县人民政府开展座谈会，交流种植和生产等知识，为曲周发展聚力。同时奔赴北京怀柔区琉璃镇西台子村开展科技帮扶和芽苗菜种植技术培训会。积极开展全国"一村一品"示范村镇评选认定和宣传工作，对典型事例进行总结和宣传，有效地推动了农村经济的发展，为脱贫工作提供了有力支持。

采用将科研成果与食品加工龙头企业广泛合作，龙头企业与合作社及农户实行订单生产的方式，形成"科技+龙头企业+合作社+农户"的发展模式。与江苏苏芽食品有限公司开展了芽苗菜生产和产品保鲜技术的研究和推广工作；与山东玉杰面粉有限公司开展了食用豆鲜品功能性营养健康产品开发，生产技术指导培训；与云南祥云怀宝加工企业形成合作，建成调味产品加工生产线，产出豌豆调味产品。同时与北京方圆平安生物科技股份有限公司、北京金田麦国际食品有限公司、北京广盛源生物科技有限公司、北京鑫正源农业发展有限公司、河北省泥河湾农业发展股份有限公司等合作，开展技术指导与培训服务，共举办技术培训15余次，培训基层技术骨干60人次，农民200人次，促进了科技与产业经济的紧密结合。

（二）重大突发性事件应急和咨询服务

进行农村一二三产业融合发展重点行业监测，形成"主食加工业发展报告"1份。通过资料收集、实地调研、研讨会商，形成"农业与食品产业融合发展研究报告"1份。对全国主要农作物全产业链重点链进行了研究，形成了"稻谷、小麦全产业链重点链图谱绘制及说明"等2份。对主食加工企业走访调研，遴选出一批生产规模大、产品特色突出、联农带农效果好的企业进行宣传和推广，形成"2021年全国主食加工示范企业推荐"报告1份。

五、对本学科领域或本区域产业发展所起的支撑作用

在科技创新方面，紧密围绕体系研发任务，创新科研思维，拓宽研究领域。科研成果涵盖了优质食用豆品种筛选、芽苗菜生长、鲜食豆保鲜、食用豆主食加工、食用豆制品加工等技术研究，在鲜品加工技术研究、新产品开发、工程建设和示范推广等方面起到了重要作用，有力地支撑了国家食用豆产业技术提升和高质量发展。

在带动产业发展方面，开展与综合试验站和龙头企业的合作，通过技术培训与服务，促进食用豆生产示范基地的提档升级，将科技成果进行产业化示范，拉动了区域产业发展；同时研发推广健康功能性产品，提升了产品品质和市场竞争力，成功地建立了运行有序、重点突出和产学研结合的工作机制，全面推进乡村振兴，增加了农民收入，带动了区域食用豆产业的发展。

食品加工与综合利用岗位

一、岗位简介

"十三五"期间,中国农业科学院农产品加工研究所承担国家食用豆产业技术体系食品加工与综合利用岗位,岗位科学家为周素梅研究员(图71)。本岗位团队成员共有5名,其中,研究员2名、副研究员2名、助理研究员1名;另有合同制员工2名,博士研究生4名,硕士研究生12名(图72)。拥有专业实验室面积220 m^2、HPLC、GPC、RVA、发酵流变仪、凝胶电泳仪、实验磨粉机等仪器设备120余台(套),价值450余万元。可依托研究所中试车间面积1 800 m^2,拥有制粉、提取、饮料、发酵及干燥等中试生产线5条,成果转化示范企业5家。

岗位科学家周素梅:1971年出生,食品科学工学博士,博士生导师,中国农业科学院国家创新工程"谷物加工与品质调控"团队首席,农产品加工行业监测预警项目粮食加工领域负责专家、中国粮油学会理事、食品分会副秘书长。长期从事粮食精深加工研究,主持/参与国家、省部级科研项目20余项,获省部院及社会科技成果奖励8项,授权国家发明专利20余项,主持制定农业行业标准4项、团队标准1项,发表学术论文200余篇,与企业合作开发上市产品20余种。2020年7月调入北京工商大学。

图71 岗位科学家 周素梅

图72 岗位团队成员

二、主要研发任务和重要进展

（一）主要研发任务

1. 重点任务

（1）食用豆传统制品加工技术提升研究，对蜜豆、豆粉、豆类面条、米粉等传统食用豆加工制品开展以技术装备和产品品质提升为目标的创新研发。

（2）新型方便营养健康食用豆制品研发，筛选高蛋白、具有特殊营养功能（富含抗性淀粉、黄酮等植物化学物质）的优质专用品种，开发包括高γ-氨基丁酸（GABA）、低血糖生成（GI）指数、辅助降血压、降血脂等生理功能的食用豆特膳、方便食品（饮品）等营养健康新产品。

2. 基础性工作

补充完善食用豆加工技术、标准及企业信息数据库；根据产业需求对企业技术人员进行培训；配合首席科学家、其他功能研究室、岗位科学家和综合试验站开展研究工作并提供相关数据信息等。

3. 应急性任务

监测食用豆产业加工和市场变化，关注突发性事件和农业灾害事件，并提出应急预案和技术指导方案，完成农业农村部各相关司局临时交办的任务。

（二）取得的重要进展

1. 食用豆传统制品加工技术提升研究

重点改进了以芸豆为代表的休闲食品——蜜芸豆加工工艺。通过对浸渍液和无糖复合配方的研发，将传统上已不再受欢迎的高糖、高热量蜜芸豆转向风味无糖产品，且生产成本可控。以高蛋白为特色，研发出食用豆（绿豆、白芸豆）含量在50%以上的高豆类添加挂面，产品成型性好、蒸煮损失低、品质接受度高，得到业内企业认可。

2. 新型方便营养健康食用豆制品研发

以筛选出的高蛋白绿豆、小豆、芸豆为原料，经短时高温高湿处理，获得GABA含量在100 mg/100 g以上的优异品种11个；由广泛靶向代谢组学探究了GABA的生成途径和调控技术机制；并由富含GABA的绿豆粉体内降压实验，证实了产品显著的降压以及辅助降脂功能。该产品和技术在内蒙古呼伦贝尔芸生科技有限公司获得转化。

另以绿豆、豌豆等为原料开发了包括食用豆类植物基代乳、发酵植物酸奶在内的新型代乳饮品。利用二步酶解法在绿豆、豌豆乳基料制备工艺上实现了稳定性和风味的突破。对乳酸菌发酵剂进行了优化，确定了含有多菌株益生菌的VEGE022在制备高风味品质和凝胶性植物酸奶上的优势，并结合果蔬配料，初步开发了多种风味口感的植物基酸奶。

三、标志性成果

（一）申请专利

（1）具有抗氧化活性的绿豆提取液的制备方法（ZL 201810729780.1）。

（2）谷物浓浆除渣装置及方法（ZL 201910127312.1）。

（3）富含GABA与AKG的绿豆乳及其制备方法（202111490662.8），首先将绿豆籽粒中蛋白质经过生物转化，降解为具有特殊生理功能的小分子氨基酸（GABA）以及衍生物（AKG），然后利用酶解工艺制备绿豆乳（图73）。

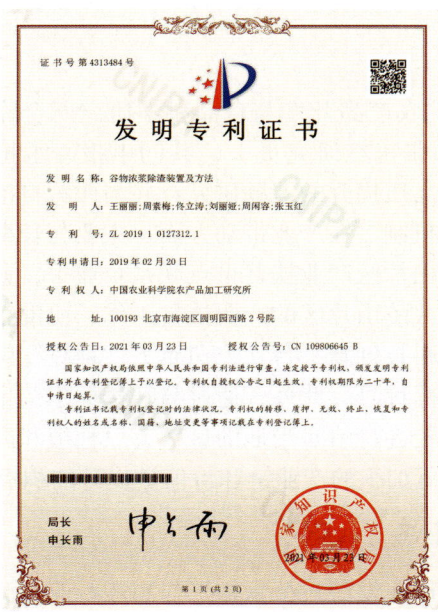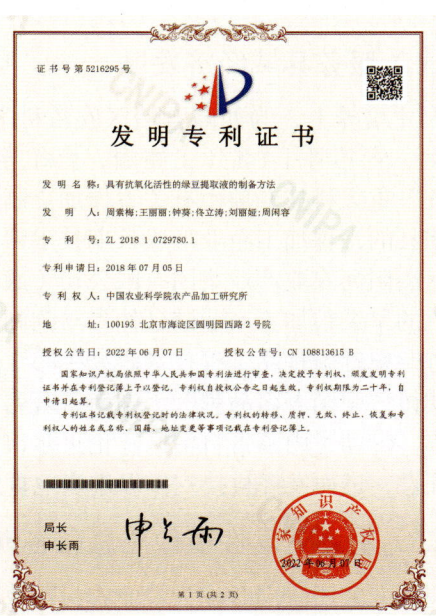

图73　食品加工与综合利用岗位获国家发明专利证书

（二）形成的技术或标准

通过中国粮油学会发布团队标准1项：《富含γ-氨基酸（GABA）的谷物和豆类产品》（T/CCOA 42—2021）。

（三）代表性论文、专著

发表研究论文22篇，其中SCI论文12篇。涉及以绿豆为原料，开发高γ-氨基丁酸（GABA）的功能性绿豆原料和制品；以绿豆蛋白为主要原料的植物基酸奶产品及其品质改良；低血糖生成指数（GI）、高抗性淀粉含量的小豆粉产品加工技术研发；来自绿豆、豌豆蛋白的植物源蛋白在肠道益生和降血脂功能方面的新发现等。如：

在iScience上发表Plant protein reduces serum cholesterol levels in hypercholesterolemia hamsters by modulating the compositions of gut microbiota and metabolites.

在 Ultrason Sonochem 上发表 Effect of thermosonication pre-treatment on mung bean (Vigna radiata) and white kidney bean (Phaseolus vulgaris) proteins: Enzymatic hydrolysis, cholesterol lowering activity and structural characterization.

（四）人才培养

（1）佟立涛，2020年晋升研究员；中国农业科学院院级"青年英才"。
（2）王丽丽，2020年晋升副研究员。

四、科技服务与技术培训

（一）服务县域经济发展

在人才培养上，为西藏自治区农牧科学院农产品开发与食品科学研究所合作培养博士研究生、青年骨干1名（王姗姗，合作导师张玉红研究员），共同申报并承担了西藏"十三五"重大科技专项中有关青稞加工制品品质提升的课题研究，并与西藏自治区日喀则市白朗县的青稞加工企业形成长期技术帮扶机制。在产业带动方面，主要与长期合作企业——湖南浏阳河农业产业集团有限公司（武陵山片区产业扶贫重点联系企业），通过以绿豆为特色的旱杂粮加工产业链延伸参与到湖南武陵山片区的产业扶贫工作；协助企业获得"湖南省杂粮健康食品工程技术研究中心"的科技创新平台，公司旗下"神豆"牌杂粮系列产品获得"中国著名品牌"、湖南省著名商标称号。此外，通过与呼伦贝尔芸生科技公司的合作，带动了内蒙古自治区呼伦贝尔市鄂伦春自治旗当地的垦区芸豆种植和高附加值产品开发，进而发挥科技支撑促进当地食用豆加工的产业链和价值链提升的积极作用。

（二）重大突发性事件应急和咨询服务

本岗位专家团队同时作为农业农村部乡村产业发展司粮食加工与制造行业监测专家团队，近年来共同从事全国粮食及粮食食品加工制造业的产业运行情况监测研究工作。另作为领域技术专家，为行业内企业提供必要的咨询服务，每年开展的技术咨询在20次以上。

五、对本学科领域或本区域产业发展所起的支撑作用

在科技创新与促进产业发展方面，紧密围绕体系研发任务，遵循现代农业高质量发展、健康中国的发展理念，以升级食用豆传统加工产品、技术、装备以及食用豆营养健康新产品创新创制为突破口，在改进传统食用豆主食和休闲食品加工技术装备的基础上，持续研发适应现代消费需求的食用豆方便主食、冲调饮品、植物基代乳等产品，有效提升了我国在食用豆加工领域的技术与产品发展水平。协助促进了"公司+基地+农户"的食用豆全产业链发展模式，同时，在推动食用豆加工企业增效、环保减排及国人健康方面发展了积极支撑作用。

质量安全与营养品质评价岗位

一、岗位简介

质量安全与营养品质评价岗位2011年加入国家食用豆产业技术体系，是2017年由功能成分及产品开发岗位调整而来。本岗位依托单位是中国农业科学院作物科学研究所，岗位科学家为任贵兴研究员（图74）。团队研究方向为食用豆种质资源品质评价及功能成分研究与产品开发。现有研究员1名，副研究员3名（图75）。实验室使用面积400 m^2，包括作物化学室1个、仪器室3个、加工品质及工艺研究室1个、动物细胞培养室1个，仪器设备价值1 500多万元，包括三重四级杆—线性离子阱串联质谱仪、高分辨串联质谱仪、十八角度静态激光光散射仪、气相色谱仪（FID检测器）等功能成分分析、生物化学及食品学相关仪器。

图74　岗位科学家　任贵兴

图75　岗位团队成员

岗位科学家任贵兴：中国农业科学院作物科学研究所研究员，博士生导师，入选"全球前2%顶尖科学家榜单"（World's Top2% Scientists 2022）（食品科学与工程），"2022全球学者学术影响力排行榜"（2022.8）及"2022全球顶尖前10万科学家排名"（2022.1），国际食品杂志*FOODS*编委，*FOODS*特刊《杂粮中的功能成分》、*Functional ingredients in Minor gran crops*客座编委。全国名特优新农产品（杂粮）营养品质鉴定评价机构技术负责人，国家杂粮加工技术研发分中心（北京）主任、农业农村部小宗粮豆专家指导组专家、公益性行业（农业）科研专项（杂粮初加工）首席科学家。主持研发杂粮功能产品8个，转让2个；鉴定科技成果3项；授权国家发明专利14项，转让3项；以第一/通讯作者发表农产品营养功能成分鉴定及活性评价相关论文153篇，其中SCI论文收录101篇，中文论文52篇。以其他作者发表SCI论文22篇、中文论文11篇；培养及联合培养博士后1名，博士13名，硕士40名，指导进修、实习人员20余名。

二、主要研发任务和重要进展

（一）主要研发任务

（1）开展食用豆新品种（种质）主要营养品质鉴定与评价；对食用豆品种（种质）在不同区域试种的品质特性进行鉴定与评价；配合牵头岗位开展优质多抗食用豆新品种、适应机械化生产的品种，以及节本增效技术、绿豆晕疫病绿色防控技术、豇豆荚螟绿色防控技术、食用豆草害绿色综合防控技术、叶斑病与豆象生物防治与综合防控技术等产生的食用豆品种（种质）的安全性评价；配合牵头岗位开展种质资源鉴定与评价、新基因挖掘鉴定、分子标记辅助育种技术研究与应用及育种技术创新与应用相关任务中的营养品质鉴定；食用豆及其加工制品品质评价：国内主栽小豆品种、体系新研发品种（种质）及市场小豆原料和加工制品收集（50~60份），质量安全（主要农残、重金属等）与营养功能品质（基本营养及特殊功能组分）评价。

（2）配合有关岗位完成体系育种单位创制、选育出的食用豆新品种（种质）营养品质分析，提供测试数据给相关岗位专家。测定200份的绿豆基础营养指标，筛选出优质品种。开展食用豆及其制品质量安全与营养品质分析材料50~60份，获得质量安全与营养品质数据800~1 200条。配合有关岗位完成食用豆加工产业经济调查，配合加工研究室完成食用豆加工业发展形势报告1份。

（3）筛选加工性能优良、营养功能品质突出的优质食用豆品种2~3种；研发植物基豆类蛋白产品等新型加工产品1~2个；提供50~60份食用豆及其制品相关品质信息，获得质量安全与营养功能品质数据400~600条，提交食用豆安全性评价报告1份；申报国家发明专利1~2项；提供食用豆加工技术与品质研究国内外年度进展报告1份。

（二）取得的重要进展

（1）配合有关岗位完成体系育种单位创制、选育出的食用豆新品种（种质）营养品质分析，提供测试数据给相关岗位专家。测定66份的小豆降糖活性，筛选出优质品种；测定32份豌豆尖单宁、可溶性糖、纤维素含量。建立一种快速检测绿豆抗豆象蛋白的生物学方法；测定72份绿豆牡荆素、异牡荆素含量；89份豌豆、65份芸豆、66份小豆、44份蚕豆、72份绿豆，8份豇豆中总淀粉、抗性淀粉、直链淀粉含量；测定500份的绿豆蛋白质、脂肪、总淀粉、直链淀粉和抗性淀粉含量，筛选出优质品种。

（2）2019年提供食用豆及其制品质量安全与营养品质数据936条；申报国家发明专利

2项。2020年提供食用豆及其制品质量安全与营养品质数据2 500条；获得国家发明专利2项；配合加工研究室完成食用豆加工业发展形势报告1份。2021年筛选加工性能优良、营养功能品质突出的优质食用豆品种2种；研发植物基豆类蛋白产品等新型加工产品1个；提供55份绿豆及其制品相关品质信息；获得质量安全与营养功能品质数据500条；申报国家发明专利1项；提交食用豆安全性评价报告1份；提供食用豆加工技术与品质研究国内外年度进展报告1份。

三、标志性成果

（一）申请专利

一种具有降血脂功效的绿豆蛋白的制备方法（ZL201610524319.3），该方法制得的食品具有降血脂效应（图76）。

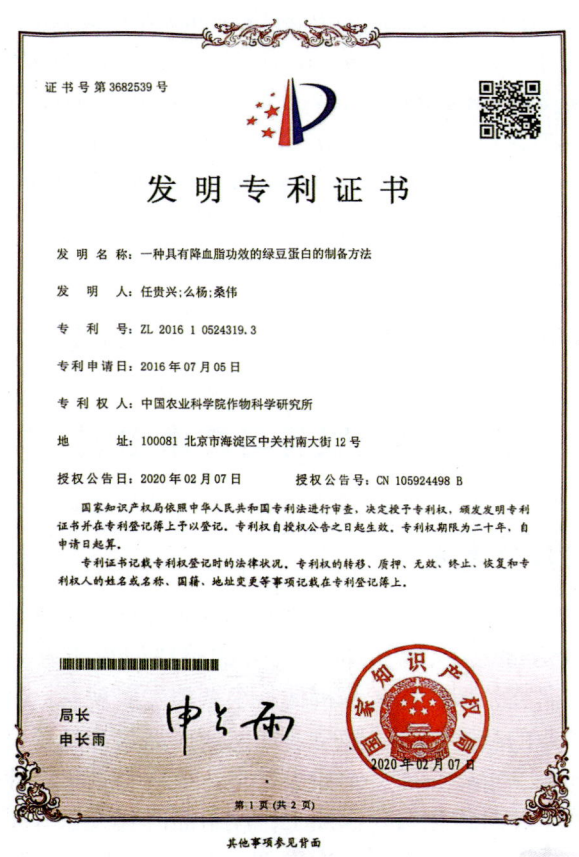

图76　质量安全与营养品质评价岗位获国家发明专利证书

（二）形成的技术或标准

1. 食用豆育种技术创新与新基因发掘

利用瞬时转化技术，将抗豆象蛋白在烟草中成功获得表达。通过免疫反应，建立抗豆象蛋白抗体，最终开发出快速检测抗豆象蛋白的酶联免疫方法。该方法的建立为抗豆象产业化节约成本，对产品的安全、营养品质得到进一步提高，可持续发展具有重要意义。

2. 绿色抗豆象生物农药的研发—抗豆象蛋白检测方法建立

采用全基因合成全长方法合成目的蛋白基因后，连入T载体；获得的重组质粒经过PCR，扩增后克隆转入gateway表达载体和农杆菌感受态，然后转入到烟草叶片进行重组蛋白表达与制备。

（三）代表性论文、专著

2019—2021年，本岗位在 *Journal of Agricultural and Food Chemistry*，*Food & Function*，*Food Science & Nutrition* 等杂志上发表SCI论文5篇。其中，分别于2020年在 *Journal of Agricultural and Food Chemistry* 上发表 *Peptides from extruded lupin（Lupinus albus L.）regulate inflammatory activity via the p38 MAPK signal transduction pathway in RAW 264.7 cells*，影响因子5.279；于2021年在 *Journal of Agricultural and Food Chemistry* 上发表 *Muna Bean Protein Suopresses Undernutrition-Induced Growth Deficits and Cognitive Dysfunction in Rats via Gut Microbiota-TLR4/NF-kB Pathway* 和 *Peptides Released from Extruded Adzuki Bean Protein through Simulated Gastrointestinal Digestion Exhibit Anti-inflammatory*，影响因子5.895。

（四）人才培养

郝宇琼、石振兴、郭慧敏获博士学位。培养博士5人，硕士12人。

四、科技服务与技术培训

（一）服务县域经济发展

1. 团队成员同科学技术部中国农村技术开发中心共赴佳县开展科技扶贫工作

从科技资源共享等方面入手，提升陕西佳县的科技创新能力，促进佳县区域经济发展。会议双方结合自身研究领域，深入分析佳县小杂粮发展现状，针对小杂粮生产现状和市场要求，从小杂粮产业的品种选育、种植、加工、产品与市场等每个环节着手，剖析产业发展中存在的主要问题，重点突破关键技术难点，提出小杂粮产业发展意见，扎实推进小杂粮生产和产业发展。并对强化杂豆深加工，注重品牌建设，开拓杂粮国内和国际市场等方面进行深刻讨论。大会认真落实习近平总书记重要讲话精神，加强与科研机构和企业间的务实合作，让科技的力量在小杂粮产业发展中开花结果，推动大同小杂粮由传统生产方式向现代农业生产方式转变，提升产业的整体水平和效益。

2. 赴四川凉山州美姑县开展科技扶贫

从科技资源共享、科技帮扶等方面入手,针对美姑县小杂粮生产现状和市场要求,从品种选育、种植技术、加工、产品与市场等环节着手,提出产业发展意见,扎实推进小杂粮生产和产业发展。并对强化杂豆深加工,注重品牌建设,开拓杂粮国内和国际市场等方面进行探讨。

3. 在宁夏回族自治区盐池县开展科技扶贫

针对盐池县小杂粮生产现状和市场要求,提供具体技术建议,促进科技成果快速转化。

(二)食用豆体系科企对接情况

与通榆县新洋丰现代农业服务有限公司开展食用豆加工品(绿豆冲调粉、蛋白饮料和酸奶)原料筛选、产品研发的科技合作及行业标准制定工作。

1. 绿豆冲调粉工艺优化

从绿豆冲调粉的口感和营养功效方面考虑,在前期预备试验的基础上,确定最佳工艺配方:挤压绿豆粉79.85%、葛粉10%、黑芝麻10%、木糖醇0.15%。

2. 食用豆饮料工艺优化

分别将经过熟化的绿豆粉、白芸豆粉和红小豆粉与水以1:3的料液比混匀,加入α-淀粉酶和麦芽糖酶后,在70 ℃酶解45分钟。然后将浓浆稀释至料液比为1:12,按一定比例加入油、盐、$CaCO_3$、$Ca_3(PO_4)_2$等添加剂并使其搅拌均匀。最后,进行均质处理,一级压力30 MPa,二级压力60 MPa。

该饮料豆类味道浓郁,口感细腻,黏度、甜度适中;色泽均匀明快;无异味,具有豆类特有的香气;组织均匀,无明显沉淀和上浮物。

3. 食用豆酸奶工艺流程优化

将经过熟化的绿豆粉、白芸豆粉和红小豆粉以1:10的比例加水进行胶磨;加入5%(m/v)白砂糖进行煮沸灭菌;冷却至40 ℃左右,加入安琪乳酸发酵菌后42 ℃条件下发酵6~8 h,1 g安琪乳酸发酵菌可作用35 g蛋白);发酵结束后,放入4 ℃中冷藏6~8 h,终止乳酸菌发酵,同时使酸奶风味和口感达到最佳状态。

食用豆酸奶感官评价:该豆类酸奶组织细腻、均匀;无乳清析出,无气泡产生;颜色均一,有光泽;既具有酸奶的酸甜口感又有淡淡的豆子清香。此类酸奶风味独特、营养丰富、酸甜适口,具有很高的推广价值。

五、对本学科领域或本区域产业发展所起的支撑作用

在促进产业发展方面,通过与企业合作,成功地进行了技术转让与市场开发等,提供了从原料筛选、产品开发、市场信息咨询等系列服务,形成了公司带基地、种植户、产学研相结合的产业发展模式,带动和支撑了区域性食用豆产业的发展。通过成果转化与技术合作,先后与故城三豆、燕之坊、龙口粉丝等公司合作,相关产品不仅丰富了生产企业的产品种类,更是给企业带来了丰厚的利润。

产业经济研究室

产业经济岗位

一、岗位简介

食用豆产业经济岗位建设时间是2008年，建设依托为单位中国农业科学院农业信息研究所。本岗位有岗位科学家张蕙杰研究员（图77），团队成员5名，分别是诸叶平、岳慧丽、李世娟、王玉庭、王锐（图78），团队成员学科结构涉及农业经济、农学、空间经济学、数据库与平台开发建设、土地政策、国际合作等领域，在项目调研、计量经济、软件设计与系统平台构建、田野调研与农户调研等方面具有丰富经验。本岗位建设有山西岢岚、江苏南通、吉林白城和云南大理等4个食用豆固定观察点。

岗位科学家张蕙杰： 现任中国农业科学院农业信息研究所党委副书记、纪委书记，曾任中国农业科学院国际合作局副局长。长期从事粮食与杂粮经济、农业科技发展战略、国际农业等领域研究与管理工作，曾在国际食物政策研究所（美国华盛顿）进行科研合作1年，主持国家科技支撑、948、农业农村部、科学技术部、中国工程院、联合国粮农组织、亚洲开发银行等课题研究50余项。2020、2021年均被评为中国农业科学院优秀党务工作者。

图77　岗位科学家　张蕙杰

图78　岗位团队成员

二、主要研发任务和重要进展

（一）主要研发任务

一是全面把握国内食用豆生产整体情况。开发全国食用豆生产及主推品种统计平台，利用遥感技术开展测产研究，提高食用豆生产的统计精度。二是准确掌握食用豆生产成本效益与全要素生产率情况。完善建设江苏南通、吉林白城、山西岢岚和云南大理等4省15县1 000户食用豆固定观察点，利用计量模型剖析食用豆生产成本效益以及技术进步带来的影响。三是深刻研判科技对食用豆产业贡献及产业国际竞争力现状与趋势，推动中—泰食用豆国际联合实验室建设。四是综合考察食用豆在抗击新冠疫情、农民增收、脱贫攻坚及其与乡村振兴有效衔接的作用，以及大食物观和健康中国战略中的地位与作用，从生产、加工、消费全产业链，系统分析食用豆生产特征、种植行为、消费需求与趋势，研究提出食用豆产业支撑县域发展、深入剖析食用豆产业发展对种植户福利的影响，以及发展食用豆产业实施乡村振兴战略的技术路径和政策选择。

（二）取得的重要进展

建立健全全国食用豆生产及主推品种统计体系，带领团队在吉林、云南、山西、江苏加强食用豆固定观察点建设，持续观察食用豆生产成本与效益；深入研判食用豆产业发展态势与政策走势，向部种植业司、科教司提交国家"十四五"食用豆种业发展规划编制、抗击新冠疫情政策建议、农业科技支撑县域经济发展机制与对策等咨询报告9份；共发表学术论文13篇，其中，以第一或通讯作者发表论文9篇；出版学术著作1部、副主编3部；获发明专利授权2项，获批软件著作权1项；获2020—2021年度中华农业科技奖科学普及奖。被农业农村部科教司任命为经济岗位一组——农业农村发展战略与政策研究组副组长，为农业农村部农业、科技等政策制定提供决策支持。

三、标志性成果

（一）获奖成果

中国食用豆类生产技术丛书，获得2020—2021年度神农中华农业科技奖科学普及奖。张蕙杰为第11完成人，中国农业科学院农业信息研究所为第7完成单位。

（二）申请专利

获软件著作权1项，发明专利授权证书2项。

1. 软件著作权

食用豆管家系统V1.0，登记号：2020SR0983250（图79）。

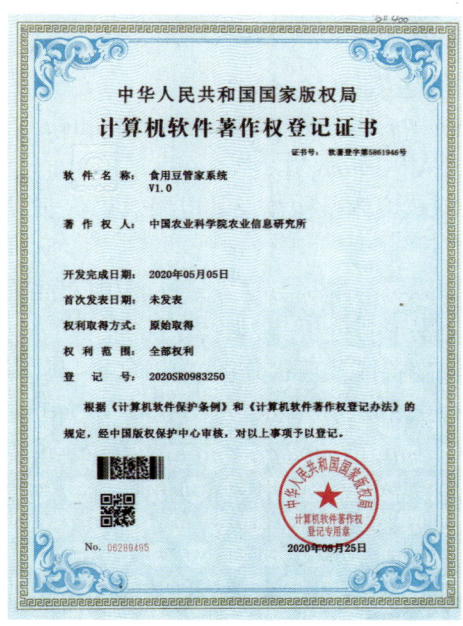

图79 产业经济岗位获国家计算机软件著作权证书

2. 发明专利

一种反演叶片氮素含量的方法，授权公告日2021.9.28，授权公告号CN 113076692 B；一种基于光谱新特征的反演叶片叶绿素含量的方法，授权公告日2021-12-07，授权公告号CN 113177188 B（图80）。

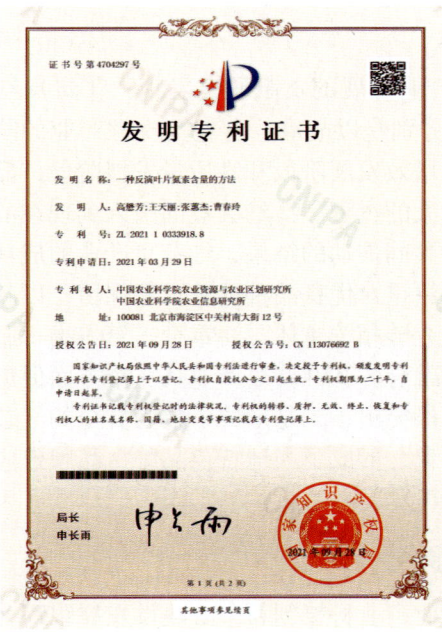
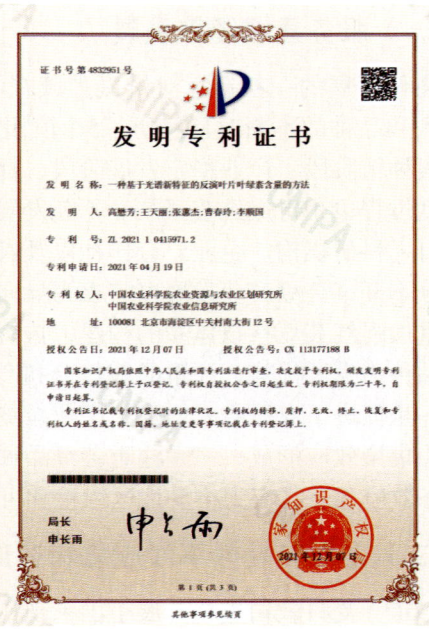

图80 产业经济岗位获国家发明专利证书

（三）代表性论文、专著

发表研究论文15篇，主要包括：

（1）Genomic Designing for Climate-Smart Pea//Genomic Designing of Climate-Smart Pulse Crops. Springer Nature Switzerland AG.

（2）美国农业风险管理政策体系构建及其应用效果：兼对2018年美国新农业法案动向的观察[J]. 农业经济问题。

（3）我国小宗农产品国际贸易现状与趋势分析. 中国农业资源与区划。

（4）世界杂粮生产及贸易形势分析. 湖北农业科学。

（5）中国食用豆贸易演变特征及现状分析. 中国食物与营养。

（6）Hyperspectral inversion of nitrogen content in maize leaves based on different dimensionality reduction algorithms. Computers and Electronics in Agriculture.

（7）中国食用豆产业与发展. 北京：中国农业出版社，2022。

（四）人才培养

张蕙杰被评为三级研究员（2019），王玉庭被评为副研究员（2021）。诸叶平研究员荣获中国农业科学院研究生院教学名师称号（2019年、2020年、2021年）。培养硕博研究生5名，其中毕业硕士生1名。

四、科技服务与技术培训

（一）服务县域经济发展

本岗位开展的一粒芸豆对岢岚县域农业产业发展的贡献研究发现：①岢岚红芸豆品种的引入和品种的不断改良经历了5个阶段，分别是以胡麻、葵花为支柱产业的阶段、试验和探索种植阶段、产业稳定发展阶段、提质增效发展阶段和高质量发展阶段，品种的引入和改良过程也是岢岚红芸豆产业不断发展壮大的过程。②红芸豆的引入到现在的成熟发展是政府、科研机构、企业、合作社以及农民共同推动的结果，红芸豆产业的成功与当地的机制分不开，芸豆产业发展以需求为导向，注重对优良品种的选育和保留；以政策为支撑，注重加强红芸豆科技体系的构建；扶持产业链相关主体，注重育—繁—推—服的一体化；以品种为发展优势，注重品牌打造和产业融合。③红芸豆产业从三个方面促进了地方发展，一是促进了农民收入增加，产业减贫效果突出；二是形成了较为健全的红芸豆产业链，产业集聚效应形成；三是注重芸豆品种培育，形成了当地特色品牌，品牌效应显现；四是生态效应显著，有力推动地区绿色和可持续发展。

（二）重大突发性事件应急和咨询服务

2019年，受科教司委托开展了国家现代农业产业科技创新中心建设发展跟踪，形成调研报告交部科教司。2020年2—4月，开展了新冠疫情对食用豆产业的影响及对策研究，为食用豆产业解危纾困；4—12月，开展了新冠疫情下的全球农产品市场与贸易变化研究，内容被中农办采编。2021年2—11月，组织经岗专家第一组开展了新时代农业科技现代化发展道路与战略选择研究；参与制定"河南食用豆救灾技术方案措施"，受首席科学家委托完成"农业科技支撑县域经济发展的机制与对策建议"；受科教司委派，参加国家农业农村"十四五"科技发展规划、国家"十四五"农业科技创新能力条件建设规划的编制工作，主笔完成"以色列农业科技创新体制机制及其启示"报告提交部长办等。

五、对本学科领域或本区域产业发展所起的支撑作用

建立全国食用豆生产及主推品种统计系统，持续江苏南通、吉林白城、山西岢岚和云南大理等4省15县1 000户食用豆固定观察点建设工作，弥补国家统计的不足，全面准确掌握了食用豆生产、流通、消费、贸易、政策现状与发展趋势，系统提出了食用豆产业、种业、科技的发展对策和政策措施，参与国家"十四五"食用豆种业发展规划编制、牵头完成食用豆"十四五"科技发展战略研究，作为重要执笔人撰写2019—2022年各年度食用豆生产形势与政策建议，为农业农村部制定食用豆产业、科技政策提供决策支撑。同时，在"一带一路"农业合作、农业与农业科技创新等领域独立或牵头完成研究报告29份，作为重要参加人参加国家"十四五"农业农村科技发展规划、国家"十四五"农业农村科技条件能力建设规划制定工作，为国家农业、科技、人才、国际合作等政策制定提供了有力的决策支持。

综合试验站

保定综合试验站

一、综合试验站简介

国家食用豆产业技术体系保定综合试验站于2008年建站,依托单位为保定市农业科学院,站长李彩菊研究员(图81)。目前团队成员4人,其中高级职称4人,中级职称1人(图82);团队成员均为本科及以上学历,其中硕士研究生2人。有高阳县、蠡县、易县、涞水县、唐县5个示范县,每个示范县有2个试验示范基地,总规模约500亩,另外在保定市徐水区有1个科研试验基地。单个基地规模40~80亩。

站长李彩菊:1962年10月出生,现任保定市农业科学院,豆类研究室主任,河北省"三三三人才工程"第三层次人选;河北农业大学兼职教授。多次获保定市农业农村局、保定市市直工委优秀共产党员称号,2019—2011年获保定市科技进步奖2项,鉴定小豆绿豆新品种2个。

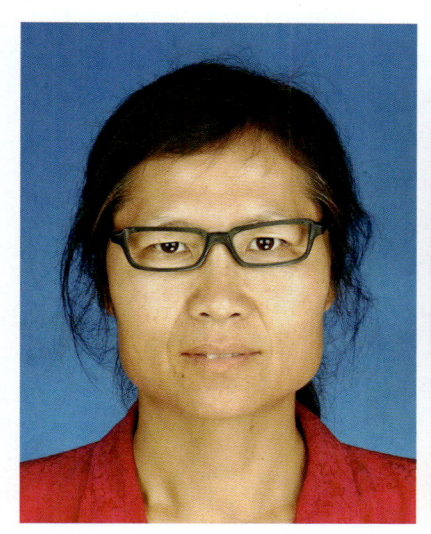

图81 站长 李彩菊

图82 试验站团队成员

二、主要研发任务和重要进展

（一）主要研发任务

（1）小豆、绿豆资源引进和鉴定。协助岗位专家进行资源创新和新品种选育，提供新品系参加区域试验和联合鉴定试验；引进、鉴定、筛选适宜本区域种植的小豆、绿豆新品种，在示范县进行示范展示。

（2）在岗位专家的帮助下开展绿豆抗枯萎病新品种选育和适合机械化生产的新品种选育和筛选。

（3）病虫草害化学药剂筛选。协助岗位专家开展绿豆象、绿豆尾孢菌叶斑病综合防控技术试验示范和除草剂药剂筛选和药效试验等；研究集成轻简栽培技术和病虫草害绿色防控技术进行示范展示。

（4）栽培试验。配合岗位专家完成绿豆、玉米与小麦轮作模式下养分的动态变化试验和小豆施肥增效及其对土壤养分效应的试验。

（二）取得的重要进展

（1）引进小豆、绿豆资源进行鉴定，筛选出具有优良特征特性的种质资源14份，并在配制杂交组合时利用；每年配制杂交组合70~80个；选育出12个新品系参加区域试验，提供4个新品系参加联合鉴定试验，其中2个新品种通过国家、省级鉴定；筛选出6个绿豆，5个小豆新品种在示范县示范展示，生育关键时期组织示范县技术骨干、种植户进行田间观摩培训，讲解新品种特征特性和配套高产栽培技术，培训种植户及技术骨干，为新品种大面积应用提供技术支持。

（2）在岗位专家的帮助下开展抗枯萎病绿豆新品种选育，通过几年的连续选择，目前已经选育出2个组合的5个抗枯萎病绿豆稳定品系，为育成抗枯萎病绿豆新品种奠定基础。筛选出5个适合机械化生产的小豆、绿豆新品种并进行示范应用。

（3）按照岗位专家要求完成绿豆象、绿豆尾孢菌叶斑病综合防控技术试验示范工作；筛选出封闭性除草剂（精异丙甲草胺）和苗期除草剂（精喹禾灵+氟磺胺草醚），研究集成了轻简栽培技术和病虫草害绿色防控技术，并进行示范展示和宣传，示范县及周边区域新技术普及率达到85%以上。

（4）完成首席办和岗位专家交办的各项工作。包括市场调研、杂草分布调查、病虫害调查、栽培试验等，均按要求完成了任务。

三、标志性成果

（一）获奖成果

1. "广适、高产小豆新品种冀红14号的选育及应用"2019年获保定市科技进步奖二等奖

冀红14号是保定市农业科学院以保876-16为母本，白红3号为父本杂交选育而成。冀红14号广适、早熟、直立抗倒、商品性状好、高产稳产、品质好、抗逆抗病性好。既适合春播区种植又适合夏播区种植，适播区域广且适应极端气候能力强。株型直立，有限生长，抗倒伏；籽粒红色商品性状好；早熟，春播93天，夏播86天。保定市植保植检站对其进行了病毒病田间自然条件抗病鉴定，鉴定意见：冀红14号抗小豆病毒病。该品种已成为全省主栽品种，并在华北、东北、西北的其他地区较大规模推广，仅在河北省部分地区和通辽市三年推广面积达60.5万亩，创社会效益达7 038.47万元。

2. "早熟、直立、高产绿豆新品种冀绿16号选育及应用"2020年获保定市科技进步奖一等奖

冀绿16号是保定市农业科学院以保绿200143-10为母本，保绿942为父本杂交选育而成。冀绿16号株型直立抗倒、主茎分枝角度小、顶部结荚，叶色浓绿，成熟荚黑色，籽粒为绿色，短圆柱形，有光泽。结荚集中，成熟一致，不落荚，不炸荚，适合一次性机械收获。该品种已在河北省及周边地区大面积应用，据不完全统计，2017—2019年在河北省、山西省等地累计推广面积达96.0万亩，社会效益达14 953.25万元。

（二）育成的新品种

"冀绿21号"是通过杂交选育的黑皮绿豆新品种，2021年通过河北省科学技术厅评价鉴定。"冀绿22号"是通过杂交选育而成绿豆新品种，2021年通过河北省科学技术厅评价鉴定。

（三）发表论文

在《农业科技通讯》《种子科技》期刊发表论文2篇。

（四）人才培养

团队成员1人晋升为正高级农艺师，1人晋升为高级农艺师。

四、科技服务与技术培训

（一）服务县域经济发展

高阳县地处保定市东南部，北靠白洋淀，白洋淀周边地区低洼盐碱地较多，耕地质量

较差，种植玉米等高产作物产量低，投入大，效益较差。因此我们在陶口乡、高阳农场及周边区域重点进行小豆、绿豆适宜品种的鉴定、筛选和适宜品种高产栽培技术集成示范，目前已经建立了3个示范基地，每年进行新品种高产栽培试验示范展示和观摩，带动县域内小豆、绿豆产业发展，每年种植面积3万亩以上，每年可为农民增收300万元以上。

（二）重大突发性事件应急和咨询服务

2020年疫情来临，面对疫情保定试验站及时调整工作安排，柳术杰研究员逆行三亚崖城试验基地收获试验；团队成员积极参加调查保定市区域内各县因新冠疫情而滞销农牧产品情况，积极为农业企业出谋划策摆脱困境，并通过网络、微信等方式帮助农户销售农牧产品。

疫情期间继续接受农民电话、微信、短信等方式咨询，通过电话等方式主动联系示范县和试验基地，积极协助基地做好备耕工作。

食用豆生产从播种到收获期间，多次深入到田间地头进行技术指导、技术服务，及时提出技术措施，指导农户合理使用除草剂、农药，科学治虫、除草，效果显著。生育期间组织农户观摩，讲解节本增效技术，发放技术资料。2019—2021年保定站开展技术观摩和各类培训活动7次。

五、对本学科领域或本区域产业发展所起的支撑作用

（一）新品种、新技术应用推广，增产增收效果显著

经过多年工作，选育出适合不同气候条件、不同肥力水平的新品种；通过试验示范，研究集成了轻简栽培技术和病虫草害绿色防控技术；新品种、新技术在示范县示范观摩，示范县及周边区域的杂粮种植方式产生了非常明显的变化，良种覆盖率接近100%，轻简栽培技术和病虫草害绿色防控技术的普及率达到85%以上，小豆、绿豆增产幅度可达15%以上，亩增收130~150元。

（二）对接企业，提供技术服务，促进食用豆产业发展

在促进产业发展方面，通过技术培训与技术服务，与家庭农场和经营企业合作，成功地进行了新品种、新技术的示范推广和商品生产，提供了生产技术指导、市场信息咨询等技术服务，形成了公司、基地、农户相结合的产业发展模式，带动和支撑了区域性食用豆产业的发展。

张家口综合试验站

一、综合试验站简介

国家食用豆产业技术体系张家口综合试验站始建于2008年，依托单位张家口市农业科学院，站长徐东旭研究员（图83）；团队成员4人，其中正高职称3人，副高职称1人，中级职称1人（图84）；4个试验基地（沙岭子、张北、察南、海南）面积300亩；拥有田间试验、分子研究、种子加工、大田示范等仪器设备100多台（套）；在食用豆主产区设置了阳原县、崇礼区、张北县、沽源县、康保县等5个示范县。

站长徐东旭： 1972年10月出生，硕士学位，河北省政府特殊津贴专家，现任张家口市农业科学院副院长、国家级科技特派员、河北省食用豆技术创新中心主任、河北北方学院兼职教授、《农业科技通讯》编委；主持育成15个食用豆新品种并研究集成与示范推广了芸豆、蚕豆、绿豆全程机械化生产技术；获成果奖励10项，完成科技成果11项，制定发布地方标准14项，取得专利7件、新品种保护4项发表论文50多篇，参编出版著作8部。

图83 站长 徐东旭

图84 试验站团队成员

二、主要研发任务和重要进展

（一）主要研发任务

食用豆种质资源收集鉴定；国家种质库绿豆、小豆资源精准鉴定与核心种质构建；绿豆抗晕疫病、长荚大粒丰产基因及豌豆抗白粉病基因挖掘与应用；优质多抗绿豆、蚕豆新品种引育与鉴选；绿豆、豌豆枯萎病和绿豆晕疫病抗性品种选育；绿豆、小豆、芸豆新品种联合鉴定；绿豆晕疫病、芸豆普通细菌性疫病等病虫草害绿色防控技术，蚕豆减肥增效关键技术研究；芸豆、蚕豆、绿豆全程机械化生产技术研究；建设示范基地结合技术服务县域经济发展；监测产业生产和市场动态，开展应急性技术指导和培训；产业数据库信息更新等。

（二）取得的重要进展

收集资源22份；完成了1 118份食用豆资源的精准鉴定，选出优异材料56份；提取了绿豆抗晕疫病遗传群体F_7 DNA样本，长荚大粒绿豆丰产遗传群体进展到F_3；育成新品系7个；引育示范了绿豆新品种鹦哥2号、鹦哥5号、冀绿19号、冀绿20号，蚕豆新品种冀张蚕3号，芸豆新品种冀张芸2号和冀张芸3号；研究集成并大面积推广应用了芸豆、蚕豆、绿豆全程机械化生产技术；建设了38个核心示范基地面积12 565亩并举办了12次现场观摩活动，展示了绿豆、蚕豆、芸豆新品种及全程机械化生产技术，辐射推广38万亩；专家检测机收绿豆提高经济效益202.5元/亩，机械化蚕豆亩产382.2 kg（比常规种植增产23.3%），机械化芸豆亩产240.1 kg（亩收入2 017元），增产增收、节本增效显著；开展技术培训18次、技术指导350人次，释疑解惑咨询89次，服务农民3 000多人，发放技术资料5 000余份，免费提供食用豆原种6.8万kg及价值7万元的农资。

三、标志性成果

（一）获奖成果

徐东旭参加完成的科技成果《中国食用豆类生产技术丛书》荣获神农中华农业科技奖科学普及奖，第12名。

（二）育成的新品种3个

鹦哥1号，2019年通过河北省科技成果评价。鹦哥2号，2019年通过河北省科技成果评价。冀张芸2号，2021年通过河北省科技成果评价。

（三）申请专利

发明专利1件：一种智能打药机（图85）。实用新型专利6件：应用于播种机的悬挂倒钩覆膜装置；应用于播种机的平地防切膜装置；一种种子分层晾晒装置；一种高效耕地耙糖工具；一种农用高效自动施肥机；一种改良土壤设备。

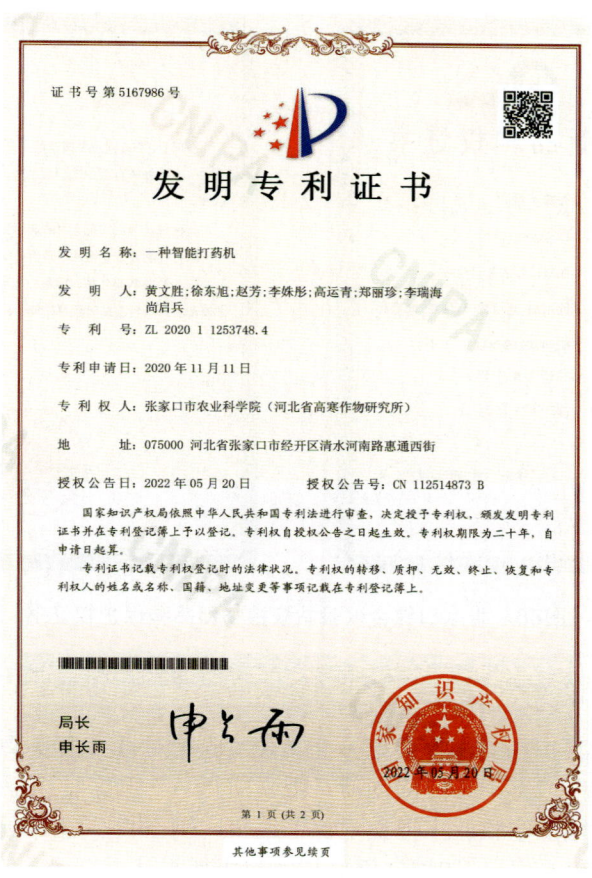

图85　张家口综合试验站获国家发明专利证书

（四）取得的新品种权4个

张绿1号，2019年1月31日授权，品种权号CNA20150498.8。鹦哥1号，2023年5月24日授权，品种权号CNA20211000004。鹦哥2号，2023年5月24日授权，品种权号CNA20211000617。鹦哥2号，2023年12月29日授权，品种权号CNA20211008907（图86）。

（五）形成的技术或标准

制定发布地方标准4项：《绿豆品种　鹦哥1号》（DB 1307/T 301—2020）、《绿豆品种　鹦哥2号》（DB 1307/T 302—2020）、《芸豆品种　冀张芸2号》（DB 1307/T 303—2020）、《直立型芸豆机械化生产技术规程》（DB 1307/T 304—2020）。

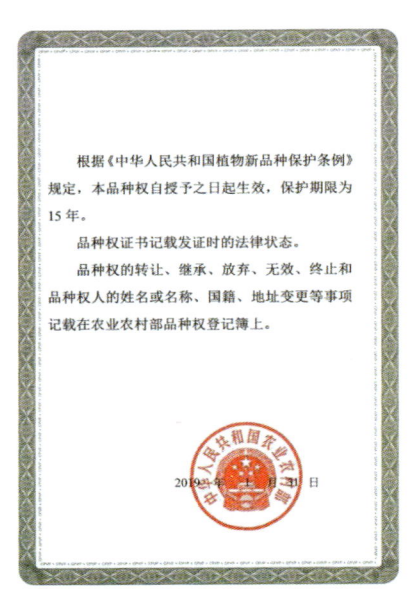

图86　张家口综合试验站获植物新品种保护权证书

（六）代表性论文、专著

发表论文13篇，其中在《作物杂志》上发表《施肥对蚕豆根瘤及产量的影响》，2019年第2期；参编出版专著2部：《协同创新　砥砺前行——国家食用豆产业技术体系建设十年成就》和《张家口地区农牧业主推技术》；编辑印刷蚕豆、绿豆、芸豆、豌豆、小豆、豇豆、小扁豆、鹰嘴豆、刀豆等9种食用豆高效栽培技术丛书。

（七）人才培养

食用豆轻简高效全程机械化生产技术项目、张家口市农业科学院特色豆类创新团队、徐东旭分别荣获2021年河北省文化科技卫生"三下乡"活动示范项目、优秀团队、服务标兵；徐东旭晋升二级研究员，荣获2021年度河北省最受关注的科技创新人物、2021年河北省科协十大代表、2021年张家口市最美科技工作者、2019年张家口市优秀共产党员、2019年张家口市五一劳动奖章；高运青晋升研究员，荣获国家级科技特派员。

四、科技服务与技术培训

张家口综合试验站与河北泥河湾农业发展股份有限公司合作成果丰硕。一是"长荚大粒绿豆新品种鹦哥2号"授权转让泥河湾公司；二是合作承担了中央引导地方科技发展资金项目"绿豆新品种鹦哥2号及轻简高效生产技术集成示范"；三是技术支持的河北省山区"四个一"工程"阳原县绿豆产业科技示范基地"考核合格；四是共建的"河北省食用豆技术创新中心"通过建设期验收；五是共同发起成立的"河北省豆类产业技术创新战略联盟"获得评优第三名。

（一）服务县域经济发展

1. 成果示范与基地建设

在阳原县东堡乡双庙村和西城镇朱家庄筛选出优质高产绿豆新品种冀绿19和鹦哥5号；在阳原县要家庄乡王府庄和南洼村建设985亩示范基地，展示了冀绿19号、冀绿20号、鹦哥2号、鹦哥5号及覆膜机播、耘锄中耕结合药剂除草、联合收割机收获等轻简化技术；在6个乡镇示范了冀绿20号、张绿1号、鹦哥2号、鹦哥5号合计2.3万亩，免费为农民提供原种5.8万kg，新品种比农家种增产10%以上，辐射推广10万亩以上。

2. 技术服务与现场观摩

开展技术培训6次，现场指导100多人次，服务农民500多人次。组织现场观摩会7次，2019年在阳原县要家庄乡柳树皂召开了"食用豆产业科技扶贫示范观摩暨中期工作总结会"和"绿豆机收现场观摩会"，2020年在阳原县要家庄乡王府庄召开了"食用豆科技创新助推产业扶贫示范观摩会"。

3. 品牌建设与产业发展

张家口综合试验站依托品种和技术优势，不断加大泥河湾公司产品研发和品牌宣传的支持力度，构建"科技+政府+龙头企业+合作社+农户"模式，运行"统一供种、统一管理、统一指导、统一收购"机制，技术引领产业发展。泥河湾公司荣获"国家级绿色工厂""C级联合实验室研发机构""河北省知识产权优势企业"等，"泥河湾""金田地广""初谷味""新生草"等品牌效应彰显，入驻京东、天猫等旗舰店并远销30多个国家，线上线下、国际国内营业额超过2亿元，带动了当地食用豆产业发展。

（二）重大突发性事件应急和咨询服务

2019年，应对阳原县要家庄乡柳树皂绿豆旱灾和张北县郝家营乡西高庙豌豆虫害，开展现场技术指导15人次；2020年，针对新冠疫情期间农产品滞销等问题，通过钉钉平台发布"爱心助农"相关信息，为企业拓宽了销售渠道；2021年，张家口综合试验站和泥河湾公司积极响应国家号召，为河南省遭遇洪涝灾害的27个单位提供了救援绿豆种子15万kg，为救民于自然灾害发挥了积极作用。

五、对本学科领域或本区域产业发展所起的支撑作用

张家口综合试验站在种质资源创新、新品种选育、栽培技术研究、病虫草害绿色防控、机械化作业及产业化示范等方面开展了大量工作，技术引领了当地食用豆产业高质量发展。绿豆、芸豆等优质高产宜机收新品种推广覆盖率达到了85%以上，促进了农民增产增收；芸豆、蚕豆、绿豆全程机械化生产技术的研究集成与应用，对于提升当地食用豆生产水平具有里程碑意义，为巩固脱贫攻坚成果和助力乡村振兴战略做出积极贡献。

唐山综合试验站

一、综合试验站简介

国家食用豆产业技术体系唐山综合试验站，始建于2011年，建设依托单位唐山市农业科学研究院。试验站站长刘振兴研究员（图87），团队成员包括周桂梅、陈健、亚秀秀和孟庆祥等4名成员（图88）。试验站下设6个核心试验示范基地，其中唐山市农业科学研究院试验基地50亩，玉田基地30亩，乐亭基地50亩，迁西基地50亩，迁安基地30亩，抚宁基地20亩。

站长刘振兴：唐山市农业科学研究院油料杂粮研究所所长。1996年毕业于西南农业大学农学专业，2012年获中国农业科学院硕士学位。担任"十二五""十三五""十四五"国家食用豆产业技术体系唐山综合试验站站长，现主持河北省重点研发计划1项。近年来，获省科技进步奖二等奖1项，市科技进步奖一等奖1项，市科技进步奖二等奖2项；在核心期刊发表论文30余篇；授权实用新型专利1项、发明专利1项；评价技术成果1项，达到国内领先水平。制定地方标准4项；育成小豆新品种4个。

图87　站长　刘振兴

图88　试验站团队成员

二、主要研发任务和重要进展

（一）主要研发任务

协助岗位专家完成新品种联合鉴定试验，鉴定筛选高产多抗适宜机械化生产的食用豆新品种；食用豆绿色增产增效关键技术集成与示范；食用豆可持续生产关键技术研究，小豆适肥增效技术研究与示范；食用豆重要病虫草害绿色防控技术示范；协助岗位专家进行食用豆生产全程机械化生产的研究。

（二）取得的重要进展

育成2个小豆品种；鉴定筛选出多个适宜唐山地区种植的高产多抗宜机械化的小豆、绿豆、豇豆和豌豆新品种；研究集成了"小豆绿色节本增效栽培技术"，并得到了大面积示范应用；初步完成了鲜籽粒豌豆机械化生产技术的集成；"一种红小豆种植方法"申请发明专利；完成了河北省地方标准《红小豆减肥减药增效栽培技术规程》的编写工作；在《河北农业大学学报》《植物保护》《作物杂志》《种子》等核心期刊上发表论文5篇。

三、标志性成果

（一）育成的新品种

1. 冀红19

以唐红28为母本，保M951-12为父本，通过杂交、定向选择培育而成。2020年9月通过中国作物学会鉴定，鉴定编号：国品鉴小豆2020003。该品种适宜在山西太原、大同，吉林长春，辽宁沈阳，黑龙江哈尔滨、齐齐哈尔，北京，河北唐山、保定，内蒙古呼和浩特等地种植。

2. 冀红21

以保M951-12为母本，京农2为父本，通过杂交、定向选择培育而成。2020年9月通过中国作物学会鉴定，鉴定编号：国品鉴小豆2020004。该品种适宜在北京，河北保定、唐山，吉林长春、白城，黑龙江哈尔滨、齐齐哈尔，山西太原、大同，内蒙古呼和浩特等地种植。

（二）申请专利

"一种小豆种植方法"申请发明专利，申请日期2021年1月14日，申请号202110053114.2（图89）。

（三）形成的技术或标准

针对小豆生产上存在的田间管理水平较低、费工费时、种植效益不高等问题，在选用高产优质、适宜机械化作业品种的基础上，研究了小豆肥水需求规律、减肥增密、病虫害绿色防控及农机农艺融合等关键技术，集成了绿色节本增效栽培技术。"小豆绿色节本增效栽培技术"，于2021年8月18日通过中国科学院唐山高新技术研究与转化中心组织的成果评价，成果水平国内领先。

完成了河北省地方标准《红小豆减肥减药增效栽培技术规程》的编写工作。

（四）代表性论文

在核心期刊上发表论文5篇，分别发表于《河北农业大学学报》《植物保护》《作物杂志》和《种子》上，其中《小豆品种高产特征分析与评价》发表于《河北农业大学学报》2019年第5期，《小豆病害研究进展》发表于《植物保护》2019年第3期，

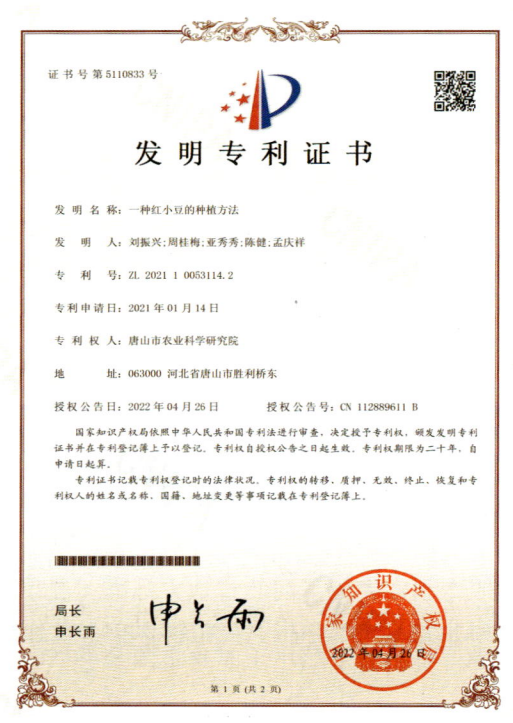

图89　唐山综合试验站获国家发明专利证书

《小豆新品种冀红19的选育及栽培技术要点》发表于《种子》2019年第1期，《不同种植密度对3个小豆品种植株形态及产量的影响》发表于《作物杂志》2020年第6期，《小豆新品种冀红21的选育及栽培技术要点》发表于《种子》2020年第5期。

（五）人才培养

刘振兴于2020年晋升为研究员。

四、科技服务与技术培训

（一）服务县域经济发展

在石臼窝镇、玉田镇建立小豆绿色节本增效技术核心示范区2个，平均亩产140 kg，增产10%以上，亩节约成本90元，亩增效230元。小豆绿色增产增效关键技术的集成与示范，实现了优良品种、减肥增效、病虫草害绿色防控的有机结合，达到了绿色、节本、增效的目的。在粮源农民专业合作社、金玉田种植专业合作社，重点进行了小豆新品种冀红19、冀红21精量机械免耕播种技术示范，为合作社免费提供示范种及专用免耕播种机，该项技术的实施，亩产小豆164.8 kg，产值1 648元，比常规机械播种亩节约成本120元、

增效260元。通过新品种新技术的示范推广，玉田县的小豆产量和品质有了大幅度提升，小豆色泽鲜红、籽粒饱满，提升了商品价格，增强了市场竞争力，收购价比本地小豆高0.5~1.0元/kg。

（二）重大突发性事件应急和咨询服务

向首席办提交"疫情下唐山食用豆产业发展存在的问题及对策"等材料；在疫情期间，多渠道进行成果宣传，利用电话、短信、QQ、微信等向合作社、种植大户宣传小豆、豌豆栽培技术措施；2020年4月中下旬，乐亭春豌豆遭受两次低温冻害，为了把损失降到最低，唐山综合试验站在唐山农业信息网发布"春豌豆提早追肥，把产量损失降到最小"的指导建议。2021年6—8月，华北地区小豆遭受涝灾，我们团队及时制定方案，指导农民抢收、抢种，6月26日小麦抢收结束，至7月5日小豆播种结束。7月22日，联合玉田县农业技术站在玉田县石臼窝镇大太平庄举行了"涝灾后小豆减损增效技术措施"田间指导。同时，协助岗位专家田静老师完成了《华北区涝灾后小豆丰产栽培技术》的编写工作。

五、对本学科领域或本区域产业发展所起的支撑作用

小豆是唐山地区传统特色食用豆类作物，鲜食豌豆是近年来发展起来一种高效食用豆类作物，但是在生产上都存在品种单一、机械化生产水平较低的问题。唐山综合试验站在调研的基础上，把小豆、豌豆新品种的鉴定筛选及绿色丰产栽培技术的集成与示范作为重点任务。在首席、岗位专家的指导下，唐山综合试验站紧紧围绕着重点任务，鉴定筛选出多个适宜唐山地区种植的高产、多抗、宜机化的小豆、豌豆新品种，同时研究集成了小豆绿色节本增效栽培技术、初步完成了豌豆全程机械化生产技术的集成。品种及配套技术在生产上大面积示范应用，促进了唐山地区小豆、豌豆持续健康发展。

太原综合试验站

一、综合试验站简介

国家食用豆产业技术体系太原综合试验站成立于2008年，建设依托单位为山西农业大学农业基因资源研究中心（原山西省农业科学院农作物品种资源研究所），站长畅建武研究员（图90）。试验站人员结构合理，包括有研究员1名，副研究员3名，助理研究员2名。其中博士2人、硕士2人、本科2人（图91），目前已形成老中青相结合的研究团队。太原综合试验站在山西省食用豆主产区建立有试验示范基地6个，分别是榆次区（20亩）、盂县（30亩）、定襄县（100亩）、岢岚县（200亩）、五寨县（200亩）、岚县（100亩）。

站长畅建武：1963年9月出生。1984年毕业于山西农业大学，获农学学士学位。参加工作以来，一直从事食用豆种质资源收集鉴定、品种选育、栽培技术研发和示范推广工作。截至目前，共引进和选育食用豆品种7个，制定山西省地方标准6项；获得省部级以上奖励7项，其中农业部科技进步奖二等奖1项，山西省科技进步奖一等奖1项、二等奖3项、三等奖2项；发表论文20余篇，其中SCI论文2篇，撰写专著5部，其中主持编写专著1部；授权专利2项。

图90 站长 畅建武

图91 试验站团队成员

二、主要研发任务和重要进展

（一）主要研发任务

重点任务：芸豆高产、多抗、优质、适宜机械化品种选育；芸豆绿色丰产、增产增效关键技术集成与示范；芸豆可持续生产关键技术研究；芸豆重要病虫草害高效绿色防控及关键技术研究；食用豆种质资源的收集、鉴定和评价；芸豆产业发展形势研判与政策建议等任务。

基础性工作：新品种新技术的技术服务、培训及示范；食用豆生产和产业调研；基础数据库的补充完善；跨体系技术合作；产业服务县域经济发展等工作。

应急性服务：监测本地区本产业生产和市场变化，关注突发性和农业灾害事件，并提出应急预案和技术指导方案，完成农业农村部各相关司局及体系首席交办的各项任务。

（二）取得的重要进展

1. 芸豆高产、多抗、优质、适宜机械化品种选育

育成两个高产、多抗、优质、适宜机械化红芸豆新品种，品金芸4号，于2020年通过山西省非主要农作物品种审定委员会审（认）定，认定编号：晋认芸202001；品金芸5号，于2021年通过山西省非主要农作物品种审定委员会认定，编号为晋认杂粮202107。

开展小豆、芸豆区域联合鉴定试验，筛选到优质高产小豆品种3个，分别为吉红14号、122-080和THM2011-28；筛选到优质高产芸豆品种2个，分别为龙15-1858和ZYD19-01，并进行了生产试验。

2. 芸豆绿色丰产、增产增效关键技术集成与示范

在肥料、密度、减施氮肥增施生物菌肥、红芸豆轮作等相关试验的基础上，采用播种、施肥、覆膜一次完成，适时喷药、除草全部机械化等技术措施，集成了红芸豆抗旱节水高产栽培技术。2019—2021年，在山西省岢岚县、岚县、五寨县和朔城区等地开展了红芸豆抗旱节水高产栽培技术的示范，示范面积1 857.3亩，平均亩产148.0 kg，平均亩增产16.2%。

3. 芸豆重要病虫草害高效绿色防控及关键技术研究

开展了红芸豆最佳除草剂筛选，通过不同除草剂试验比较，确定了"精喹禾灵+氟磺胺草醚"在不影响红芸豆产量且有效防除红芸豆杂草的前提下，能够促进红芸豆增产。

此外，通过红芸豆"除草剂+微耕机"联合除草效果更好，红芸豆田间杂草防除效果较好，株防效和鲜重防效分别达到95.2%和99.0%。

4. 芸豆可持续生产关键技术研究

通过高效轮作模式筛选试验，确定了红芸豆、燕麦、马铃薯3种作物3年轮作较2年轮作能够明显促进红芸豆增产，而在3年轮作模式当中以"红芸豆—燕麦—马铃薯"轮作模式增产幅度最高，在2年轮作模式当中以"红芸豆—燕麦"模式增产幅度最大。

通过红芸豆肥料、密度裂区试验确定，红芸豆施氮肥量在12 kg/亩，播种密度4 000穴/亩（12 000株）时能够有效促进红芸豆增产。

通过开展红芸豆生长调节剂乙矮合剂最佳喷施时间和喷施剂量组合筛选，确定初花期喷施剂量为20 mg/mL（品金芸4号）和60 mg/mL（品金芸5号）能够分别促进2个红芸豆品种增产。

5. 食用豆种质资源的收集、鉴定和评价

在山西省平顺县、榆社县、盂县、阳曲县、河曲县和浑源县收集食用豆种质资源106份，并在榆次东阳基地进行了田间种植和农艺性状的鉴定评价。

6. 芸豆产业发展形势研判与政策建议

协助产业经济岗位专家在山西省岢岚县建立固定观察点，开展了产业经济的调研并提交了芸豆产业发展形势和建议的相关报告。

三、标志性成果

（一）获奖成果

2019年"红芸豆品种品金芸3号的选育及高产栽培技术的推广应用"获山西省科技进步奖三等奖（图92）。红芸豆是山西杂粮出口特色农产品，种植面积占我国红芸豆总面积的1/3以上，在我国食用豆产业当中占有重要地位。由于多年种植，品种退化严重，传统种植技术缺少病害防控环节、病害发生率逐年上升，对红芸豆产业发展造成严重影响。为了保持和发展好这一特色产业，太原综合试验站选育了山西省第一个红芸豆品种"品金芸3号"，集成了红芸豆高产栽培技术，实现了红芸豆"良种、良法、良田"的配套，提高了红芸豆的产量和品质，降低了生产成本。2014—2016年，3年累计推广种植45.8万亩，净增产红芸豆1 041.1万kg，新增社会经济效益6 662.59万元。山西省红芸豆种植面积由2013年的30万亩提高到2016年的57万亩，有力促进了山西省红芸豆产业快速、健康、稳定的发展。

图92 太原综合试验站获奖成果证书

（二）育成的新品种

2020年，由太原综合试验站选育的红芸豆新品种——品金芸4号，通过山西省非主要农作物品种审定委员会审（认）定，编号为晋认芸202001。该品种生育期为99天左右，较英国红芸豆晚熟4~5天。该品种抗旱性中高抗，中抗普通细菌性疫病。2019年经农业部谷物品质监督检验测试中心（北京）测定，该品种籽粒粗蛋白含量为26.4%，粗淀粉含量为48.03%，粗脂肪含量为1.14%。该品种产量平均亩产115.6 kg，比对照增产15.3%。

2021年，品金芸5号，通过山西省非主要农作物品种审定委员会认定，编号为晋认杂粮202107。该品种生育期约90天，株型直立紧凑，根茎较粗壮，生长习性为有限结荚型。2020年经农业农村部谷物品质监督检验测试中心测定，籽粒粗蛋白含量21.71%，粗脂肪含量1.27%，粗淀粉含量49.74%。2019—2020年参加山西省芸豆新品种联合区域试验，2年10个点平均亩产107.48 kg，比对照英国红增产8.2%。

（三）申请专利

2020年，"一种基于转录组测序开发山鹰豆EST-SSR引物组及方法和应用"被授权（图93）。该专利通过对两个山鹰豆种质苗期根茎叶混样开展转录组测序，利用组装拼接后的Unigene进行EST-SSR引物的设计，采用43份材料筛选到8个能够有效区分43份山鹰豆资源的EST-SSR标记，建立了山鹰豆指纹图谱，可用于山鹰豆种质资源的鉴定。

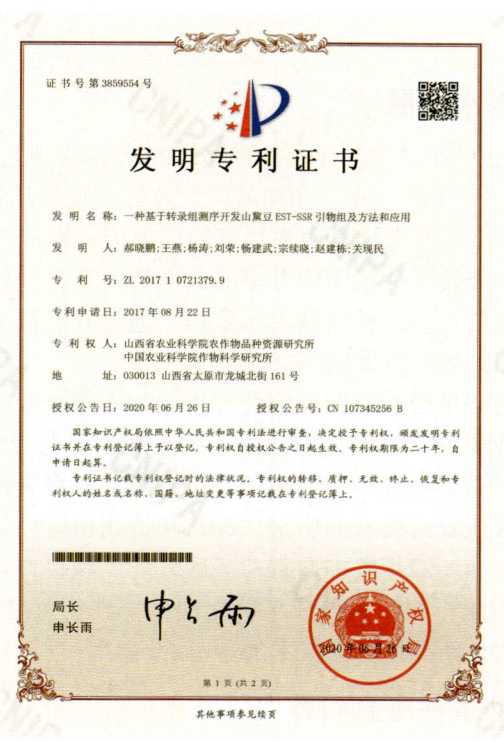

图93　太原综合试验站获国家发明专利证书

（四）形成的技术或标准

《红芸豆　燕麦　马铃薯轮作技术规程》是太原综合试验站通过多年轮作试验和总结，集成的一项针对山西省红芸豆、燕麦和马铃薯种植区，增产红芸豆的轮作技术。该项技术要点为：在红芸豆与燕麦、马铃薯2年或3年轮作当中，2年轮作应以燕麦作为前茬能够促进红芸豆增产，3年轮作则以马铃薯作为前茬能够促进红芸豆增产。通过实施该项技术，能够明显促进红芸豆增产，增产幅度较连作在10%以上。

（五）代表性论文、专著

2019—2021年共发表论文3篇，其中核心期刊2篇，省级期刊1篇。

其中，在《中国种业》上发表《红芸豆品种品金芸3号及栽培技术》，在《山西农业科学》上发表《基于分光光度法的137份山黧豆种质资源ODAP含量分析》，在《中国蔬菜》上发表《山西省普通菜豆核心种质普通细菌性疫病抗性的鉴定和评价》。

（六）人才培养

团队成员郝晓鹏完成博士学位论文的答辩，王燕于2020年3月晋升副研究员。

四、科技服务与技术培训

（一）服务县域经济发展

2019—2021年，在山西省主产区开展技术培训28次，培训人员1 504人次，发放技术资料1 687份。在岢岚县、五寨县、岚县和朔城区发放红芸豆新品种1.33 t，地膜590卷，肥料24 t，农药2 300袋。其中针对岢岚县服务县域经济发展，在以首席科学家程须珍研究员为代表的十多位食用豆产业技术体系岗位专家的共同努力下，分别于2020年和2021年建立了"百亩"和"千亩"红芸豆新品种新技术示范田，通过开展技术培训和服务、专家现场和线上指导的方式，服务县域经济发展。

此外，还积极通过与当地政府部门、红芸豆生产加工等企业的合作，服务当地县域经济发展。如帮助当地企业（岢岚县普济农产品小杂粮加工专业合作社）认证红芸豆A级农产品；受岢岚县农业农村局委托撰写"忻州市岢岚县红芸豆育繁推一体化示范项目可行性研究报告"；与岢岚县农业农村局共同申报"2021年忻州市岢岚县红芸豆科研示范基地项目"；申报成功2021年度和2022年度山西省"三区人才"项目；与岢岚县高家会乡明天好小杂粮专业合作社共同申报忻州市科技成果转化项目"红芸豆品金芸4号及配套高产技术的示范推广"，开展红芸豆新品种、新技术的示范。

（二）重大突发性事件应急和咨询服务

2019—2021年，山西红芸豆主产区均发生了不同程度的干旱、霜冻等灾害。太原综合试验站及时向当地政府部门和首席通报了相关情况并开展了应急性技术服务工作。

2019年，春夏之季，山西省遭遇严重干旱天气，北部忻州、大同地区干旱情况稍轻，但局部地区、特定阶段下冻害和干旱情况时有发生，对红芸豆的播种造成了一定影响。本站及时向当地政府部门通报了相关情况并指导农民进行红芸豆苗期抗寒、抗旱，有效降低了红芸豆可能缺苗带来的损失。

2019年7月初，山西省岚县、岢岚红芸豆发生了大豆孢囊线虫为害，导致部分红芸豆地块植株长势变弱，出现部分死亡。本站及时向当地政府部门和种植户通报了相关情况，提出建议喷施"细秀光合菌剂"生物菌剂和"磷酸二氢钾"叶面肥，增加红芸豆自身免疫力，提高抗虫、抗病和抗逆能力，挽回了一定的损失；在岢岚县、五寨县、岚县、定襄县、保德县等地组织开展技术培训和技术服务16次；向农业农村部科教司产业处及有关部门提交产业研发技术和工作报告5份。

2020年，由于岢岚县春季干旱对春播造成一定影响。本站积极采取应对措施，向相关政府部门提出意见和建议并指导农民进行保墒、抢墒播种；受岢岚县农业农村局委托，进行了"忻州市岢岚县红芸豆育繁推一体化示范项目可行性研究报告"和"2021年忻州市岢岚县红芸豆科研示范基地项目"的撰写，为岢岚县红芸豆产业发展建言献策。

2021年，山西省西北部红芸豆主产区遭遇多年不遇的干旱天气。7—8月红芸豆花荚期，降水量稀少。其中7月降水量仅有26.4 mm，较常年减少80.6 mm，8月降水量为61.6 mm，较常年减少41.4 mm。花荚期降水量的减少，不利于红芸豆结荚鼓粒，造成红芸豆减损严重。针对上述问题，本站及时通知了岢岚县农业农村局等相关部门，就可能加剧的旱情，提出通过喷施叶面肥和抗旱剂等，开展抗旱工作，挽回了一定的经济损失。

2019—2021年共计向体系首席、政府部门提交咨询报告11份，为食用豆产业发展建言献策。

五、对本学科领域或本区域产业发展所起的支撑作用

2019—2021年，太原综合试验站开展了红芸豆新品种的筛选和培育、抗旱节水高产栽培技术的集成，同时在晋西北地区的忻州、吕梁等红芸豆主产区开展了新品种新技术的技术培训、技术服务及示范推广工作。项目实施3年共计示范红芸豆新品种新技术1 857.3亩，平均亩产148.0 kg，平均亩增产16.2%。累计推广红芸豆品种品金芸3号2.9万亩，增加产量70.3万kg，增收573.78万元，推广红芸豆抗旱节水新技术8.6万亩，增加产量201.1万kg，增收1 653.72万元。培训人员1 504人次，发放技术资料1 687份。通过本项目实施，加快了红芸豆品种和生产技术的更新和升级，有力地促进了山西红芸豆这一特色产业的发展。

大同综合试验站

一、综合试验站简介

大同综合试验站建设依托单位为山西农业大学高寒区作物研究所，现任试验站站长为邢宝龙（图94）。目前试验站拥有团队成员4名，其中研究员1名，副研究员3名，助理研究员1名，博士1名（图95）。拥有固定试验地50亩，现有试验示范基地5个，分别在大同市云州区、阳高县、浑源县、天镇县和朔州市右玉县。

站长邢宝龙：1973年生，现任山西农业大学社会服务部部长、研究员，硕士生导师。先后主持国家级项目3项，省、市各级各类项目15项，育成农作物新品种15个。获山西省科技进步奖二等奖2项，三等奖1项，山西省农技承包一等奖1项、二等奖4项，大同市科技进步奖二等奖1项、三等奖1项。授权发明专利2项、实用新型专利5项。编写专著5部，在省级以上刊物发表论文50余篇。中国作物学会食用豆分会常务委员、山西省杂粮学会副会长，山西省农作物审定委员会委员，食品营养与安全山西省重点实验室学术委员会委员，大同市第十五届政协委员、大同市政协农业和农村委员会副主任、大同市学术技术带头人，《山西农业科学》第五届编委会委员，兼任大同黄花产业发展研究院常务副院长。

图94　站长　邢宝龙

图95　试验站团队成员

二、主要研发任务和重要进展

（一）主要研发任务

食用豆高产多抗与优质专用适宜机械化生产新品种选育；食用豆育种技术创新与新基因发掘；食用豆可持续生产关键技术研究；食用豆农机农艺融合全程机械化生产技术集成与示范；食用豆重要病虫草害绿色防控技术研究集成与应用；重大突发性事件应急和咨询服务；产业基础数据平台建设。

（二）取得的重要进展

（1）对资源圃286份绿豆、102份小豆、88份芸豆、96份豌豆资源进一步进行鉴定、筛选，共配制杂交组合118个，其中绿豆杂交组合48个，小豆杂交组合22个，芸豆杂交组合38个，豌豆杂交组合10个，创制绿豆新种质6份，小豆新种质2份，芸豆新种质4份。豌豆新种质1份，抗性达到了中抗以上。

（2）对4个芸豆品种和7个绿豆品种的种子进行了离子导入法处理，筛选出绿豆苗头性新品系2个，芸豆新品系1个。

（3）对绿豆品种（系）28个、小豆品种（系）24个、芸豆品种（系）、豌豆品种（系）15个新品系进行联合鉴定试验，其中从中筛选出了适合晋北地区生产和加工需要的绿豆品种（系）3个，小豆品种（系）2个，芸豆品种（系）2个，豌豆新品系1个。

（4）对绿豆新品种张绿3号、冀绿0816和冀绿0514进行了抗晕疫病绿豆品种田间试验示范，完成了晋绿9号无菌种子防治绿豆晕疫病生产示范，完成了芸豆农田茎叶处理除草剂筛选。

（5）开展了绿豆、芸豆多项关键技术研究、集成和示范，与阳高合创农业科技有限公司，进行科企联合，示范了千亩幼龄果树套种富含高功效成分绿豆高效栽培技术，对富含高功效成分牡荆素、异牡荆素的同绿5号绿豆新品种进行芽菜生产试验，集成了绿豆绿色丰产、轻简、高效和全程机械化栽培技术。

（6）参与编写《华北区旱灾后芸豆丰产栽培技术》防灾减灾技术措施，并与大同综合试验站5个示范基地种植大户、合作社等及时联系，及时将技术手册发放到农技人员、种植大户以及种植合作社等人员手中。

（7）收集食用豆相关数据9条，在大同市（云州区）集仁村收集了9份土壤样品信息，完善芸豆双斑蝇叶甲虫害信息1条。

三、标志性成果

（一）获奖成果

2020年"西北地区（山西）杂豆高效生产关键技术研究与示范"获山西省科技进步奖

三等奖。

本成果针对山西省不同杂豆产区土壤贫瘠、气候冷凉、良种覆盖度低、田间管理粗放等问题，通过以不同生态区适宜杂豆（绿豆、芸豆、小豆）抗逆高产专用品种筛选为核心，重点围绕品种筛选、水肥高效利用、病虫草害防治和机械化作业4个方面开展多部门联合协同攻关。筛选出优质多抗适宜机械化种植的杂豆新品种，集成了各种技术创新种植模式，建立杂豆全程机械化种植的配套农艺措施和标准，综合解决制约山西省杂豆产业化发展的关键问题。并通过技术成果的集成示范和推广，建立覆盖全省主要杂豆产区的持续高效优质安全生产技术支撑体系。

（二）育成的新品种7个，获新品种保护权1个，申请3个

（1）同绿5号绿豆新品种，2021年通过山西省非主要农作物品种认定。

（2）同绿6号绿豆新品种，2021年通过山西省非主要农作物品种认定。

（3）黄荚绿绿豆新品种，2021年通过山西省非主要农作物品种认定。

（4）同芸豆1号芸豆新品种，2021年通过山西省非主要农作物品种认定。

（5）同芸豆2号芸豆新品种，2021年通过山西省非主要农作物品种认定。

（6）同豌8号豌豆新品种，2021年通过中华人民共和国农业农村部非主要农作物品种登记。

（三）申请专利

（1）一种红小豆筛选装置，于2020年06月26日获得授权国家实用新型专利。

（2）高效豌豆杂交育种方法，于2021年08月17日获得授权国家发明专利。

（3）一种绿豆播种装置，于2022年08月05日获得授权国家发明专利（图96）。

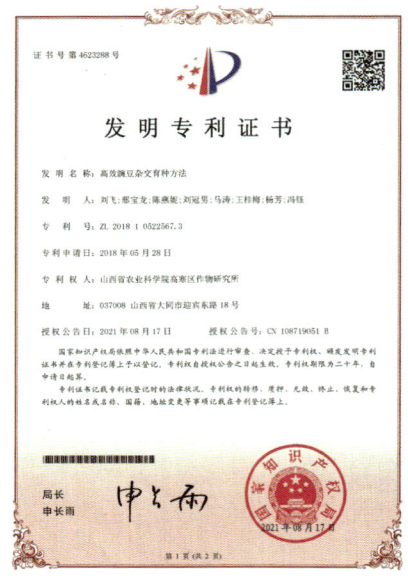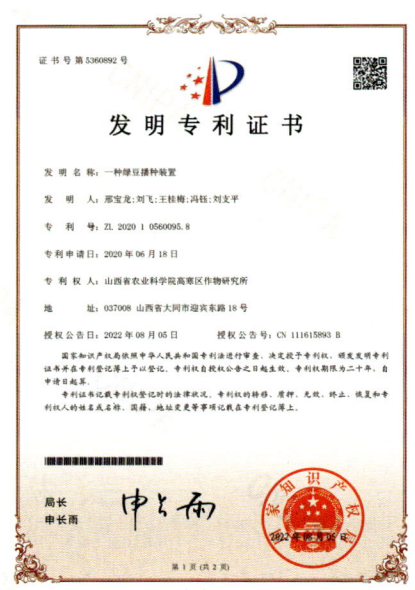

图96　大同综合试验站获国家发明专利证书

（四）形成的技术或标准

绿豆轻简高效全程机械化栽培技术；高寒区旱地红芸豆地膜覆盖高产栽培技术；红芸豆主要病虫害防治技术规程；绿豆机械化栽培技术规程；旱作区红小豆栽培技术规程。

（五）代表性论文、专著

共发表论文8篇，编写专著3部。

（六）人才培养

邢宝龙晋升为研究员，刘飞晋升为副研究员，郝爱静获硕士学位，李梦蛟获博士学位。

四、科技服务与技术培训

（一）服务县域经济发展

2019—2021年大同综合试验站依托科研项目发挥技术优势，与示范县当地龙头企业合作，开展对口的技术支援。大同综合试验站在新三农农牧专业合作社示范绿豆地膜覆盖有机旱作技术示范田300亩，为该示范基地提供优良绿豆品种晋绿9号和相关农资农机，实现了绿豆全程机械化种植。与天镇通航粮贸有限公司联合开展了红芸豆新品种新技术的示范工作，建立了同芸1号芸豆节本增效技术集成应用示范田150亩，并开展技术服务和培训工作，免费发放种子、地膜等农资，加大对贫困县的科研扶持，惠及当地农户80余户，150余人。与天镇县通航粮贸有限公司积极推行"公司+基地+贫困户"产业发展模式，着力带动农业发展方式和贫困群众生产方式的转变，带动6个乡镇22个村种植红芸豆2万多亩。

（二）重大突发性事件应急和咨询服务

受新冠疫情影响，基地春耕所需的食用豆种子、化肥、农药等农资面临物流配送不畅的问题，大同综合试验站与5个示范基地县密切沟通，对食用豆重点示范村，利用多种宣传方式调动农户本年度种植食用豆的积极性。充分依托网络平台，加强食用豆各个种植关键环节的技术培训。在此基础上，加强对社会公众的宣传和培训，特别是提高示范户和农业合作社应对疫情所产生的农业危机的意识。同时，我站加强与企业的信息沟通，积极呼吁，建议产区和销区构建稳定的对接关系。夯实农业生产能力基础，加强主体建设，统筹用好两个市场两种资源，推动食用豆产品优进优出、引进来走出去齐头并进，减少疫情对食用豆产地和销地相互衔接的影响，最大限度弥补生产者的各种风险损失。

五、对本学科领域或本区域产业发展所起的支撑作用

大同综合试验站与云州区新三农农牧专业合作社合作，推动"一村一品"和"一县

一业"，增加农民收入，发挥了重要作用。在该合作社示范展示绿豆地膜覆盖有机旱作技术，为该示范基地提供了优良绿豆品种晋绿9号和相关农资，并提供了绿豆播种机、中耕机、收获机等农机，实现了绿豆全程机械化种植。与天镇通航粮贸有限公司联合在天镇县赵家沟乡杨家庄村开展了红芸豆新品种新技术的示范工作，建立了同芸1号芸豆节本增效技术集成应用示范展示田，并开展技术服务和培训工作。与山西合创农业科技有限公司共同进行富含牡荆素绿豆新品种选育与配套栽培技术研究，为企业选育并提供加工型专用绿豆新品种，即富含高功效成分牡荆素、异牡荆素的同绿5号绿豆新品种，以及配套艺机一体化栽培技术集成。同时示范了千亩幼龄果树套种富含高功效成分绿豆高效栽培技术，协助企业共建科技示范园，及企业对绿豆高功效成分进行加工利用。通过新品种、新技术的实施，推动了当地农业增产、农户增收，起到了产业引领和科技支撑作用。

呼和浩特综合试验站

一、综合试验站简介

国家食用豆产业技术体系呼和浩特综合试验站于2008年建立，建设依托单位为内蒙古自治区农牧业科学院，站长孔庆全研究员（图97）。现有团队成员5名，其中研究员2名，助理研究员2名（图98）。2019—2021年，在内蒙古农牧业科学院玉泉区基地、托克托县基地和呼和浩特市土默特左旗国家现代农业示范区基地建立试验基地3个，共226亩；在呼和浩特、乌兰察布、赤峰、兴安盟4个盟市6个食用豆主产旗县（区）建立示范基地18个，2 756亩，示范推广食用豆新品种及高产高效栽培技术90万亩，取得了显著的经济效益、社会效益和生态效益。

站长孔庆全：现任内蒙古自治区农牧业科学院研究员，入职以来主要从事食用豆类种质资源收集、鉴定、创新和育种栽培研究。先后主持（参加）完成国家、自治区及国际合作科研项目40余项，先后获得国家和内蒙古自治区各类奖励10项；引育食用豆新品种12个；发明实用新型专利6项，制定（修订）地方标准多项，编制计算机软件著作权4项，发表学术论文40余篇，参编著作5部；食用豆新品种及高效栽培技术示范推广成效显著，取得良好的社会效益、经济效益和生态效益，有力地促进内蒙古自治区脱贫攻坚和乡村振兴工作，多次获得"院先进工作者"荣誉称号。

图97 站长 孔庆全

图98 试验站团队成员

二、主要研发任务和重要进展

（一）主要研发任务

针对内蒙古区域食用豆产业发展新需求，筛选培育高产、多抗、优质、专用等特性突出且宜机械化生产的食用豆新品种；集成内蒙古地区主要食用豆全程机械化生产技术；并在示范县及其他主产区进行示范展示推广应用；积极开展技术培训和技术服务工作，有效促进了内蒙古区域食用豆产业提质增效。

1. 食用豆高产多抗、优质专用且适宜机械化生产的新品种选育

承担体系绿豆、芸豆、小豆、豇豆4项新品种（系）联合鉴定试验，引进育种研究室岗位专家的高代绿豆品系，对参试品种（系）的丰产性、综合抗性、宜机性等进行综合评价，筛选适宜内蒙古主产区气候条件的高产、多抗、优质专用和适宜机械化生产的突破性品种，解决产业瓶颈问题，为轻简高效栽培和提质增效提供品种支撑。

2. 食用豆绿色丰产高效生产技术集成与示范

集成内蒙古地区主要食用豆绿豆、芸豆全程机械化生产技术规程2套，并在主产区进行示范展示和大面积推广应用，促进食用豆生产向规模化和全程机械化转变，实现食用豆生产绿色轻简、提质增效。

3. 食用豆类病虫草害综合防控技术研究

积极开展绿豆无菌种子防控晕疫病试验示范、鹰嘴豆化学除草试验、绿豆抗晕疫病高代品系异地鉴定筛选试验等。

4. 综合

持续开展食用豆产业调研，生产、市场监测；技术培训；基地建设与新品种新技术示范；脱贫攻坚；跨体系合作；应急性技术服务等。

（二）取得的重要进展

1. 食用豆高产多抗、优质专用、适宜机械化生产的新品种选育

试验站选育绿豆新品种3个，其中耐寒、耐旱、高产、抗晕疫病绿豆新品种"科绿2号"通过中国作物学会的品种鉴定（鉴定编号：国品鉴 绿豆2020003）。

通过绿豆、小豆、芸豆、豇豆4个豆种2年的新品系联合鉴定试验和1年联合生产试验，筛选出适合内蒙古主产区种植的高产多抗与优质宜机的食用豆新品种（系）8个，其中绿豆2个，小豆1个，芸豆4个，豇豆1个。

2. 食用豆绿色丰产高效生产技术集成与示范

研究集成绿色高产栽培技术9项。

其中，修订发布地方标准2项：《绿豆地膜覆盖高产栽培技术规程》（DB 15/T 700—2019）和《芸豆地膜覆盖高产栽培技术规程》（DB 15/T 931—2019）。

制定发布地方标准3项：《绿豆田防治绿豆象技术规程》（DB15/T 1688—2019）、

《绿豆种子处理防治蚜虫技术规程》（DB15/T 1689—2019）和《种子处理预防绿豆细菌性晕疫病技术规程》（DB15/T 1690—2019）；

制定已立项《地方标准》4项（完成公开征求意见）：《内蒙古主栽食用豆机械化生产技术规程》第一部分（绿豆DB15/T 2925.1—2023）；《内蒙古主栽食用豆机械化生产技术规程》第一部分（小豆DB15/T 2925.2—2023）；《内蒙古主栽食用豆机械化生产技术规程》第一部分（芸豆DB15/T 2925.3—协同创新　砥砺前行：国家食用豆产业技术体系建设十年成就续编·230·2023）；《鹰嘴豆栽培技术规程》（DB15/T 2921—2023），并在内蒙古自治区食用豆主产区得到了广泛应用。

3. 食用豆类病虫草害综合防控技术研究

完成鹰嘴豆化学除草试验，初步明确封闭除草剂96%精异丙甲草胺乳油和330 g/L二甲戊灵乳油在推荐剂量下对鹰嘴豆安全，可放心使用；苗后茎叶除草剂480 g/L灭草松AS和250 g/L氟磺胺草醚AS在试验剂量下值得推广。

通过2年的绿豆无菌种子防控晕疫病试验示范，明确了在北方种植易感晕疫病的绿豆品种，可以通过种植南方地区繁殖的种子来有效预防晕疫病的发生，达到绿色防控，增产增收的效果。

另外，对白城市农业科学院提供的200份抗晕疫病绿豆杂交后代在本站进行了二年抗晕疫病鉴定和单株选择，初步筛选出10份高产、抗病、早熟、直立、结荚集中、适宜机械化生产的优良品系，将于2022年进行品系鉴定试验。

4. 综合

2019—2021年，呼和浩特综合试验站按照体系总体工作安排，结合内蒙古食用豆生产实际情况，建立3个食用豆试验基地，累计226亩，开展完成了20多项食用豆试验研究，均达到预期研究目标。

在内蒙古食用豆主产区建立绿豆、芸豆、鹰嘴豆新品种及高产栽培技术示范基地18个，示范面积2 756亩，推广绿豆、芸豆等新品种及绿色高产栽培技术90万亩，取得显著经济效益、社会效益和生态效益。

协助产业经济研究室积极开展食用豆产业调研，生产、市场监测，及时了解产业需求和动态，为制定研发方向提供依据；积极开展技术服务和技术培训及应急性技术服务等，有力促进区域经济发展和脱贫攻坚。

三、标志性成果

（一）获奖成果

农作物种质资源收集保存评价及优良种质创制与应用，获2020年度内蒙古自治区科技进步奖一等奖（图99）。

该成果针对内蒙古自治区种质（基因）资源收集保存和研发滞后等问题。一是10多年首次系统规范性地对内蒙古的主要农作物种质资源进行了收集保存与鉴定评价，共收集保存31 367份，其中食用豆类1 723份，为进一步开展农作物育种提供了物质基础；二是开展了濒危地方农作物资源抢救性收集及保存与筛选，共收集保种1 162份，防止了地方农作物种质绝种失传；三是首次编著了《内蒙古自治区主要农作物种质资源目录》，对种质资源相关数据建立了信息查询平台；四是建成一座农作物低温保种库，防止了种质资源的二次损失；五是从农产品的品质和安全的需求角度，筛选创新出特优异及品质优和抗性强的各类作物种质资源3 012份；育成农作物新品种6个并推广应用，引领和促进了自治区农作物育种由单一产量主导型向品质营养及保健型并重转变，有效促进了自治区农业的高质量发展。

图99　呼和浩特综合试验站获奖成果证书

（二）育成的新品种

育成绿豆新品种3个，其中科绿2号通过中国作物学会鉴定，蒙科绿3号和蒙科绿4号未鉴定，参加2022年食用豆体系新品种联合鉴定试验。

1. 科绿2号

耐寒、耐旱、高产、抗晕疫病绿豆新品种。该品种全生育期90天左右，2018年食用豆体系绿豆联合生产试验中与对照品种中绿5号平均增产为20.98%。

2. 蒙科绿3号

由科绿2号直立变异单株系选而成，亩产114.206 kg，比对照白绿522增产7.2%。

3. 蒙科绿4号

从河北省农林科学院粮油作物研究所引进的高代材料选育而成，该品种植株直立抗倒，结荚集中，成熟一致，无病害，平均产量154.0 kg/亩，适宜机械化栽培。

（三）申请专利

获得实用新型专利1项：一种绿豆储存用防虫包装机，于2021年6月发布。该专利提供了一种防止绿豆象等仓储害虫为害绿豆的塑封密闭包装机具，有利于种质资源长期安全保存。

（四）形成的技术或标准

制定（修订）发布内蒙古自治区地方标准9项，其中6项为高效栽培技术规程、3项为病虫害防治技术规程。

（1）《绿豆地膜覆盖高产栽培技术规程》（DB 15/T 700—2019）。

（2）《芸豆地膜覆盖高产栽培技术规程》（DB 15/T 931—2019）。

（3）《绿豆田防治绿豆象技术规程》（DB 15/T 1688—2019）。

（4）《绿豆种子处理防治蚜虫技术规程》（DB 15/T 1689—2019）。

（5）《种子处理预防绿豆细菌性晕疫病技术规程》（DB 15/T 1690—2019）。

（6）《内蒙古主栽食用豆机械化生产技术规程》第一部分（绿豆 DB 15/T 2925.1—2023）。

（7）《内蒙古主栽食用豆机械化生产技术规程》第一部分（小豆 DB 15/T 2925.2—2023）。

（8）《内蒙古主栽食用豆机械化生产技术规程》第一部分（芸豆 DB 15/T 2925.3—2023）。

（9）《鹰嘴豆栽培技术规程》（DB 15/T 2921—2023）。

（五）代表性论文、专著

3年发表研究论文6篇，其中在《农学学报》上发表1篇，在《北方农业学报》上发表5篇；作为副主编出版专著1部，《中国北方寒旱区主要农作物种质资源目录》豆薯类作物分册（中国农业出版社）。

（六）人才培养

引进培养食用豆研究技术骨干3名，其中1名博士，2名硕士。

四、科技服务与技术培训

（一）服务县域经济发展

3年来，呼和浩特综合试验站在绿豆主产区示范县呼和浩特赛罕区、赤峰市松山区引进推广绿豆新品种科绿2号、冀绿7号、冀绿19号及高产高效栽培技术，并提供全程技术服务，在提高绿豆单产和品质的同时，提高了绿豆生产的机械化水平，单产提高11.2%～28.0%，生产效率提高5倍以上，增收150～240元/亩；在芸豆主产区示范县凉城县、丰镇市、察右中旗、商都县等引进英国红芸豆、品金芸4号等芸豆新品种和芸豆地膜覆盖高产栽培技术，生产季节在病虫害防治等技术上提供全程技术服务，单产提高20%左右，亩增加收入150元左右。试验站通过在示范县及其他食用豆主产区进行食用豆新品种新技术示范推广，有效地提升了当地食用豆生产技术水平，提高了广大种植户种植食用豆的积极性，从而也提升了当地食用豆产业的发展能力，提高单产和品质的同时增加了种植效益，也提升了我区食用豆的市场竞争力。

（二）重大突发性事件应急和咨询服务

近3年来，新冠疫情持续不断，疫情来临时，试验站团队及时建立微信群，通过电话或微信群开展线上技术服务。通过电话、微信及时向内蒙古区域内各食用豆主产区负责人、农民合作社、种植大户等了解疫情对食用豆产业造成的影响情况，形成报告提交首席办。通过内蒙古农牧通小程序直播平台，今日头条三农直播频道等进行在线直播授课，讲述了食用豆高产高效栽培技术，为我区食用豆生产提供技术指导。

生产季节呼和浩特综合试验站团队积极深入生产一线，及时了解食用豆生产出现的新情况、新问题，第一时间通报当地农业主管部门，共同制定解决方案和技术措施。每年6月下旬到7月上旬，是我区绿豆细菌性晕疫病、红芸豆细菌性疫病高发期。本试验站团队深入呼和浩特市赛罕区、乌兰察布市丰镇、凉城、察右中旗、商都县以及赤峰、兴安盟等食用豆产区进行生产调研，发现问题及时向当地农业主管部门通报相关情况并无偿提供部分防治药剂指导种植户进行积极防治，有效地降低病害造成的损失，受到当地技术人员和农户好评。

与此同时，呼和浩特综合试验站积极开展多种形式的技术培训、技术指导和现场观摩活动，3年组织各类培训班、现场会、技术讲座29场次，培训基层技术骨干、示范种植户1 642人次，发放培训资料3 569份，并通过电视、网络等媒体及时将相关活动进行宣传报道，扩大体系的影响力，也丰富和提高了基层技术人员和广大食用豆种植户技术水平。

五、对本学科领域或本区域产业发展所起的支撑作用

内蒙古自治区地域辽阔生态条件多样，丘陵旱薄地多，食用豆类分布广种类多，是我国食用豆主产区之一，以绿豆、芸豆、蚕豆、小豆等为主，绿豆芸豆面积和产量约占全国的1/5，是一些山区、干旱与半干旱地区主栽品种，在农牧业生产中占据重要地位。

体系成立以来，呼和浩特综合试验站在食用豆品种引进选育和综合栽培技术研发方面做了大量工作，取得较好成绩。选育出一批适宜我区气候条件的食用豆新品种，研发集成多项食用豆高产高效栽培技术，在示范展示、技术服务、技术培训的基础上，广泛应用到内蒙古主要食用豆产区，有效改善了我区食用豆生产品种混杂退化，栽培技术落后的局面，有力支撑了食用豆产业的健康可持续发展。

近几年来，针对食用豆生产中规模小机械化水平低，种植效益差的问题，积极培育和引进高产优质适宜机械化生产的优良品种，研究集成与之相适应的机械化高效栽培技术，不断引进适应不同生态条件的收获机械，并在示范县进行示范展示和推广应用，使我区域食用豆机械化程度大幅度提高，对内蒙古自治区食用豆科技和产业形成了有力的支撑。

沈阳综合试验站

一、综合试验站简介

　　沈阳综合试验站建立于2008年，依托单位为辽宁省农业科学院作物研究所，站长葛维德研究员（图100）。现有团队成员5人，其中研究员2人，副研究员2人，研究实习员1人（图101）。试验站下设阜蒙县、朝阳县、凌源市、喀左县、黑山县5个重点示范县（市），拥有试验示范基地11个：沈阳市50亩，阜蒙县旧庙镇50亩，阜蒙县于寺镇100亩，彰武县章古台镇60亩，彰武县四台子镇100亩，凌源市河坎子乡50亩，凌源市大河北乡500亩，喀左县水泉镇100亩，喀左县尤杖子乡550亩，朝阳县贾家店农场100亩，黑山县常兴镇50亩。主要负责辽宁省食用豆优良品种筛选、配套栽培技术研发试验与示范、培训基层农技人员、管理人员和农民种植户，接受咨询，加速了科技成果的推广应用。

　　站长葛维德：现任辽宁省农业科学院作物研究所党支部书记、所长；国家小宗粮豆品种审定委员会委员；辽宁省作物学会常务理事；辽宁省非主要农作物备案委员会委员；辽宁省杂粮主推技术专家组副组长。多年来一直从事于杂粮育种、栽培、推广及品种资源研究。获全国农牧渔业丰收奖二等奖1项，辽宁省科学进步奖三等奖1项、辽宁省农业科技贡献奖2项。先后在《遗传学报》《作物学报》等刊物上，主笔发表论文20余篇。

图100　站长　葛维德

图101　试验站团队成员

二、主要研发任务和重要进展

（一）主要研发任务

深入开展食用豆高产、优质、多抗、专用新品种的选育、绿色增产增效关键技术集成、病虫草害综合防控技术研究与示范及食用豆可持续生产关键技术研究等工作，引领辽宁省农业产业结构转型与科技创新，促进农民增产增收。

（二）取得的重要进展

2019—2021年，沈阳试验站收集食用豆资源158份，野生资源65份，筛选的优良品种18个。按照要求评价食用豆地方种质资源120份；将辽宁省鉴定的食用豆品种整理、繁殖入库100份。

在遗传改良研究室岗位专家指导下，完成了小豆、绿豆、豇豆新品种联合鉴定试验，筛选出适宜辽宁省种植的优良品种11个（小豆3个、绿豆5个、豇豆3个）；完成了小豆、绿豆、豇豆新品系异地鉴定试验，筛选出比当地对照增产的优良品系15个（小豆6个、绿豆7个、豇豆2个）。

在栽培、土肥研究室岗位专家指导下，完成减施化肥增施根瘤菌肥养分高效利用技术1个，开展食用豆根瘤菌肥（剂）筛选，集成绿色环保高效综合防控技术1套，集成绿豆、小豆全程机械化生产技术各1套，完成玉米绿豆间轮作试验，形成玉米绿豆高效条带复合型种植模式1个，完成红小豆施肥增效及其对土壤养分效应试验，明确小豆肥料高效利用机理。

在病虫害研究室岗位专家指导下，完成绿豆豆象、叶斑病生物防控与综合防控关键技术各1套，豇豆荚螟绿豆、小豆田间种群动态研究，小豆、绿豆病毒病生物防控及综合防控关键技术各1套。

在育种技术岗位专家指导下，采用过表达技术和基因沉默技术初步证明 $PvEXO70$ 基因是一个参与普通菜豆枯萎病抗病反应的负调控因子；通过RNA-seq技术解析普通菜豆 $PvMES1$ 基因参与寄主枯萎病抗性分子调控网络；验证普通菜豆 $PvEG261$ 正向调控普通菜豆镰孢菌枯萎病抗性和抗旱性水平的功能；构建基于辽绿3号的枯萎病抗性遗传研究群体1个，构建辽红小豆3号和辽豇豆1号的 $^{60}Co\text{-}\gamma$ 辐照诱变育种体系各1个。

三、标志性成果

（一）获奖成果

杂粮新品种选育及丰产配套栽培技术研究与应用，2019年2月获辽宁省科技进步三等奖（图102）。该成果收集、引进国内外杂粮种质及野生资源6 000余份，挖掘出我国缺乏的杂粮优异种质619份，填补了我国相关领域种质资源的空白，通过自然驯化、种间杂交、杂交选育、穿梭育种、理化诱变等技术手段，选育出谷子、糜子、小豆、绿豆、黑豆、荞麦、芝麻、薏苡八类作物共18个新品种。研发了6套适合辽宁地区大面积推广的丰产高效栽培模式，发表论文28篇。近3年累计推广种植324万亩，使当地杂粮产量普遍增产15%以上，3年累计新增效益78 336万元，达到节本增效和农民增收的目的，有效地提升当地杂粮生产能力，并带动了周边地区发展杂粮产业，提高区域农业生产效益，为地区杂粮产业可持续发展提供有力的技术支撑。

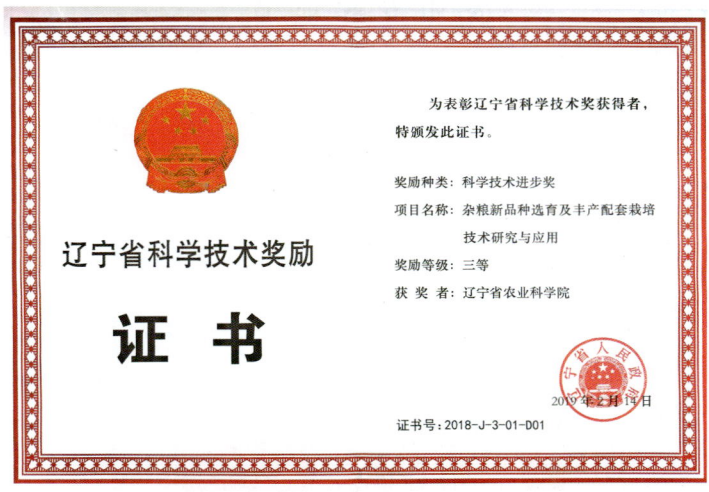

图102　沈阳综合试验站获奖成果证书

（二）育成的新品种1个，申请品种权保护6个

高产绿豆新品种辽绿14于2020年9月通过中国作物学会鉴定。该品种为早熟品种，平均生育期66.25天，百粒重7.06 g，结荚集中，成熟一致，适宜一次性收获。辽绿14在联合鉴定生产试验中平均亩产120.61 kg。该品种适合在北方夏播区的河北石家庄、保定、唐山、山东青岛等区域种植。

（三）申请专利

1. 一种赤小豆的高产栽培方法（图103）

本发明专利实施公开了一种红小豆的高产栽培方法，能够有效提高红小豆产量，而且通过施肥和管理的共同作用，能够减少氮肥、叶面肥、植物生长调节剂的使用量，进而减少肥料对环境的污染，同时通过一次性施肥，避免后续施加追肥，降低成本并节省了劳动力。

2. 一种绿豆收割去皮机

该实用新型专利根据绿豆荚特性，改进大豆脱粒机搅齿间距及转数，提高绿豆脱粒损耗率。

3. 一种绿豆覆膜播种机

该实用新型专利根据绿豆生长特性，改进覆膜播种机间距、密度及播种深度，提高了绿豆播种精度和出苗率，进而增加绿豆产量。

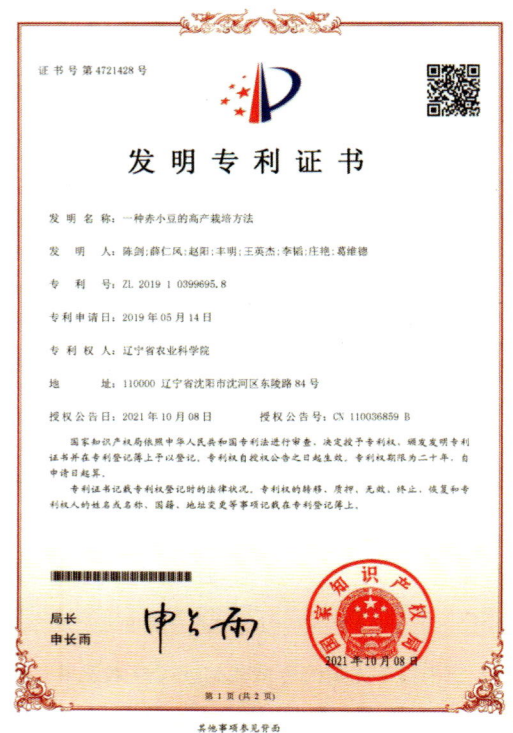

图103　沈阳综合试验站获国家发明专利证书

（四）形成的技术或标准

1.《绿豆绿色生产技术规程》（DB 21/T 3621—2022）

本文件规定了绿豆绿色生产的品种选择、地块选择、整地与施肥、播种、田间管理、病虫草害防治、收获、贮藏、生产档案等技术内容。本文件适用于绿豆绿色生产。

2.《绿豆种子生产技术规程》（DB 21/T 3622—2022）

本文件规定了绿豆种子生产的原种生产、良种生产、贮藏、种子质量检验、种子标签和生产档案等技术要求。本文件适用于绿豆原种、良种的繁育。

（五）代表性论文、专著

（1）在 Theoretical and Applied Genetics 上发表 A methyl esterase 1（PvMES1）promotes the salicylic acid pathway and enhances Fusarium wilt resistance in common beans。

（2）在《河南农业科学》上发表《普通菜豆生长素调节蛋白基因 PvARP1 的克隆及表达分析》。

（3）在《河南农业科学》上发表《绿豆病毒病田间绿色防治方法及其对绿豆生长特性的影响》。

（4）在《河南农业科学》上发表《间作模式对谷子与绿豆生长和产量的影响》。

（5）在《东北农业科学》上发表《不同生物有机肥对绿豆生长与生理特性的影响》。

（6）在《中国农业科学》上发表《PvEG261对普通菜豆镰孢菌枯萎病抗性和抗旱性的影响》。

（7）在《农业科技通讯》上发表《枣庄地区豌豆根瘤菌遗传多样性分析》。

（8）在《东北农业科学》上发表《氨基酸水溶肥与植物生长素组配对小豆生长的影响》。

（9）在《辽宁农业科学》上发表《13个绿豆新品种（系）在沈阳地区的适应性评价》。

（六）人才培养

2019—2022年，1名团队成员晋升研究员，1名团队成员晋升副研究员，引进硕士研究生1名，现已作为团队成员成长为科技骨干。1人入选辽宁省百千万人才工程千人层次，1人获得辽宁省青年科技奖。葛维德站长2020年聘任为辽宁省农业科学院作物研究所所长。

四、科技服务与技术培训

（一）服务县域经济发展

2019—2022年，每年至少4次到各示范县对科技人员和种植大户进行食用豆新品种、高产栽培技术和抗旱救灾培训，并对农业供给结构性改革给杂粮、杂豆带来的机遇、食用豆国内外发展概况进行介绍，同时对农民提出的问题进行一一解答。培训期间共免费发放食用豆栽培书籍5 000余本，发放示范种子超过5 000 kg，共培训主产区农技人员和种植大户超过3 000人次，并受到了当地政府和种植户的欢迎。

2019—2021年，沈阳综合试验站围绕阻碍阜蒙县食用豆产业发展关键问题，合理布局，重点攻关，推动当地食用豆产业创新发展，转型升级和提质增效，建立万亩示范基地及百亩良种繁育基地，扶持具有区域特色的食用豆生产、加工企业，做优做强辐射带动周边区域发展，树立"一县一业"示范建设先进典型。

（二）重大突发性事件应急和咨询服务

2020年初突如其来的新冠疫情，给辽宁省食用豆春播备耕备种及生产物资的有效供给提出了严峻挑战。在做好疫情防控的基础上，沈阳综合试验站实行专项人员负责制度，利用微信、抖音、快手等网络媒体不定期发布新品种、新技术，在生产关键时期指导农户施肥、打药等，联合各示范县解决全生产过程中出现的各类问题，并及时提出指导意见，将新品种、新技术和新方法快速送到相关部门和农户手中，确保本年度食用豆春耕顺利开展。

2020年，辽西40余天无有效降水，团队积极下拨示范县微喷灌水带等灌溉用品20余箱，及时指导旱情较严重地区种植绿豆、豇豆、荞麦等生育期短、耐旱作物，有效缓解干旱造成的影响。葛维德站长参加"战疫情、助春耕、促生产，决胜决战脱贫攻坚"为主题的辽宁省第十二届农资展会暨首届空中春耕节，并接受电视台专访，详细介绍了食用豆新品种及配套栽培技术。

2021年7月以来，台风带来的雨水偏多，对辽宁省造成一定影响，葛维德站长在台风来之前亲赴阜蒙县、彰武县、凌源市、喀左县、黑山县等示范地开展汛期前部署、检查，指导当地积极开展汛前准备工作。台风过后利用各种方式开展防灾减灾技术培训，推广东北区涝灾后绿豆、小豆丰产栽培技术，印发《食用豆防灾减灾技术手册》，确保食用豆全年丰收。

五、对本学科领域或本区域产业发展所起的支撑作用

为了确保项目顺利实施，沈阳综合试验站经常与示范县的技术骨干保持联系，经常深入到主产区进行试验指导、了解生产中存在的问题，与农业中心和企业保持密切联系。分别在食用豆主产区的阜蒙县、彰武县、凌源市、朝阳县、喀左县、黑山县、康平县、庄河市等地建立食用豆试验示范基地，累计示范推广5 000亩，辐射10万多亩，加大了食用豆的试验基地的建设，有力地推动了食用豆生产的发展和新品种的推广力度。

近3年，针对春旱夏涝比较严重的地区，团队深入生产一线，现场指导农民抗旱播种食用豆，免费给农民1.5万kg绿豆、小豆种子，总行程达5万km，经过团队成员及示范县的骨干的努力，帮助农民种植1 000多万亩的食用豆，亩产达90 kg左右，降低了农民大旱之年的损失。

2019—2021年，辽宁省持续大雨、暴雨天，极端天气频发对食用豆的试验站产生了极大影响。沈阳综合试验站积极组织团队成员和示范县技术骨干及科技人员等深入灾区一线，制定完善分区域、分品种的技术措施，指导灾情应对和恢复生产，切实帮助农民解决生产生活中的实际困难。

长春综合试验站

一、综合试验站简介

国家食用豆体系长春综合试验站成立于2008年，建设依托单位为吉林省农业科学院，站长为郭中校研究员（图104）。团队先后由6位科研人员组成，其中徐宁为综合专业，王明海为土肥栽培专业，包淑英为品种试验专业，邓昆鹏为植保专业，包括研究员2名、副研究员3名、助理研究员1名（图105），现有示范县5个，分别为洮南市（50亩）、通榆县（40亩）、镇赉县（30亩）、前郭县（30亩）、长岭县（20亩），建设依托单位吉林省农业科学院每年提供70亩试验地。

站长郭中校： 1964年4月出生，研究生学历，2012年毕业于吉林农业大学耕作与栽培学专业，获博士学位。现任吉林省农业科学院副院长。近年来主要从事食用豆高产优质新品种选育及栽培技术研究。

图104　站长　郭中校

图105　试验站团队成员

二、主要研发任务和重要进展

（一）主要研发任务

1. 品种选育

利用杂交等手段，重点创制抗豆象、适宜机械化收获的绿豆新种质；以常规育种技术，选育高产优质、直立、结荚集中、适宜机械化生产的绿豆、小豆新品种；开展绿豆、小豆、芸豆、豇豆新品种联合鉴定试验，筛选新品种。

2.土肥与栽培

通过对适宜机械化生产的绿豆品种及其高产、高效栽培技术的研究与集成，形成适宜吉林省生态条件的绿豆覆膜轻简化栽培技术模式，并在主产区进行试验示范；利用相关岗位专家研发的机械，在吉林省绿豆主产区开展绿豆机械化收获技术示范。

3.病虫害防控

开展吉林省绿豆、小豆重要病虫害的调查；开展抗晕疫病绿豆品种田间试验示范；开展抗除草剂绿豆品种田间筛选试验。

4.综合

产业扶贫；应急性技术服务；技术咨询与科普宣传；服务地方企业；产业基础数据平台建设等。

（二）取得的重要进展

收集食用豆资源45份，筛选出3份直立、早熟、丰产性较好的种质资源；配制绿豆、小豆杂交组合56个，初步获得3份抗豆象新品系（HN267、HN276、HN345），选育的高产优质直立型绿豆新品种吉绿14、抗豆象绿豆新品种吉绿16通过了吉林省农作物品种审定委员会认定。27份绿豆、18份小豆进入产比试验，有6份绿豆、2份小豆新品系进入区域试验，6份新品系入DUS测试。收获绿豆鉴定圃材料176份、小豆鉴定圃材料35份。承担绿豆、小豆、芸豆、豇豆新品种联合鉴定试验，筛选出多个适宜本区域种植的食用豆新品种，承担了绿豆、芸豆、豇豆联合鉴定生产试验，提交体系试验总结3份。

研发出适宜吉林省绿豆主产区利用的绿豆覆盖膜轻简化栽培技术1套，对于规范绿豆轻简化生产关键技术环节，推进绿豆标准化生产，提高绿豆产量和品质等具有重要意义。

针对绿豆生产机械化程度低、用工量大等问题，开展了全程机械化生产技术集成与示范，机收产量为113.0 kg/亩，平均损失量为3.08 kg/亩，机收平均损失率为2.65%，平均破碎率为1.83%，平均含杂率为1.45%，与传统分段收获方式相比，节省成本43.3元/亩，减少损失5.25 kg/亩，平均共增加效益106.3元/亩。

三、标志性成果

（一）获奖成果

获奖成果共2项，其中吉林省科技进步奖二等奖1项、吉林省农业技术推广奖1项（图106）。

体系岗位建设成就

图106　长春综合试验站获奖成果证书

1. 直立型高产优质绿豆新品种吉绿10号、吉绿13号选育与推广，2019年获吉林省科技进步奖二等奖

该成果选育出了直立型高产优质多抗绿豆新品种吉绿10号、吉绿13号，填补了吉林省直立型绿豆品种的空白，克服了生产上半蔓生品种不抗倒伏导致的籽粒品质差、产量低等问题，也迎合了生产上机械化生产对品种的需求。同时对吉绿10号的品种特性等进行了标准化研究，提升了吉林省绿豆标准化生产水平。在吉林省系统地开展了直立型绿豆品种资源研究，极大地丰富了吉林省绿豆品种资源的遗传多样性，搜集直立型绿豆种质56份，筛选出丰产性好、早熟、大粒、荚长、株高适宜等优异种质12份，利用优异种质配制杂交组合64个，创制出了可供育种利用的优异新种质4份，为持续开展直立型绿豆品种的选育奠定了基础。首次对绿豆主要株型性状分枝角度遗传模式和遗传效应开展了经典遗传学研究，为绿豆株型育种提供了重要理论依据。新品种累计在吉林省白城市、松原市等绿豆主产区推广138万亩，在内蒙古、河北、山西等省绿豆主产区推广73.1万亩，按每亩增产9 kg，绿豆平均售价为7.7元/kg计算，增创效益14 629.23万元。

2. 直立型高产优质绿豆新品种吉绿10号、吉绿13号示范推广，2021年获吉林省农业技术推广奖一等奖

本成果采用的核心技术是直立型、高产、优质绿豆新品种吉绿10号、吉绿13号，分别于2014年、2016年通过吉林省农作物品种审定委员会认定，由吉林省农业科学院选育，其中吉绿10号填补了吉林省直立型绿豆品种的空白，其显著特点是株型直立，结荚集中在顶部，成熟一致，株高适宜，抗倒伏，适合机械化收获，经相关专家鉴定，居国内领先水平。以直立型绿豆品种"吉绿10号""吉绿13号"为载体，实施覆膜高产高效技术和高产群体优化技术，充分发挥两个品种的增产潜力。通过建立"科研单位+推广部门+企业（合作社）+农户"的组织模式，充分发挥各方的技术、开发优势，强强联合，加速成果入户到田。建立核心示范区1 000亩，亩产100 kg以上，比对照增产15%以上；辐射推广区80万

亩，平均亩产量达到90 kg以上，比对照增产10%以上。预计经济效益为23 840万元以上，有效利用吉林省中西部干旱盐碱地块，生态效益显著提高。

（二）育成的新品种

共育成食用豆新品种4个，其中绿豆新品种3个，小豆新品种1个。

1. 吉绿10号

2005年从外引农家品种田中发现并选取变异株，采用系谱法选育而成。鉴定编号：国品鉴 绿豆2020005。

2. 吉红10号

2001年以小豆红11-4为母本，小豆京农5号为父本，经人工杂交选育而成。鉴定编号：国品鉴 小豆2020006。

3. 吉绿14号

2012年以吉绿3号为母本，冀绿7号为父本，经人工杂交选育而成。鉴定编号：吉认绿豆2021001。

4. 吉绿16号

2013年以吉绿6号为母本，抗豆象种质V2709为父本，经人工杂交选育而成。鉴定编号：吉认绿豆2021002。

（三）代表性论文、专著

在《中国农业大学学报》《东北农业科学》等期刊上发表论文3篇。

（四）人才培养

团队成员徐宁于2020年在职攻读博士学位，徐宁、王明海于2021年由七级副研究员晋升为六级副研究员，团队成员邓昆鹏于2021年晋升助理研究员。

四、科技服务与技术培训

（一）服务县域经济发展

开展了新品种新技术的示范工作：为通榆县提供了适应性、丰产性较好的直立型绿豆品种吉绿10号、吉绿13号，示范面积达300余亩；引进绿豆覆膜种植技术，建立了800亩吉绿10号覆膜轻简化栽培技术示范田，从种子处理、覆膜播种、施肥、除草、收获等环节进行指导，示范田示范效果明显，吉绿10号亩产为110.2 kg，增产11.2%，较当地农户种植模式单位面积种植节本增效16.5%。在镇赉县开展了绿豆新品种的试验示范工作，示范吉绿10号、吉绿13号180余亩。在通榆县举办绿豆高效生产技术培训3次，培训农民300人次，发放技术手册、品种简介等培训资料600余份，提高了农户的绿豆种植水平。

（二）重大突发性事件应急和咨询服务

在吉林省农业科学院"乡村振兴科技支撑行动网络课程"录制活动中，利用网课开展绿豆生产技术培训，并在吉林"新时代e支部"的"云课堂"中的"抗疫情 保春耕"中播放，收到了良好的培训效果。向体系研发中心提供"绿豆备春耕技术要点"培训材料及长春站优良绿豆新品种及配套技术视频材料。参加了由吉林省农业农村厅主办的"科技助力乡村振兴"春雨行动的快手直播，详细讲解了吉林省生产上推广的绿豆品种类型的发展过程及具体品种特点，并结合主产区干旱盐碱的生态环境，讲解了绿豆种植和田间管理的技术要点和注意事项，并现场回答了有关绿豆种植等问题，直播持续90多分钟，在线观看人数8万多人次。同时，录制了有关绿豆品种选择、种植技术等短视频十余个，在快手平台播放，观看人数达51万人次。充分利用吉林省"三区"人才支持计划，在通榆县综合科技服务网"农业信息"栏内发布科技信息53条，供广大农技人员和农户参考。

五、对本学科领域或本区域产业发展所起的支撑作用

充分发挥杂粮杂豆在吉林省中、西部地区农业生产中的科技支撑作用，2019—2021年将通榆县开通镇富强村作为科技示范村开展科技示范工作，共示范展示绿豆新品种3个——吉绿7号、吉绿10号、吉绿13号，示范展示面积100亩。在试验示范过程中直立型绿豆品种吉绿10号、吉绿13号经受住了台风、大雨的考验，在产量、籽粒外观品质等方面均优于传统的半蔓生品种，在生产上表现出色，赢得了相关企业、种豆农户等的好评，因此绿豆品种吉绿10号的生产经营权以15万元人民币的价格被吉林省绿豆主产区的承平现代农业科技发展有限公司购买。通过试验示范，促进了成果转化，有利于育成的优良品种在生产上发挥应有的作用，增加农民收入。

齐齐哈尔综合试验站

一、综合试验站简介

国家食用豆产业技术体系齐齐哈尔综合试验站于2008年建立，站长崔秀辉（图107），团队成员主要由5位科研人员组成，其中，研究员1人，助理研究员4人（图108）。在黑龙江省农业科学院齐齐哈尔分院基地拥有基础设施配套的固定试验地65亩。在泰来、龙江、甘南、依安、杜尔伯特、林甸6个示范县建有新品种、新技术试验示范基地12个，每年试验示范面积在400亩以上。

2019—2020年：团队成员王成，品种试验；曾玲玲，土肥栽培；闫锋，植保；刘峰，综合。2021年：卢环，土肥栽培；其他成员不变。

站长崔秀辉：1963年出生，研究员，硕士，杂粮育种研究室主任。主持并完成科研项目17项，作为第一育成人育成杂粮品种9个，发表学术论文24篇，编写专著1部，获奖成果11项。

图107　站长　崔秀辉

图108　试验站团队成员

二、主要研发任务和重要进展

（一）主要研发任务

按照国家食用豆产业技术体系任务，紧紧围绕黑龙江省食用豆产业发展需求，重点开展绿豆、小豆及芸豆优质、抗病、适宜机械化生产新品种筛选、示范及绿色高效、全程机械化、病虫害绿色防控等方面关键技术研究与示范。

1. 新品种筛选

绿豆、小豆、芸豆种质创新与新品种筛选；绿豆、小豆、芸豆、豇豆新品种联合鉴定试验；绿豆、小豆、芸豆、豇豆新品种联合生产试验；食用豆种质资源收集、鉴定、评价、入库。

2. 土肥与栽培

绿豆、小豆机械化生产配套技术集成与示范；绿豆、小豆生长发育、生理调控技术。

3. 病虫害防控

绿豆蚜虫绿色防控关键技术研究；绿豆豆象、叶斑病生物防控与综合防控试验；绿豆抗晕疫病播期试验；绿豆品种抗晕疫病株系筛选试验；绿豆晕疫病绿色防控技术；小豆病毒病绿色防控关键技术研究；小豆抗锈病、绿豆抗晕疫病品种及防控技术示范。

4. 综合

产业调研；技术培训；基地建设；产业帮扶；跨体系合作；应急性技术服务等。

（二）取得的重要进展

1. 新品种（系）的筛选

筛选出优质、高产、适宜机械化绿豆品种：0802-4-2-1-2-1、辽绿10L701、JLPX02；小豆品种：122-080、白红9号、白红12；芸豆品种：龙芸豆5号；豇豆品种：品豇2013-25-44。

2. 新品种（系）的选育

育成优质高产绿豆新品种嫩绿3号；育成优质、高产、抗病、适宜机械化绿豆、小豆、芸豆新品系7个。

3. 配套技术研究与应用

绿豆、小豆全程机械化生产配套技术集成与示范；绿豆、小豆生长发育、生理调控技术研究。

4. 病虫害防治技术研究与应用

绿豆蚜虫绿色防控关键技术研究及示范；绿豆豆象、叶斑病生物防控与综合防控技术研究及示范；绿豆晕疫病绿色防控技术研究及示范；小豆病毒病绿色防控关键技术研究及示范；小豆锈病防控技术研究及示范。

三、获得的标志性成果

（一）育成的新品种

育成绿豆新品种1个：嫩绿3号（国品鉴 绿豆2020007），2020年9月通过中国作物学会食用豆专业委员会品种鉴定。

（二）代表性论文、专著

在《黑龙江农业科学》《种子科技》期刊上发表论文2篇，参与编写专著1部。

（三）形成的技术或标准

制定并发布实施了2项黑龙江省地方标准《芸豆机械化生产技术规程》《绿豆机械化生产技术规程》。

四、科技服务与技术培训

齐齐哈尔综合试验站全体成员深入农村、企业、市场，跟踪生产，跟进科技服务，每年开展调研，掌握本区域食用豆发展动向及产业需求。针对疫情采取线上线下相结合技术服务与培训，服务与培训农民310人次，累计发放技术资料450份。

五、对本领域或本区域产业发展所起的支撑作用

（一）示范县科技引领带动作用成效显著

齐齐哈尔综合试验站先后有6个示范县，泰来和杜尔伯特蒙古族自治县食用豆产业优势是绿豆；林甸和依安县产业优势是红小豆；龙江和甘南县绿豆、小豆和芸豆都有，优势不明显。针对每个示范县特点，结合生产需求开展系列品种筛选试验和具有推广潜质的苗头品种大面积示范；结合品种开展全程机械化、病虫草害防控技术示范。新品种、新技术推广应用面积在30万亩左右，推动黑龙江省食用豆产业发展。

（二）岗站联动提升科技服务能力

密山市汇泉红小豆专业合作社是以红小豆为主的食用豆类的种植、加工、销售，通过土地流转的方式和订单种植方式，生产合作经营面积已达17万亩。随着经营规模扩大，问题凸显出来，连续几年小豆出现矮化、不开花、不结荚，严重地块达到80%。2019年试验站与病虫害和小豆育种岗位专家先后2次到亚布力、密山市和宝清县进行实地调查、

采样、田间诊断和实验室检测，确定为菜豆普通花叶病毒（BCMV）和黄瓜花叶病毒（CMV）；2020年试验站在密山市开展小豆抗病毒病品种筛选试验和小豆病毒病综合防治技术示范，体系病虫害、育种和栽培生理6名岗位专家到密山市再次进行实地调查、采样（土壤和植株样品），为当地小豆生产提供强有力技术支撑。

南通综合试验站

一、综合试验站简介

江苏沿江地区农业科学研究所2008年加入国家食用豆产业技术体系，为南通综合试验站，站长为王学军研究员（图109）。经过13年的发展，南通综合试验站拥有团队成员4人，分别为汪凯华研究员，品种试验；缪亚梅研究员，土肥栽培；顾春燕副研究员，植保；陈满峰副研究员，综合；同时还有技术研究及推广人员魏利斌研究员、李波副研究员、赵娜助理研究员、薛冬助理研究员、王永强助理研究员、周瑶硕士、姚梦楠硕士、周恩强硕士（图110）。

图109　站长　王学军

图110　试验站团队成员

拥有基础设施配套的固定试验地、设施大棚50亩，建有基本设施齐全的实验室、考种室、挂藏室、仓库、冷库；在海门、启东、通州、如皋、如东5个示范县建有新品种、新技术、新模式试验示范基地15个，面积3 000多亩。

站长王学军： 1969年1月出生，中国作物学会食用豆分会常务理事、江苏省豆类产业联盟副理事长。现为江苏沿江地区农科所党委委员、经济作物研究室主任；工作三十多年来，从事食用豆品种、栽培研究及推广工作28年。江苏省"333高层次人才培养工程"第四期（三层次）、第五期（二层次）培养对象，南通市"226高层次人才培养工程"第四期（二层次）、第五期（一层次）培养对象。2011年被南通市人民政府授予"南通市先进工作者"荣誉称号，2016年被江苏省人民政府授予"江苏省有突出贡献的中青年专家"荣誉称号，2018年被南通市组织部等部门授予"南通市优秀科技工作者"荣誉称号，2019年被江苏省农业科学院授予"江苏省农科院先进工作者"荣誉称号，2021年获江苏省农业科学院"脱贫攻坚专项奖励嘉奖个人"荣誉称号。

二、主要研发任务和重要进展

（一）主要研究任务

按照国家现代农业产业技术体系任务，紧紧围绕东南沿海及长江流域鲜食蚕豆、豌豆产业需求，在遗传改良、栽培与土肥、病虫害防控、机械化、加工、产业经济等6个功能研究室和相关岗位专家指导下，在体系其他综合试验站配合下，南通综合试验站重点在"鲜食蚕豆、豌豆全产业链"各个环节开展技术研究及推广示范工作。

1. 新品种（系）筛选

食用豆高产多抗适宜机械化生产新品种选育；蚕豆、豌豆种质创新与新品种筛选；蚕豆、豌豆、小豆、绿豆、豇豆新品种（系）联合鉴定试验；蚕豆赤斑病抗性筛选；食用豆种质资源收集、鉴定、评价、入库与重要基因挖掘。

2. 土肥与栽培

食用豆绿色增产增效关键技术集成与示范：鉴定筛选适宜南通产区绿色增产增效生产模式的优质多抗鲜食蚕豆品种及适宜机械化生产的食用豆品种；示范推广集成的植物生长调节剂、病虫害综合防控等绿色增产高效栽培技术；开展机械化生产技术研究。

食用豆联合收获关键技术参数的优化研究：协助岗位开展蚕豆联合收获机械关键技术参数的优化研究并进行生产试验示范。

3. 病虫害防控

食用豆重要病虫害绿色防控及关键技术研究：蚕豆草害绿色防控关键技术研究，绿豆病毒病绿色防控关键技术研究，绿豆晕疫病发生情况研究。

4. 综合

固定观察点产业调研；技术培训；基地建设与新品种新技术示范；产业扶贫；跨体系合作；应急性技术服务等。

（二）取得的重要进展

1. "蚕豆干改鲜"技术进一步熟化，示范推广能力进一步提升

3年来，南通综合试验站联合省特粮特经体系启东豆类基地，围绕"政府需求"及"收干效益低"的关键技术问题，通过联合科研单位、加工企业、新型主体、生产基地等共同攻关，集中开展鲜食蚕豆"高产优质主导品种筛选""绿色标准化生产技术创新与集成""机械化机具优化改进""周年高效种植模式研发与优化集成""冷链物流技术创新""速冻产品加工关键技术及品质控制研发""品牌创建与商业化模式推广应用"等研究，初步实现了鲜食蚕豆产业链产前、产中、产后等关键环节的有机衔接，形成了"蚕豆干改鲜技术体系"并进行示范推广应用，显著提升了服务区域鲜食蚕豆产业水平，为产业

提供全产业链科技支撑,加快推动农业产业基础高级化、产业链现代化。

通过对100多份我国南方秋播地区鲜食豆类品种的丰产性、早熟性、抗逆性和商品性进行综合评价,筛选出通蚕鲜6号、通蚕鲜7号、通蚕鲜8号、通蚕鲜10号等各具特色的高产、优质、多抗、适宜加工的鲜食蚕豆品种,研发"绿色防控""机械化生产""高效种植模式"等绿色高效生产技术和鲜食蚕豆保鲜物流技术,初步集成"蚕豆干改鲜"技术并在我国部分产区复制推广应用。

启东市政府于2019—2020年、2020—2021年、2021—2022年分别出资60万元、60万元、70万元将该成熟技术在启东各镇全面推广,2020年面积2 582.7亩、2021年面积2 906.4亩;加快了蚕豆"干改鲜技术"的示范推广力度,并在江苏电视台城市频道《走进新农村》进行宣传报道。

2. 蚕豆机械化装备进一步完善,机械化生产水平进一步提升

联合太仓市项氏农机有限公司共同研发2BFGK-6(8)260旋耕开沟智能施肥大粒蚕豆播种机,初步解决了鲜食蚕豆机械化播种技术问题;同时在体系机械化收获岗位的协助下,"集成蚕豆绿色高效全程机械化生产技术",2020—2021年度在启东示范推广800亩以上。

三、标志性成果

(一)育成的新品种

获植物新品种权2项(图111):通蚕鲜6号、通蚕鲜7号。

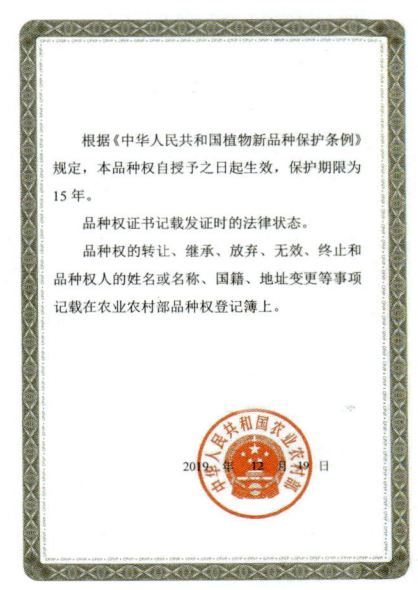

图111　南通综合试验获植物新品种权证书

（二）专利

获授权国家发明专利2项（图112）：一种蚕豆育种材料北方加代方法（ZL2016 1 0145641.5），一种蚕豆耐盐性的鉴定方法（ZL2018 1 1359335.7），申请专利3项。

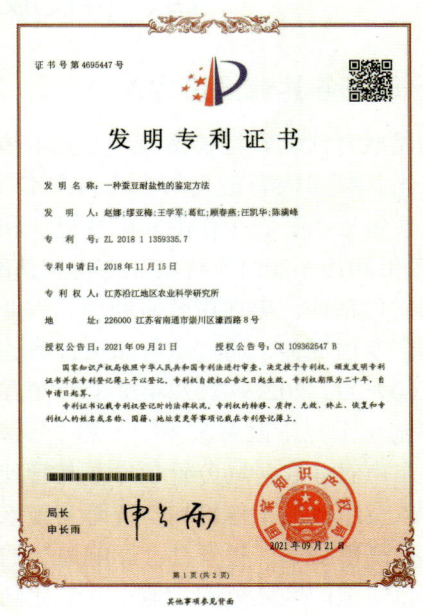

图112　南通综合试验站获国家发明专利证书

（三）形成的技术或标准

制定并发布《2BFGK-6（8）260旋耕开沟智能施肥蚕豆播种机》（Q/320585 XSN 11—2020）企业标准1项，《"'国庆稻'—鲜食蚕豆"生产技术规程》（T/NTRPTA 0018—2020）、《"林下'鲜食蚕豆—鲜食大豆'"生产技术规程》（T/NTRPTA 0019—2020）、《"西蓝花—早夏鲜食大豆—秋豌豆"一年三熟高效种植技术规程》（T/NTRPTA 0021—2020）、《鲜食蚕豆绿色标准化生产技术规程》（T/NANTEA 0005—2021）、《蚕豆全程机械化生产技术规程》（T/NTAASS 0005—2021）、《稻茬蚕豆绿色生产关键技术》（T/NTAASS 0006—2021）、《荷兰豆标准化生产技术规程》（T/NTAASS 0007—2021）、《秋播短季豌豆生产技术规程》（T/NTAASS 0008—2021）、《甜豌豆标准化生产技术规程》（T/NTAASS 0009—2021）等团体标准9项。

（四）代表性论文、专著

在《江苏农业科学》《核农学报》、*Plant Diseases and Pests*等期刊上发表论文4篇。

（五）人才培养

王学军，2019年获"江苏省农科院先进工作者"、江苏省农业科学院"脱贫攻坚专项奖励嘉奖个人"荣誉称号。

缪亚梅，2020年晋升研究员，2021年晋升研究室副主任。

魏利斌，2021年获南通市崇川区"紫琅英才"称号。

四、科技服务与技术培训

（一）服务县域经济发展

试验站联合江苏省特粮特经产业技术体系共同研发集成的"蚕豆干改鲜技术"被启东市政府采纳，技术内容被列入中共启东市委文件启发〔2019〕1号《关于坚持农业农村优先发展高质量推动三农工作的实施意见》和启东市委农村工作领导小组启委农发〔2019〕3号《启东市2019—2021年种植业结构调整的意见》文件。

根据文件精神，启东市政府利用"农业提质增效技术推广服务方向"的省级农业科技创新与推广专项资金，通过政府购买服务的形式2019—2020年度投资60万元、2020—2021年度投资60万元、2021—2022年度投资70万元用于"蚕豆干改鲜技术"技术示范。

为实施"蚕豆干改鲜技术"示范，更好地服务县域经济，试验站联合启东市政府建立了由启东市农业农村局分管领导及其管理部门、技术推广部门负责人、试验站站长及团队成员等人员组成的工作机构，统筹实施该项目。共同编制项目实施方案，本着"加速推广进程、提高覆盖率、提升社会影响力"的原则，采取年度间示范基地不重复的手段，明确每年项目实施的区域范围、地点并细化到镇、村，确定项目主要实施内容，合理安排实施进度；并建立项目实施组，确定项目负责人并对项目组人员进行合理分工，明确各自责任；同时确定主管部门启东市农业农村局分管副局长和启东市财政局农财科科长为项目管理责任人。

（二）重大突发性事件应急和咨询服务

1. 疫情期间开展的应急服务

（1）及时建立微信群，通过电话或微信群开展线上技术服务。疫情发生以来，针对培训活动和技术指导不便实地开展，团队于1月30日迅速建立"蚕豆干改鲜技术服务"微信群，受训人数50多人，主要为启东各镇农技人员和种植大户。通过微信开展培训和技术指导，发布《连续阴雨后蚕豌豆田间管理措施》《通蚕鲜6号品种》《当前蚕豆病虫害鉴别及防治意见》《倒春寒及持续阴雨天对当前蚕豌豆生长影响及防御措施》《疫情期 大田蚕豆生产如何管理》等应急措施和培训资料。同时对蚕豆生产中的病虫害及时进行照片上传和防治药剂指导，对种植大户提出的生产咨询提供解答和技术指导。

（2）产业调研。2020年2月上中旬，对南通市新型经营主体（速冻加工企业、种植大户、合作社、家庭农场）和各县（市）开展疫情对当前豆类生产销售影响及南通区域内豆类速冻蔬菜销售情况、企业库存情况、蚕豌豆种植面积的调研，完成新冠肺炎疫情防控期产业调研报告并上报体系研发中心。

（3）技术服务。蚕豌豆生长期间多次赶赴生产一线进行病虫害调研，同时根据疫情期交通不便、培训受阻的突出问题，多方联系农药供应商，确保病虫害防治及时到位。

2. 灾害性天气开展的应急服务

（1）针对连续阴雨天气对蚕豌豆生长的影响，及时撰写"持续阴雨天蚕豌豆田间管理措施"，并于2020年1月29日在《农技耘》发布，同时通过江苏农技推广总站转发全省推广系统。

（2）2020年3月28日，针对江苏省内多地下雪降温倒春寒天气，及时撰写"倒春寒及持续阴雨对当前蚕豌豆生长影响及应对措施"并于农技耘专题网站当天发布。

（3）针对2020年年底低温雨雪冰冻天气，撰写"应对低温雨雪冰冻天气蚕豌豆田间管理预警措施"并于12月28日在江苏省农业农村厅农技耘专题网站报道，以指导蚕豌豆生产。

3. 技术咨询

举办技术培训班13场，召开鲜食蚕豆机械化播种现场会3次，组织产业专题调研会3次，赴产区进行技术咨询和指导12次，培训基层技术人员50人次，培养种养大户15个，培训农民590人次，发放培训资料2 000份。

五、对本学科领域或本区域产业发展所起的支撑作用

围绕鲜食蚕豌豆产业开展技术研究及推广工作，育成的鲜食蚕豌豆品种、研制的标准化栽培技术和高效种植模式在鲜食蚕豌豆产业中发挥了重要技术支撑作用。育成的鲜食蚕豆品种在我国南方省（市）得到广泛种植，年推广面积50万亩以上，集成推广的高效种植模式、春化及配套栽培技术提升了整个产业技术水平对当地脱贫致富起到了积极的作用。

合肥综合试验站

一、综合试验站简介

合肥综合试验站始建于2008年，建设依托单位为安徽省农业科学院作物研究所。2019—2021年站长由周斌担任（图113），团队成员有张丽亚（综合）、叶卫军（病虫害防控）、杨勇（品种试验）、田东丰（土肥栽培），2021年团队成员调整为王沛然（综合）（图114）。2019年在安徽省桐城市新建试验示范基地2个，其中：桐城臻嘉家庭农场（孔城镇）面积50+1 000亩，桐城吾福家庭农场（吕亭镇）面积50+1 000亩，主要用于食用豆新品种新技术试验示范。

站长周斌：1969年出生，博士，副研究员。1990年获安徽农业大学农学学士学位，2010年获得南京农业大学作物遗传育种博士学位，同年加入国家食用豆体系合肥综合试验站团队。先后主持国家科技重大专项1项，参与国家自然科学基金、国家重点基础研究发展计划（973计划）等20余项课题研究。发表论文40余篇，参与育成品种13个。获全国农牧渔业丰收奖二等奖、安徽省科技进步奖二等奖、黑龙江省科技进步奖二等奖和中华人民共和国国际科学技术合作奖各1项。

图113　站长　周斌

图114　试验站团队成员

二、主要研发任务和重要进展

（一）主要研发任务

根据体系总体规划和区域农业特色，综合试验站将安徽省食用豆产区划分为三大产区：一是沿淮淮北优质绿豆主产区，绿豆是安徽省传统名优产品，明光绿豆蜚声国内外；二是皖北鲜食豌豆主产区，鲜食豌豆近年来在皖北地区蓬勃发展，年种植面积30万亩，产量20多万吨；三是江淮稻区鲜食蚕豆潜力主产区，江淮稻区冬闲田800万亩以上，毗邻长三角各大城市，交通物流便利，发展稻茬蚕豆潜力巨大。在食用豆体系领导和地方农业部门支持下，合肥站根据安徽省食用豆生产实际，积极与体系相关岗站对接，结合当地实际先后开展了食用豆种质资源评价、新品种试验示范、高产栽培、全程机械化、精准施肥、病虫草害绿色防控等体系新成果新技术的试验示范推广工作。

（二）取得的重要进展

1. 绿豆机械化收获技术

在明光市示范县涧溪镇建立100亩示范田，配合收获机械化岗位进行绿豆机械化收获试验。机收清选去除残杂后折算单产115.2 kg/亩；对照人工测产平均单产为131.7 kg/亩；机械损失16.5 kg/亩，损失率为12.53%。机收价格80元/亩；人工采摘费用4.0元/kg，折合成本526.8元/亩。每亩机收较人工采摘节约开支446.8元，按精品绿豆市场价格12元/kg计，去除机械损失，每亩增加效益248.8元，提效15.74%，节本增效显著。

2. 鲜食豌豆绿色提质增效栽培技术

在萧县示范县王寨镇建立105亩示范田，试验示范了选种—拌种—精量机播—精准施肥—花期物理防治美洲斑潜蝇等技术措施集成的鲜食豌豆绿色提质增效栽培技术，降低了种植成本，减少了药肥的使用，提高了产品的品质和产量，增加收入240元以上，节本增效270元/亩。种植效益和生态效益显著。

3. 稻茬蚕豆新品种及一体化机械直播技术

综合试验站在前期基本解决了稻茬蚕豆生产的品种、播期、田间管理等技术问题后，在桐城市示范县孔城镇和吕亭镇各开展了百亩鲜食蚕豆品种和配套栽培技术、鲜食+饲料/绿肥生产模式等试验示范，引进稻田蚕豆直播机械，极大降低了种植成本，满足稻茬蚕豆规模化生产要求。

三、标志性成果

（一）申请发明专利

获得国家发明专利6项（图115），包括：ZL 201910757723.9，一种绿豆开花基因

*VrELF*3的表达载体的应用；ZL 201910757965.8，一种含有绿豆开花基因*VrFT*5a的表达载体的应用；ZL 201910757986.X，一种含有绿豆开花基因*VrFT*2a的表达载体的应用；ZL 202010981662.7，一种与绿豆幼茎色紧密连锁的分子标记及应用；ZL 201911118584.1，一组绿豆InDel分子标记及其开发方法；ZL 202011081932.5，一种与绿豆始花期相关的主效QTL、分子标记及其应用。

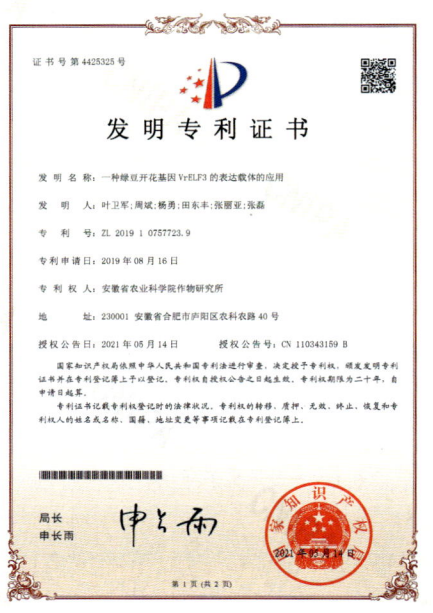

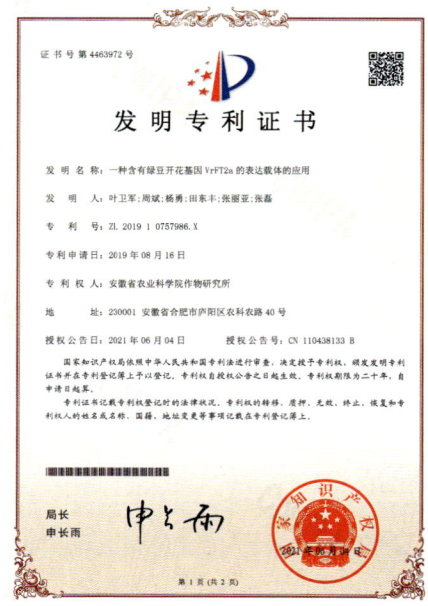
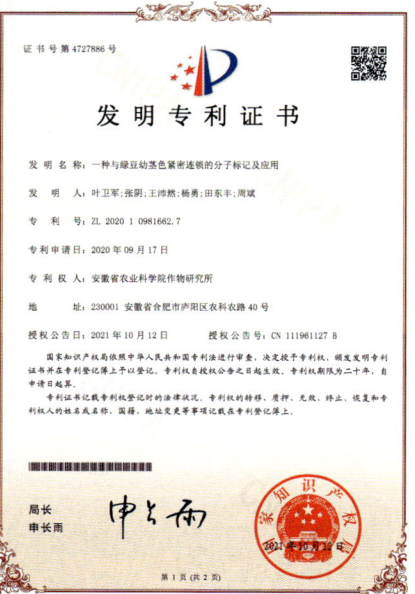

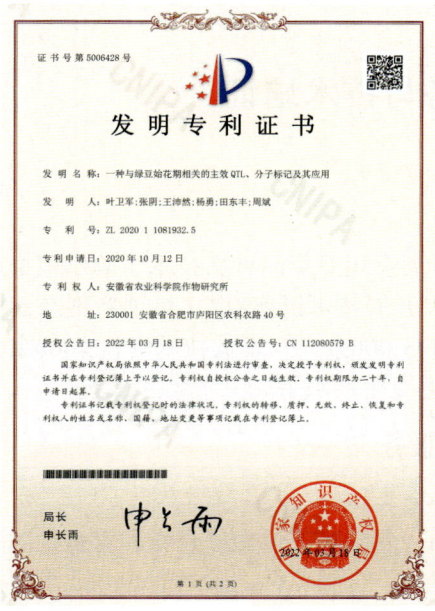
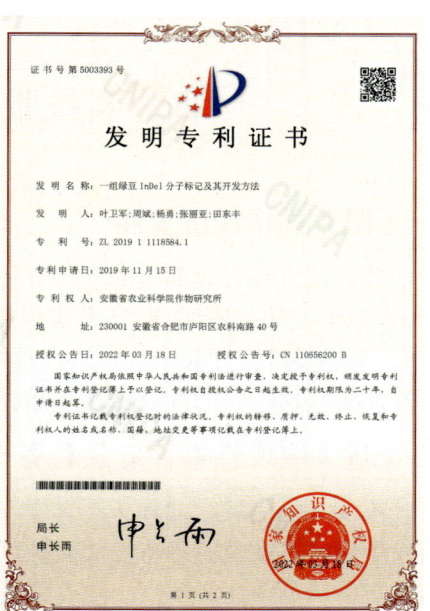

图115　合肥综合试验站获国家发明专利证书

（二）形成的技术或标准

南方地区绿色食品夏播绿豆生产操作规程（LB/T 165—2021）。本规程规定了绿色食品夏播绿豆生产的产地环境、品种选择、整地和施肥、播种、田间管理、病虫草害防治、收获包装贮存和运输、生产废弃物处理及生产档案管理。本规程适用于江苏、安徽、湖北等长江中下游地区及重庆西部的绿色食品夏播绿豆生产。

（三）代表性论文、专著

发表研究报告论文6篇，其中SCI论文1篇。

（1）在Molecular Breeding上发表Indel marker development and QTL analysis of agronomic traits in mung bean [Vigna radiate（1.）Wilczek]。

（2）在《作物杂志》上发表《氮肥用量对绿豆品种皖科绿3号农艺性状及氮肥利用率的影响》。

（3）在《作物学报》上发表《绿豆SSR标记的开发及遗传多样性分析》。

（4）在《中国农学通报》上发表《绿豆EMS诱变突变体库的构建及表型分析》。

（5）在《分子植物育种》上发表《基于分子标记的安徽省绿豆种质资源遗传多样性分析》。

（6）在《中国种业》上发表《皖蚕1号及其配套栽培技术要点》。

（四）人才培养

2020年，王沛然，博士，入职；2021年，吴泽江，硕士，入职。

四、科技服务与技术培训

（一）服务县域经济发展

在各示范县政府和农业部门的支持下，开展食用豆新品种新技术试验示范推广，年展示面积500亩以上，辐射带动周边5万亩以上；开展技术讲座8次，培训新型经营主体带头人500余人，现场技术指导40余次，培训种植户1 000余人，发放技术资料3 000余份，接受电话微信咨询600余次。有力地提高了安徽食用豆生产水平。

（二）重大突发性事件应急和咨询服务

1. 及时关注疫情发展，做好防疫宣传和安全工作

疫情发生后，本站及时筹备发放防护用品，要求各成员做好自身和家庭预防工作，并通过微信通知各示范县注意防疫。随着疫情发展，合肥综合试验站通知并要求团队成员和各示范县重视疫情发展，严格遵守地方管控措施，切实做好安全防护。

2. 远程指导示范县田间管理工作

及时关注本地食用豆田间生长情况，远程进行田间管理指导，试验示范工作顺利完成。电话微信等共计100余次。

3. 积极开展技术培训

疫情得到有效控制后，本站积极开展技术培训工作，先后赴萧县、亳州、灵璧、明光开展了5次培训，共计培训基层农技人员和合作社、家庭农场主300余人。每次都主动公布自己的电话和微信，目前已有200余位农技人员和新型经营主体带头人添加了好友。

4. 积极应对洪涝灾害

安徽2020年遭受特大洪涝灾害，本站积极应对，先后提出各项建议4次、生产指导意见2次、生产技术3项、科技明白纸5份。并赴阜南、颍上等灾区开展技术服务，指导灾后生产。

5. 积极开展食用豆科普宣传

食用豆合肥站积极响应"科普中国"中国作物学会科普在行动号召，在安徽省淮北市四所学校开展了"科普进校园"活动，共计1 500余名师生参加，发放《五彩缤纷食用豆》宣传册1 500册。

五、对本学科领域或本区域产业发展所起的支撑作用

围绕安徽省食用豆产业发展需求，积极争取地方政策，促进食用豆产业发展。研发栽培新模式，拓展种植效益增长点：在皖北鲜食豌豆主产区展示示范新品种和机械化精量

播种技术、在江淮稻区试验示范稻茬蚕豆种植技术，示范绿色生产技术，提升食用豆产品安全质量，同时以家庭农场和专业合作社为抓手，创典型、树榜样，扩大体系成果的辐射面。各项工作都达到了预期目标，充分发挥了体系技术引领作用，为安徽省食用豆产业发展提供了科技保障。

青岛综合试验站

一、综合试验站简介

国家食用豆产业技术体系青岛综合试验站依托单位为青岛市农业科学研究院，站长张晓艳研究员（图116）。始建立于2011年，随着新老人员的更替，团队成员逐步年轻化，包括负责植保的宋凤景博士、土肥栽培的崔潇、育种的王文娇和综合的王军伟（图117）。在平度、胶州、莱阳、昌乐和临朐5个示范县建立10个示范基地，总面积704亩。

站长张晓艳：博士，自"十二五"起带领团队开展食用豆类优异种质创制、专用新品种选育及节本增效栽培技术等研究。主持参与国家及省市级项目十余项，获"青岛市三八红旗手""山东省农业系统先进个人二等功"和"第十二届青岛市青年科技奖"称号。研究成果获齐鲁农业科技奖、青岛市科技进步奖和神农中华农业科技奖等4项，授权国家发明专利3项，参编出版书籍6部，颁布地方标准4项，发表中英文论文20余篇。

图116 站长 张晓艳

图117 试验站团队成员

二、主要研发任务和重要进展

（一）主要研发任务

1. 遗传改良

食用豆高产多抗适宜机械化生产新品种选育；绿豆、豌豆种质创新与新品种筛选；

绿豆、小豆、普通菜豆新品种/系联合鉴定试验以及新品种生产试验；食用豆种质资源收集、评价与利用。

2. 土肥与栽培

豌豆根瘤菌根系微生物多样性评价；豌豆减施化肥增施根瘤菌肥技术示范；豌豆节本增效技术集成与示范。

3. 病虫草害防控

绿豆豆象和叶斑病生物综合防控技术试验和示范；主要病虫害预警调查及病虫害样本采集；绿豆病毒病绿色综合防控技术试验；无绿豆晕疫病病菌种子生产试验；病虫草害绿色防控技术研究集成与应用。

4. 综合

开展生产调研、技术服务与培训；示范基地建设、新品种新技术示范；跨体系合作；应急性服务与数据库建设。

（二）取得的重要进展

1. 资源收集评价及种质创新利用

收集引进262份食用豆类资源；完成796份红小豆资源精准鉴定，34份豇豆高代品系评价，36份豌豆宜机化评价，筛选获得极早熟红小豆资源2份、极早熟抗病豇豆品系3个、结荚集中、成熟度一致的豌豆株系4个；完成绿豆、普通菜豆、豌豆新品种（系）联合鉴定试验及生产试验，获得适合山东省种植的食用豆类新品系6个；收集94份食用豆类品种和品系，开展适合蛋白加工的多种豆类品种评价与筛选，获得蛋白质含量在30%以上的绿豆品种1份（苏绿3206）、芸豆品种2份（龙芸豆16和ZYD19-01）、豌豆品种2份（成豌9号和新豌4号），蛋白质含量在37%以上的蚕豆品种2份（成胡19、成胡23），为龙头企业升级加工产品提供了国内自主品种支撑。

2. 节本增效栽培技术集成与应用

开展豌豆根瘤菌根系微生物多样性评价，获得有固氮、解磷和解钾功效的菌种5株；筛选获得豌豆根瘤菌1种，比对照增产8.22%。集成"越冬油菜+早春豌豆+夏季谷子"的冬季增绿、土地增肥和农民增效的种植模式并进行示范。"豌豆—花生双季高效栽培技术"入选青岛市2020年农业新技术目录。集成豌豆机械播种、种子包衣、化学除草、机械收获的全程机械化轻简高效栽培技术一套，每亩节约劳动力成本100元以上，大幅降低了劳动强度。

3. 重要病虫草害综合防控

开展绿豆叶斑病生物防控与综合防控试验示范，吡唑醚菌酯对绿豆叶斑病有明显的抑制作用。完成无绿豆晕疫病病菌种子生产试验，获得绿豆无病种子繁育基地1处。开展了绿豆抗枯萎病研究，完成了3个绿豆品种抗枯萎病株系鉴定扩繁工作；开展了绿豆病毒病绿色综合防控技术试验，获得防效和产量好的药剂1种。

三、标志性成果

2019年以来,青岛综合试验站作为第一单位获得省级奖励1项,参与获得农业农村部奖励1项,申请农业农村部品种权保护2个,形成技术规程1项,参编书籍1部,发表论文3篇,获得1项国家发明专利。

(一)获奖成果

豆类种质创新与节本增效技术示范应用,获2021年度齐鲁农业科技奖三等奖。该项目针对豌豆耐冷资源空白、豌豆种质资源创新不足等突出问题,收集评价了5 700余份豌豆种质资源,首创豌豆耐冷评价指标体系和豌豆EMS突变体诱变技术体系,创制出一大批豌豆优异种质,选育出叶色翠绿、茎秆细嫩的芽苗菜豌豆新品系"鲁翠豌1号"和可耐-13℃低温、亩产210 kg以上(干籽粒)的豌豆新品种"科豌8号"。研发配套出适合山东地区的越冬豌豆—果林间作和豌豆—花生轮作等多种节本增效栽培技术,累计推广面积25.41万亩,实现每亩增收720元以上,为冬闲地利用、土壤改良和农民增收提供了新的思路(图118)。

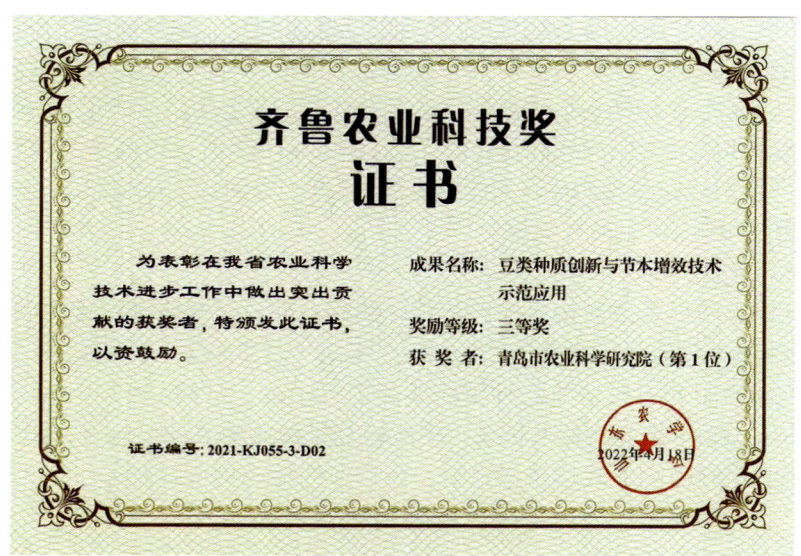

图118 青岛综合试验站获奖成果证书

(二)申请专利

(1)提高豌豆耐冷耐湿性的微生物菌剂及其应用,专利号:ZL201911233472.0(图119)。本发明公开了一种提高豌豆耐冷耐湿性的微生物菌剂,既能够提高秋播豌豆的耐冷性,有利于冻害后的复苏,同时又能够降低春播豌豆遭受湿冷天气时的烂种、出苗不整齐、弱苗多和成苗率低等问题的发生率,提高了农作物的经济效益;该微生物菌剂应用的操作方法简单、实用，对环境友好，适合于农业领域大规模使用及推广。

（2）绿豆间作经济作物栽培模式管理系统V1.0，登记号：2019SR0340115（图120）。

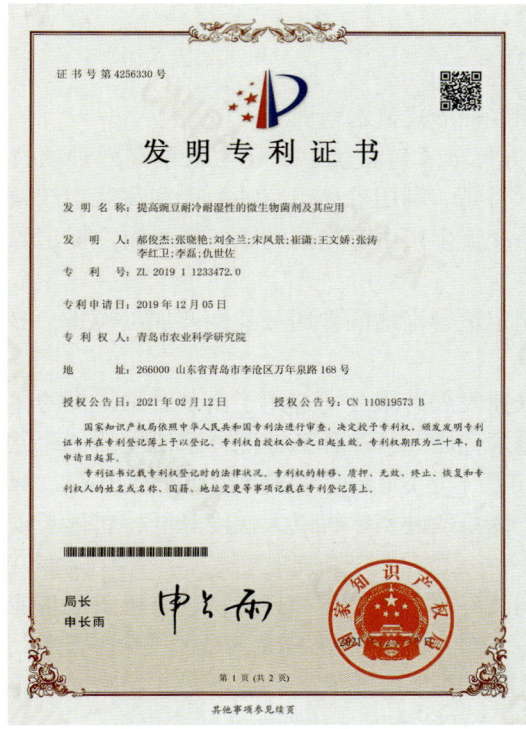

图119　青岛综合试验站获国家发明专利证书

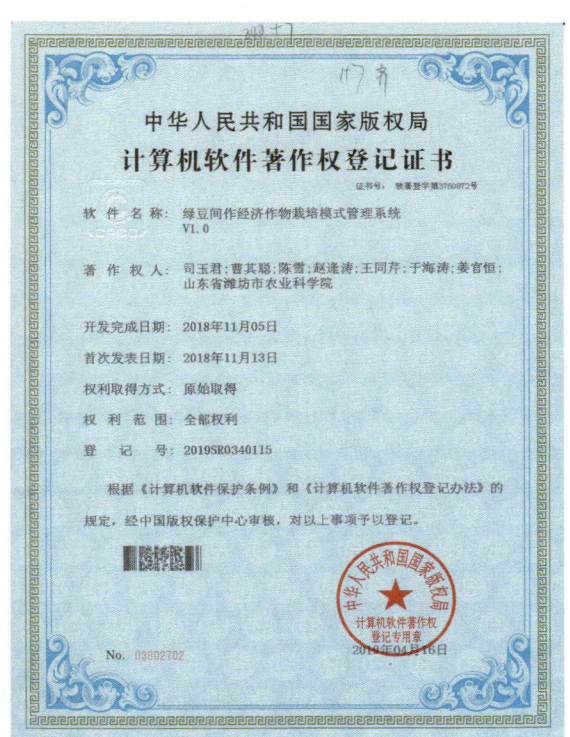

图120　青岛综合试验站获国家计算机软件著作权证书

（三）形成的地方标准

《鲜食豌豆—花生双季高效种植技术规程》（DB3702/T 305—2019），2019年12月9日颁布。

本标准规定了"鲜食豌豆—花生"双季高效种植模式的产地环境、种植模式、品种选择、生产管理及生产记录等。本标准适用于青岛市"鲜食豌豆—花生"双季高效种植模式生产。

（四）代表性论文、专著

共发表论文3篇，其中SCI论文1篇。参与出版书籍1部。

（五）人才培养

张晓艳于2021年获得研究员资格，获得青岛市第十二届青年科技奖称号。宋凤景于2021年获得副研究员资格。

四、科技服务与技术培训

（一）服务县域经济发展

与地方推广部门合作，做好主推技术发布和多种形式技术培训

与青岛市农技推广中心合作，共同编制地方标准《鲜食豌豆—花生双季高效种植技术规程》，该项技术入选2020年青岛市主推技术目录。利用青岛市粮油生产和蔬菜生产微信服务群，及时发布关键技术和灾害气象预警、交流生产中存在的问题、解答农户提出的问题。

针对不同县域经济发展特点，因地制宜，制定适合当地的食用豆类生产加工模式，提升产业发展能力

体系优良品种助力企业增产增效：绿德源农业发展有限公司选用了由试验站提供的体系自主选育的潍绿系列品种、中绿5号和冀绿9号等优质绿豆品种，按照体系研发的"绿色无公害绿豆的生产技术"生产，产量由原来的亩产不足100 kg，提高到了亩产130 kg，绿豆品质比原来的地方品种有了很大幅度的提高，绿豆的硬实率得以大幅度降低，获得了较好的经济效益。

设计"三增模式"优化种植结构：针对胶州馥谷园生产合作社打造特色有机杂粮基地的需求，为其设计"越冬/早春豌豆+夏季谷子""早春鲜食豌豆/鲜食鹰嘴豆+鲜食玉米"和"越冬油菜+甘薯"等多种高效轮作模式，以期实现土地增绿、土壤增肥、农民增效的"三增"目标，并提供15个食用豆类品种和5个油菜品种开展品种筛选及技术集成。

（二）重大突发性事件应急和咨询服务

组织各类培训和技术讲座29场次，开展调研咨询53次，培训基层技术骨干、种植大户和农民2 633人次，发放培训资料4 000余份，提供示范用种900 kg，农药12箱。小杂粮网宣传报道1次。

五、对本学科领域或本区域产业发展所起的支撑作用

（一）以产业需求为导向，为本区域加工龙头企业提供技术咨询与服务

山东省是国内豌豆蛋白生产的主产区，随着世界贸易形势的变化，加工企业对产品多元化的需求逐步增强，在原有豌豆蛋白产品的基础上，亟须开拓新的系列蛋白产品。针对这个需求，青岛站主动联系蛋白加工龙头企业山东健源生物工程有限公司，详细介绍不同食用豆类营养特点、国内食用豆类主要育成品种、国内食用豆类生产现状，提出"利用国内优良品种，建立高端有机生产基地，研发蚕豆、鹰嘴豆、普通菜豆等系列食用豆类蛋白产品"的发展建议。

在首席科学家和体系15个专家团队的共同努力下，收集到94份国内食用豆类育成品种和品系，对其蛋白质含量、淀粉含量进行了测定，明确了国内主栽品种的品质特性，获得蛋白质含量在30%以上的绿豆品种1份（苏绿3206）、芸豆品种2份（龙芸豆16、ZYD19-01）、豌豆品种2份（成豌9号、新豌4号），蛋白质含量在37%以上的蚕豆品种2份（成胡19、成胡23）。导向性技术服务，搭建了产业技术体系育种成果和企业生产需求结合的良好平台，有针对性地解决了企业生产原料创新、品牌产品丰富的需求，为企业产品多元化提供了技术支撑。

世界500强企业中粮集团山东分公司位于威海，公司拟在莒县生产车间开展食用豆类系列产品研发。本团队为中粮集团食品研发、市场销售及采购人员进行了题为《豆类营养价值及加工利用》的技术培训，介绍了食用豆类在营养保健、种植结构调整、出口创汇和脱贫攻坚等方面的作用，并推荐体系绿豆育种团队选育的黑绿豆新品种作为高端加工产品的原材料，提升加工产品的营养价值和产品类型。

（二）技术帮扶，示范带动，助力脱贫攻坚

本团队作为乡村振兴工作队农技人员，对接平度市古岘镇5个经济薄弱村，开展了基本情况调研、存在问题梳理、技术培训和技术跟踪服务等工作。在平度市、胶州市、西海岸新区开展青豌2号、科豌6号豌豆节本增效栽培技术示范；开展潍绿7号、潍绿8号绿豆品种轻简化晚播高产栽培技术示范；开展鲜食鹰嘴豆新品种示范，组织贫困村村委和技术人员进行现场观摩，扩大示范辐射带动效果。

南阳综合试验站

一、南阳综合试验站简介

南阳综合试验站于2008年加入国家食用豆产业技术体系，建设依托南阳市农业科学院，站长朱旭副研究员（图121）。多年来通过团队成员的不懈努力和南阳市农业科学院领导、同事的大力支持，该试验站基础设施、创新平台、研究团队等得到了发展壮大。目前该试验站团队成员共4名，其中副研究员2名，助理研究员2名（图122）。共建试验示范基地7个，总计规模达3 000亩。

站长朱旭：1977年出生，学士学位，现任南阳市农业科学院秋作物研究所副所长。

图121　站长　朱旭

图122　试验站团队成员

二、主要研发任务和重要进展

（一）主要研发任务

重点任务：针对绿豆等优良食用豆品种，筛选适宜南阳区域种植、商品性好、高产、多抗、生育期适宜、适应性强的新品种，选育高产、多抗适宜机械化生产的新品种，研究集成新品种优质高产高效配套栽培技术及绿色增产增效关键技术，进行新品种新技术的示范应用，引导农户进行品种、技术的更新，协助岗位专家进行育种技术创新与新基因发掘，研究食用豆重要病虫害绿色防控及关键技术。

基础性工作：对种植户、基层技术人员及科技人员进行技术培训等；配合首席科学家、其他功能研究室、岗位专家和综合试验站开展相关工作并提供有关数据信息等。

应急性任务：监测本产业生产和市场变化，关注突发性事件和农业灾害事件，并提出应急预案和技术指导方案，完成农业农村部各相关司局临时交办的任务。

（二）取得的重要进展

（1）育成绿豆新品种4个，豌豆新品种1个。针对当前农业生产形势及食用豆机械化生产技术集成与示范的日渐成熟，南阳综合试验站以株型紧凑，植株直立，结荚集中，适宜机械化收获为育种目标，先后选育出适宜机械化绿豆新品种宛绿2号、宛绿5号、宛绿7号、宛绿8号；根据南阳当地市场情况，以早熟、大荚为主要目标性状选育出豌豆新品种宛豌1号。

（2）筛选出适合南阳种植的食用豆品种8个。通过示范展示，中绿5号、中豌6号、中秦1号等目前在生产中大面积应用，实现了南阳地区品种的更新换代。

（3）集成《绿豆全程机械化生产技术》《绿豆豆象、叶斑病生物防控技术》《绿豆豇豆荚螟生物防控技术鲜食豌豆—花生轮作技术》《高产高效配套生产技术》4项。

三、标志性成果

（一）获奖成果

2020年郑州市农业技术推广中心联合与郑州市农技推广联合申报的"杂粮绿色高效关键生产技术集成与推广应用"获河南省农林牧副渔合作奖；2021年申报的"宛绿2号选育及绿豆机械化生产技术的集成与应用"获河南省农业科研系统科技成果二等奖。

（二）育成的新品种

育成并通过鉴定绿豆新品种3个：宛绿2号、宛绿5号、宛绿7号，登记豌豆新品种1个：宛豌1号。

（三）申请专利

一种绿豆播种装置，国家实用新型专利，2021年12月通过授权。

（四）形成的技术或标准

与河南省农业科学院合作制定《麦茬绿豆机械化生产技术规程》（DB41/T 1873—2019）。本规程规定了麦茬绿豆机械化种植和栽培技术规程，包括产地环境、播前准备、机械化精量播种、田间管理、灌溉、施肥、病虫害防治、适时收获和种子贮藏等各个环节的技术操作规程。适用于河南省夏播绿豆产区。

（五）代表性论文、专著

2019—2021年累计在《作物杂志》《中国种业》《农业科技通讯》等期刊上发表论文8篇。

（六）人才培养

团队成员杨厚勇于2020年晋升副研究员。

四、科技服务与技术培训

（一）服务县域经济发展

试验站根据县域特点、地理生态、人力资源及耕作习惯等情况，分区域因地制宜布置主要种植的食用豆种类和种植模式，在以麦后绿豆为主要生产模式的社旗、方城、宛城、邓州主要推广绿豆机械化种植技术和绿豆新品种展示，以水稻为主的南召开展水稻冬闲田蚕豆种植技术。推广高效种植技术，提高种植效益的同时，引入并支持企业拉长产业链条，提高产业的竞争力，促进县域经济发展。

2020年至今，南阳综合试验站与社旗县盛康农业发展有限公司合作，在该企业设立绿豆示范点，为其提供适宜机械化生产的绿豆新品种、新技术，并通过后期试验筛选出适合豆芽菜的新品种。绿豆生长期间，南阳综合试验站进行技术指导，示范效果也得到有关部门领导及企业的认可，同时还邀请了国家食用豆产业技术体系专家赴该企业就如何解决豆芽菜生产过程中出现霉变的问题进行技术指导。在体系专家、院领导、团队成员和企业的共同努力下，对促进社旗县绿豆产业的发展起到了一定的推动作用。

方城县祥云农机专业合作社是一家主要从事粮食生产的合作社，其承包的土地地处岗坡丘陵地带，灌溉困难，2019年经方城县经作站介绍，南阳综合试验站为其提供抗病性好、产量高、商品性好的绿豆品种中绿5号，并免费为其提供绿豆机械化种植技术和豇豆荚螟绿色防控技术指导，在试验站和合作社的共同努力下，获得了令人满意的收成，并将收获的一部分绿豆经过筛选后做成了"祥云"牌绿豆面条，其销量甚好。这不仅为该企业盘活缺乏水浇条件的耕地及以后承包类似耕地找到了出路，提高了经济收入，也促进了该县绿豆产业的发展。

（二）重大突发性事件应急和咨询服务

2020年春节新冠疫情突然暴发，南阳综合试验站严格按照南阳市疫情防控指挥部及市农业科学院安排部署和要求，积极参与新型冠状病毒感染的肺炎疫情防控工作，同时针对豌豆田间生产技术指导不便实地开展，农资购买产品销售渠道不畅的局面，试验站通过微信电话等与示范县业务骨干进行沟通，及时了解生产中的情况，制定应对措施并通过农技推广体系指导农户生产，并多方联系农药、肥料等供应商及豌豆收购商，确保农用物资及时供应到位，减少疫情对豌豆收购的影响，减轻豌豆种植户损失。

同年7月份南阳市出现的持续低温阴雨寡照天气情况，南阳试验站认真调研、积极应对、多措并举，制定出了防范应对措施。及时撰写"低温寡照、连续阴雨天气对绿豆的为害及应对措施"，并于2020年7月15日通过《南阳农业科技情报》上报南阳市农业行政主管部门；参与撰写了"近期持续阴雨、低温寡照天气对我市秋作物生产影响及对策建议"通过《南阳政务信息》上报南阳市政府。同时及时联系示范县业务骨干，指导当地绿豆生产。

　　2021年7月15日以来河南各地陆续出现暴雨到特大暴雨，以郑州为中心河南多地出现了重大灾情。灾情出现后食用豆体系南阳综合试验站迅速启动应急措施，及时了解特大降雨对河南省食用豆产业的影响，制定了一套减灾保产技术措施；与相关县市农技推广技术人员商量制定食用豆生产救灾措施；将采购的救灾种子及时发放到灾区并免费提供技术指导。力争减少灾情对生产的影响，降低农民损失，尽力确保食用豆生产丰收。

　　随后，南阳综合试验站人员随同河南省农业科学院和河南省农业技术推广总站等相关专家多次到受灾地区查看绿豆生长情况，并免费指导田间管理措施。10月30日经专家组测产，补种绿豆亩产113.2 kg，虽然没有发挥出品种的产量潜力，但在一定程度上弥补了种植损失。2021年11月9日《南阳日报（农村版）》进行了报道。同时由南阳综合试验站撰写的《河南省灾后秋粮田改种绿豆轻简栽培技术》在《农业科技通讯》2021年第11期发表。

五、对本学科领域或本区域产业发展所起的支撑作用

（一）推广食用豆生产新技术，提升示范县生产技术水平

　　试验站充分利用当地农技推广部门熟悉当地环境、工作时间充足的优势，在新技术推广上，以当地农技推广部门作为主力军。试验站在技术措施制定上充分征求当地农技推广部门意见，将新技术融入当地的环境中去，尽量使技术措施切实可行，便于农户接受和推广应用。通过试验站和示范县的共同努力，在方城清河、社旗太和的绿豆生产中机械化技术都占有较大的比例，提升了当地的绿豆生产技术水平。

（二）注重与企业合作，提升示范县食用豆产业的发展能力

　　拉长产业链条能有效的提升产业的发展能力，企业是拉长产业链条的有效途径。试验站在新品种新技术示范推广过程中十分注重与企业的合作，先后与河南省河长军缘实业有限公司、方城县祥云农机专业合作社、社旗县盛康农业发展有限公司等合作推广秋豌豆种植技术、绿豆机械化种植技术、豇豆荚螟绿色防控技术等食用豆种植新技术和中豌6号、中秦1号、S4008、宛豌1号、保绿201012-7、JLPX02等豌豆、绿豆新品种。通过企业的发展，挖掘食用豆的市场价值，提升示范县食用豆产业的发展能力。

（三）降低生产成本，筛选专用品种，提升市场竞争力

　　南阳绿豆商品色泽较暗，很多是用来加工绿豆面条、绿豆凉粉等产品，市场竞争力一

般。针对这一不利因素，我们与示范县农技部门探讨，以降低生产成本，注重商品特性为目标，大力推广绿豆机械化种植技术和专用品种。降低生产成本，打造社旗绿豆品牌，引入企业筛选推广加工专用品种，推广反季节种植秋豌豆技术等，通过这一系列措施提升示范县食用豆的市场竞争力。

（四）积极开展多种形式的技术服务，科学应对重大自然灾害或重大突发性事件

在支援地方政府中心工作方面，试验站积极参与社旗县、宛城区的种植技能培训工作，先后培训16场次，培训贫困农户400多人次。在应急工作方面，南阳综合试验站迅速启动应急措施，及时了解疫情和强暴雨等自然灾害对河南省食用豆产业的影响，制定了防灾、减灾、保产技术措施，免费提供救灾种子，并安排人员深入灾区一线实地指导生产，力争减少灾情对生产的影响，尽力确保农业生产丰收。

南阳综合试验站与南阳当地食用豆产业紧密结合，引领了南阳食用豆产业生产技术机械化，加快了品种的更新换代，促进了南阳食用豆产业的健康发展。同时在乡村振兴和应急服务方面与当地政府紧密结合，得到了政府和农户一致的认可。

南宁综合试验站

一、综合试验站简介

南宁综合试验站于2011年加入国家食用豆产业技术体系，建设依托广西壮族自治区农业科学院，站长罗高玲副研究员（图123）。目前，试验站团队成员共5人，其中副研究员5人，博士研究生1人，硕士研究生3人（图124）。试验站具备试验地、实验室条件等研究所需的必备条件，拥有基础设施配套的固定试验地共60亩，考种作业室5间共125 m^2，在崇左市、合浦县、武鸣区、全州县和苍梧县等地建立示范基地900余亩。

站长罗高玲：1977年8月出生，硕士学位，获科技进步奖3项，主持育成作物新品种3个，审定发布实施了地方标准3项，主编著作3部，在各类学术刊物上发表研究论文20余篇。2004年7月到广西农业科学院食用豆研究室工作，主要从事食用豆类资源的收集评价、品种选育和示范推广工作，2011年开始参加体系工作，2016年开始担任国家食用豆产业技术体系南宁综合试验站站长。

图123　站长　罗高玲

图124　试验站团队成员

二、主要研发任务和重要进展

（一）主要研发任务

1. 产业重大关键问题技术攻关

（1）食用豆高产多抗与优质专用新品种选育，主要内容包括食用豆种质资源鉴定创新、食用豆高产、多抗、优质专用且适宜机械化生产的新品种选育和食用豆良种繁育体系建设与新品种示范应用等。

（2）食用豆绿色丰产高效生产技术集成与示范，主要内容包括适宜机械化生产的食用豆品种筛选、轻简化高效栽培技术模式研究、病虫害绿色高效防控技术研究。

（3）食用豆高效育种技术创新与新基因发掘，主要内容包括食用豆种质资源的收集、鉴定与评价。

（4）食用豆重要病害和草害高效绿色防控技术研究，主要内容包括食用豆类病虫害调查与样本采集等。

（5）配合首席科学家、岗位专家开展相关工作并提供有关数据信息。

2. 县域经济服务

与企业进行合作对接、开展新品种新技术示范推广，建立新品种及轻简化技术示范基地，开展技术培训、技术指导、科普宣传等活动。

3. 应急性任务

监测广西本产业生产和市场变化，关注突发性事件和农业灾害事件，并提出应急预案和技术指导方案，完成农业农村部各相关司局临时交办的任务。

（二）取得的重要进展

1. 食用豆新品种选育与应用

收集到食用豆种质资源38份；评价鉴定种质资源2 594份；完成体系绿豆、豇豆和豌豆新品种联合鉴定试验和生产试验，筛选出优良豌豆品系5个、适宜机械化生产的食用豆品种9个、筛选出早熟，高产、直立、结荚集中，成熟一致，抗病性强的绿豆优良品种3个，开展豌豆、豇豆穿梭育种工作，选育出优良豇豆新品系2个、豌豆新品系3个，并提交参加体系豇豆和豌豆联合鉴定试验。申请新品种保护权2个。

2. 新品种及配套技术应用

在广西武鸣区、合浦县、大新县、苍梧县、全州县等建立示范基地。邀请专家对大新县建立的龙眼地间种豇豆示范区进行测产，示范区种植的3个豇豆品种桂豇豆18-1、桂豇豆18-11和桂豇豆18-21籽粒产量为133.6～155.1 kg/亩，比中豇1号增产11.4%～29.4%，比本地豇豆增产26.9%～47.3%；对合浦县沙岗镇的柑橘地间种豇豆基地进行测产，测产结果：豇豆新品种桂豇豆18-1、桂豇豆18-11、桂豇豆18-21籽粒产量为135.2～144.4 kg/亩，比本地豇豆增产5.5%～12.6%。结果表明，选用直立型，早熟、综合农艺性状优良的豇豆新品种与龙眼及柑橘间种，增效显著，具有较好的发展前景。

三、标志性成果

（一）获奖成果

与体系相关单位合作获得的成果：绿豆新品种选育及绿色高效栽培技术集成应用，2019年获江苏省科学技术奖一等奖；抗病虫绿豆新品种选育及绿色增产增效机械化栽培技术推广应用，2020年获中国商业联合会全国商业科技进步奖一等奖。

（二）代表性论文、专著

共发表科技论文7篇，主要有适宜广西地区春播的优质小豆品种（系）筛选、适宜甘蔗间种的绿豆品种筛选、甘蔗间套种绿豆适宜播期试验研究、基于灰色关联度分析法综合评价24个绿豆新品种（系）在桂南地区的田间性状表现等。

（三）人才培养

陈燕华，2020年晋升副研究员；罗高玲、唐建淮2021年入选为广西乡村科技特派员。

四、科技服务与技术培训

（一）服务县域经济发展

针对广西绿豆等食用豆单产水平相对偏低、机械化程度滞后等问题，研究集成小型播种器播种，芽前除草封闭、绿色防控病虫害等轻简化生产技术。依托示范县建设的示范基地，建立新品种及轻简化栽培技术示范基地，开展技术培训、技术指导、科普宣传等活动，提升当地食用豆产业的科技含量和机械化普及率，辐射带动周边农户自发接受新品种新技术，提升生产效率，提高种植效益，助力乡村振兴。

（二）重大突发性事件应急和咨询服务

1. 监测本产业生产和市场的异常变化，及时向农业农村部上报情况

根据广西食用豆生产和市场情况，提交了年度产业发展趋势和政策建议调研报告3份。

2. 组织开展应急性技术指导和培训工作

3年来，南宁站共开展培训27场次，培训1 429人次，发放资料1 400多份，提供食用豆用种2 500 kg，农药20件，化肥1.0万 kg，开展应急性服务9次，示范推广食用豆新品种13个、新技术5项。

3. 新冠疫情等突发性事件对食用豆产业需求影响调研及应对策略

2020年1月中旬，南宁站对武鸣区和合浦县豌豆、菜豆的田间生长情况、市场价格、销售渠道等开展调研，并形成调查报告提交体系首席办。

4. 新冠疫情防控期间指导备耕春耕

疫情防控期间，南宁站一手抓防控，一手抓春耕，借助网络、微信、电话、视频等方式通过示范县技术骨干为广西食用豆产业发展提供技术指导，在引导农户做好自我防范的基础上，有序开展春耕备耕工作，确保科研工作顺利开展，努力帮助农民科学发展食用豆生产。

5. 重大突发性自然灾害和主要病虫害预警预防机制建立及防控对策

2020年2月13—14日，合浦县石湾镇受冰雹天气影响，几百亩豇豆地受灾严重，南宁站团队成员及示范县技术骨干根据各村委发来的图片及视频进行详细分析，指导农户开展灾后补救工作。

为贯彻落实农业农村部"关于开展防灾减灾夺丰收工作的通知"要求及体系研发中心相关通知精神，南宁站密切关注广西天气情况、关注本地区重大突发性灾害并及时提出应对措施。为做好长期防灾减灾工作，充分发挥科技的支撑作用，编写了"广西绿豆小豆防灾减灾技术指导"。

6. 加大与大型地方龙头企业的对接力度，开展交流活动，促进科技与产业经济紧密结合

南宁站与崇左市良源科技有限公司、全州县红海现代农业发展有限责任公司、全州县忠健蔬菜种植专业合作社等企业合作，在崇左市大新县、天等县，桂林市全州县等地开展科技扶贫与食用豆新品种示范工作。南宁站根据企业需求，提供优良高产的绿豆、豇豆新品种，指导采用机械化耕地播种等集成轻简化、高效、安全栽培技术，并举办农业生产技术培训和现场观摩会，引导种植户按标准化技术规程种植管理，提高农产品质量，增强产品市场竞争力，确保较高的产业效益，促进企业、合作社及种植户增收，使新成果新技术能迅速被周边种植户掌握。

7. 积极响应农业农村部号召，大力推进科技助力产业扶贫相关工作

广西是个山多地少的省份，土地资源有限，粮用型食用豆纯种的面积逐年减少，间套轮作种植模式是广西食用豆产业发展的主要方式。2020年南宁站分别在滇桂黔石漠化区—崇左市大新县、天等县开展30亩的甘蔗地间种绿豆和50亩的柑橘果园间作豇豆示范，南宁站免费提供中绿5号、桂豇豆18-21、桂豇豆18-11等示范种子及芽前化学除草剂，并多次到种植地进行技术指导。示范区内甘蔗地亩产绿豆43.6 kg，柑橘果园地亩产豇豆133.5 kg，每亩可获得350~1 068元的经济收入，还可以减少除草所需人工费1 000元左右。

五、对本学科领域或本区域产业发展所起的支撑作用

（一）新品种及配套栽培技术为广西食用豆产业的发展提供了技术支撑

南宁站通过体系平台对来自全国各地的食用豆品种开展适宜当地生产的优良品种筛选，引进优异绿豆种质材料，通过创新育种技术与方法，选育出适宜纯种和间套种、高产优质绿豆新品种桂绿豆L74号，优选出中绿5号、桂豇豆18-11等为甘蔗、果园—豆间套种主推品种。通过品种筛选与杂交育种技术，选育到一批适应广西地区生长的豇豆、豌豆等

优良品种，并在广西崇左市、武鸣区等市县示范应用，加快了食用豆良种推广和品种更新换代。在甘蔗、木薯、柑橘等优势产区开展食用豆间套种高产高效栽培技术研究与示范，亩产值500~1 000元，有效地提高土地复种指数，培肥地力，增加农民收入。

（二）科企合作助力乡村产业振兴

南宁站与多家企业合作，在崇左市大新县、天等县，桂林市全州县等地开展科技扶贫与食用豆新品种示范工作。建立"科研+企业+地方推广部门+农户"产业发展模式，开展绿豆、豇豆间套种示范及栽培技术培训，指导实施机械化耕地、播种、化学除草等一系列轻简化栽培技术，提供优良食用豆种子，带动村民利用甘蔗地、玉米地、果园、撂荒地等种植绿豆、豇豆、豌豆，对广西食用豆产业提质增效，农民增收起到推动作用。

重庆综合试验站

一、综合试验站简介

国家食用豆产业技术体系重庆综合试验站依托单位为重庆市农业科学院，站长张继君研究员（图125）。有团队成员5人，其中正高级职称2人，副高级职称2人，助理研究员1人（图126）。在重庆市永川区卫星湖街道南华村、五间镇合兴村、双石镇太平村和武隆区双河乡木根村拥有基础设施配套的固定试验基地300亩。在永川区、合川区、巫山县、潼南区和忠县等5个示范县共建设了15个示范基地，年均示范面积1 000亩以上。

站长张继君： 1968年出生，1992年毕业于四川农业大学，获农学学士学位。现任重庆市农业科学院特色作物研究所杂粮研究室主任，重庆首批英才计划"重庆市特色杂粮创新示范团队"负责人，重庆市特色粮油指导组专家，研究员。获省政府科技进步奖一等奖和二等奖各1项、三等奖2项，省技术发明奖二等奖和三等奖各1项，农业农村部神农中华农业科技奖1项。获国家技术发明专利7项，实用新型专利4项。

图125　站长　张继君

图126　试验站团队成员

二、主要研发任务和重要进展

（一）主要研发任务

按照国家现代农业产业技术体系任务，重点开展了高产多抗适宜机械化生产新品种选育及绿色增产增效关键技术集成与示范。

（二）取得的重要进展

1. 新品种选育

培育出9个食用豆新品种并获省级以上品种鉴定证书。其中"渝红豆2号"通过中国作物学会鉴定，"豆美1号"填补了我国赏食兼用型蚕豆品种的空白。选育出7个食用豆新品系进入体系蚕豆、豌豆、绿豆和小豆联合鉴定试验。

2. 新品种及配套技术应用

连续3年邀请专家对蚕豆、豌豆和绿豆新品种及配套技术示范片进行测产验收，增产增收显著。其中在永川区何埂镇的幼果林地间作"通蚕鲜8号"示范，亩产鲜荚1 482.4 kg，亩增加产值2 964.8元；在巫山县双龙镇的林下间作早熟鲜食豌豆"中秦1号"示范，亩产鲜荚315.6 kg，亩增加产值2 319.5元；在潼南区米心镇的绿豆新品种"渝黑绿豆3号"全程机械化生产示范，采用"机械旋耕整地—多行机械化播种—无人机病虫害防控—中小型联合收割机收获作业"的丘陵山区绿豆机械化生产技术，机械收获每亩节本增效292～345.6元，有效降低生产成本。

三、标志性成果

（一）获奖成果

获省部级奖2项。

1. 西南水旱轮作区周年高效生产关键技术及应用，于2021年获云南省科技进步奖一等奖

成果简介：完成稻豆轮作周年高效生产关键技术研究及应用。应用高产抗赤斑病蚕豆新品种"通蚕鲜8号"，研究集成了水稻—蚕豆免耕周年高效生产技术，水稻—蚕豆轮作模式水稻低耗高效施肥技术，获颁重庆市地方标准"鲜食蚕豆—通蚕鲜8号稻茬免耕生产技术规程"1项。该成果在重庆大面积示范推广应用累计75.5万亩，增加产量12 231.0万kg，节支增效44 937.6万元，产生了显著的社会经济效益。

2. 《中国食用豆类生产技术丛书》，于2021年获神农中华科技奖科学普及奖

成果简介：参与食用豆相关科普作品的编写及西南片区的科普推广。购置了《中国食用豆类生产技术丛书》520册，通过田间示范观摩活动、室内外技术培训等方式进行分发利用，书中"通蚕鲜8号""成胡18""云豆147""长寿仁""中豌6号""中绿15号""冀绿7号""冀黑绿12号"等品种及其丰产栽培技术、"病虫草害防控技术"和"机械化生产技术"等技术先后在重庆地区累计推广利用185万亩；为提高利用效率和普及度，还将书中介绍的"蚕豆生产技术""豌豆生产技术"和"绿豆生产技术"等技术制成了简要手册和明白纸等，分发给各种植大户和基层技术人员，起到很好的推广作用，促进了新成果的落地生根，提升了生产效益。

（二）育成的新品种

育成食用豆新品种9个通过重庆市鉴定，其中绿豆2个、蚕豆5个、豌豆1个、小豆1个。分别是：渝绿10号、渝绿11号、渝蚕1号、渝蚕2号、渝蚕5号、渝蚕6号、豆美1号、渝豌1号、渝红豆2号。

（三）申请专利

获国家实用新型专利2项。

1.绿豆播种机

专利号：ZL202021911712.6。本实用新型专利提供一种绿豆播种机，实现对绿豆播种深浅、播种间距可控，提高了出苗率，节约了成本，降低了劳动强度，且可同时完成多行播种作业，能够大幅减少后续间苗、定苗等田间管理工作，显著提高生产效率。

2.绿豆收获机

专利号：ZL202021930364.7。本实用新型专利提供一种绿豆收获机，包括：收割机构、传送机构、脱粒滚筒、凹筛板以及振动筛板，外脱粒组件和内脱粒组件差速运行，能有效地增加脱粒效果。成熟度较低的绿豆豆角被外脱粒组件从绿豆植株上脱离以后可以进入到内脱离组件进行再次脱粒，以增加脱粒效率。

（四）形成的技术或标准

制定、发布重庆市地方标准1项。由重庆市质量技术监督局于2020年5月20日发布，2020年8月20日实施，标准编号：DB50/T 1005—2020。该标准规定了蚕豆、豌豆、小豆、绿豆、豇豆（干籽粒用）作物品种鉴定的基本要求、报审材料及审定指标，给出了豆类作物品种审定的评价方法。本标准适用于重庆市蚕豆、豌豆、小豆、绿豆、豇豆（干籽粒用）作物品种鉴定。

（五）代表性论文

在Frontiers in genetics、《植物遗传资源学报》《植物保护》《南方农业》等期刊上发表论文7篇，为食用豆科研与生产提供了理论支撑。

（六）人才培养

试验站站长张继君入选重庆市英才计划第一批人才（团队）——"重庆市特色杂粮创新示范团队"负责人，团队成员杜成章晋升为研究员，团队成员龙珏臣被选派为"西部之光"访问学者赴中国农科院访问学习。

四、科技服务与技术培训

（一）服务县域经济发展

重点服务巫山县鲜食蚕豆、豌豆产业发展。在巫山县双龙镇、官渡镇、大昌镇和巫峡镇等地开展蚕豆、豌豆新品种示范，加强体系、县农业农村委、企业和用户之间的联合，通过提供新品种新技术、技术培训、现场观摩和技术指导，实现蚕豆、豌豆新品种的标准化和规范化种植，大面积示范的新品种"云豌18"比当地品种增产12%以上、渝蚕1号增产17.5%，显著提升了蚕豆、豌豆产量水平。开展鲜食豌豆错峰上市技术集成示范，示范的早熟优质豌豆"中秦1号"，9月中旬播种，在元旦前采收鲜荚，亩产值2 000元以上，显著提升种植效益，提升了市场竞争力和产业发展能力。

（二）重大突发性事件应急和咨询服务

针对影响重庆市蚕豆生产的重要病害，及时提出赤斑病防控技术措施上报市农业农村委和种子管理站等相关部门，指导实施蚕豆赤斑病统防统治，有效挽回病害对蚕豆产量的影响。及时开展应急性技术服务，累计组织各类培训班、现场会和展示会等27场次，培训技术人员和种植户等共计885人，发放技术资料1 364份。在电视台和报社等新闻媒体宣传报道食用豆新品种及轻简栽培技术等相关成果25次。

五、对本学科领域或本区域产业发展所起的支撑作用

围绕重庆市食用豆产业发展需求，在巫山县双龙镇和官渡镇、永川区何埂镇、合川区龙市镇和云门街道、荣昌区河包镇等区县开展蚕豆、豌豆新品种及高效生产技术示范推广，增产增收显著；在潼南区米心镇和永川区卫星湖街道等地开展宜机绿豆新品种全程机械化生产技术示范，实现节本增效，解决了绿豆生产中人工成本高的瓶颈问题。食用豆新品种选育取得突破，育成高产多抗、适宜做鲜食、赏食兼用、加工和适宜机械化生产的多类型食用豆新品种9个，满足了重庆食用豆生产上对品种的多元化需求。充分发挥了体系技术引领作用，为食用豆产业发展提供强有力科技支撑，显著提高了食用豆的种植效益。

成都综合试验站

一、综合试验站简介

国家食用豆产业技术体系成都综合试验站于2008年批准建设，依托单位为四川省农业科学院作物研究所，2019—2020年站长为余东梅（图127）、2021年站长为项超（图128）。岗位有团队成员7名，含副研究员2名，博士3名，助研2名，科研助理2名（图129）。试验站固定基地2个，面积80余亩，含新都基地50亩、温室大棚1个，邛崃基地30亩；示范基地包括简阳、中江、仪陇、自贡、宣汉等5个，约3 000亩；成果转化合作企业有四川省郫县豆瓣股份有限公司、成都大美种业有限责任公司、四川天宇种业有限责任公司等。依托单位拥有食用豆种质资源与遗传育种专用实验室1间，具有高通量核酸蛋白测定仪、LI-6800便携式光合测量系统、脂肪测定仪、粗纤维测定仪、凯氏定氮仪、消化炉、分光光度计等仪器设备。

站长余东梅：四川省农业科学院作物研究所副研究员。

站长项超：四川省农业科学院作物研究所副研究员，品种资源研究保护中心主任、豆类品种资源创新研究室负责人，四川省非主要农作物品种认定会小杂粮专业组专家，主持省级科研项目20余项，育成蚕豆、豌豆新品种8个，参与制定行业标准1项，在Nature Genetics、Phytopathology、《中国农业科学》等国内外核心学术期刊上发表论文20余篇。

图127　站长　余东梅　　图128　站长　项超　　图129　试验站团队成员

二、主要研发任务和重要进展

（一）主要研发任务

食用豆高产多抗适宜机械化生产新品种、高产多抗与优质专用新品种选育，食用豆绿色增产增效关键技术、农机农艺融合全程机械化生产技术、绿色丰产高效生产技术集成与示范，食用豆高效育种技术创新与新基因发掘，食用豆可持续生产关键技术研究，食用豆重要病虫害草害高效绿色防控技术研究集成与应用。

（二）取得的重要进展

1. 机械化生产技术取得突破性进展，集成蚕豆轻简化栽培技术1套

为了解决四川蚕豆、豌豆劳动力成本过高的问题，试验站探索蚕豆机播技术、开沟撒播技术、机械收获技术，评价出成胡21是最适合机播、联合收割的蚕豆新品种，机播技术较传统挖窝点播节约人工成本420元/亩，机械收获较传统人工收获节约人工成本280元/亩；通过免耕、深松、翻旋、旋耕豌豆机播试验，评价出旋耕机播是最好的豌豆机播技术，亩收益较另外3种播种方式提高300~1 000元。

结合开沟撒播技术、病虫草害绿色防控技术集成适用于四川蚕豆大面积应用的轻简化高产栽培技术。通过体系专家田间技术鉴定，成胡18、成胡19亩产鲜荚1 171 kg和950 kg，较大面积平均产量分别增产55.9%、26.5%，亩节约劳动力成本150元。

2. 专用品种培育迈上新台阶，育成蚕豆新品种4个、豌豆新品种2个

育成了四川第一批长荚、大粒、优质蔬菜专用型蚕豆成胡24、成胡25，平均荚长约14 cm、百粒重约150 g、蛋白质含量均高于30%；农旅观光专用型豌豆川彩豌1号，顶状花序、每簇小花8~18朵，花色艳丽、观赏性强；叶菜专用型豌豆无须豆尖2号，叶色淡绿、脆嫩、无卷须、维生素C含量高、纤维素含量低、口感、商品性俱佳。通过体系联合鉴定试验，登记了干籽粒型蚕豆新品种成胡22、成胡23，其中成胡23是豆瓣专用型品种，其发酵的甜瓣子氨基酸总量达36.79 g/kg。

3. 集成蚕豆草害高效防控技术1套，在四川进行大面积推广应用

草害一直是影响蚕豆苗期——分枝期生长的重要限制因素之一，也是蚕豆种植中劳动力成本过高的主要原因。试验站评价施用除草剂前后杂草生长情况、蚕豆生长与产量情况、蚕豆根瘤菌生长情况，筛选出了适合四川蚕豆田使用的安全有效除草剂，结合除草剂施用时间、剂量、气候环境条件等集成了蚕豆草害高效防控技术1套，亩节约劳动力成本100元，发表相关论文1篇。

4. 蚕豆可持续生产关键配套技术研究取得显著进展

通过不同品种的播期、整枝打顶试验，明确了不同播期、不同植株处理技术的产量差异显著。如成胡18的最佳播期为10月8日，在始荚期作去除无效分枝处理时产量最高；成胡25的最佳播期为10月8日，分枝期去除主茎、始荚期去除无效分枝、末花期打顶处理时

产量最高。探索新型VDAL微量元素水溶肥在蚕豆上的使用方法，通过浸种、叶片涂抹、田间喷施等3组试验，明确了VDAL的最佳使用方法是浸种，最佳浓度为8 mg/kg。

5. 创新育种技术，利用穿梭育种与简化基因组测序开展蚕豆赤斑病、豌豆白粉病技术攻关

在岗位专家朱振东研究员、刘玉皎研究员、何玉华研究员的帮助下，引进抗赤斑病蚕豆、抗白粉病豌豆高代品系，通过系统选育，获得了一大批抗赤斑病、白粉病的新品系，其中抗白粉病豌豆新品系已进入第二年四川省豌豆多点试验，其中至少有2个苗头品系能通过试验将登记，最终实现四川抗白粉病豌豆新品种零的突破。

通过豌豆简化基因组测序，获得了14个与白粉病侵染性（IT）显著关联的SNP位点，9个与白粉病严重度（DS）显著关联的SNP位点，为进一步攻克豌豆白粉病难题奠定了分子基础。

三、标志性成果

（一）获奖成果

以成都综合试验站依托单位四川省农业科学院作物研究所为主要完成单位的"粮菜兼用型优质高产广适蚕豆品种选育与应用"获得四川省科技进步奖三等奖（图130）。该成果创新性强，成熟度高，稳定性好，整体达同类研究国内先进水平。

（二）育成的新品种

1. 登记新品种6个，扩区登记品种2个，申请品种权保护3个

（1）成胡22。株高128.6 cm，单株粒重27.6 g，百粒重121.1 g；平均单产210.9 kg/亩。中早熟、豆瓣酱优质品种。

（2）成胡23。株高130.1 cm，单株粒重31.9 g，百粒重119.2 g；平均单产204.8 kg/亩。宜机收、优质豆瓣酱专用型品种。

（3）成胡24。株高104.8 cm，平均荚长14.7 cm，单株荚数6.4个、单荚粒数5.9粒，单株粒重30.4 g，百粒重163.8 g。

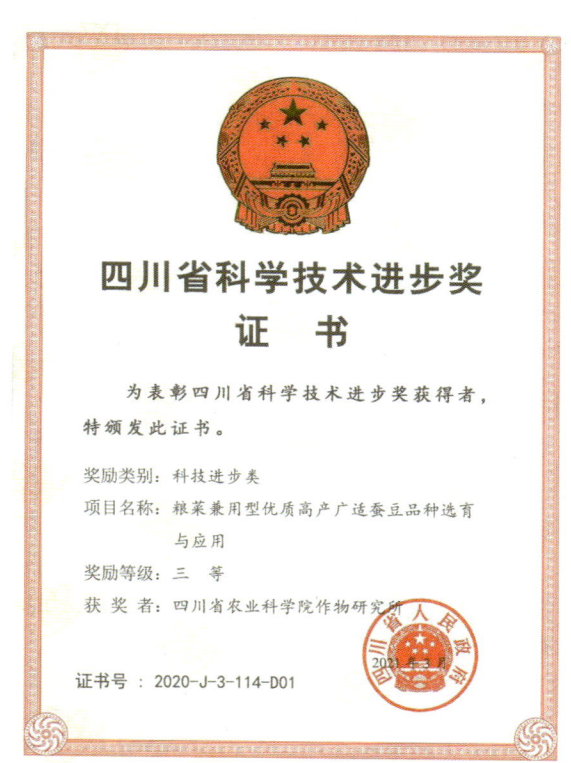

图130 成都综合试验站获奖成果证书

长荚、大粒、鲜食专用型品种。

（4）成胡25。株高95.7 cm，平均荚长13.5 cm，单株荚数6.8个，单株粒重29.7 g，百粒重164.1 g。长荚、大粒、鲜食专用型品种。

（5）川彩豌1号。株高112.4 cm，主茎顶状花序，每簇8~18朵小花；单株荚数16.4个，单株粒重7.3 g，百粒重23.8 g；平均亩产146.9 kg。顶状花序、农旅观光型专用型品种。

（6）无须豆尖2号。株高118.6 cm，复叶无须，叶色翠绿；单株荚数14.5个，百粒重19.8 g；平均亩产121.6 kg。蔬菜专用品种。

（7）成豌10号。株高66.2 cm，主茎分枝4.2个；单株荚数13.4个，百粒重17.3 g；平均亩产167.9 kg；适宜在秋播区种植。早熟、白籽粒、休闲食品加工专用型品种。

（8）成豌11。株高69.6 cm，主茎分枝3.1个；单株荚数13.8个，百粒重16.7 g；平均亩产152.7 kg；适宜在秋播区种植。早熟、耐病、白籽粒、休闲食品加工专用型品种。

2. 申请品种权4项

成胡22、成胡23、成胡24、川彩豌1号完成品种权申请。

（三）代表性论文

在《作物杂志》等核心期刊上发表研究论文4篇。

（四）人才培养

项超：2019年中组部西部之光访问学者；杨梅：2019—2021西南大学在读博士。

四、科技服务与技术培训

（一）服务县域经济

1. 技术服务内容

2019—2021年，成都综合试验站与仪陇县农业农村局合作，以仪陇县高新农作物种植农民专业合作社种植基地为中心，在仪陇县赛金镇、五福镇围绕建立蚕豆、豌豆良种繁育基地为目标，年种植蚕豆、豌豆300亩。应用优化的蚕豆机械化生产技术、轻简化高产栽培技术，亩增产47.6%，可为周边县市提供良种30 t，按市价7.0元/kg计算，产值约21万元。

为了充分利用仪陇县万亩桑园冬闲土地，降低桑园农药、化肥用量，提高桑园收益，成都综合试验站通过免费提供蚕豆、豌豆优质良种，结合轻简化高产栽培技术，探索桑树套种蚕豆、豌豆高效种植模式。经过试验，桑园适合种植蚕豆、豌豆，蚕豆亩产值在2 500元以上，豌豆尖亩产值约10 000元。通过蚕豆、豌豆套种、秸秆还田，桑园亩节约化肥20元、杀虫剂10元。

2. 服务成效

通过试验、示范，仪陇县蚕豆生产率先在四川实现了机械化收获。结合轻简化高产栽培技术，仪陇县蚕豆、豌豆生产劳动力成本大大降低，亩节约280元。通过示范培训，赛金镇、五福镇及周边种植户的蚕豆、豌豆种植管理能力得到大大提升，单产水平提高了45.4%，促进了仪陇县蚕豆、豌豆产业的发展。

（二）重大突发性事件应急与咨询服务

（1）抗击新冠疫情期间，积极响应国家和政府号召"战疫情，保供给"，利用"四川省农业科学院"微信公众号、农业科技动态、微信群、QQ群等新媒体向全川农业科技工作者、企业、种植户等推送《战疫情 保供给 四川蚕豆、豌豆田间管理建议》视频，在四川公共乡村卫视作《蚕豆、豌豆高产栽培技术》《蚕豆、豌豆主要病虫害识别与防治》专题讲座。

（2）针对四川5—9月汛期降水量大的情况，制作了防汛手册100余份下发到基层农技人员和种植户手中。在仪陇、简阳开展了食用豆涝灾后丰产栽培技术现场培训，培训基层农技人员10人、农户157人。

（3）2019—2021年组织网络培训会、现场会、展示会、技术讲座30次，调研85次，技术咨询200余次，累计培训农技人员、种养大户、农民约700人次。免费提供示范良种10 000 kg。示范推广新品种7个、新技术6项。

五、对本学科领域或本区域产业发展所起的支撑作用

2019—2021年成都综合试验站在体系首席科学家、育种岗位专家、病虫害岗位专家、机械岗位专家的大力支持和帮助下，有效促进四川蚕豆、豌豆生产步入轻简化高产栽培阶段，品种从兼用型向专用型转变、抗病性从中抗向抗提升。成都综合试验站在体系经费的支持下，大力开展蚕豆、豌豆新品种、新技术宣传、示范，有力推动了四川蚕豆、豌豆产业的发展，使蚕豆、豌豆在农村产业结构调整、防止土地非粮化、非农化方面具有不可替代的地位。

毕节综合试验站

一、综合试验站简介

国家食用豆产业技术体系毕节综合试验站建立于2008年，依托单位为毕节市农业科学研究所，试验站站长为张时龙研究员（图131）。目前，团队有科技人员4人，其中正高级职称1人，副高级职称2人，中级职称1人（图132）。依托单位有科研用房8 000 m^2，实验室900 m^2，购置800多万元仪器设备，在毕节市七星关区朱昌镇、岔河镇建设基础设施配套的试验基地180亩。在毕节市七星关、威宁、织金、大方、纳雍5个示范县共建设了10个示范基地，示范面积3 000多亩。

站长张时龙：本科，学士，选育国家、省审定（鉴定）品种21个，获科技成果奖21项，发表论文50余篇，专利4个，参编专著6部。曾获贵州省"省管专家"、毕节市"市管专家"等荣誉，是贵州省主要农作物审定委员会委员、贵州省非主要农作物鉴定委员会委员、中国作物学会食用豆专业委员会理事。

图131　站长　张时龙

图132　试验站团队成员

二、主要研发任务和重要进展

（一）主要研发任务

按照国家现代农业产业技术体系任务，围绕贵州省食用豆产业发展需求，毕节综合试验站在遗传改良、栽培与土肥、病虫害防控、机械化、加工、产业经济等6个功能研究室的相关岗位专家指导下，重点开展食用豆类新品种筛选、绿色增产增效关键技术集成与示范、食用豆育种技术创新与新基因发掘、食用豆可持续生产关键技术研究、食用豆重要病虫害绿色防控及关键技术研究。

（二）取得的重要进展

1. 新品种/系筛选与应用

鉴定、筛选并示范优质、高产、抗病食用豆新品种11个，其中芸豆7个（中芸5号、龙芸豆5号、龙芸豆6号、龙芸豆9号、龙芸豆10号、龙芸豆13号、龙芸豆14号）、蚕豆2个（通蚕鲜6号、通蚕鲜7号）、豌豆1个（成豌10号）、小豆1个（渝红2号）。

2. 新品种/系选育与应用

育成审定了优质高产食用豆新品种4个，其中芸豆3个（毕芸3号、毕芸4号、毕芸5号）、蚕豆1个（织金小蚕豆）。育成高产芸豆新品系1个（BY2015-1）参加生产试验。

3. 配套技术研究与应用

研究集成与大面积示范芸豆/玉米间作栽培技术、稻田免耕直播蚕豆高效栽培技术、田间菜豆象防控技术、仓储豆象防控技术等。

三、标志性成果

（一）育成的新品种

黔芸豆1号：黔芸豆1号2020年9月5日通过中国作物学会食用豆专业委员会品种鉴定。该品种全生育日数114天。株高96.5 cm，生长习性直立，主茎分枝3.1个，籽粒卵圆，斑纹（紫红点纹）。干籽粒脂肪含量为1.286%，蛋白质含量为25.384%，总淀粉含量为41.573%。抗病性、抗旱性、抗倒性强。

（二）申请专利

获国家发明专利2项、实用新型专利5项（图133）。

1. 一种小豆清洗除杂烘干装置及其使用方法，专利号：CN202110031279.X

通过在箱体的内部设置有半圆筒和布置于半圆筒内侧的半圆形筛筒，并使得二者均倾斜布置，这样使得加入的小豆在半圆形筛筒的内部随水流移动，并依次分布于多个弧形挡板之间，通过第一电动推杆带动支撑盘转动，便于将半圆筒与半圆形筛筒之间的水和颗粒不饱满的小豆排出，这样能够提高小豆筛选的效率，利用热气管将热空气经喷气架喷出对半圆形筛筒内侧的小豆进行烘干，并通过第一电机带动半圆形筛筒在半圆筒的内侧转动烘干后的小豆倾倒于半圆筒的内侧，这样便于对清洗筛选后的小豆进行烘干和收集，有利于提高小豆处理的效率。

2. 一种熟制芸豆冷冻包装装置及使用方法，专利号：CN202110342177.X

通过圆板环形等距固定连接有若干冷板，冷冻机构可以将冷冻液从圆槽与连接槽注进蛇形槽内，这样冷板可以将芸豆冷冻，同时动力机构可以使圆板转动，这样冷板将不断地抄起芸豆，芸豆在冷冻时不容易冻在一起，有利于后续对芸豆的包装，便于使用。

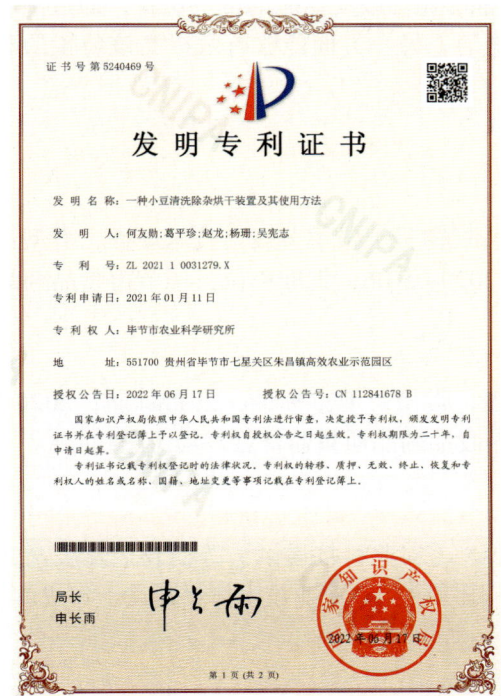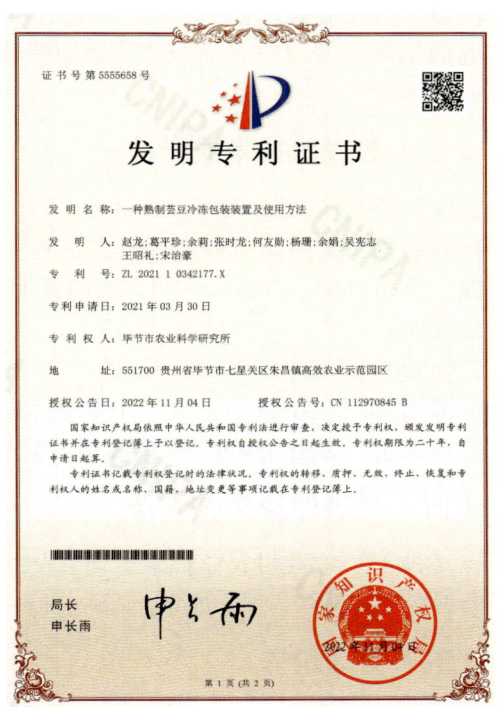

图133　毕节试验站获国家发明专利证书

3. 一种用于豆类培育的培养板，专利号：CN201921759785.5

本实用新型设计合理，结构简单，使用方便，用于豆类种子培养的培养板，合理地设计载物板，该载物板能够实现豆类种子的放置，并且设置海绵层，该海绵层可以为种子供给营养或水，使其豆类种子能够正常发育成长，并且在载物板上设置有内凹球面的载物槽，该载物槽作为种子的载体，使得种子安放更加稳定可靠。

4. 一种用于试验的豆类培育装置，专利号：CN201921760040.0

本实用新型结构简单，使用方便，用于豆类种子培育的装置，合理地设计载物板，该载物板能够实现豆类种子的放置，并且设置海绵层，该海绵层可以为种子供给营养或水，使其豆类种子能够正常发育成长。

5. 一种白芸豆筛选装置，专利号：CN201921758498.2

本实用新型设计合理，结构简单，用于对白芸豆的筛选，通过合理地设计两个筛网，两个筛网的滤孔大小不同，能够将白芸豆筛分为三种规格，每种规格颗大小不同。

6. 一种便捷式芸豆采摘装置，专利号：CN201921759677.8

本实用新型设计合理，能够将条形的芸豆从芸豆藤上摘下并收集，并且通过上把手和下把手巧妙配合带动剪刀，能够完成剪豆（采摘）动作，并且合理地在固定刀片下方设计收集兜，该收集兜能够对采摘的条形芸豆进行收集，提高了工作人员的采摘效率。

7. 一种红小豆蒸煮装置，专利号：CN202022257885.7

本实用新型通过环形驱动机构、放置单元的设计，变传统蒸煮装置的静态式蒸煮结构为动态式蒸煮结构，通过动态式蒸煮结构，能够循环改变蒸屉的受气位置，通过蒸屉受气位置的循环改变，一方面能够使蒸屉受热均匀，另一方面能够有效提高该装置的蒸煮效率。

（三）形成的技术或标准

1. Q/520502+GZJK+J001－2020

标准名称：贵州高海拔地区鲜食蚕豆（通蚕鲜7号）错季节栽培技术规程，类型：地方标准，发布日期：2020-05-06，实施日期：2020-05-06，批准单位：毕节市食品药品质量监督管理局。

2. Q/520502+GZJK+J002－2020

标准名称："织金小蚕豆"生产技术规程，类型：地方标准，发布日期：2020-05-06，实施日期：2020-05-06，批准单位：毕节市食品药品质量监督管理局（图134）。

（四）代表性论文、专著

在《种子》《贵州农业科学》《食品科学》《农业科技通讯》等期刊上发表论文13篇，参编专著1部：《协同创新 砥砺前行——国家食用豆产业技术体系建设十年成就》。

（五）人才培养

何友勋于2019年获毕节市"市管专家"称号；余莉于2021年晋升正高级农艺师；杨珊于2019年晋升高级农艺师；王昭礼于2019年晋升高级农艺师；葛平珍于2021年被评为贵州省"甲秀之光"访问学者，并于2022年晋升高级农艺师。

四、科技服务与技术培训

（一）服务县域经济发展

威宁县2020年以3个专业合作社和1个公司为主体，在威宁县建设核心示范基地3个共计350亩，引进芸豆新品种3个，平均亩增产159.1元，集成优化了芸豆套种苹果的种植模式，开展了芸豆林下简易机械播种，辐射带动了6万亩的种植面积。通过对核心示范区域农民的培训，不仅让当地农户掌握了芸豆高效种植技术，而且直接带动20户80余人脱贫致富，辐射带动了周边32个乡镇。芸豆产业已经成为威宁县的特色产业，近几年来为威宁县农户增产创收和脱贫致富贡献了力量，也将是今后威宁县乡村振兴战略的重点农业产业。

2021年依托国家食用豆产业技术体系，借助贵州省食用豆工程研究平台，由毕节综合试验站编写实施方案，组织实施1 000亩芸豆良种繁育基地建设，示范区选择在威宁县雄山街道涵洞村，威宁县春田种植农民专业合作社参与实施。以"黔芸豆1号、毕芸1号和毕芸2号"为基地核心区品种，最佳节令播种、科学管水、病虫草害绿色防控等综合栽培技术措施，开展体系研发成果的组装集成示范，并进行全程研发任务落实与技术服务。核心示范区面积500亩，辐射带动30 000亩。黔芸豆1号高效配套栽培示范100亩，经专家测产平均单产311.2 kg，较全区平均亩产186.95 kg，亩增产124.25 kg，增产66.46%，实现亩增收745.5元；化肥农药使用量减少10%以上，带动威宁县5万亩芸豆生产发展。毕节综合试验站专家团队在威宁县农业农村局、科技局及基层科技人员的配合下，到威宁县调研指导工作5次，依托威宁县芸豆示范基地建设，组织技术培训和现场观摩3次，组织大面积病虫害综合防控1次，防控面积1 000多亩，培训农民和技术人员150人次。促进了食用豆新品种新技术示范基地的建设和示范窗口的打造，推动威宁县芸豆产业、巩固脱贫攻坚与乡村振兴有效衔接及县域经济的发展。

（二）重大突发性事件应急和咨询服务

1. 新冠疫情等突发性事件对食用豆产业需求影响调研及应对策略

疫情期间，充分利用电话、微信、QQ和邮件等手段开展线上技术指导和咨询服务，促春耕春管。对正进入开花、结荚期的毕节鲜食蚕豆和豌豆病虫草害防控和除草等田间管理，芸豆、小豆等春季播种豆类整地和种子、化肥、农药等农用物资的播前准备等提出技术指导意见，发送至相关区县技术负责人组织实施。

2. 重大突发性自然灾害和主要病虫害预警预防机制建立及防控对策

由首席科学家统一组织实施。毕节综合试验站配合岗位专家开展非生物胁迫相关预防预警和防控应对、重大病虫害预测预防工作和开展本区域的生产服务，重点关注本地区重大突发性灾害并及时提出应对措施。配合当地植保部门在试验站试验示范基地布置草地贪夜蛾监测调查设施设备和开展监测调查工作；及时跟踪生产，开展调研预测，通过产区实地调研以及与基层技术人员、农户等电话、微信沟通等方式，第一时间了解生产动态；及时通过电话、微信等沟通方式，向岗位专家咨询，提出应对措施，及时送到相关管理部门和农户手中；及早准备好药剂药械，指导农民适时开展应急防治、统防统治和联防联控，遏制重大病虫害扩散蔓延。

3. 应急性技术培训

2019—2021年，组织技术培训和现场观摩9次，组织大面积病虫害综合防控3次，防控面积1 000多亩，培训基层农技人员30多人次，培训农民260多人次。

五、对本学科领域或本区域产业发展所起的支撑作用

毕节综合试验站工作紧紧围绕国家食用豆产业技术体系制定的工作任务目标,在首席科学家和全体食用豆岗位专家、站长的关心和指导下,团结带领各示范县团队加强自身建设,发挥试验站职责职能,结合毕节市食用豆产业发展需求开展科研和技术服务工作,引进了新品种、新技术、新理念,解决了食用豆科研、生产中的品种需求、栽培与加工技术需求、人才团队建设需求等难题,引导本地产业化发展,取得显著成绩。通过团队和5个示范县骨干队伍建设,承担试验站安排的试验、示范推广、调研、培训工作,稳定了科技团队,让大量科技人员有机会全面学习、交流和掌握国内外食用豆最新科技动态、科研方法、技术手段和农艺流程,减少了大量的重复工作,提高了工作效率;每年组织培训班、现场培训会、现场观摩活动等把新科技动态、科研方法、技术手段和农艺流程通过教学、培训等渠道传播给学生、农户及企业等广大理论和技术需求者,促进了食用豆产业的发展;把这些技术手段推广应用到实际生产中促进了农业增产增收和脱贫攻坚与乡村振兴;通过对科技工作系统性的总结凝练,提升了科研水平和理论水平,产出了论文、专著、专利、地方标准等理论成果,凝练出科研推广科技成果,培养了大批科技人才,壮大了科技服务队伍。

体系岗岗联合、站站联合、岗站对接实现了食用豆产业技术的研发与应用的渠道畅通,通过育成材料的交流筛选评价和应用,选育并国家登记了黔芸豆1号等新品种,同时创新了大批芸豆、小豆、蚕豆苗头品种,提升了我们的食用豆育种水平;通过育成品种试验评价应用筛选出芸豆品种ZYD19-01、龙15-1858,小豆品种渝红豆4号、苏小豆1706等,促进了食用豆的生产发展和种植户的增产增收;因地制宜地引进筛选应用食用豆绿色防控技术在生产区域普遍应用,降低了生产成本,保障了农产品质量安全;不同栽培技术集成应用,提高了其产量和效益,解决了当地对秋冬季填闲作物的需要,为进一步推进冬季观光农业发展,促进冬季农业开发,为农民寻找新的增收渠道找到了新的途径,提高了生产水平,拓展了食用豆产业种植发展空间。团队成员积极参与到脱贫攻坚、乡村振兴和当地农业农村工作中开展服务工作,为确保农业稳产增收、农民稳步增收,农村繁荣稳定做出了应有贡献。

曲靖综合试验站

一、综合试验站简介

国家食用豆产业技术体系曲靖综合试验站建立于2011年，依托单位为曲靖市农业科学院，站长唐永生研究员（图134）。目前综合试验站有团队成员4名，其中研究员1名，高级农艺师3名（图135）。依托单位2017年新建成占地235.3亩曲靖现代农业科技园基地，园区位于沾益区金龙社区轩家村委会，建设科研培训用房6 580 m²，实验室、检验室、仓库480 m²。构建了布局合理、结构优化、功能配套、设施完备的旱作、水田、水产、湿地和科研试验五个功能片区。综合试验站在麒麟区、沾益区、陆良县、富源县和师宗县5个示范县建成示范基地7个，面积3 000亩，主要开展食用豆新品种及配套的蚕豆稻茬免耕栽培技术、旱地蚕豆豌豆规范化种植技术、桑果园标准化套种技术等的研究示范工作，并打造成食用豆新品种、新技术的示范展示窗口和宣传培训基地。

站长唐永生： 1972年出生，现任曲靖市农业科学院特色作物研究所所长。主持育成国家和省审定（登记）农作物新品种20余个，参与育成新品种18个。主持发布地方标准3项，获国家专利7项。获省部级科技成果奖22项、市厅级科技成果奖14项。发表论文30余篇，参与编写出版专著12部。获"云南省有突出贡献的优秀专业技术人才""云南

图134　站长　唐永生

图135　试验站团队成员

省技术创新人才""全国农业农村系统先进个人"等表彰，是云南省非主要农作物登记委员、主要农作物审定委员会委员、云南省科技特派员、中国作物学会食用豆专业委员会理事、云南省种业专家。

二、主要研发任务和重要进展

（一）主要研发任务

按照国家现代农业产业技术体系任务，紧紧围绕本区域食用豆产业发展需求，开展食用豆高产、多抗与优质专用新品种选育及示范应用，食用豆绿色丰产高效生产技术集成与示范。在遗传改良、栽培与土肥、病虫害防控、机械化、产业经济等功能研究室的相关岗位专家指导下，重点开展了优质高产多抗蚕豆、豌豆等食用豆新品种筛选及绿色高效配套生产技术研究与示范和食用豆产业发展形势研判与政策建议等产业重大关键问题技术攻关。

服务县域经济发展、开展重大突发事件应急和咨询服务。

（二）取得的重要进展

一是育成材料的筛选应用提升育种上水平。我们利用豌豆育种岗位专家和病虫害防控岗位专家提供的鉴定材料，选育出了云豌17号、靖豌2号、靖豌4号等3个品种通过了国家农作物新品种登记，实现了曲靖市自育农作物新品种国家审定（登记）零的突破；同时创新了大批豌豆、蚕豆苗头品种，提供进入国家和省级区域试验评价，提升食用豆育种水平。二是育成品种评价应用保障了食用豆产业发展和品种需求。参加育成云豌18号、云豌36号、云豆06、云豆459等新品种成为当地主推品种，筛选出云早16、云豆690、凤豆13号、靖豌4号等大批后继储备品种示范应用，满足种植户对品种的需求，促进了食用豆产业发展，带动种植户增产增收和企业增效。三是绿色防控技术筛选应用促进食用豆产品安全优质。通过体系协作攻关，研究应用的豆象绿色防控技术、病虫草害综合防控技术等在生产区域普遍应用，利用降低了生产成本，保障了农产品质量安全。四是不同栽培技术模式和思路的引进应用，拓展了食用豆产业的发展空间。研究集成了适宜当地应用蚕豆稻茬免耕规范化种植、桑园套种鲜食蚕豆标准化生产、高原山地蚕豆种植和机械化播种等技术模式成为本地主推技术应用，获得良好经济效益，解决了当地对秋冬季填闲作物的需要，为进一步推进冬季观光农业发展，促进冬季农业开发，为农民寻找新的增收渠道找到了新的途径，提高了生产水平，拓展了食用豆产业的种植发展空间。

三、标志性成果

（一）获奖成果

2020年6月30日，参加云南省农业科学院粮食作物研究所完成的"三绿、低单宁、高蛋白优质蚕豆新品种选育及应用"获云南省科技进步奖三等奖。

2021年6月2日，参加大理州农业科学院完成的"多抗优质高产蚕豆新品种凤豆十六号选育及应用"获云南省科技进步奖三等奖。

（二）育成的新品种

育成靖豌2号、云豌17号、靖豌4号3个豌豆新品种，通过国家非主要农作物品种登记；参与豌豆育种岗位科学家团队育成蚕豆新品种2个，豌豆新品种5个通过国家非主要农作物品种登记。

（三）申请专利

取得实用新型专利3项，一种豌豆种植用除虫装置，一种豌豆高效生产用播种机，一种豌豆种子灭菌装置。

参与豌豆育种岗位科学家团队育成获得实用新型专利2项。

（四）代表性论文、专著

参与编写出版《云南省优异食用豆品种及栽培技术》《协同创新　砥砺前行——国家食用豆产业技术体系建设十年成就》2部；发表论文9篇。

（五）人才培养

唐永生2019年12月被农业农村部授予"全国农业农村系统先进个人"，2019—2021年连续被曲靖市农业农村局局党组表彰为"优秀共产党员"；团队成员张菊香2019年2月获"曲靖"市政府特殊津贴"；团队成员蒋彦华2020年1月获曲靖市"有突出贡献的优秀专业技术人才"表彰、2021年被曲靖市农业农村局局党组表彰为"优秀共产党员"；团队成员王勤方2021年10月被云南省脱贫攻坚普查领导小组"云南省国家贫困地区重大专项普查优秀个人"表彰。唐永生、蒋彦华、王勤方3人被云南省科技厅认定为云南省科技特派员。

团队成员蒋彦华于2019年10月晋升高级农艺师。

四、科技服务与技术培训

（一）服务县域经济发展

服务县域经济，助力麒麟区蚕豆产业稳定可持续发展。一是整合中央、省级杂粮（蚕豆）高产创建项目490万元、联合岗位专家开展满足市场和不同企业加工需求的干籽粒和鲜食蚕豆、豌豆新品种的筛选评价和推广应用，以云豆147、云豆1883为主推品种举办蚕豆绿色高质高效创建样板81 200亩，推广应用29.5万亩，示范区比对照平均每亩增产25.3 kg，实现亩增收126.5元、增收10.1%；以云豌18号为主推品种举办鲜食豌豆样板2 300亩，推广应用2.1万亩，平均亩产值2 336元，新品种的推广应用提高了产量，改善品质，助力麒麟区食用豆产业稳定可持续发展。二是集成种子处理、覆膜播种、中耕除草、病虫害绿色防控、收获等重要环节的关键生产技术，因地制宜示范展示稻茬免耕高产高效栽培技术的、桑果园间套种技术、旱地蚕豆生产技术、烟豆配套配套技术、机械化生产技术，降低生产成本，提高种植效益。三是联合相关龙头企业、地方技术推广部门、食用豆体系各功能研究室和相关岗位专家等，建立"科研+企业+基地+农户"产业发展模式，促进麒麟区食用豆产业提质增效，助力科技扶贫和乡村振兴，把麒麟区打造成为云南省食用豆产业的宣传示范窗口。

（二）重大突发性事件应急和咨询服务

做好各项应急性服务工作。完成农业农村部各相关司局，各级党委、政府和主管部门，首席和相关岗位临时交办的任务。在新冠疫情影响的情况下做好食用豆科研和产业服务工作，多次邀请国家食用豆产业技术体系岗站专家到曲靖开展食用豆产业调研，把牢当前生产的技术需求，诊断当前食用豆主要病虫害发生情况，指导中耕管理工作，组织了病虫害无人机飞防工作，达到了良好效果。邀请媒体对食用豆产业作专题报道，通过媒体的宣传报道，加强了当地特色优势农产品的宣传，应对疫情影响，抓生产、强宣传、促流通也有较好效果。在重大突发性自然灾害和主要病虫害预警预防机制建立及防控对策工作中，配合当地植保部门在试验站试验示范基地布置草地贪夜蛾监测调查设施设备和开展监测调查工作；及时跟踪生产，开展调研预测，通过产区实地调研以及与基层技术人员、农户等电话、微信沟通等方式，第一时间了解生产动态；指导农民适时开展应急防治、统防统治和联防联控，遏制重大病虫害扩散蔓延。配合当地政府和主管部门开展旱灾、洪涝灾害、冰冻灾害的调查和物资调度。

（三）做好扶贫工作和乡村振兴工作

2019—2000年，试验站唐永生担任"曲靖市助力脱贫攻坚专家服务团"团长，2021年担任"曲靖市万名人才兴万村专家服务团"团长，开展扶贫工作和乡村振兴工作。唐永生、蒋彦华、郑云昆被云南省科技厅认定为云南省科技特派员，开展"三区"科技服务。王勤方下派会泽县火红乡罗布邑村委会任第一书记。试验站7名团队成员结对帮扶、精准脱贫会泽县火红乡田湾村委会37户贫困户。

（四）技术培训

3年来，组织各类培训班、现场会、技术讲座18场次，调研咨询137次，培训基层技术骨干、示范种植户1 968人次，发放培训资料1 820份。通过电视、网络、报刊、新媒体等介质对曲靖综合试验站的科研进展、产业特色、技术服务、观摩交流等情况进行宣传报道，发布体系工作相关信息和专题报道41篇次。

五、对本学科领域或本区域产业发展所起的支撑作用

曲靖综合试验站紧紧围绕国家食用豆产业技术体系制定的工作任务目标，在首席科学

家和全体食用豆岗位专家、站长的关心和指导下，团结带领各示范县团队加强自身建设，发挥试验站职责职能，结合曲靖市食用豆产业发展需求开展科研和技术服务工作，引进了新品种、新技术、新理念，解决了食用豆科研、生产中的品种需求、栽培技术需求、人才团队建设需求等难题，引导本地产业发展，取得显著成效。通过团队和五个示范县骨干队伍建设，承担试验站的试验、示范推广、调研、培训工作，稳定了科技团队，让大量科技人员有机会全面学习、交流和掌握国内外食用豆最新科技动态、科研方法、技术手段和农艺流程，减少了大量的重复工作，提高了工作效率；每年组织培训班、现场培训会、现场观摩活动等把新科技动态、科研方法、技术手段和农艺流程通过教学、培训等渠道传播给学生、农户及企业等广大理论和技术需求者促进了教育工作的发展；把这些技术手段推广应用到实际生产中促进了农业增产增收和产业的总体发展；通过对科技工作系统性的总结凝练，提升了科研水平和理论水平，产出了论文、专著、专利、地方标准等理论成果，凝练出科研推广科技成果，培养了大批科技人才，壮大了科技服务团队。

体系岗岗联合、站站联合、岗站对接实现了食用豆产业技术的研发与应用的渠道畅通，通过育成材料的交流筛选评价和应用，选育并国家登记了云豌17号、靖豌2号等新品种，实现了曲靖市食用豆自育品种零的突破，同时创新了大批豌豆、蚕豆苗头品种，提升了我们的食用豆育种水平；通过对育成品种试验评价应用，筛选出云豌18号、云豆06等新品种示范应用，促进了冬季豆类的生产发展和种植户的增产增收；因地制宜引进筛选应用食用豆绿色防控技术在生产区域普遍应用，降低了生产成本，保障了农产品质量安全；不同栽培技术集成应用，提高了其产量和效益，解决了当地对秋冬季填闲作物种植的技术需要，为进一步推进冬季观光农业发展，促进冬季农业开发，为农民寻找到新的增收途径，提高了生产水平，拓展了食用豆产业发展空间。应用体系交流平台应对当地自然灾害，市场波动，政府咨询等突发状况，通过体系专家交流互动，可以互通信息，征询方案，集思广益，有针对性地及时为当地政府和生产者建言献策解决问题，保障食用豆产业正常发展。团队成员积极参与到脱贫攻坚、乡村振兴和当地总体农业农村工作中开展服务工作，为确保农业稳产增收、农民稳步增收和农村繁荣稳定做出了应有贡献。

大理综合试验站

一、大理综合试验站简介

国家食用豆产业技术体系大理综合试验站建立于2008年，建设依托单位大理白族自治州农业科学推广研究院，站长陈国琛研究员（图136）。现有团队人员4人，正高级职称2人，副高级职称2人（图137），5个示范县，10个示范基地（大理市湾桥、银桥、巍山县庙街、永建、祥云县沙龙、云南驿、洱源县凤羽、茈碧湖、弥渡县寅街、新街），每个示范基地100亩，总计1000亩。

站长陈国琛：男，1963年9月出生，毕业于云南农业大学，育成并通过了农业农村部登记的蚕豆品种21个，通过云南省省级审定的蚕豆品种19个，先后获各类科技奖26项，其中获省部级二等奖4项，三等奖11项。获国务院政府特殊津贴奖，被评为云南省技术创新人才，获全国农业农村系统先进个人，入选云南省产业技术领军人才培养。

图136　站长　陈国琛

图137　试验站团队成员

二、主要研发任务和重要进展

（一）主要研发任务

按照国家现代农业产业技术体系任务，围绕大理区域食用豆产业发展需求，重点开展了优质高产多抗适宜机械化生产的蚕豆新品种选育、蚕豆绿色增产增效关键技术集成与示范等产业重大关键问题技术攻关，结合本区域生产实际服务县域经济发展、开展应急性技术指导和培训，在相关岗位专家指导下，开展食用豆重要病害和草害高效绿色防控技术研究、农机农艺融合全程机械化生产技术集成与示范、食用豆可持续生产关键技术研究及食用豆产业发展形势研判与政策建议。

（二）取得的重要进展

一是累计种植、鉴定和评价国内外种质资源1 124份；二是育成凤豆6号-24号共15个优质蚕豆新品种，其中凤豆16号、凤蚕豆18号推介发布为2019年、2020年云南省农业生产主导品种在全省推广实施；三是凤豆15号和凤豆16号的选育及应用2项成果获云南省科技进步奖三等奖；四是蚕豆稻茬免耕轻简高效栽培技术被评为《2021年云南省夏粮六大生产技术措施》在全省推广实施，并颁布实施大理州地方标准《洱海流域蚕豆生态种植技术规程》在洱海流域推广应用；五是筛选出适宜高寒山区夏秋播种植的蚕豆新品种凤豆6号、凤豆19号、凤豆21号，研究完善了鲜食蚕豆稀播高产栽培技术措施，形成1套夏秋播鲜食蚕豆节本增效技术框架；六是2019—2021年累计在大理州示范推广凤豆6号等干籽粒蚕豆和鲜食蚕豆203.37万亩。

三、标志性成果

（一）获奖成果

凤豆15号品种选育获云南省科技进步奖三等奖，凤豆16号品种选育获云南省科技进步奖三等奖（图138）。

 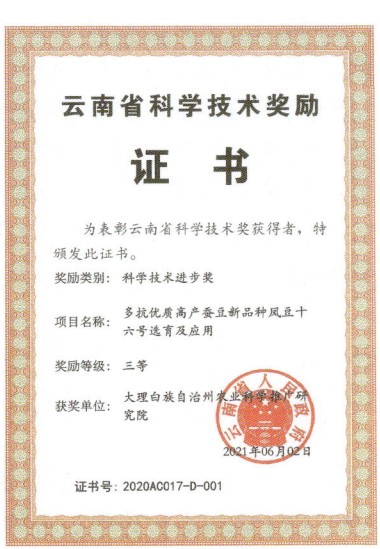

图138　大理综合试验站获奖成果证书

（二）育成的新品种

凤豆6号至凤豆24号15个品种通过了农业农村部登记。

（三）形成的技术或标准

颁布实施地方标准1项：洱海流域蚕豆生态种植技术规程。

（四）代表性论文、专著

在全国农业核心刊物上发表论文3篇，在省级刊物上发表论文7篇。

（五）人才培养

试验站站长陈国琛入选云南省"万人计划——产业技术领军人才"并评为全国农业农村系统先进个人，团队成员尹雪芬获全国三八红旗手称号、云南省政府津贴奖、大理州三八红旗手称号、入选云南省技术创新人才培养及晋升为正高级农艺师，团队成员段银妹破格晋升为高级农艺师，并入选云南省技术创新人才培养团队成员李江晋升为正高级农艺师。

四、科技服务与技术培训

（一）服务县域经济发展

1. 成立了领导小组技术指导组

与弥渡县和洱源县政府充分沟通对接，成立了领导小组和技术指导组，负责领导和协调各方面工作，方案制定、技术指导和技术培训等。

2. 制定了工作方案，任务目标及分工明确，责任到人，建立了长效管理工作机制和技术指导、培训、市场研发等长效机制

弥渡县、洱源县和乡镇农技部门负责组织鲜食蚕豆推广、种植等实施，包括组织、宣传、发动，完成核心示范、示范基地建设，对合作社和种植大户进行技术指导等服务。

企业、合作社主要负责鲜食蚕豆市场开发研究，产品销售收购等。

（1）提升生产技术水平。由于大理综合试验站多年坚持鲜食蚕豆的技术指导和培训，农户把先进的高产栽培技术措施与品种有效地结合起来，熟练地运用到实际生产之中，农民的种植技术水平有较大提高，从而极大地提升了弥渡、洱源县鲜食蚕豆技术水平。

（2）提升产业发展能力。经过多年的努力，为弥渡、洱源县鲜食蚕豆产业提供了品种支撑、技术支撑、市场支撑、加工企业支撑，有力地提升了弥渡、洱源鲜食蚕豆产业发展能力。

（3）提升市场竞争力。弥渡、洱源县鲜食蚕豆上市时间为12月到第二年的4月，国内其他地区鲜食蚕豆很少或没有，弥渡、洱源县气候条件优越，鲜食蚕豆品质较好，市场需求量大，鲜食蚕豆的市场竞争力有了较大幅度的提升。

（二）重大突发性事件应急和咨询服务

（1）监测本产业生产和市场的异常变化，及时向农业农村部上报情况。2019—2021年开展了大理州蚕豆市场和产业发展调研，向首席办提交了6个报告。

（2）组织开展应急性技术指导和培训工作。2019—2021年共举办了技术培训会27次，培训技术人员398人次，农民2 419人次，总计培训2 817人次，发放技术资料4 000份，先后151次到大理州县市进行应急性技术指导和培训。

（3）发生重大自然灾害或重大突发性事件，及时制订分区域的应急预案与技术指导方案，建立专家组，明确工作机制，并以体系的名义上报农业农村部科技教育司。2019—2021年大理州蚕豆生产期间没有出现大的自然灾害，但准备好了应对干旱和雪灾、低温霜冻的应急方案和技术措施。

五、对本学科领域或本区域产业发展所起的支撑作用

根据蚕豆产业发展的需求，提出并培育了大理州发展四季鲜食蚕豆产业，选育出优质、高产、多抗的鲜食蚕豆品种，并研究出了6套高产栽培技术措施，用于指导鲜食蚕豆生产。目前大理州常年种植四季鲜食蚕豆30万亩左右，总产值12亿元左右，大理综合试验站提供的鲜食蚕豆产业支撑及成效详见如下所述。

（一）品种支撑

大理州四季鲜食蚕豆生产中种植的品种主要为凤豆6号，凤豆11号至凤豆22号。

（二）技术支撑

研究提出了夏秋播鲜食蚕豆、冬早鲜食蚕豆、正季鲜食蚕豆、稻茬免耕高产栽培技术、垄作高密度高产栽培技术、蚕豆在水分管理6套高产栽培技术措施。

（三）市场支撑

通过多年的市场研究开发，大理州四季鲜食蚕豆产品已销往国内的很多大中城市的超市和高级酒店，在国内具有很大的市场需求量，产品供不应求。

（四）加工企业支撑

大理州境内有多家企业进行鲜食蚕豆产品的加工销售。

榆林综合试验站

一、榆林综合试验站简介

国家食用豆产业技术体系榆林综合试验站始建于2008年,依托单位是榆林市农业科学研究院,站长王斌研究员(图139)。其他团队成员4名,其中正高级职称1名,副高级职称3名,初级职称1名;博士1名,硕士1名(图140)。试验站在榆林市农业科学研究院榆卜界实验区拥有基础设施配套的固定试验基地100亩,在横山区、神木市、佳县、绥德县、米脂县、定边县等地建立示范基地9个,年均示范面积1 100多亩。

站长王斌: 1965年出生,长期从事小宗粮豆研究与综合开发工作。先后有10项科研成果分获农业农村部和省、市科技奖励;获得国家发明专利1项,实用新型专利2项。现为陕西省豆类产业技术体系首席专家,陕西省农作物品种审定委员会委员,榆林市有突出贡献专家。

图139　站长　王斌

图140　试验站团队成员

二、主要研发任务和重要进展

（一）主要研发任务

1. 2019—2020年主要研发内容

食用豆高产多抗适宜机械化生产新品种选育，食用豆育种技术创新与新基因发掘，食用豆绿色增产增效关键技术集成与示范，食用豆重要病虫害绿色防控及关键技术研究，食用豆可持续生产关键技术研究。

2. 2021年主要研发内容

适宜机械化生产的绿豆优质多抗新品种筛选、适宜机械化生产的配套栽培模式研发与技术集成；食用豆优异种质创新和新品种（系）适应性评价鉴定；食用豆抗旱节水关键技术、养分高效利用关键技术；研究食用豆重要病虫害绿色防控及关键技术研究。

（二）取得的重要进展

1. 食用豆种质资源收集鉴定、新品种引育

收集食用豆种质资源156份，其中绿豆96份、小豆32份、芸豆8份、小扁豆20份。通过系统选育、杂交育种等方法选育出直立早熟绿豆新品系9个、小豆新品系2个；通过新品种（系）异地鉴定、联合鉴定试验筛选出适宜陕北地区机械化生产的绿豆新品种7个、小豆新品种3个、芸豆新品种2个、豇豆新品种3个。

2. 食用豆绿色增产增效关键技术集成与示范

通过不同地膜栽培方式试验和多点示范，完善了地膜覆盖膜际栽培技术，形成了"集耐密品种+膜际栽培"的配套技术。在绿豆主产县累计推广地膜覆盖配套增效技术30余万亩，使全市绿豆精细化管理水平提高到80%以上，节本增效显著，改变了以往广种薄收、耕作粗放的生产模式。

3. 食用豆主要病虫草害绿色防控关键技术研究

通过对绿豆细菌性晕疫病、叶斑病及豆象的生物防治与综合防控试验，筛选出防控效果好的药剂多抗霉素、农用链霉素、枯草芽孢杆菌，在横山、神木、佳县、米脂、绥德等绿豆主产区进行了大面积示范应用，年均推广15万亩以上。

4. 食用豆可持续生产关键技术研究

通过绿豆减量施肥、根际促生菌试验，以及不同脱叶剂对绿豆、小豆脱叶效果及产量的影响研究，明确了在中等肥力水平的风沙土壤上，磷钾肥和有机肥施用一致的基础上，减量施用氮肥不会造成绿豆产量的明显降低；增施促生菌具有解钾作用，能提高绿豆根际土壤的速效钾含量，并促进氮的吸收，能使绿豆荚数和粒数明显增加，并最终提高约10%的产量；脱叶剂可以提高绿豆、小豆脱叶率促进成熟，有利于机械化收获。汇总分析土壤测试和田间试验数据结果及群众施肥经验，根据土壤类型、耕作制度等差异，建立了本区绿豆施肥配方，即$N：P_2O_5：K_2O=3：12：6$。减少施肥量5 kg/亩，亩均增收节支60元

以上。

5. 适宜机械化生产的配套技术集成示范

针对生产实际和本区立地条件，积极与区内农机公司合作，开展小型农机具的改进和试制工作，生产了适宜本区丘陵山地应用的耕作机具，实现了耕翻、施肥、起垄、喷药、覆膜、播种一体完成，且平地覆膜与起垄覆膜、膜上栽培与膜际栽培，两行种植与大垄三行简单切换。节约了劳动力成本，降低了劳动强度，激发了产业活力，提高了豆农种植积极性。

6. 培育地方特色产业

定边县白于山区地域广阔、土地肥沃，具有食用豆等豆类生产得天独厚的条件，但传统种植业结构中很少种植豆类。针对这一问题，试验站积极与当地农技部门及农业产业化龙头企业定边县喜泳粮油食品有限责任公司、双合丰农业农技服务公司、沃野现代农业有限责任公司、姬塬镇冯团庄村世生农民专业合作社合作，采用"项目+科研+公司（合作社）+订单"的推广模式，在定边县姬塬镇、贺圈镇示范推广芸豆、小豆及玉—豆带状复合种植技术（玉米+芸豆、玉米+红小豆），每亩纯收入超过1 000元，带动了当地农户增产增收。

三、标志性成果

（一）申请专利

"平板式种子包衣机"2020年6月19日获授权实用新型专利，公开了一种平板式种子包衣机，本实用新型平板式种子包衣机通过对不同类型的种子彼此交替平铺、结对包衣的方式实现了对混合种子的高度混合包衣。

"精准中耕施肥一体设备"2021年6月25日获授权实用新型专利，公开了一种精准中耕施肥一体设备，该实用新型的精准中耕施肥一体设备在犁地松土时，其犁刀刀钩上的刀片可有效地对树木或杂草根系进行切割，从而避免树木或杂草根系被犁刀勾起而刮伤或刮倒作物。

（二）代表性论文、专著

在《中国农学通报》上发表论文1篇，出版专著1部。

（三）人才培养

团队成员1人取得硕士学位；王孟于2019年获榆林市"一五二"人才、榆林市十大杰出青年、任小杂粮研究所所长，2021年获榆林市突出贡献专家；张芳于2019年获榆林市突出贡献专家；王斌于2019年获榆林市"一五二"人才、榆林市突出贡献专家，被聘为陕西省豆类产业技术体系首席专家。

四、科技服务与技术培训

（一）服务县域经济发展

服务食用豆生产示范县，积极参与龙头企业、农民合作社、家庭农场等新型农业经营主体的科技服务，同时积极与政府、农业部门和基层农技推广体系衔接与配合，依托体系研发成果和技术优势，研究制定产业发展规划和技术实施方案，推广新优品种、实施肥药减施、病虫草害综合防控、机械化轻简栽培、建立有机生产基地、拓展品牌优势等，以解决食用豆生产发展中存在的问题，促进区域食用豆产业的健康持续发展。

（二）重大突发性事件应急和咨询服务

（1）新冠疫情期间，为了确保全面打赢脱贫攻坚战，组织科技人员编印了《产业扶贫技术挂历》《产业扶贫系列培训手册》《豆类生产技术问答》《绿豆生产技术》等培训资料，通过微信、QQ等传播途径在线上开展技术培训，累计为全市1 000多名豆农提供技术指导。此外，还通过微信、电话等方式，及时与相关示范县技术人员联系，咨询调研疫情对食用豆产业的影响，指导示范县提前做好应对措施。

（2）重大突发性自然灾害和主要病虫害预警预防机制建立及防控对策。近年来，陕北干旱和倒春寒等极端天气时有发生，试验站每年都实时关注本地区重大突发性灾害，及时跟踪生产，开展调研预测。其中2021年榆林再次遭受50年一遇的严重干旱，试验站团队多次深入示范县开展实地调研工作。同时作为市委抗旱保粮督导组成员，多次奔赴榆阳、神木、府谷、定边，与当地政府及农业部门召开专题会议，先后下沉到四县区19个乡镇实地考察，对农作物种植面积、品种受旱程度和可利用水源、农用电力等进行了全面摸排，督导抗旱工作。及时形成抗旱督导报告4份，提出选择抗旱品种、建设抗旱灌溉设施、推广旱作节水技术等措施建议23条，在抗旱保粮过程中发挥了重要作用。

（3）食用豆技术咨询与科普宣传。利用"科技之春宣传月""科技赶大集""科技扶贫下乡""高素质职业农民培训"等活动，多次到绥德、佳县、横山、子洲、定边、神木、府谷、榆阳等县市区为农民提供食用豆优良品种、抗旱栽培技术、机械化栽培技术、病虫害等方面的技术培训和咨询服务，组织技术培训和现场观摩21场次，培训基层技术人员、扶贫干部、种植户1 150多人次，发放技术资料2 900余份。现场答疑、电话访问、微信、QQ等咨询多次。向首席办和省（市）有关部门提交咨询报告5篇，简报、信息动态4期。

五、对本学科领域或本区域产业发展所起的支撑作用

榆林大明绿豆是国内外市场上的名牌产品，以其粒大、整齐、皮薄、色泽明亮、硬

实率低、品质好而享誉国内外，有"金豆子"之称，远销日本、韩国、中国台湾、中国香港、东南亚及西欧等地区。近几年，试验站主要在保持和发展地方传统品牌，促进产业发展方面开展工作。

（一）加强宣传引导，稳定食用豆种植面积

近年来由于农村劳动力的转移与劳动力年龄结构的变化，像绿豆这种劳动密集型传统种植生产方式很难持续，种植面积在逐年萎缩。试验站借力产业技术体系的成果转化带动，加大宣传引导力度，这几年全市食用豆种植面积逐渐趋稳，其中绿豆播种面积稳定在40万亩左右，总产达到3.5万t。成为保障县域农村经济最稳定的支柱产业。

（二）加快成果转化，提升产业发展能力

针对制约食用豆生产的主要因素，通过积极承担产业技术体系岗位专家的试验示范任务，筛选适宜本区的食用豆新品种及绿色节本增效新技术，再与生产一线技术能手和从业企业联合攻关，转化应用新成果，使食用豆生产水平得到了显著提高，如绿豆新品种新技术的推广应用，单产水平近年来提高了28 kg，全市年均增产绿豆1.12万t，增产值1.12亿元以上。同时，通过体系的实践带动，人们改变了传统思想观念，特别是农民改变广种薄收的传统种植方式，精细化管理和商品意识显著提高，激发了产业活力，促进了产业健康持续发展。

（三）积极试验新技术，提高生产管理水平

通过试验示范，集成了"适宜良种+双沟覆膜或膜际栽培"的配套栽培技术，研制组装了穴耕、覆膜、播种一体机械，实现了耕翻、施肥、施药、覆膜、播种一次性完成，减少劳动用工数量，进而降低生产成本，增加了生产效益。

（四）协助龙头企业，发展订单农业

为做大做强绿豆主导产业，实施名牌战略，走国际化、多元化可持续发展的路子。试验站协助市内龙头企业，采取"公司+合作社+基地+农户"的生产经营模式，向豆农免费提供良种、肥料和技术；规划种植面积，签订种植协议；高于市场价收购贫困户的农产品，全面推广"订单农业"，扩大绿色种植基地规模，为基地提供全程技术指导，带动周边更多的农民采用标准化生产，有力地推动了县域绿豆的产业化进程，提高了农民种植积极性和产业发展后劲。

定西综合试验站

一、综合试验站简介

定西综合试验站于2008年加入国家食用豆产业技术体系，建设依托单位为定西市农业科学研究院，2008—2020年综合试验站站长为王梅春研究员，2021年由连荣芳研究员接任站长（图141），现有团队成员4人，其中：副高级职称2名、中级及初级职称各1名（图142）。依托单位基础设施配套齐全，有旱作农业试验地500亩、综合实验室800多m^2、作物种质资源库130 m^2及风干室、晒场等。在安定区、通渭县、陇西县、漳县和临洮县5个示范县（区）及岷县（单位帮扶村）建立试验示范基地10多个，每个基地面积50～200亩。

站长王梅春：1961年生，1982年毕业于甘肃农业大学。获科技进步奖21项，其中省级一等奖、二等奖5项，发表论文60余篇，制定地方标准4项；为甘肃省第十次党代会的党代表，享受国务院政府特殊津贴。

站长连荣芳：1976年出生，2000年毕业于甘肃农业大学，获科技进步奖12项，其中省级以上奖励3项，发表论文30余篇，制定地方标准4项，为定西市第一批拔尖人才。

图141 站长 王梅春（左）、连荣芳（右）

图142 试验站团队成员

二、主要研发任务和重要进展

（一）主要研发任务

2019—2021年，主要开展蚕豆、豌豆品种联合鉴定试验，优良品种试验示范；种质资源创制、引进评价试验研究；开展豌豆白粉病、枯萎病材料鉴定试验研究，蚕豆、豌豆病害调查及综合防控技术示范；开展蚕豆、豌豆地膜覆盖，一膜两用，间套作栽培技术研究与示范。通过新品种与配套栽培技术试验示范，有力支撑和助推了当地食用豆产业发展。

（二）取得的重要进展

1. 新品种/系筛选与应用

在前期示范推广的基础上，引进筛选并示范种植抗旱、抗病、优质蚕豆、豌豆品种4个，其中蚕豆品种2个（青蚕21号、青蚕25号）、豌豆品种2个（陇豌6号、陇豌7号）；开展蚕豆、豌豆春播区品种联合鉴定试验，通过联合鉴定试验筛选出了适宜本区域种植的GF22、科豌9号等蚕豆、豌豆新品种（系），提供6个豌豆品种（系）参加春（秋）播区联合鉴定试验。

2. 新品种/系选育与应用

育成并示范推广抗旱、抗（耐）病、优质豌豆新品种2个（定豌10号、定豌11号），育成旱地半无叶和普通叶豌豆新品系2个（0804-5、20231-2，均已参加联合鉴定试验），成功配置豌豆杂交组合360个，鉴定豌豆资源220份，从中筛选出抗病等不同资源9份，鉴定豌豆优良组合1 500余个，选育出优良、高代稳定材料15份，为甘肃中部干旱半干旱区豌豆品种更新换代提供品种支撑。

3. 配套栽培技术研究与应用

研究集成与示范旱作区蚕豆、豌豆地膜覆盖，"玉米—蚕豆"一膜两用及"马铃薯—豌豆"间套作抗旱高产栽培技术，2019年后期连续阴雨，不利于蚕豆成熟的条件下，青蚕14号"一膜两用"种植亩产206～283.5 kg，较露地种植增产10.5%以上，"地膜马铃薯套种豌豆"，陇豌6号亩产60 kg以上，经济效益显著。

4. 新品种新技术示范推广

在安定区、通渭县、陇西县、漳县和临洮县5个示范县及岷县示范种植蚕豆、豌豆15 500多亩，辐射带动周边种植10多万亩，新品种新技术平均增产10%以上，通渭华家岭区域蚕豆、豌豆良种覆盖率达到90%以上。蚕豆品种在示范青海13号、青蚕14号等的基础上，继续引进适宜鲜食和机械化蚕豆品种青蚕21号、青蚕25号进行试验示范，豌豆品种在干籽粒豌豆定豌6号至10号示范的基础上，引进示范种植鲜食豌豆陇豌6号、陇豌7号。为各示范县（区）的示范基地及单位扶贫点提供蚕豆、豌豆种子超过10 t。

5. 病虫害绿色防控与应用

协助岗位专家开展了豌豆种质资源抗白粉病、枯萎病鉴定试验研究，初步筛选出十多份抗白粉病种质材料；对本区域蚕豆、豌豆种植区根腐病情况进行了调查并完成调研报告；在通渭县和安定区分别建立白粉病、豌豆象综合防治核心示范区进行防治示范。

三、标志性成果

（一）获奖成果

旱地豌豆新品种定豌9号选育及示范应用，获2021年度定西市优秀科技成果奖一等奖。

（二）育成的新品种

育成旱地粒用豌豆新品种定豌10号，该品种抗旱、抗病、优质、丰产，于1996年以S9107作母本，草原31号作父本经杂交选育而成，2019年通过农业农村部非主要农作物品种登记，登记编号：GPD豌豆（2019）620035。

（三）申请专利

获得实用新型专利2项：一种豌豆育苗装置，专利号：ZL201921788240.7；一种豌豆种植用支架装置，专利号ZL 201921938791.7。

（四）形成的技术或标准

制定甘肃省地方标准1项：《豌豆品种　定豌6号》（DB62/T 4371—2021），于2021年8月通过甘肃省市场监督管理局颁布实施。

（五）代表性论文、专著

发表论文5篇；参编、主编出版专著2部——《箭筈豌豆》和《小扁豆》，为食用豆科研与生产提供了理论支撑。

（六）人才培养

王梅春于2019年获得甘肃省正高级津贴（甘人社通〔2019〕384号）、2020年8月被评为全省工作先进个人、2020年10月被评为甘肃省陇原人才，连荣芳2020年10月被评为甘肃省陇原人才、2021年被评为定西市第一批拔尖人才，肖贵2021年晋升为副研究员。

四、科技服务与技术培训

（一）服务县域经济发展

1. 已开展的工作

采取"试验站+农技推广部门+合作社+基地+农户"模式，在漳县和通渭县，分别与漳县农技推广中心、通渭县种子站及定西华岭毕昌农民专业合作社建立服务合作机制，通过"新品种与新技术"相结合、示范基地与产业化基地建设相结合、现场观摩与技术培训相结合的形式，建设新品种、新技术核心示范基地，服务县域食用豆产业可持续发展。

2. 取得的成效

（1）提升生产技术水平。推广"新品种+新技术+种植能手"的模式，在示范县重点示范推广新品种、新技术的同时，建立科技培训服务平台，培养了一批懂种植，会经营、善管理的种植能手，提升生产技术水平，提高经济效益。

（2）提升产业发展能力。在示范县重点"因地制宜发挥区域优势""以点带面"的方式提升产业发展能力。较典型的是2020年漳县金钟镇"一膜两用"地膜栽培青蚕14号平均亩产量280 kg，比露地栽培亩产220 kg增产18.18%。

（3）提升市场竞争力。示范推广蚕、豌豆良种及配套栽培技术，使当地蚕豆平均亩产从100 kg增加到200 kg以上，而且提升了品质，提高了市场竞争力。

3. 经验模式

探索推广了"试验站+基地+合作社（企业）+技术骨干""合作社（企业）、技术骨干联农户"的模式，比如成熟的有通渭县华家岭示范基地（依托定西华岭毕昌农产品农民专业合作社）等多个区域优势农业产业示范基地，有力助推了区域特色产业发展。

（二）重大突发性事件应急和咨询服务

（1）在抗击新冠疫情的情况下，通过现场、电话、微信等指导形式与各示范县技术骨干联系，落实各项试验示范及技术培训，确保各项任务顺利进行。

（2）2020年5月30日，通渭县马营镇万亩蚕豆示范片带受到雹灾。王梅春站长带领团队成员，会同通渭县农业农村局等相关人员第一时间赶赴现场，核查评估蚕豆受灾情况，现场开展技术指导，提出灾后恢复生产建议。

（3）在蚕、豌豆主产区累计组织开展各类技术培训及观摩活动13场（次），培训技术骨干及农民600多人次，发放各类技术资料3 000余份，作物生长关键时期，深入田间地头了解生产情况，解决问题。

（4）在定西电视台、单位微信公众号等平台对蚕豆、豌豆等在当地产业发展情况进行了宣传，对促进产业发展具有指导作用。

五、对本学科领域或本区域产业发展所起的支撑作用

定西综合试验站在新品种、新技术试验示范的基础上，推广"试验站+企业+合作社+农户"的产业发展模式，在示范县示范推广蚕豆、豌豆新品种和地膜覆盖，一膜两用及间套作技术，病虫害综合防控技术等。3年来，在5个示范县及岷县（单位帮扶村）示范种植蚕豆、豌豆15 500多亩，辐射带动周边种植10多万亩，新品种新技术平均增产10%以上，为当地农户提供良种超过10吨。通过新品种新技术试验示范，更新换代了当地蚕豆、豌豆品种，提高了良种覆盖率，增加了农户经济效益，有力助推乡村产业振兴和现代农业高质量发展。

临夏综合试验站

一、综合试验站简介

临夏综合试验站于2011年加入国家食用豆产业技术体系，建设依托单位为甘肃省临夏回族自治州农业科学院，试验站站长为郭延平研究员（图143），其团队成员（图144）分别由育种、土肥栽培、综合、植保4名专家组成，包括高级职称5人，临夏州专业技术拔尖人才1名。试验站在甘肃省内蚕豆主产县设立渭源、临潭、康乐、积石山、临夏县五个示范县，蚕豆种植面积分别为8万亩、5万亩、7万亩、4.5万亩、6万亩。目前，临夏综合试验站有固定办公场所50 m^2，试验基地50亩，在5个示范县建立了示范基地7处。具有功能设备完善的分子标记辅助育种实验室、种子加工车间、种质资源库等基础设施。

站长郭延平： 1964年出生，临夏州专业技术拔尖人才，甘肃省农作物品种审定委员会经济作物委员会委员，临夏州农业科学院蚕豆研究所所长，主持"甘肃省蚕豆工程技术研究中心"工作。获全国农牧渔业丰收奖三等奖1项，甘肃省科技进步奖二等奖1项、三等奖4项，甘肃省农牧渔业丰收奖二等奖2项，临夏州科技进步奖一等奖3项、二等奖4项、三等奖1项。参与、主持选育出临蚕系列新品种16个，累计推广1 300万亩。先后在国家级、省级刊物发表科技论文10余篇。

图143 站长 郭延平

图144 试验站团队成员

二、主要研发任务和重要进展

（一）主要研发任务

主要开展了食用豆高产、多抗与优质专用新品种选育及示范应用，蚕豆绿色丰产高效生产技术集成与示范、蚕豆特异种质资源挖掘与创新利用、蚕豆轻简高效生产技术集成示范、蚕豆重要病害和草害高效绿色防控技术研究、蚕豆高效机械化生产关键技术研究及应用等内容。

（二）取得的重要进展

培育通过登记蚕豆品种2个，筛选适宜机械化生产蚕豆品种2个，引进示范蚕豆分段生产机械1套，建立示范基地10个、示范点1个；编写技术手册1本，明白纸2种，举办各类技术培训班12次，参加展销会1次，直接培训地方农技人员和农民568人次。发表论文5篇，制定甘肃省地方标准3项；获全国农牧渔业丰收奖三等奖1项，甘肃省科技进步奖三等奖2项、农牧渔业丰收奖二等奖1项。示范推广新品种4个。

三、标志性成果

（一）获奖成果

2019—2021年，获甘肃省科技进步奖2项（图145）。

1. 高寒阴湿区优质蚕豆选育及繁种体系建设研究

2019年获甘肃省科技进步奖三等奖：选育出了优质春蚕豆新品系9661-1-1-10，该品系生育期120天左右，亩产量高（334.78 kg），株高和分枝适中（113.8 cm、1.8枝），株荚数和株粒数多（9.9荚、20.3粒），百粒重高（171.02 g），具有抗根腐病、品质优良、适应性强的特点，适宜在甘肃省春蚕豆适种区示范推广种植。

试验总结出了临蚕6号优质高产高效栽培技术规范，为春蚕豆推广种植提供了技术支撑。建立了"网棚隔离繁育原原种—高海拔地区自然隔离繁殖原种—高寒阴湿区无蚕豆象区繁殖良种"的甘肃省高寒阴湿区临蚕6号良种繁育体系。3年示范推广新品种9661-1-1-10、临蚕6号优质高产高效栽培技术田21.75万亩，获得经济效益2 246.66万元，社会效益、经济效益显著。

2. 专用型蚕豆新品种选育及栽培技术集成与应用

2020年获甘肃省科技进步奖三等奖：选育专用型蚕豆新品种2个，其中临蚕13号：早熟、高淀粉、休闲食品专用型、抗赤斑病、根腐病，粗蛋白30.44%、粗淀粉44.34%、粗脂肪2.87%、赖氨酸2.06%；临蚕14号：高蛋白，荚长粒多，鲜食生产专用型，耐赤斑病、根腐病，粗蛋白29.19%、粗淀粉46.15%、粗脂肪2.84%、赖氨酸2.02%。利用重离子辐照诱变、传统杂交等创制了一批种质资源，为育种、乡村振兴和观光农业发展奠定了基础。调查明确了蚕豆生产现状，提出了发展建议，研究了新品种配套的密度、施肥、种植模式、病害防治技术，集成生产技术规范1套。创新成果转化模式，以品种权及技术入股方式，集成"科研院所+企业+合作社+基地+农户"的蚕豆良种繁育推广体系和研发、推广、种植、收购、加工一体化的产业链条，促进了蚕豆产业健康有序发展。

该品种的平均产量301.28 kg，亩均增产42.47 kg，亩新增产纯收益270.57元，2017—2019年在渭源、漳县、康乐、积石山、临夏、和政县累计推广183.3万亩，新增产值49 595.48万元，新增利润40 374.47万元。

图145　临夏综合试验站获奖成果证书

3. 临蚕系列蚕豆新品种选育与示范推广

2022年获奖全国农牧渔业丰收奖三等奖：针对蚕豆生产中蚕豆品种缺乏、单一的问题，创新选育出通过国家和省级认定（登记）的蚕豆品种5个，其中4个通过省级认定，1个通过国家登记，同时制定颁布了5个主推品种的地方标准、为蚕豆品种鉴别和生产发展提供了品种支撑。围绕蚕豆田化学除草、轮作、地膜覆盖、全程机械化生产开展了技术研究，制定的2项蚕豆生产技术规程通过审定颁布，为蚕豆种植提供了技术支撑。

组织全省11个县（区）农技、种子管理部门，2019—2021年累计示范推广蚕豆品种285.4万亩，新增粮食8.684 7万t，总增效益2.903亿元，新增纯收益2.685亿元，取得了明显的经济效益。项目实施也推动了蚕豆品种的更新换代，大幅提高了蚕豆生产水平，促进了农牧交错区粮食的增产，蚕豆生产大幅减少了氮肥的施用量，同时蚕豆主产区也将蚕豆种植纳入精准扶贫帮扶措施中，在精准脱贫、巩固脱贫成效中发挥了积极的作用。

（二）育成品种

1. 临蚕13号

2019年4月通过农业农村部非主要农作物品种登记，登记编号：GPD蚕豆（2019）

620002。

该品种田间自然发生赤斑病，病叶率19.15%，病情指数7.41，对照品种和政尕蚕豆病叶率60.23%，病情指数38.72，显著低于对照品种，田间自然发生根腐病病株率7.94%，病情指数5.42，对照品种和政尕蚕豆病叶株率69.49%，病情指数66.63，显著低于对照品种。2018年生产试验产量335.6 kg/亩，较对照和政尕蚕豆增产13.0%~15.0%。

2. 临蚕14号

2019年4月通过农业农村部非主要农作物品种登记，登记编号：GPD蚕豆（2019）620003。

该品系田间自然发生赤斑病，病叶率17.22%，病情指数7.66，对照品种临蚕9号病叶率45.47%，病情指数17.14，显著低于对照品种，田间自然发生根腐病病株率8.00%，病情指数5.20，对照品种临蚕9号病株株率19.07%，病情指数17.37，显著低于对照品种。2016年折合产量348.2 kg/亩，较对照临蚕9号312.1 kg/亩增产11.6%，2017年折合产量339.1 kg/亩，较对照临蚕9号307.2 kg/亩增产10.4%。

（三）形成的标准

1. 临蚕7号（DB62/T 2979—2019）

本标准规定了蚕豆品种临蚕7号的品种来源、植物学特征、生物学特性、产量结构、品质性状指标、适宜区域及栽培技术要点。

2. 临蚕11号（DB62/T 2980—2019）

本标准规定了蚕豆品种临蚕11号的品种来源、植物学特征、生物学特性、产量结构、品质性状指标、适宜区域及栽培技术要点。

3. 临蚕12号（DB62/T 2981—2019）

本标准规定了蚕豆品种临蚕12号的品种来源、植物学特征、生物学特性、产量结构、品质性状指标、适宜区域及栽培技术要点。

（四）代表性论文

在《植物保护》《中国种业》等期刊上发表论文5篇。

（五）人才培养

（1）试验站站长郭延平获临夏州专业技术拔尖人才称号。
（2）团队成员邵扬晋升副研究员职称。

四、科技服务与技术培训

（一）服务县域经济发展

以康乐县蚕豆种子生产基地建设为主要服务内容，采取科研院所+合作社+农户的形式，开展蚕豆良种繁育+推销体系建设，在康乐县景古镇牟家沟村、安龙村、八字沟村建立蚕豆良种繁育基地3处，示范面积150亩，新品种示范增收17.5~20 kg/亩，平均增收91~104元/亩。以技术培训与田间指导为主，协助建立蚕豆产业扶贫车间，促进农民增收、企业增效。

（二）重大突发性事件应急和咨询服务

（1）新冠疫情影响下的蚕豆良种推销，积极备耕对接康乐县旭安杂粮购销农民专业合作社，积极开展蚕豆良种推销、备耕工作，向新疆、张掖、武威、白银等地推销蚕豆良种1 200 t，面积48 000亩，州内推销蚕豆良种825 t，面积33 000亩。

（2）响应农业农村部号召，作为临夏县蚕豆产业技术顾问，对接临夏县掌子沟乡欣农蚕豆种植农民专业合作社，开展技术指导工作。在临夏县掌子沟乡建立蚕豆新品种示范及良种繁育基地1处，面积100亩，示范临蚕9号、临蚕10号、临蚕14号蚕豆新品种3个，蚕豆地膜覆盖栽培技术及蚕豆—当归间作种植技术2个，新品种的示范一方面解决了蚕豆种性退化问题，另一方面增加了蚕豆的产量，提高了农民收入。

（3）积极完成了"三区三州"临夏州所属四县一市蚕豆生产技术指导工作及临夏州专业技术拔尖人才小分队所安排的技术服务工作。

（4）积极与县、乡农技、种子管理部门对接，开展产业规划与技术指导工作。对接临夏县、康乐县、渭源县农技、种子管理部门，开展蚕豆产业发展规划，在渭源县，提出以五竹镇为中心，辐射麻家集镇、上湾乡、会川镇等乡镇，重点发展鲜食蚕豆产业；康乐县利用气候冷凉特点，重点开展蚕豆良种生产产业发展。

（5）积极完成首席办及岗位专家交办的采样、信息报送等临时性工作。

五、对本学科领域或本区域产业发展所起的支撑作用

国家食用豆产业技术体系临夏综合试验站在首席及体系专家的指导下，引领农业科技创新、推动农业提质增效、推进农业绿色发展、促进农民增产增收方面取得了突出成效。一是依托国家食用豆产业技术体系临夏综合试验站建设平台，加强与中国农科院、农业农村部南京农业机械研究所、甘肃农业大学、中国科学院近代物理研究所、青海大学、康乐县旭安杂粮购销农民专业合作社等科研院所、企业、合作社的合作，建成1个蚕豆良种繁育推广基地，建立8个试验与示范基地，全力运转分子标记实验室，搭建了蚕豆育种科研创新平台；二是对接体系岗位专家引进蚕豆分段机械收获技术1套，推广蚕豆新品种4个，通过示范推广，减轻了农民生产强度，提高蚕豆生产效率，蚕豆单产由原来的122.5 kg/亩提高到138 kg/亩，增收提效显著；三是通过鲜食蚕豆产业培育、技术培训、帮扶指导，有效促进了蚕豆产业的发展，在渭源县、临夏县初步形成了鲜食蚕豆产业雏形，农民亩均增收1 000元以上，指导康乐县旭安杂粮购销农民专业合作社、康乐县俊明农作物种植农民专业合作社，对接临夏县掌子沟乡欣农蚕豆种植农民专业合作社，建立健全了蚕豆良种繁育推销一体化模式，推动蚕豆产业健康有序发展。

乌鲁木齐综合试验站

一、综合试验站简介

乌鲁木齐综合试验站，建立于2008年，建设依托单位为新疆农业科学院，站长为季良研究员（图146）。现有团队成员有4人，其中高级专业技术人员3人，中级专业技术人员1人（图147）；有5个示范县，分别为乌鲁木齐市达坂城区、木垒哈萨克自治县、阿勒泰市、富蕴县、布尔津县，15位专业技术人员；在奇台县坎尔孜乡建立1个豆类试验示范基地，长期固定面积100亩，以食用豆的试验示范为主，试验示范基地建有1 000 m^2晒场、500 m^2办公室、考种用房及100 m^2种子库房，购置有豆类半精量播种机、脱粒机和小型种子精选机，试验基地四周采用围栏建设，配套高压输电线至田间，滴灌及配套设施完备；在乌鲁木齐市西山农场、达坂城区、木垒县、阿勒泰市、富蕴县、布尔津县等地建立鲜食豌豆、蚕豆、豌豆、芸豆等食用豆示范基地十余个。

站长季良：1963年出生，1988年毕业于石河子大学农学院，获农学硕士学位，新疆农业科学院粮食作物研究所豆类研究室主任，新疆农业大学硕士研究生导师，中国作物学会食用豆专业委员会委员，新疆作物学会常务委员，获省部级二等奖3项，发表论文60余篇，培育豆类新品种18个。自20世纪80年代后期开始，一直从事食用豆育种、栽培和示范推广工作，从品种和技术等方面有力地支持了新疆奶花芸豆出口产业、鲜食豌豆产业、籽粒豌豆产业、蚕豆产业、绿豆产业的发展，为新疆食用豆产业发展奠定了基础。

图146 站长 季良

图147 试验站团队成员

二、主要研发任务和重要进展

（一）主要研发任务

（1）食用豆高产多抗适宜机械化生产新品种选育；食用豆体系豌豆品种联合鉴定、绿豆品种联合鉴定、芸豆品种联合鉴定。

（2）食用豆绿色增产增效关键技术集成与示范；适宜机械化生产品种筛选、节本增效技术集成、绿色防控技术集成。

（3）食用豆育种技术创新与新基因挖掘；种质资源鉴定与评价、资源繁殖与入库。

（4）食用豆可持续生产关键技术研究；筛选绿豆抗旱节水品种，集成节水技术与示范。

（5）食用豆重要病虫草害绿色防控关键技术研究；食用豆主要杂草种类、为害及防控技术。

（二）取得的重要进展

（1）选育出适宜机械化生产、高产多抗粒用型豌豆新品种2个，分别为新豌1号和新豌2号。筛选出适宜机械化生产芸豆新品种ZYD19-03、绿豆新品种白绿13号、豌豆新品种陇豌10号，这些品种的共同特性是株型直立，植株特点适合机械作业，在本区域种植的高产优质特性突出。

（2）选育出鲜食型豌豆新品种2个，品种比较试验产量分别达到303 kg/亩和302 kg/亩，显著高于对照品种中豌6号。

（3）2019年豌豆联合鉴定，筛选出5个籽粒型豌豆品种，分别为S3009、加拿大白豌豆（新豌2号）、加拿大青豌豆（新豌1号）、9617、2011-65；2个鲜食型豌豆品种，分别为08168-1、9618-2；2020—2021年豌豆联合鉴定，筛选出直立适合机械化收获的豌豆品种2个，分别为陇豌10号、同豌5号；非直立豌豆品种2个，分别为牡丹豌1号、9830；鲜食型豌豆品种2个，分别为科豌9号、云豌68。

（4）2019—2020年绿豆联合鉴定，筛选出4个株型直立适合机械化收获绿豆品种，分别为白绿13号、1111-34、潍绿52500、0802-4-2-1-2-1；2021年生产试验，白绿13号较对照冀绿13号增产14.11%。

（5）2019—2020年芸豆联合鉴定，筛选出5个直立适合机械化收获芸豆品种，分别为ZYD19-01、龙15-1694、龙15-1554、毕芸19-1、ZYD19-03；2021年生产试验，龙15-1694、龙15-1554、毕芸1号、ZYD19-03分别较对照龙芸豆3号增产14.17%、15.60%、29.05%、34.52%。

（6）集成节本增效技术1套，由直立品种筛选技术、半精量机械点播技术、水肥一体化技术、除草技术、病虫害防治技术所构成。

（7）集成芸豆绿色细菌性疫病防控技术1套，由种子包衣技术和田间防治技术所构成。

（8）对303份绿豆种质资源进行了成株期抗旱鉴定，其中，55份抗旱性极强，40份抗旱性强。

（9）对210份芸豆资源进行了成株期抗旱鉴定，其中，65份抗旱性极强，23份抗旱性强。

（10）对76份宽叶菜豆资源进行了繁殖入库。

（11）筛选出白绿13号、1015-38、渝绿9号等3个抗旱节水性较好的绿豆品种，通过水肥一体化技术实现节水20%以上。

（12）确定了新疆食用豆产区主要杂草为禾本科的稗草和狗尾草，藜科的灰藜，苋科的反枝苋，唇形科的宝盖草。通过播前二甲戊灵土壤封闭，苗期机械中耕2次，中后期辅助进行人工除草，可以基本达到对杂草的绿色防除效果。

三、标志性成果

（一）形成的技术或标准

1. 春播鲜食豌豆栽培技术规程

春播鲜食豌豆栽培技术规程从鲜食豌豆的定义、产量与产量构成因素、产地环境、播前准备、播种、水肥管理、病虫草害防治、采收、包装与贮藏、建立生产档案等方面，对南北疆春播鲜食豌豆的生产过程进行了规范，以引导鲜食豌豆产业的发展。2021年8月26日由新疆维吾尔自治区市场监督管理局发布，2021年10月1日实施，标准编号DB65/T 4424—2021。

2. 芸豆细菌性疫病防治技术

播前采用多克福种衣剂进行种子包衣，田间于细菌性疫病发生初期，采用农用链霉素和福美双混配叶面喷雾2次，并于结荚期用炔螨特叶背喷施2次防治红蜘蛛，可以有效防治细菌性疫病的为害，兼防中后期红蜘蛛的为害，在芸豆的生产实践中得到很好的验证。

3. 豌豆象和绿豆象田间防治技术

于豌豆和绿豆开花期和盛花结荚期叶面喷施辛硫磷和高效氟氯氰菊酯的混合液，可以有效防治豌豆象和绿豆象的侵染和为害，避免室内剧毒农药熏蒸的环节，防效显著，特别是在无人机应用的场景下，实现了技术的简单高效运用。

（二）代表性论文、专著

在《中国种业》《新疆农业科技》等期刊上发表论文3篇。

（三）人才培养

团队成员王仙由助理研究员晋升副研究员，并在中国农业大学攻读博士学位；郝敬喆由副研究员晋升为研究员。

四、科技服务与技术培训

（一）服务县域经济发展

（1）鲜食豌豆品种云豌18号及配套栽培技术在乌鲁木齐市西山农场的示范，取得显著成效，成为当地农民增收的一个重要手段。云豌18号是由乌鲁木齐综合试验站筛选出的鲜食豌豆新品种，配套膜下滴灌高产栽培技术，大大提升了鲜食豌豆的生产技术水平，产量大幅提高，产品竞争力明显增强，产业得以发展。2019—2021年在乌鲁木齐市西山农场示范种植云豌18号950亩，鲜荚平均单产825 kg/亩，较中豌6号每亩增产200 kg，亩效益增加900元，新增效益85.50万元，价格较中豌6号提高1元/kg，充分体现了优质优价的市场法则，产品全部实现绿色，并带动周边15 000亩鲜食豌豆按照绿色产品的方式进行生产，对鲜食豌豆的生产产生了较大影响。

（2）新芸6号及细菌性疫病综合防治技术在阿勒泰市的示范，取得一定成效，有力支持了新疆奶花芸豆的出口产业。新芸6号及细菌性疫病综合防治技术的示范推广，降低了病害对芸豆产量的影响，提高了芸豆产品质量，生产水平进一步提升，产品竞争力增强。2019—2021年在阿勒泰市及富蕴县等芸豆产区示范推广3万亩，产量和品质得到显著的提升，有力支持了新疆奶花芸豆的出口外销。

（3）鹰嘴豆和豌豆品种及配套栽培技术在木垒县的示范，取得一定成效，有力支持了新疆天山奇豆生物科技有限公司、木垒县鹰哥生物科技有限公司、木垒县农家兄弟农民合作社等企业的发展壮大以及新疆鹰嘴豆产业的发展。鹰嘴豆新品种新鹰1号、新鹰3号、新鹰6号及配套栽培技术与天山白豌豆提纯复壮技术的示范推广，使鹰嘴豆和豌豆产量提高，生产水平提升，产品竞争力增强，进而使鹰嘴豆和豌豆成为当地农业发展的主导产业。

（二）重大突发性事件应急和咨询服务

面对突发的新冠疫情，更多地采用电话、微信、网络等形式进行新疆食用豆生产情况和食用豆市场情况的调研工作，为当地的生产部门、合作社和农户提供较为准确的信息。通过电话、微信、网络等形式交流与培训460人次。

团队成员与示范县技术人员，在确保安全的前提下，深入生产一线，在备耕生产阶段、关键生长时期、冬季科技之冬、科技宣传周等不同时段，通过现场指导、技术讲座、现场观摩等途径，对种植户、基层技术人员等进行了技术培训和技术服务，为西山农场、达坂城、奇台县、木垒县、阿勒泰市、富蕴县、布尔津县、叶城县、泽普县培训农民580人次，发放技术资料1 000余份，提供示范用种10 000 kg，不断使食用豆新品种和新技术落地生根，为新疆食用豆生产提供了全方位的技术服务与技术咨询，从而确保了新疆食用豆品质和质量的提高。

为叶城县农业农村局提供春播鹰嘴豆和复播绿豆栽培技术，为新疆农科院南疆巡回服务队提供复播豌豆栽培技术，为新疆鑫信达商贸有限公司提供蚕豆栽培技术和病虫害防治技术,为新疆维吾尔自治区党委农办提供新疆豆类数据报告、新疆食用豆产业发展建议、豆类作物育种的成就与建议,为新疆维吾尔自治区农业农村厅提供新疆食用豆种业"十四五"发展研究报告、新疆豆类育种情况、新疆豆类育种专家信息、新疆鹰嘴豆产业发展建议、新疆豆类产业发展情况报告、新疆鹰嘴豆、芸豆、蚕豆区域布局规划等合计14份咨询报告。

五、对本学科领域或本区域产业发展所起的支撑作用

(一)对新疆奶花芸豆产业的支撑作用

新疆奶花芸豆是我国圆形奶花芸豆出口的一个知名品牌,但由于细菌性疫病问题,影响到新疆奶花芸豆的出口质量与出口信誉。在体系病虫害防控岗位专家的支持下,通过药剂筛选与试验示范,确定了以多克福种衣剂进行种子包衣为基础,以农用链霉素和福美双田间防控为手段的芸豆普通细菌性疫病防控方法,辅之以炔螨特防治红蜘蛛为害影响,从而使防病效果得以充分体现,在新疆芸豆生产实践中这一防控技术得到巩固和发展,新疆奶花芸豆的产量与质量得到提升,出口保持良好态势。

(二)对新疆鲜食豌豆产业的支撑作用

新疆鲜食豌豆产业随着城郊农业的发展逐步显现出来,但所用品种多为收购商提供的商品豌豆,以中豌6号为主,品种混杂,影响着产业的进一步发展。在豌豆育种岗位专家的支持下,通过引进筛选与试验示范,确定了云豌18号作为鲜食豌豆品种的主推品种,其以较高的产量,细腻香甜的口感,迅速得到市场的认可,为产业的进一步发展奠定了良好的基础。乌鲁木齐综合试验站在此基础上选育出新一代鲜食豌豆品种,并将示范工作扩展到南疆地区,实现了鲜食豌豆在南北疆的共同发展。

(三)对新疆蚕豆产业的支撑作用

由于新疆蚕豆生产的区域性特点突出,新疆本地不进行蚕豆种子生产,导致新疆生产上应用的蚕豆品种退化比较严重。在蚕豆育种岗位专家的支持下,通过试验示范,以青海12号、青蚕14号作为新疆蚕豆的主推品种,用于加工各色食品;以青海13号作为搭配品种,用于炒货市场,这3个蚕豆主推品种及蚕豆种子的稳定供应,对新疆蚕豆产业的发展起到很好的支撑作用,避免了产业发展的大幅波动。

赤峰综合试验站

一、综合试验站简介

赤峰综合试验站2021年加入国家食用豆产业技术体系，建设依托单位赤峰市农牧科学研究所，站长魏云山研究员（图148）。有团队成员4人，其中正高级职称1人，副高级职称1人，助理研究员3人（图149）。在赤峰市喀喇沁旗、松山区拥有基础设施配套的固定试验基地2 300亩。在松山区、翁牛特旗、敖汉旗、巴林左旗和阿鲁科尔沁旗等5个示范县共建设了6个示范基地，年均示范面积2 000亩以上。

站长魏云山：1978年出生，2002年毕业于内蒙古农业大学，长期农作物育种与栽培技术研究工作，硕士，内蒙古农作物品种审定委员会委员。先后主持国家、内蒙古自治区科研项目7项，选育农作物新品种13个，获得国家发明专利4项，制定内蒙古地方标准4项，获得内蒙古科学技术进步奖、农牧业丰收奖5项，市级科学技术进步奖3项，发表中文核心期刊论文20余篇，撰写专著5部。

图148　站长　魏云山

图149　试验站团队成员

二、主要研发任务和重要进展

（一）主要研发任务

承担体系重点研发任务5项：①CARS-08-01A：食用豆高产多抗与优质专用新品种选育；②CARS-08-02A：食用豆绿色丰产高效生产技术集成与示范；③CARS-08-03B：食用豆高效育种技术创新与新基因发掘；④CARS-08-04B：食用豆可持续生产关键技术研究；⑤CARS-08-05B：食用豆重要病虫害绿色防控及关键技术研究。

（二）取得的重要进展

建立5个示范县承担体系品种、病虫草害绿色综合防治技术、机械化高产高效栽培技术示范基地建设。示范推广体系高产绿豆、小豆品种3个，选育7个绿豆新品种通过内蒙古中东部地区联合多点区域、生产试验，完成"赤绿6号"绿豆新品种成果转化。筛选出适宜机械化生产的绿豆、小豆、芸豆优质高产新品种5个，示范应用适宜内蒙古地区减免耕、浅埋滴灌高产高效栽培技术2套。形成适宜内蒙古的绿豆机械化生产技术模式，建立绿豆绿色丰产高效生产示范基地5个，示范面积1.0万亩。收集赤峰市食用豆种质资源105份，系统评价鉴定资源的农艺性状及品质性状等105份，鉴定筛选出有特殊利用价值的优质、多抗种质资源12份。集成绿豆减免耕高效栽培技术，申报内蒙古自治区地方标准1项，2021年赤峰市阿鲁科尔沁旗、敖汉旗和喀喇沁旗西桥镇建立示范基地3个，通过绿豆关键生产技术的试验，显著提高水肥利用效率，化肥施用量减少50%，亩产量提高20%，辐射带动周边地区种植面积达到16万亩。建立大面积示范点2个，通过绿色防控技术将除草剂药害、根腐病、叶斑病等损失控制在20%以内，经济效益提高160元/亩。

三、标志性成果

（一）育成的新品种

"赤绿6号"成果登记号9152022Y0068：生长习性为半直立型，属亚有限结荚习性。籽粒碧绿明亮，有光泽，千粒重6.5 g，平均亩产135 kg，该品系生育期92天（比白绿522早熟3天）。出苗至成熟需有效活动积温1 900 ℃·d以上。

（二）申请专利

单体仿形双行绿豆播种机（专利号ZL201610223424.3）：该机采取单体独立悬挂结构设计，通过仿形连接装置连接多个单体施肥播种机，具有在旱坡丘陵地播种深度一致、适应能力强的特点；设计了精量播种、大垄双行种植结构，在实现节本增效的同时，使田间植株分布更加合理。单体仿形双行绿豆播种机作业后，可实现大垄双行种植，双行间距为60~80 mm；播种平均深度为33.8 mm，施肥平均深度为65.8 mm，种肥间距为45.6 mm，株距为147 mm。该机可一次性完成开沟、施肥、精量播种、覆土及镇压等作业，作业质量符合绿豆种植农艺要求（图150）。

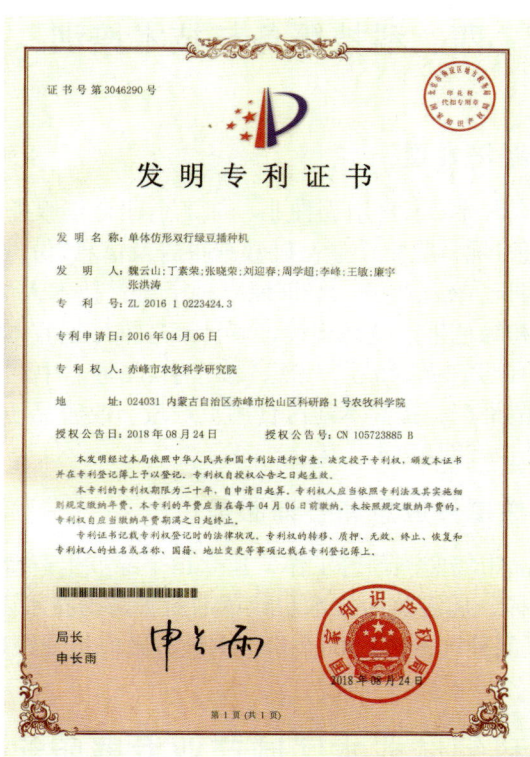

图150　赤峰综合试验站获国家发明专利证书

（三）形成的技术或标准

燕山丘陵区绿豆免耕高产栽培技术规程（DB15/T 3018—2023）：本标准结合内蒙古干旱半干旱绿豆生产实际制定。针对本地区绿豆大力发展高产、优质、高效、生态、安全的特色农业的要求，实施免耕高产栽培技术为绿豆生产提供合理的种植、田间管理方案，结合抗旱栽培技术，增加产量从而增加收益，促进绿豆生产可持续发展。

（四）代表性论文、专著

在《植物遗传资源学报》《中国农业科学》《华北农学报》等期刊上发表论文10篇，撰写专著3部：《内蒙古特色作物》《赤峰市农畜产品市场监测预警报告》《希望之桥》。

（五）人才培养

试验站长魏云山获得赤峰市优秀科技工作者、青年托举人才等荣誉，任内蒙古自治区农作物品种审定委员会委员，内蒙古自治区杂粮杂豆产业技术创新体系杂豆岗位专家。团队成员康泽然、王晓磊晋升为助理研究员，1人承担赤峰市自然科学基金项目，3人获得国家天敌昆虫资源数据中心先进个人荣誉。

四、科技服务与技术培训

（一）服务县域经济发展

与敖汉旗、阿鲁科尔沁旗2家食用豆种业、加工企业合作服务县域经济，完成体系紧急救灾绿豆种子筹集任务1项，收集产业基础数据报告及信息7份。协助敖汉旗金丰种业有限责任公司开展食用豆种子繁育业务，培训绿豆种子繁育技术人员3人，建立优质、高产食用豆新品种繁育基地和绿色生产基地建设，累计筛选推广适宜本区域种植的食用豆新品种7个（中绿5号、中绿10号、赤绿6号、赤绿7号、中红6号、中红9号、赤红101），通过新品种及配套技术的示范推广，提高本地区食用豆产量、改善品质。年均落实新品种繁育基地900亩，食用豆绿色生产面积0.5万亩。

（二）重大突发性事件应急和咨询服务

结合赤峰市农畜产品市场监测预警工作，建立13个绿豆生产情况调查点，调研种植户35个，提供绿豆品种选择，病害防治技术和除草剂药害防治技术咨询100余次，开展观摩培训会2次，发放食用豆品种宣传单1 500余份，向地方政府提交绿豆产业发展报告1份。

五、对本学科领域或本区域产业发展所起的支撑作用

通过开展国家食用豆产业技术体系赤峰综合试验站工作，在本区域对食用豆科研、生产及加工产业发展起到了显著推动作用。一是通过引进筛选适宜本区食用豆种质资源，加快食用豆种质资源创新和应用，示范推广高产、优质、适宜机械化收获新品种7个，大幅度提高了本区域食用豆生产经济效益。二是通过高产、高效、机械化栽培技术示范、培训，提高本区域食用豆机械化生产水平，显著提高生产效率和食用豆规模化种植，促进食用豆产业快速发展。三是通过病虫草害综合防治技术示范培训，促进本区域绿色食用豆产品的种植和加工，为种植专业合作社和加工企业提供技术支撑。四是通过体系专家提供的专业技术支持，及时解决食用豆产业发展中遇到的种植、加工品种选择等问题，为地方政府提高全面产业发展及预警报告，促进本区域食用豆产业健康、快速发展。五是通过参加体系工作，显著提高了本区域科研人员专业知识、育种技术和科技服务水平，培养稳定科研团队。

附　录

附表1 2019—2021年度获奖成果汇总(主持单位)

一、省部级奖

序号	岗位编号	岗位人员	获奖单位名称	主要完成人	获奖成果名称	获奖类别	获奖种类	获奖等级	获奖日期	组织评审单位
1	G01	王丽侠	中国农业科学院作物科学研究所、河北省农林科学院粮油作物研究所等	程须珍、王丽侠、田静、陈新、张耀文、段灿星、尹凤祥、王素华、张晓艳、万正煌、张惠杰、徐东旭、张继君、崔秀辉、张丽亚、杨晓明、王梅春、陈国琛、李芸、康玉凡	中国食用豆类生产技术丛书	省部级奖	神农中华农业科技奖	科学普及奖	2021.10.13	中华人民共和国农业农村部、中国农学会
2	G15	陈新	江苏省农业科学院、中国农业科学院作物科学研究所等	陈新、程须珍、王丽侠、万正煌、袁星星、俞春涛、朱旭、陈红霖、崔晓艳、Peerasak Srinives、胡业功	绿豆新品种选育及绿色高效栽培技术集成应用	省部级奖	科学技术奖	一等奖	2019.03.29	江苏省人民政府
3	G10	张耀文	山西农业大学	王娟玲、张建诚、杨三维、刘恩科、黄学芳、杨如达、刘永忠、张耀文、孙东宝、杨振兴	有机旱作农业关键技术研究与集成应用	省部级奖	科技进步奖	一等奖	2021.11	山西省科学技术奖励委员会
4	Z06	孔庆全	内蒙古自治区农牧业科学院	白晨、赵瑞霞、吴晓华、李强、鄂园园、孔庆全、高凤云、牛素清、曹春梅	农作物种质资源收集保存评价及优良种质创制与应用	省部级奖	科技进步奖	一等奖	2021.09	内蒙古自治区人民政府
5	G10	张耀文	山西省农业科学院作物科学研究所	赵雪英、张春明、张耀文、朱慧珺、张泽燕、闫虎斌、陈稳良、冯志威	大粒、优质小豆新品种的选育与应用	省部级奖	科技进步奖	二等奖	2019.03	山西省科学技术奖励委员会
6	Z08	郭中校	吉林省农业科学院	徐宁、曲祥春、王明海、李海燕、李楠、包淑英、王桂芳、郭中校、邓昆鹏、高前慧、檀辉、李海青、马腾飞	直立型高产优质绿豆新品种吉绿10号、吉绿13号选育与推广	省部级奖	科技进步奖	二等奖	2019.10.23	吉林省科学技术奖励委员会
7	G07	何玉华	云南省农业科学院粮食作物研究所	何玉华、王丽萍、吕梅嫒、杨峰、于海天、唐永生、牛文武	三绿、低单宁、高蛋白优质蚕豆新品种选育及应用	省部级奖	科技进步奖	三等奖	2020.06.30	云南省人民政府
8	Z04	畅建武	山西省农业科学院农作物品种资源研究所	畅建武、郝晓鹏、王燕、曹利萍、张丽君、刘龙龙	红芸豆品种金芸3号的选育及高产栽培技术的推广应用	省部级奖	科技进步奖	三等奖	2019.03	山西省科学技术奖励委员会
9	Z07	葛维德	辽宁省农业科学院作物研究所	葛维德、李韬、薛仁风、赵阳、陈剑、王英杰、庄艳	杂粮新品种选育及丰产配套栽培技术研究与应用	省部级奖	科技进步奖	三等奖	2019.02	辽宁省人民政府
10	Z16	余东梅	四川省农业科学院作物研究所、简阳市种子管理站等	余东梅、项超、杨梅、吴正基、王华、王小中	粮菜兼用型优质高产广适蚕豆品种选育与应用	省部级奖	科技进步奖	三等奖	2020.03	四川省人民政府
11	Z19	陈国琛	大理白族自治州农业科学推广研究院、保山市农科所等	陈国琛、尹雪芬、段银妹、李江、陈爱娜、马玉云、杨和团	优质抗锈抗褐斑病高产蚕豆新品种凤豆15号选育及应用	省部级奖	科技进步奖	三等奖	2019.05.13	云南省人民政府
12	Z19	陈国琛	大理白族自治州农业科学推广研究院、楚雄彝族自治州农业科学院等	陈国琛、尹雪芬、段银妹、李江、孙永海、唐永生、陈爱娜	多抗优质高产蚕豆新品种凤豆16号选育及应用	省部级奖	科技进步奖	三等奖	2021.06	云南省人民政府

(续表)

序号	岗位编号	岗位人员	获奖单位名称	主要完成人	获奖成果名称	获奖类别	获奖种类	获奖等级	获奖日期	组织评审单位
13	Z22	郭延平	临夏回族自治州农业科学院	郭青范、王林成、赵万千、贾西灵、郭延平、李龙	高寒阴湿区优质蚕豆选育及繁种体系建设研究	省部级奖	科技进步奖	三等奖	2019.01.14	甘肃省人民政府
14	Z22	郭延平	临夏回族自治州农业科学院	郭延平、邵扬、杨生华、李龙、范桃会、张芸、李强	专用型蚕豆新品种选育及栽培技术集成与应用	省部级奖	科技进步奖	三等奖	2021.01.30	甘肃省人民政府
15	G14	杨晓明	甘肃省农业科学院作物研究所	杨晓明、贺春贵、宗绪晓、程须珍、王昶、陆建英、闫庚梅、张丽娟、吴传卞、李文倩	野生种豌豆抗豆象基因发掘、遗传图谱构建和分子定位	甘肃省科技成果登记	成果登记	科技成果奖	2019.09.17	甘肃省科学技术厅
16	G15	陈新	江苏省农业科学院、中国农业科学院作物科学研究所等	袁星星、程须珍、陈新、王丽侠、王素华、刘昌燕、薛晨晨、夏先飞、俞春涛、陈景斌	抗病虫绿色新品种选育及绿色增产增效机械化栽培技术推广应用	省部级奖	全国商业科技进步奖	一等奖	2020.12	中国商业联合会
17	G15	陈新	江苏省农业科学院、中国农业科学院作物科学研究所等	袁星星、程须珍、郭中校、陈巧敏、薛晨晨、王丽侠、陈红霖、陈景斌、陈新、王素华	抗病虫宜机化绿豆新品种选育及绿色增产增效栽培技术集成应用	省部级奖	产学研合作创新与促进奖	创新合作成果二等奖	2021.01	中国产学研合作促进会
18	G06	刘玉皎	青海省农林科学院	刘玉皎、侯万伟、张宪、许生福、连荣芳、李萍、滕长才、韩生录、祁玉梅、郭兴莲	青海系列蚕豆品种及其配套技术集成应用	省部级奖	全国农牧渔业丰收奖	二等奖	2022.12	农业农村部
19	Z08	郭中校	吉林省农业科学院	徐宁、郭中校、王明海、姚国建、包淑英、曲祥春、陈秀丽、王桂芳、郑剑英、邓昆鹏	直立型高产绿豆新品种吉绿10号、吉绿13号示范推广	省部级奖	吉林省农业技术推广奖	一等奖	2021.11.18	吉林省人民政府

二、地市级奖

序号	岗位编号	岗位人员	获奖单位名称	主要完成人	获奖成果名称	获奖类别	获奖种类	获奖等级	获奖日期	组织评审单位
20	Z01	李彩菊	保定市农业科学院	柳术杰、李彩菊、周洪妹、胡永宏、翟晓玲、刘青会、杜晓晔	早熟、直立、高产绿豆新品种冀绿16号选育及应用	地市级奖	科技进步奖	一等奖	2020.09	保定市科学技术局
21	Z21	连荣芳	定西市农业科学研究院	连荣芳、肖贵、墨金萍、曹宁、高晓星、史丽萍、王龙、王梅春、白琳	旱地豌豆新品种定豌9号选育及示范应用	地市级奖	科技成果奖	一等奖	2021.09	定西市科学技术局
22	Z01	李彩菊	保定市农业科学院	李彩菊、刘振兴、胡永宏、周洪妹、李保佳、刘富强、杜晓晔、柳术杰	广适、高产小豆新品种冀红14号的选育及应用	地市级奖	科技进步奖	二等奖	2019.05	保定市科学技术局
23	Z13	朱旭	南阳市农业科学院	朱旭、胡卫丽、杨厚勇、许阳、马吉坡、马瑜、李拴柱、李成焕、韦保旭、杨鹏程、郑青焕、马卓、范长有	宛绿2号选育及绿豆机械化生产技术的集成与应用	地市级奖	河南省农科系统奖	二等奖	2022.06	河南省农业科学院
24	Z12	张晓艳	青岛市农业科学研究院	张晓艳、郝俊杰、李红卫、宋凤景、华则科	豆类种质创新与节本增效技术示范应用	地市级奖	齐鲁农业科技奖	三等奖	2022.03.09	山东省农学会
25	G17	陈巧敏	农业农村部南京农业机械化研究所	夏先飞、陈巧敏、杨光、宋志禹、金月、梅松	4D-3A食用豆联合收割机	地级市	第二十二届中国国际高新技术成果交易会	优秀产品奖	2020.11	中国国际高新技术成果交易委员会
26	G17	陈巧敏	农业农村部南京农业机械化研究所	陈巧敏、夏先飞、宋志禹、杨光、梅松、蒋清海、丁文芹、金月、赵映、韩余、张健飞	一种食用豆联合收割机	地市级奖	科技成果奖	优秀奖（实用新型专利）	2021.08	南京市知识产权局

附表2 2019—2021年度获奖成果汇总（参加单位）

省部级奖

序号	岗位编号	岗位人员	获奖成果参加单位名称	获奖成果名称	获奖类别	获奖等级	第一完成单位名称	本单位获奖排序	本单位获奖人姓名	本单位获奖人名次	获奖日期	颁奖单位
1	G06	刘玉皎	青海省畜牧总站	青海省农牧业科技"三级平台"推广模式创新与实践	全国农牧渔业丰收奖	合作奖	青海省畜牧总站	2	刘玉皎	9	2019.12	中华人民共和国农业农村部
2	G18	薛文通	中国农业大学	特色果蔬精准物流保鲜关键技术研究与应用	教育部科技进步奖	一等奖	浙江大学	11	薛文通	11	2019.12.10	中华人民共和国教育部
3	Z15	张继君	重庆市农业科学院	西南水旱轮作区周年高效生产关键技术及应用	云南省科技进步奖	一等奖	云南省农业科学院农业环境资源研究所	5	张继君	11	2021.06.02	云南省人民政府
4	G18	薛文通	中国农业大学	生鲜果蔬物流保鲜关键技术和装备的开发与应用	中国轻工业联合会科技进步奖	二等奖	浙江大学	2	薛文通	7	2021.01.29	中国轻工业联合会
5	G04	尹凤祥	吉林省白城市农业科学院	小豆种质资源创新与新品种选育	神农中华农业科技奖	三等奖	北京农学院	2	梁杰	2	2021.10.13	中华人民共和国农业农村部、中国农学会
6	G10	张耀文	山西省农业科学院作物科学研究所	小豆种质资源创新与新品种选育	神农中华农业科技奖	三等奖	北京农学院	3	赵雪英	3	2021.10.13	中华人民共和国农业农村部、中国农学会
7	G15	陈新	江苏省农业科学院	小豆种质资源创新与新品种选育	神农中华农业科技奖	三等奖	北京农学院	4	刘晓庆	4	2021.10.13	中华人民共和国农业农村部、中国农学会
8	Z07	葛维德	辽宁省农业科学院	小豆种质资源创新与新品种选育	神农中华农业科技奖	三等奖	北京农学院	5	葛维德	5	2021.10.13	中华人民共和国农业农村部、中国农学会
9	G10	张耀文	山西省农业科学院作物科学研究所	西北地区（山西）杂豆高效生产关键技术研究与示范	山西省级科技进步奖	三等奖	山西省农业科学院旱地农业研究中心	2	张耀文、赵雪英	2, 5	2020.01	山西省科学技术奖励委员会
10	Z05	邢宝龙	山西省农业科学院高寒区作物研究所	西北地区（山西）杂豆高效生产关键技术研究与示范	山西省科技进步奖	三等奖	山西省农业科学院旱地农业研究中心	3	邢宝龙、刘支平	3, 6	2020.01	山西省科学技术奖励委员会
11	G11	宗绪晓	中国农业科学院	菜用豌豆专用新品种培育及优质高效栽培技术研发应用	辽宁省科技进步奖	三等奖	辽宁省经济作物研究所	2	宗绪晓、杨涛	2, 5	2021.04.19	辽宁省人民政府
12	Z13	朱旭	南阳市农业科学院	杂粮绿色高效生产技术集成及推广应用	合作奖	合作奖	郑州市农业技术推广中心	6	胡卫丽、杨厚勇	13, 18	2020.06.16	河南省人民政府

附表3 2019—2021年度审（鉴、认）定、登记品种汇总（第一培育单位）

序号	岗位编号	岗位人员	品种名称	作物种类	审定时间	审批号	审定部门	完成单位	完成人
1	G01	王丽侠	中绿23	绿豆	2020.09.05	国品鉴 绿豆2020001	中国作物学会	中国农业科学院作物科学研究所	程须珍、王素华、王丽侠、陈红霖
2	G03	田静	冀绿17号	绿豆	2019.08.26	省级登记号：20191695	河北省科学技术厅	河北省农林科学院粮油作物研究所	刘长友、田静、范保杰、曹志敏、苏秋竹、张志肖、王彦

(续表)

序号	岗位编号	岗位人员	品种名称	作物种类	审定时间	审批号	审定部门	完成单位	完成人
3	G03	田静	冀绿19号	绿豆	2020.05.20	省级登记号：20200564	河北省科学技术厅	河北省农林科学院粮油作物研究所	范保杰、王彦、田静、曹志敏、刘长友、苏秋竹、张志肖、王珅、刘阳、何飞飞
4	G03	田静	冀绿20号	绿豆	2020.05.19、2020.09.05	省级登记号：20200565、国品鉴 绿豆2020002	河北省科学技术厅、中国作物学会	河北省农林科学院粮油作物研究所	田静、刘长友、范保杰、曹志敏、王珅、王彦、张志肖、苏秋竹、刘阳、何飞飞
5	G04	尹凤祥	白绿9号	绿豆	2020.09.04	国品鉴 绿豆2020006	中国作物学会	吉林省白城市农业科学院	尹凤祥、梁杰、郝曦煜、郭文云、尹智超、肖焕玉、王英杰、冷廷瑞、杨付军、王立群、王辉、付宝义
6	G04	尹凤祥	白绿16号	绿豆	2021.05.31	吉认绿豆2021003	吉林省农作物品种审定委员会	吉林省白城市农业科学院	梁杰、郝曦煜、肖焕玉、王英杰、刘婷婷、马信飞
7	G10	张耀文	并绿9号	绿豆	2021.01.15	晋认绿202001	山西省农作物品种审定委员会	山西农业大学	张耀文、赵雪英、高伟、张泽燕、朱慧珺、闫虎斌、张丽娜
8	G10	张耀文	并绿11号	绿豆	2021.01.15	晋认绿202002	山西省农作物品种审定委员会	山西农业大学	张耀文、赵雪英、朱慧珺、张泽燕、闫虎斌、高伟、张丽娜
9	G10	张耀文	并绿15号	绿豆	2021.01.15	晋认绿202003	山西省农作物品种审定委员会	山西农业大学	赵雪英、张耀文、闫虎斌、张春明、朱慧珺、张泽燕、高伟、郑海泽
10	G10	张耀文	并绿16号	绿豆	2021.08.30	晋认杂粮202101	山西省农作物品种审定委员会	山西农业大学	赵雪英、朱慧珺、张丽娜、闫虎斌、张泽燕、高伟、张耀文
11	G10	张耀文	并绿17号	绿豆	2021.08.30	晋认杂粮202102	山西省农作物品种审定委员会	山西农业大学	张耀文、张泽燕、高伟、朱慧珺、闫虎斌、张丽娜、赵雪英
12	G15	陈新	苏绿10号	绿豆	2020.06.13	苏农技协（评价）【2020】34号	江苏省农业技术推广协会	江苏省农业科学院	袁星星、陈新、薛晨晨、陈景斌、吴然然、林云、黄璐、张晓燕、崔晓燕、陈华涛、张红梅、刘晓庆
13	G15	陈新	苏绿11号	绿豆	2020.06.13	苏农技协（评价）【2020】35	江苏省农业技术推广协会	江苏省农业科学院	闫强、陈新、袁星星、薛晨晨、吴然然、陈景斌、林云、黄璐、张晓燕、崔晓燕、陈华涛、张红梅、刘晓庆
14	G15	陈新	苏绿18号	绿豆	2021.01.29	苏园会评字【2021】第002号	江苏省园艺学会	江苏省农业科学院	袁星星、薛晨晨、陈新、林云、闫强、吴然然、崔晓艳、陈华涛、张红梅、刘晓庆

附　录

（续表）

序号	岗位编号	岗位人员	品种名称	作物种类	审定时间	审批号	审定部门	完成单位	完成人
15	G15	陈新	苏绿2号	绿豆	2021.12.31	2621-20-0008	缅甸农业部	江苏省农业科学院	陈新、袁星星、薛晨晨、陈景斌、闫强、吴然然、林云
16	G15	陈新	苏绿12号	绿豆	2021.12.31	2621-20-0009	缅甸农业部	江苏省农业科学院	袁星星、陈新、薛晨晨、陈景斌、闫强、吴然然、林云
17	Z01	李彩菊	冀绿21号	绿豆	2021.05.21	省级登记号：20210704	河北省科学技术厅	保定市农业科学院	柳术杰、李彩菊、周洪妹、胡永宏、邵秋红、刘立军、刘富强
18	Z01	李彩菊	冀绿22号	绿豆	2021.05.21	省级登记号：20210705	河北省科学技术厅	保定市农业科学院	柳术杰、李彩菊、周洪妹、胡永宏、李文平、李宝佳、王鹏宝
19	Z02	徐东旭	鹦哥1号	绿豆	2019.12.31	省级登记号：20192573	河北省科学技术厅	张家口市农业科学院	高运青、姜翠棉、任红晓、李姝彤、尚启兵、徐东旭、何春英、王玉祥、李亚东、常玉霞、渠延峰、徐敏、杨帆、刘雅祯、石俊春、高忠仁
20	Z02	徐东旭	鹦哥2号	绿豆	2019.12.31	省级登记号：20192574	河北省科学技术厅	张家口市农业科学院	徐东旭、高运青、任红晓、尚启兵、李姝彤、姜翠棉、黄文胜、杨帆、高忠仁、刘雅祯、郑丽珍、尹斌、石俊春、蔺玉军、常玉霞、王海敏
21	Z05	邢宝龙	同绿5号	绿豆	2021.08.30	晋认杂粮202105	山西省农作物品种审定委员会	山西农业大学高寒区作物研究所	邢宝龙、刘支平、刘飞、王桂梅、杨芳
22	Z05	邢宝龙	同绿6号	绿豆	2021.08.30	晋认杂粮202106	山西省农作物品种审定委员会	山西农业大学高寒区作物研究所	邢宝龙、刘支平、刘飞、王桂梅、冯钰
23	Z05	邢宝龙	黄荚绿	绿豆	2021.08.30	晋认杂粮202104	山西省农作物品种审定委员会	山西农业大学高寒区作物研究所	刘支平、邢宝龙、杨芳
24	Z06	孔庆全	科绿2号	绿豆	2020.09.05	国品鉴 绿豆2020003	中国作物学会	内蒙古农牧业科学院植保所	孔庆全、赵存虎、贺小勇、陈文晋、席先梅、田晓燕、张自强
25	Z07	葛维德	辽绿14	绿豆	2020.09.05	国品鉴 绿豆2020004	中国作物学会	辽宁省农业科学院作物研究所	赵阳、葛维德、陈剑、李韬、庄艳、王英杰、丰明
26	Z08	郭中校	吉绿10	绿豆	2020.09.05	国品鉴 绿豆2020005	中国作物学会	吉林省农业科学院	徐宁、郭中校、王明海、包淑英、王桂芳、邓昆鹏、窦忠玉、石贵山、杨永志、高忠、窦金光

· 337 ·

(续表)

序号	岗位编号	岗位人员	品种名称	作物种类	审定时间	审批号	审定部门	完成单位	完成人
27	Z08	郭中校	吉绿14	绿豆	2021.05.31	吉认绿豆2021001	吉林省农作物品种审定委员会	吉林省农业科学院	徐宁、王明海、郭中校、王桂芳、包淑英、邓昆鹏、窦金光、檀辉、韩丹、徐晨、李昊、谢利
28	Z08	郭中校	吉绿16	绿豆	2021.05.31	吉认绿豆2021002	吉林省农作物品种审定委员会	吉林省农业科学院	徐宁、郭中校、王明海、包淑英、王桂芳、邓昆鹏、窦金光、檀辉、谢利、韩丹、徐晨、李昊
29	Z09	崔秀辉	嫩绿3号	绿豆	2020.09.05	国品鉴 绿豆2020007	中国作物学会	黑龙江省农业科学院齐齐哈尔分院	崔秀辉、刘峰、王成、曾玲玲、卢环
30	Z13	朱旭	宛绿2号	绿豆	2019.01.28	豫品鉴 绿2019004	河南省种子管理站	南阳市农业科学院	朱旭、马吉坡、胡卫丽、杨厚勇、许阳、杨鹏程、宋江春、王宏豪、渠元春
31	Z13	朱旭	宛绿2号	绿豆	2020.09.05	国品鉴 绿豆2020009	中国作物学会	南阳市农业科学院	朱旭、杨厚勇、胡卫丽、马吉坡、许阳、杨鹏程、李拴柱、袁延乐、宋江春、宁成献
32	Z13	朱旭	宛绿7号	绿豆	2021.07.05	豫品鉴 绿豆2021003	河南省种子站	南阳市农业科学院	朱旭、胡卫丽、杨厚勇、许阳、杨鹏程、刘廷甫、王录琪、渠元春、马瑜、王宏豪
33	Z15	张继君	渝绿10号	绿豆	2020.12.31	渝品审鉴202007	重庆种业协会农作物鉴定委员会	重庆市农业科学院、农业农村部南京农业机械化研究所、中国农业科学院作物科学研究所	张继君、杜成章、龙珏臣、夏先飞、朱振东、唐兴隆、王萍、杨明、孙素丽、张玲
34	Z15	张继君	渝绿11号	绿豆	2020.12.31	渝品审鉴202008	重庆种业协会农作物鉴定委员会	重庆市农业科学院、农业农村部南京农业机械化研究所、中国农业科学院作物科学研究所	杜成章、张继君、龙珏臣、夏先飞、朱振东、唐兴隆、王萍、杨明、孙素丽、张玲
35	G01	王丽侠	中红21	小豆	2020.09.05	国品鉴 小豆2020001	中国作物学会	中国农业科学院作物科学研究所	程须珍、王素华、王丽侠、陈红霖
36	G03	田静	冀红20号	小豆	2019.08.26	省级登记号：20191694	河北省科学技术厅	河北省农林科学院粮油作物研究所	范保杰、田静、曹志敏、刘长友、王彦、张志肖、苏秋竹
37	G03	田静	冀红22号	小豆	2020.05.19、2020.09.05	省级登记号：20200563、国品鉴 小豆2020002	河北省科学技术厅、中国作物学会	河北省农林科学院粮油作物研究所	曹志敏、田静、范保杰、刘长友、王彦、苏秋竹、张志肖、刘阳、王珅、何飞飞
38	G04	尹凤祥	白红9号	小豆	2020.09.04	国品鉴 小豆2020007	中国作物学会	吉林省白城市农业科学院	梁杰、郝曦煜、郭文云、尹智超、王英杰、肖焕玉、冷廷瑞、尹凤祥、付宝义

（续表）

序号	岗位编号	岗位人员	品种名称	作物种类	审定时间	审批号	审定部门	完成单位	完成人
39	Z03	刘振兴	冀红21号	小豆	2019.05.23	省级登记号：20190929	河北省科学技术厅	唐山市农业科学研究院	刘振兴、周桂梅、亚秀秀、陈健、孟庆祥、董连银、马志
40	Z03	刘振兴	冀红19	小豆	2020.09.05	国品鉴 小豆2020003	中国作物学会	唐山市农业科学研究院	刘振兴、周桂梅、陈健、亚秀秀、孟庆祥
41	Z03	刘振兴	冀红21	小豆	2020.09.05	国品鉴 小豆2020004	中国作物学会	唐山市农业科学研究院	刘振兴、周桂梅、亚秀秀、陈健、孟庆祥
42	Z08	郭中校	吉红10	小豆	2020.09.05	国品鉴 小豆2020006	中国作物学会	吉林省农业科学院	郭中校、徐宁、王明海、包淑英、王桂芳、邓昆鹏、刘红欣、窦金光、栾天浩、石贵山、檀辉、谢利、韩丹
43	Z15	张继君	渝红豆2号	小豆	2020.09.05	国品鉴 小豆2020008	中国作物学会	重庆市农业科学院、北京农学院	张继君、杜成章、濮绍京、龙珏臣、万平、王萍、张玲、杨明、李真熠
44	G06	刘玉皎	青蚕16号	蚕豆	2019.05.31	GDP蚕豆（2019）630005	中华人民共和国农业农村部	青海省农林科学院、青海鑫农科技有限公司、青海昆仑种业集团有限公司	刘玉皎、侯万伟、严清彪、郭兴莲、李萍、张贵、王建忠、周措吉、张宪、谢洪福
45	G06	刘玉皎	青蚕18号	蚕豆	2019.05.31	GDP蚕豆（2019）630004	中华人民共和国农业农村部	青海省农林科学院、青海鑫农科技有限公司、青海昆仑种业集团有限公司	侯万伟、刘玉皎、严清彪、李萍、郭兴莲、滕长才、张宪、王建忠、赵璟云、赵明月、张贵、丁宝军
46	G06	刘玉皎	青蚕19号	蚕豆	2019.09.02	GDP蚕豆（2019）630007	中华人民共和国农业农村部	青海省农林科学院、青海昆仑种业集团有限公司	刘玉皎、侯万伟、郭兴莲、李萍、滕长才、谢洪福、赵璟云、张贵、周措吉、张宪、张晓玲、丁宝军
47	G07	何玉华	云豆470	蚕豆	2018.12.26	GPD蚕豆（2018）530033	中华人民共和国农业农村部	云南省农业科学院粮食作物研究所	包世英、王丽萍、吕梅媛、何玉华、杨峰
48	G07	何玉华	云豆早8	蚕豆	2019.04.12	GPD蚕豆（2019）530001	中华人民共和国农业农村部	云南省农业科学院粮食作物研究所	包世英、王丽萍、吕梅媛、何玉华、杨峰
49	G07	何玉华	云豆早7	蚕豆	2020.04.09	GPD蚕豆（2020）530001	中华人民共和国农业农村部	云南省农业科学院粮食作物研究所	包世英、王丽萍、吕梅媛、何玉华、杨峰
50	G07	何玉华	云豆41	蚕豆	2020.11.12	GPD蚕豆（2020）530019	中华人民共和国农业农村部	云南省农业科学院粮食作物研究所	何玉华、王丽萍、吕梅媛、杨峰、于海天、胡朝芹、杨新、唐永生、赵杰平
51	G07	何玉华	云豆690	蚕豆	2020.06.19	GPD蚕豆（2020）530005	中华人民共和国农业农村部	云南省农业科学院粮食作物研究所	包世英、王丽萍、吕梅媛、何玉华、杨峰
52	G07	何玉华	云豆147	蚕豆	2020.06.19	GPD蚕豆（2020）530004	中华人民共和国农业农村部	云南省农业科学院粮食作物研究所	包世英、王丽萍、吕梅媛、何玉华、杨峰

(续表)

序号	岗位编号	岗位人员	品种名称	作物种类	审定时间	审批号	审定部门	完成单位	完成人
53	G07	何玉华	云豆2850	蚕豆	2021.03.12	GPD蚕豆（2021）530003	中华人民共和国农业农村部	云南省农业科学院粮食作物研究所	何玉华、王丽萍、吕梅媛、杨峰、于海天、杨新、胡朝芹、王玉宝
54	Z15	张继君	渝蚕1号	蚕豆	2020.06.01	渝品审鉴2019037	重庆市农作物品种审定委员会	重庆市农业科学院	张继君、杜成章、龙珏臣、陈红、王萍、么杨、高飞虎、李雪、夏先飞
55	Z15	张继君	渝蚕2号	蚕豆	2020.06.01	渝品审鉴2019038	重庆市农作物品种审定委员会	重庆市农业科学院	张继君、杜成章、龙珏臣、陈红、王萍、张玲、梁叶星、么杨、夏先飞
56	Z15	张继君	渝蚕5号	蚕豆	2021.11.25	渝品审鉴202112	重庆市种业协会农作物鉴定委员会	重庆市农业科学院、重庆市农技推广总站、青海大学	张继君、杜成章、龙珏臣、刘伟、刘玉皎、侯万伟、肖若余、刘丽、王萍、腾长才
57	Z15	张继君	渝蚕6号	蚕豆	2021.11.25	渝品审鉴202112	重庆市种业协会农作物鉴定委员会	重庆市农业科学院、重庆市农技推广总站、青海大学	张继君、杜成章、龙珏臣、肖若余、刘玉皎、侯万伟、刘伟、腾长才、刘丽、王萍
58	Z15	张继君	豆美1号	蚕豆	2021.11.25	渝品审鉴202112	重庆市种子行业协会农作物鉴定委员会	重庆市农业科学院、青海大学、重庆市农技推广总站	杜成章、刘玉皎、刘丽、龙珏臣、张继君、夏先飞、腾长才、刘伟、项超、肖若余
59	Z16	余东梅	成胡22	蚕豆	2019.10.31	GPD蚕豆（2019）510011	中华人民共和国农业农村部	四川省农业科学院作物研究所	余东梅、项超、杨梅、欧阳裕元、鲜东峰、王华、曹万明
60	Z16	余东梅	成胡23	蚕豆	2019.10.31	GPD蚕豆（2019）510012	中华人民共和国农业农村部	四川省农业科学院作物研究所	余东梅、项超、杨梅、林仁亨、吴正基、王小中、廖洪平
61	Z16	项超	成胡24	蚕豆	2021.03.12	GPD蚕豆（2021）510001	中华人民共和国农业农村部	四川省农业科学院作物研究所	项超、余东梅、杨梅、杨秀燕、鲜东锋
62	Z16	项超	成胡25	蚕豆	2021.03.12	GPD蚕豆（2021）510002	中华人民共和国农业农村部	四川省农业科学院作物研究所	项超、余东梅、杨梅、杨秀燕、鲜东锋
63	Z19	陈国琛	凤豆19号	蚕豆	2020.01.21	GPD蚕豆（2019）530016	中华人民共和国农业农村部	大理白族自治州农业科学推广研究院	陈国琛、陈爱娜、尹雪芬、董开居、马玉云、段银妹、杨成武
64	Z19	陈国琛	凤豆6号	蚕豆	2020.01.02	GPD蚕豆（2019）530017	中华人民共和国农业农村部	大理白族自治州农业科学推广研究院	李秀培、杨忠、段杰珠、陈国琛、陈爱娜
65	Z19	陈国琛	凤豆22号	蚕豆	2020.01.21	GPD蚕豆（2019）530018	中华人民共和国农业农村部	大理白族自治州农业科学推广研究院	陈国琛、尹雪芬、段银妹、陈爱娜
66	Z19	陈国琛	凤豆21号	蚕豆	2020.01.21	GPD蚕豆（2019）530019	中华人民共和国农业农村部	大理白族自治州农业科学推广研究院	陈国琛、尹雪芬、段银妹、陈爱娜
67	Z19	陈国琛	凤豆20号	蚕豆	2020.01.21	GPD蚕豆（2019）530020	中华人民共和国农业农村部	大理白族自治州农业科学推广研究院	陈国琛、陈爱娜、尹雪芬、董开居、马玉云、段银妹、陈爱娜

（续表）

序号	岗位编号	岗位人员	品种名称	作物种类	审定时间	审批号	审定部门	完成单位	完成人
68	Z19	陈国琛	凤豆7号	蚕豆	2020.11.12	GPD蚕豆（2020）530010	中华人民共和国农业农村部	大理白族自治州农业科学推广研究院	李秀培、杨忠、段杰珠、陈国琛、陈爱娜
69	Z19	陈国琛	凤豆8号	蚕豆	2020.11.12	GPD蚕豆（2020）530011	中华人民共和国农业农村部	大理白族自治州农业科学推广研究院	陈国琛、李秀培、段杰珠、陈爱娜、尹雪芬
70	Z19	陈国琛	凤豆9号	蚕豆	2020.11.12	GPD蚕豆（2020）530012	中华人民共和国农业农村部	大理白族自治州农业科学推广研究院	大理州农科所
71	Z19	陈国琛	凤豆10号	蚕豆	2020.11.12	GPD蚕豆（2020）530017	中华人民共和国农业农村部	大理白族自治州农业科学推广研究院	陈国琛、李秀培、段杰珠、陈爱娜、尹雪芬、董开居
72	Z19	陈国琛	凤豆11号	蚕豆	2020.11.12	GPD蚕豆（2020）530013	中华人民共和国农业农村部	大理白族自治州农业科学推广研究院	大理州农科所
73	Z19	陈国琛	凤豆12号	蚕豆	2020.11.12	GPD蚕豆（2020）530014	中华人民共和国农业农村部	大理白族自治州农业科学推广研究院	大理州农科所
74	Z19	陈国琛	凤豆13号	蚕豆	2020.11.12	GPD蚕豆（2020）530015	中华人民共和国农业农村部	大理白族自治州农业科学推广研究院	陈国琛、陈爱娜、尹雪芬、董开居、马玉云、李秀培、段杰珠
75	Z19	陈国琛	凤豆14号	蚕豆	2020.11.12	GPD蚕豆（2020）530016	中华人民共和国农业农村部	大理白族自治州农业科学推广研究院	陈国琛、陈爱娜、尹雪芬、董开居、马玉云、李秀培、段杰珠
76	Z19	陈国琛	凤豆24号	蚕豆	2020.11.12	GPD蚕豆（2020）530021	中华人民共和国农业农村部	大理白族自治州农业科学推广研究院	陈国琛、尹雪芬、段银妹、李江、杨芬、张睿、李春梅、张鹏顺、杨永莲、周继红、沈飞飞、王家祥、赵健雄
77	Z19	陈国琛	凤豆23号	蚕豆	2020.11.12	GPD蚕豆（2020）530022	中华人民共和国农业农村部	大理白族自治州农业科学推广研究院	陈国琛、尹雪芬、段银妹、李江、杨雪春、王艳、马玉云、李陈灿玫、张炳英、张宽华、赵丽芬、许文平、赵健雄
78	Z22	郭延平	临蚕13号	蚕豆	2019.04.12	GPD蚕豆（2019）620002	中华人民共和国农业农村部	临夏回族自治州农业科学院	郭延平、邵扬、杨生华、李龙
79	Z22	郭延平	临蚕14号	蚕豆	2019.04.12	GPD蚕豆（2019）620003	中华人民共和国农业农村部	临夏回族自治州农业科学院	郭延平、邵扬、杨生华、李龙
80	G07	何玉华	云豌33号	豌豆	2020.07.24	GPD豌豆（2020）530034	中华人民共和国农业农村部	云南省农业科学院粮食作物研究所	何玉华、王丽萍、吕梅媛、杨峰、于海天、唐永生、和一花、胡朝芹、杨新
81	G07	何玉华	云豌1号	豌豆	2020.04.09	GPD豌豆（2020）530022	中华人民共和国农业农村部	云南省农业科学院粮食作物研究所	包世英、王丽萍、吕梅媛、何玉华、杨峰
82	G07	何玉华	云豌21号	豌豆	2020.04.09	GPD豌豆（2020）530016	中华人民共和国农业农村部	云南省农业科学院粮食作物研究所	包世英、王丽萍、吕梅媛、何玉华、杨峰、于海庆、郑爱清

(续表)

序号	岗位编号	岗位人员	品种名称	作物种类	审定时间	审批号	审定部门	完成单位	完成人
83	G07	何玉华	云豌35号	豌豆	2021.07.21	GPD豌豆（2021）530029	中华人民共和国农业农村部	云南省农业科学院粮食作物研究所	何玉华、王丽萍、吕梅媛、杨峰、于海天、杨新、胡朝芹、王玉宝、金轻
84	G07	何玉华	云豌36号	豌豆	2021.07.12	GPD豌豆（2021）530030	中华人民共和国农业农村部	云南省农业科学院粮食作物研究所	何玉华、王丽萍、吕梅媛、杨峰、于海天、胡朝芹、王玉宝、唐永生、杨新
85	G07	何玉华	云豌37号	豌豆	2021.07.12	GPD豌豆（2021）530031	中华人民共和国农业农村部	云南省农业科学院粮食作物研究所	何玉华、王丽萍、吕梅媛、杨峰、于海天、杨新、胡朝芹、王玉宝、唐永生
86	G07	何玉华	云豌50号	豌豆	2021.10.28	GPD豌豆（2021）5300068	中华人民共和国农业农村部	云南省农业科学院粮食作物研究所	何玉华、王丽萍、吕梅媛、杨峰、于海天、杨新、胡朝芹、王玉宝、唐永生
87	G07	何玉华	云豌52号	豌豆	2021.07.12	GPD豌豆（2021）530032	中华人民共和国农业农村部	云南省农业科学院粮食作物研究所	何玉华、王丽萍、吕梅媛、杨峰、于海天、杨新、胡朝芹、王玉宝、张玉荣
88	G11	宗绪晓	中秦1号	豌豆	2020.11.12	GPD豌豆（2020）11044	中华人民共和国农业农村部	中国农业科学院作物科学研究所	宗绪晓、杨涛、刘荣、王仲勇、张柏昌
89	Z05	邢宝龙	同豌8号	豌豆	2021.07.12	GPD豌豆（2021）140027	中华人民共和国农业农村部	山西省农业科学院高寒区作物研究所	刘飞、邢宝龙、王桂梅、陈燕妮、刘冠男、杨芳、冯钰
90	Z13	朱旭	宛豌1号	豌豆	2021.03.12	GPD豌豆（2021）410006	中华人民共和国农业农村部	南阳市农业科学院	朱旭、胡卫丽、杨厚勇、许阳、杨鹏程、王宏豪、渠元春、张国松、袁延乐
91	Z15	张继君	渝豌1号	豌豆	2020.07.01	渝品审鉴2019039	重庆市农作物品种审定委员会	重庆市农业科学院、甘肃省农业科学院作物研究所	杨晓明、张继君、杜成章、龙珏臣、闫庚梅、么杨、陈红、张玲、夏先飞
92	Z16	余东梅	成豌11	豌豆	2020.06.19	GPD豌豆（2020）510025	中华人民共和国农业农村部	四川省农业科学院作物研究所	余东梅、项超、欧阳裕元、杨梅、徐华、郑良莉、林熊、龚江洪、周继清、陈俊英、李成勇
93	Z16	余东梅	成豌10号	豌豆	2020.06.19	GPD豌豆（2020）510026	中华人民共和国农业农村部	四川省农业科学院作物研究所	余东梅、项超、杨梅、欧阳裕元、徐华、郑良莉、林熊、龚江洪
94	Z16	项超	川彩豌1号	豌豆	2021.07.12	GPD豌豆（2021）510028	中华人民共和国农业农村部	四川省农业科学院作物研究所	项超、余东梅、杨梅、杨秀燕、鲜东锋

附 录

（续表）

序号	岗位编号	岗位人员	品种名称	作物种类	审定时间	审批号	审定部门	完成单位	完成人
95	Z18	唐永生	靖豌2号	豌豆	2020.01.21	GPD豌豆（2019）530056	中华人民共和国农业农村部	曲靖市农业科学院	唐永生、杨晓明、蒋彦华、张菊香、陈建林、郑云昆、邹建华、王勤方、朱玉芬
96	Z18	唐永生	云豌17号	豌豆	2020.01.21	GPD豌豆（2019）530057	中华人民共和国农业农村部	曲靖市农业科学院、云南省农业科学院粮食作物研究所	唐永生、何玉华、王丽萍、吕梅媛、杨峰、于海天、胡家权
97	Z18	唐永生	靖豌4号	豌豆	2021.05.21	GPD豌豆（2021）530009	中华人民共和国农业农村部	曲靖市农业科学院	唐永生、蒋彦华、王勤方、张菊香、胡家权、敖文、郑红英、秦世宏、周金娥、郑云昆、邹建华、朱玉芬
98	Z21	王梅春	定豌9号	豌豆	2019.10.31	GPD豌豆（2019）620019	中华人民共和国农业农村部	定西市农业科学研究院	王梅春、连荣芳、肖贵、墨金萍、曹宁
99	Z21	王梅春	定豌10号	豌豆	2020.01.21	GPD豌豆（2019）620035	中华人民共和国农业农村部	定西市农业科学研究院	连荣芳、肖贵、王梅春、墨金萍、曹宁
100	G05	魏淑红	龙芸豆17	普通菜豆	2019.11.01	9232019Y1186	黑龙江省科学技术厅	黑龙江省农业科学院作物资源研究所	魏淑红、王强、孟宪欣、郭怡璠、尹振功、祝安军、王秀君、刘广阳、杨广东、张威
101	G05	魏淑红	龙芸豆18	普通菜豆	2019.11.01	9232019Y1187	黑龙江省科学技术厅	黑龙江省农业科学院作物资源研究所	魏淑红、王强、孟宪欣、郭怡璠、尹振功、祝安军、王秀君、刘广阳、杨广东、张威
102	G05	魏淑红	龙芸豆17	普通菜豆	2020.09.05	国品鉴 普通菜豆2020003	中国作物学会	黑龙江省农业科学院作物资源研究所	王强、孟宪欣、魏淑红、郭怡璠、尹振功、祝安军、王秀君、刘广阳、杨广东、张威
103	G05	魏淑红	龙芸豆18	普通菜豆	2020.09.05	国品鉴 普通菜豆2020004	中国作物学会	黑龙江省农业科学院作物资源研究所	孟宪欣、王强、魏淑红、郭怡璠、尹振功、祝安军、王秀君、刘广阳、杨广东、张威
104	G05	魏淑红	龙芸豆22	普通菜豆	2021.11.22	9232021Y1609	黑龙江省科学技术厅	黑龙江省农业科学院作物资源研究所	王强、孟宪欣、尹振功、郭怡璠、魏淑红、祝安军、张威
105	G05	魏淑红	龙芸豆23	普通菜豆	2021.11.22	9232021Y1607	黑龙江省科学技术厅	黑龙江省农业科学院作物资源研究所	王强、孟宪欣、尹振功、郭怡璠、魏淑红、祝安军、张威
106	G05	魏淑红	龙芸豆24	普通菜豆	2021.11.22	9232021Y1604	黑龙江省科学技术厅	黑龙江省农业科学院作物资源研究所	孟宪欣、王强、郭怡璠、尹振功、魏淑红、祝安军、张威
107	G05	魏淑红	龙芸豆25	普通菜豆	2021.11.22	9232021Y1608	黑龙江省科学技术厅	黑龙江省农业科学院作物资源研究所	孟宪欣、王强、郭怡璠、尹振功、魏淑红、祝安军、张威
108	G05	魏淑红	龙芸豆26	普通菜豆	2021.11.22	9232021Y1602	黑龙江省科学技术厅	黑龙江省农业科学院作物资源研究所	尹振功、王强、孟宪欣、郭怡璠、魏淑红、祝安军、张威

（续表）

序号	岗位编号	岗位人员	品种名称	作物种类	审定时间	审批号	审定部门	完成单位	完成人
109	Z02	徐东旭	冀张芸2号	普通菜豆	2021.09.02	省级登记号：20211876	河北省科学技术厅	张家口市农业科学院	黄文胜、任红晓、徐东旭、尚启兵、高运青、李姝彤、赵芳、姜翠棉、贺有英、寇淑君、郑丽珍、李亚东、何秀敏、张永敬、蔺玉军、杨帆、常玉霞、渠延峰
110	Z05	邢宝龙	同芸豆1号	普通菜豆	2021.08.30	晋认杂粮202108	山西省农作物品种审定委员会	山西农业大学高寒区作物研究所	邢宝龙、王桂梅、刘飞
111	Z05	邢宝龙	同芸豆2号	普通菜豆	2021.08.30	晋认杂粮202109	山西省农作物品种审定委员会	山西农业大学高寒区作物研究所	邢宝龙、王桂梅、刘飞
112	G02	王述民	中芸6号	普通菜豆	2020.09.05	国品鉴 普通菜豆2020001	中国作物学会	中国农业科学院作物科学研究所	王述民、王兰芬、武晶
113	G02	王述民	中芸8号	普通菜豆	2020.09.05	国品鉴 普通菜豆2020001	中国作物学会	中国农业科学院作物科学研究所	王述民、王兰芬、武晶
114	Z04	畅建武	品金芸4号	普通菜豆	2021.01.18	晋认芸202001	山西省农作物品种审定委员会	山西农业大学农业基因资源研究中心	畅建武、王燕、郝晓鹏、张丽君、赵建栋、董雪
115	Z04	畅建武	品金芸5号	普通菜豆	2021.08.30	晋认杂粮202107	山西省农作物品种审定委员会	山西农业大学农业基因资源研究中心	王燕、郝晓鹏、畅建武、赵建栋、董雪
116	Z17	张时龙	黔芸豆1号	普通菜豆	2020.09.05	国品鉴 普通菜豆2020006	中国作物学会	毕节市农业科学研究所	余莉、王昭礼、张时龙、葛平珍、何友勋、赵龙、杨珊
117	G01	王丽侠	中豇8号	豇豆	2020.09.05	国品鉴 豇豆2020001	中国作物学会	中国农业科学院作物科学研究所	程须珍、王素华、王丽侠、陈红霖
118	G04	尹凤祥	吉豇2号	豇豆	2020.09.04	国品鉴 豇豆2020002	中国作物学会	吉林省白城市农业科学院	梁杰、郝曦煜、郭文云、冷廷瑞、肖焕玉、王英杰、尹智超、付宝义、尹凤祥
119	G15	陈新	苏青豇2号	豇豆	2021.01.29	苏园会评字【2021】第001号	江苏省园艺学会	江苏省农业科学院	张红梅、赵静、姜明贵、芮苏阳、陈华涛、刘晓庆、袁星星、陈景彬、王琼
120	G15	陈新	苏扁5号	稨豆	2020.06.13	苏农技协评价【2020】36号	江苏省农业技术推广协会	江苏省农业科学院	刘晓庆、顾和平、陈新、陈华涛、张红梅、袁星星、陈景斌、薛晨晨
121	G15	陈新	苏扁6号	稨豆	2020.06.13	苏农技协评价【2020】37号	江苏省农业技术推广协会	江苏省农业科学院	顾和平、刘晓庆、陈新、陈华涛、张红梅、袁星星、陈景斌、薛晨晨

附表4 2019—2021年度获准保护权品种汇总

序号	岗位编号	岗位人员	品种名称	作物种类	培育人（第1、第2位）	品种权受理日	品种权申请号	品种权授权公告日	品种权授权公告号	品种权人
1	G01	王丽侠	中绿7号	绿豆	程须珍、王素华	2017.07.31	20171861.3	2021.06.18	CNA2017475G	中国农业科学院作物科学研究所
2	G01	王丽侠	中绿16号	绿豆	程须珍、王素华	2015.05.06	20150539.9	2019.01.31	CNA20150539.9	中国农业科学院作物科学研究所
3	G01	王丽侠	中绿17号	绿豆	程须珍、王素华	2015.05.06	20150540.6	2019.01.31	CNA20150540.6	中国农业科学院作物科学研究所

(续表)

序号	岗位编号	岗位人员	品种名称	作物种类	培育人（第1、第2位）	品种权受理日	品种权申请号	品种权授权公告日	品种权授权公告号	品种权人
4	G01	王丽侠	中绿18号	绿豆	程须珍、王素华	2015.05.06	20150541.5	2019.01.31	CNA20150541.5	中国农业科学院作物科学研究所
5	G01	王丽侠	中绿19号	绿豆	程须珍、王素华	2015.05.06	20150542.4	2019.01.31	CNA20150542.4	中国农业科学院作物科学研究所
6	G01	王丽侠	中红12	小豆	程须珍、王素华	2017.07.31	20171854.2	2021.06.18	CNA2017469G	中国农业科学院作物科学研究所
7	G03	田静	冀绿15号	绿豆	田静、范保杰	2018.01.12	20173695.1	2021.06.18	CNA20173695.1	河北省农林科学院粮油作物研究所
8	G04	陈红霖	中绿C52	绿豆	程须珍、陈红霖	2015.02.02	20150140.0	2019.01.31	CNA20150540.0	中国农业科学院作物科学研究所
9	G04	陈红霖	中绿20	绿豆	程须珍、王素华	2017.07.31	20171858.8	2021.06.18	CNA2017473G	中国农业科学院作物科学研究所
10	G04	陈红霖	中绿21	绿豆	程须珍、王素华	2017.07.031	20171859.7	2021.06.18	CNA2017474G	中国农业科学院作物科学研究所
11	G04	陈红霖	中红14	小豆	程须珍、王素华	2017.07.31	20171852.4	2021.06.18	CNA2017467G	中国农业科学院作物科学研究所
12	G04	陈红霖	中红15	小豆	程须珍、王素华	2017.07.31	20171853.3	2021.06.18	CNA2017468G	中国农业科学院作物科学研究所
13	G04	尹风祥	白绿13	绿豆	尹风祥、梁杰	2014.01	20141075.8	2019.02.13	CNA20141075.8	吉林省白城市农业科学院
14	G05	魏淑红	龙芸豆9号	普通菜豆	张亚芝、魏淑红	2017.10.24	20172841.6	2020.09.30	CNA20172841.6	黑龙江农业科学院作物资源研究所（原黑龙江省农业科学院作物育种研究所）
15	G05	魏淑红	龙芸豆14	普通菜豆	魏淑红、王强	2017.10.24	20172842.5	2020.09.30	CNA20172842.5	黑龙江农业科学院作物资源研究所（原黑龙江省农业科学院作物育种研究所）
16	G05	魏淑红	龙芸豆15	普通菜豆	魏淑红、王强	2017.10.24	20172843.4	2020.09.30	CNA20172843.4	黑龙江农业科学院作物资源研究所（原黑龙江省农业科学院作物育种研究所）
17	G05	魏淑红	龙芸豆16	普通菜豆	魏淑红、王强	2017.10.24	20172844.3	2020.09.30	CNA20172844.3	黑龙江农业科学院作物资源研究所（原黑龙江省农业科学院作物育种研究所）
18	G06	刘玉皎	青蚕19号	蚕豆	刘玉皎、侯万伟	2018.03.08	20180809.9	2019.07.22	CNA20180809.9	青海省农林科学院、青海昆仑种业集团有限公司
19	G06	刘玉皎	青蚕21号	蚕豆	刘玉皎、侯万伟	2018.10.08	20183244.6	2023.05.24	CNA20183244.6	青海省农林科学院、青海昆仑种业集团有限公司
20	G06	刘玉皎	青蚕23号	蚕豆	刘玉皎、侯万伟	2020.05.25	20201002068	2022.11.30	CNA20201005451	青海大学、青海省农林科学院
21	G06	刘玉皎	青蚕24号	蚕豆	刘玉皎、宗绪晓	2020.05.25	20201002070	2022.11.30	CNA20201002070	青海大学、青海省农林科学院、中国农业科学院作物科学研究所
22	G06	刘玉皎	青蚕25号	蚕豆	刘玉皎、宗绪晓	2020.11.02	20201005451	2022.11.30	CNA20201005451	青海大学、青海省农林科学院、中国农业科学院作物科学研究所
23	G07	何玉华	云豌40号	豌豆	何玉华、王丽萍	2018.07.01	20173334.8	2022.09.18	CNA20173334.8	云南省农业科学院粮食作物研究所
24	G07	何玉华	云豌43号	豌豆	何玉华、王丽萍	2018.07.01	20173335.7	2022.08.18	CNA20173335.7	云南省农业科学院粮食作物研究所
25	G07	何玉华	云豌45号	豌豆	何玉华、王丽萍	2018.07.01	20173336.6	2022.08.18	CNA20173336.6	云南省农业科学院粮食作物研究所
26	G07	何玉华	云豆早6	蚕豆	何玉华、王丽萍	2017.09.30	20172649	2022.08.18	CNA20172649.0	云南省农业科学院粮食作物研究所
27	G07	何玉华	云豆早16	蚕豆	何玉华、王丽萍	2017.09.30	20172648.1	2023.09.05	CNA20172648.1	云南省农业科学院粮食作物研究所

（续表）

序号	岗位编号	岗位人员	品种名称	作物种类	培育人（第1、第2位）	品种权受理日	品种权申请号	品种权授权公告日	品种权授权公告号	品种权人
28	G11	宗绪晓	中秦3号	豌豆	宗绪晓、王仲勇	2020.03.12	20201001237	2021.12.30	CNA20201001237	中国农业科学院作物科学研究所
29	G15	陈新	苏红1号	小豆	陈新、袁星星	2014.03.21	20140381.9	2019.01.31	CNA20140381.9	江苏省农业科学院
30	G15	陈新	苏红3号	小豆	陈新、张红梅	2016.05.17	20160777.9	2019.07.22	CNA20160777.9	江苏省农业科学院
31	G15	陈新	苏绿4号	绿豆	陈新、崔晓艳	2016.10.25	20161877.6	2019.07.22	CNA20161877.6	江苏省农业科学院
32	G15	陈新	苏绿6号	绿豆	陈新、陈华涛	2016.05.20	20160757.3	2019.07.22	CAN20160757.3	江苏省农业科学院
33	G15	陈新	苏豇3号	豇豆	张红梅、袁星星	2017.05.17	20171026.5	2021.06.18	CNA20171026.5	江苏省农业科学院
34	G15	陈新	苏豇5号	豇豆	袁星星、张红梅	2017.05.17	20171027.4	2021.06.18	CNA20171027.4	江苏省农业科学院
35	Z02	徐东旭	张绿1号	绿豆	徐东旭、高运青	2015.04.17	20150498.8	2019.01.31	CNA20150498.8	张家口市农业科学院
36	Z02	徐东旭	鹦哥1号	绿豆	高运青、姜翠棉	2021.01.25	20211000004	2023.05.24	CNA20211000004	张家口市农业科学院
37	Z02	徐东旭	鹦哥2号	绿豆	徐东旭、高运青	2021.02.25	20211000617	2023.05.24	CNA20211000617	张家口市农业科学院
38	Z05	邢宝龙	同芸豆1号	普通菜豆	邢宝龙、王桂梅	2020.07.10	20201003436	2021.03.01	CNA20201003436	山西省农业科学院高寒区作物研究所
39	Z10	王学军	通蚕鲜6号	蚕豆	缪亚梅、王学军	2015.09.21	20151301.3	2020.07.27	CNA20151301.3	江苏沿江地区农业科学研究所
40	Z10	王学军	通蚕鲜7号	蚕豆	汪凯华、王学军	2015.10.22	20151455.7	2019.12.19	CNA20151455.7	江苏沿江地区农业科学研究所
41	Z15	张继君	渝黑绿4号	绿豆	张继君、杜成章	2019.05.17	20191001782	2023.9.5	CNA20191001782	重庆市农业科学院

附表5　2019—2021年度培养人才汇总（不含学生）

序号	岗位编号	岗位人员	时间	姓名	人才类型
1	G02	王述民	2021	武晶	中国农学会青年科技奖
2	G03	田静	2019	范保杰	晋升为三级研究员
3	G03	田静	2019	王彦	晋升为副研究员
4	G03	田静	2021	刘长友	晋升为研究员
5	G04	尹凤祥	2019	梁杰	市级特等劳动模范
6	G04	尹凤祥	2019	郝曦煜	晋升中级职称
7	G04	尹凤祥	2019	梁杰	市级科技特派员
8	G04	尹凤祥	2020	王英杰	晋升副研究员
9	G04	尹凤祥	2020	郭文云	晋升助理研究员
10	G05	魏淑红	2019	王强	获博士学位
11	G05	魏淑红	2019	孟宪欣	获博士学位
12	G05	魏淑红	2019	尹振功	获博士学位
13	G06	刘玉皎	2019	滕长才	昆仑英才·拔尖人才
14	G06	李萍	2020	李萍	昆仑英才·乡村振兴人才
15	G06	刘玉皎	2021	刘玉皎	创新驱动奖章
16	G06	刘玉皎	2021	侯万伟	昆仑英才—拔尖人才
17	G06	刘玉皎	2021	李萍	昆仑英才—乡村振兴人才
18	G07	何玉华	2019—2021	何玉华	省级创新人才
19	G07	何玉华	2019	何玉华	云南省科技特派员
20	G07	何玉华	2019	吕梅媛	云南省科技特派员
21	G07	何玉华	2019	杨峰	云南省科技特派员
22	G07	何玉华	2020	于海天	在读博士
23	G08	何宁	2020	何宁	晋升三级研究员
24	G08	何宁	2020	何宁	全球农业重要文化遗产专家委员会委员
25	G08	何宁	2020	项洪涛	晋升副研究员

（续表）

序号	岗位编号	岗位人员	时间	姓名	人才类型
26	G08	何宁	2021	万书明	博士后出站
27	G08	何宁	2020—2021	李琬	省级科技特派员
28	G08	何宁	2020—2022	项洪涛	省级科技特派员
29	G09	王瑞刚	2019	王瑞刚	国家"万人计划"青年拔尖人才
30	G09	王瑞刚	2019	王瑞刚	中国农科院农科英才领军人才B类
31	G10	张耀文	2019	赵雪英	山西省"三晋英才"支持计划拔尖骨干人才
32	G10	张耀文	2019	闫虎斌	晋升副研究员
33	G10	张耀文	2020	朱慧珺	晋升副研究员
34	G10	张耀文	2020	张耀文	山西省新兴产业领军人才
35	G14	杨晓明	2019—2021	杨晓明	甘肃省领军人才
36	G15	陈新	2019	陈新	国家百千万人才
37	G15	陈新	2019	薛晨晨	晋升副研究员
38	G15	陈新	2020	陈新	"333工程"第二层次考核优秀
39	G15	陈新	2020	陈新	国务院特殊津贴专家
40	G15	陈新	2021	陈新	泰国玛哈拉堪大学博士生导师
41	G15	陈新	2021	吴然然	晋升副研究员
42	G15	陈新	2021	袁星星	获得博士学位
43	G16	杨丽	2020	杨丽	中国农业机械学会青年科技奖
44	G17	陈巧敏	2021	夏先飞	江苏省"333高层次人才培养工程"
45	G20	任贵兴	2019	么杨	晋升副研究员
46	G20	任贵兴	2020	么杨	农产品加工业十佳杰出科技人才
47	G20	任贵兴	2021	么杨	阿里巴巴育种科技人才
48	G21	张蕙杰	2019	张蕙杰	晋升三级研究员
49	G21	张蕙杰	2021	王玉庭	晋升副研究员
50	G21	张蕙杰	2019—2021	诸叶平	中国农业科学院研究生院教学名师称号荣誉
51	G22	刘宏权	2015—2019	刘宏权	河北省"三三三"人才
52	G22	刘宏权	2019	刘宏权	国家级科技特派员
53	G22	刘宏权	2019	王晓玲	国家级科技特派员
54	Z01	李彩菊	2021	胡永宏	晋升正高级农艺师
55	Z01	李彩菊	2021.	周洪妹	晋升高级农艺师
56	Z02	徐东旭	2019	徐东旭	张家口市五一劳动奖章
57	Z02	徐东旭	2019—2021	姜翠棉	国家级科技特派员
58	Z02	徐东旭	2019—2021	高运青	国家级科技特派员
59	Z02	徐东旭	2020	徐东旭	河北北方学院硕士生导师
60	Z02	徐东旭	2020	高运青	晋升研究员
61	Z02	徐东旭	2020	李姝彤	晋升农艺师
62	Z02	徐东旭	2021	郑丽珍	硕士研究生
63	Z02	徐东旭	2021	团队	河北省文化科技卫生"三下乡"优秀团队
64	Z02	徐东旭	2021	徐东旭	河北省文化科技卫生"三下乡"活动服务标兵
65	Z02	徐东旭	2021	徐东旭	河北省科协十大代表
66	Z02	徐东旭	2021	徐东旭	河北省最受关注的科技创新人物
67	Z02	徐东旭	2021	徐东旭	张家口市最美科技工作者
68	Z04	畅建武	2020	王燕	晋升副研究员
69	Z05	邢宝龙	2018	邢宝龙	晋升三级研究员
70	Z05	邢宝龙	2020	刘飞	晋升副研究员
71	Z06	孔庆全	2021	陈文晋	晋升中级职称

(续表)

序号	岗位编号	岗位人员	时间	姓名	人才类型
72	Z07	葛维德	2020	葛维德	辽宁省农业科学院作物研究所所长
73	Z07	葛维德	2019	薛仁风	辽宁省百千万人才工程千层次
74	Z07	葛维德	2021	薛仁风	辽宁省青年科技奖
75	Z07	葛维德	2020	丰明	晋升副研究员
76	Z09	崔秀辉	2021	王成	省科技特派员
77	Z09	崔秀辉	2021	王成	齐齐哈尔第12届优秀科技工作者
78	Z09	崔秀辉	2020	曾玲玲	市科技特派员
79	Z09	崔秀辉	2021	曾玲玲	市科技特派员
80	Z10	王学军	2019	王学军	江苏省农业科学院先进工作者
81	Z10	王学军	2020	缪亚梅	晋升研究员
82	Z10	王学军	2021	缪亚梅	晋升副主任
83	Z11	周斌	2019	周斌	安徽省科技特派员
84	Z12	张晓艳	2021	张晓艳	晋升研究员
85	Z12	张晓艳	2021	张晓艳	第十二届青岛市青年科技奖
86	Z12	张晓艳	2021	宋凤景	晋升副研究员
87	Z13	朱旭	2021	杨厚勇	晋升副研究员
88	Z14	罗高玲	2020	陈燕华	晋升副研究员
89	Z14	罗高玲	2021	罗高玲	广西乡村科技特派员
90	Z14	罗高玲	2021	唐建淮	广西乡村科技特派员
91	Z15	张继君	2019	张继君	重庆市首批英才计划—特色杂粮创新示范团队负责人
92	Z15	张继君	2021	龙珏臣	西部之光访问学者
93	Z16	余东梅	2019	项超	西部之光访问学者
94	Z16	余东梅	2019	杨梅	在读博士
95	Z17	张时龙	2019	杨珊	贵州省高层次创新型千层次人才
96	Z17	张时龙	2021	赵龙	贵州省高层次创新型千层次人才
97	Z17	张时龙	2021	杨珊	贵州省高层次创新型千层次人才
98	Z17	张时龙	2021	葛平珍	贵州省"甲秀之光"访问学者
99	Z17	张时龙	2021	余莉	晋升正高级农艺师
100	Z18	唐永生	2019	张菊香	曲靖市政府特殊津贴
101	Z18	唐永生	2018	唐永生	云南省科技特派员
102	Z18	唐永生	2019.	唐永生	全国农业农村系统先进个人
103	Z18	唐永生	2020	蒋彦华	曲靖市有突出贡献的优秀专业技术人才
104	Z18	唐永生	2021	王勤方	云南省国家贫困地区重大专项普查优秀个人
105	Z18	唐永生	2020	王勤方	云南省科技特派员
106	Z18	唐永生	2021	唐永生	云南省科技特派员
107	Z18	唐永生	2021	蒋彦华	晋升高级农艺师
108	Z19	陈国琛	2019	陈国琛	云南省产业技术领军人才
109	Z19	陈国琛	2019	陈国琛	全国农业农村系统先进个人
110	Z19	陈国琛	2019	段银妹	晋升高级农艺师
111	Z19	陈国琛	2021	尹雪芬	全国三八红旗手
112	Z19	陈国琛	2021	尹雪芬	云南省政府特殊津贴
113	Z19	陈国琛	2020	尹雪芬	大理白族自治州三八红旗手
114	Z19	陈国琛	2019	尹雪芬	云南省科技创新人才培养
115	Z19	陈国琛	2021	段银妹	云南省科技创新人才培养
116	Z20	王斌	2019	王孟	榆林市十大杰出青年
117	Z20	王斌	2019	王孟	榆林市"一五二"人才

（续表）

序号	岗位编号	岗位人员	时间	姓名	人才类型
118	Z20	王斌	2019	王斌	榆林市有突出贡献专家
119	Z20	王斌	2019	王斌	榆林市"一五二"人才
120	Z20	王斌	2019	王斌	陕西省豆类产业技术体系首席专家
121	Z20	王斌	2019	张芳	榆林市有突出贡献专家
122	Z20	王斌	2021	王孟	榆林市有突出贡献专家
123	Z21	连荣芳	2021	连荣芳	定西市拔尖人才
124	Z21	连荣芳	2021	肖贵	晋升副研究员
125	Z21	王梅春	2020	连荣芳	甘肃省陇原人才
126	Z21	王梅春	2019	王梅春	甘肃省正高级津贴
127	Z21	王梅春	2020	王梅春	甘肃省科技工作先进个人
128	Z21	王梅春	2020	王梅春	甘肃省陇原之光人才
129	Z22	郭延平	2019	李龙	甘肃省陇原之光人才
130	Z22	郭延平	2021	邵扬	晋升副研究员
131	Z23	季良	2021	王仙	在读博士
132	Z24	魏云山	2021	魏云山	赤峰市托举人才

附表6 2019—2021年度发布标准及技术规范汇总（第一完成单位）

序号	岗位编号	岗位人员	标准编号	标准名称	类型	发布日期	实施日期	起草单位	起草人	批准单位
1	Z11	周斌	LB/T 165—2021	南方地区绿色食品夏播绿豆生产操作规程	行业标准	2021.09.26	2021.10.01	安徽省农业科学院作物研究所、安徽省绿色食品管理办公室、宣城市农产品质量安全监管局等	周斌、周伟、杨勇、张俊、叶卫军、洪剑、刘舜舜、王健、武夫兰、杭祥荣、王光俊、张海彬、张晓云	中国绿色食品发展中心
2	G04	尹凤祥	DB22/T 3338—2022	小豆机械化生产技术规程	地方标准	2022.01.28	2022.02.28	吉林省白城市农业科学院	梁杰、郝曦煜、肖焕玉、王英杰、马信飞、刘婷婷、赵迪	吉林省质量技术监督局
3	G05	魏淑红	DB23/T 3121—2022	红小豆与芍药间作生产技术规程	地方标准	2022.03.03	2022.04.02	黑龙江省农业科学院作物资源研究所	孟宪欣、王强、尹振功、郭怡璠、魏淑红、祝安军、徐娇、杨广东、张威、刘业丽、张俊宝	黑龙江省市场监督管理局
4	G05	魏淑红	DB23/T 3138—2022	豌豆复种白菜生产技术规程	地方标准	2022.03.03	2022.04.02	黑龙江省农业科学院作物资源研究所	尹振功、王强、孟宪欣、魏淑红、郭怡璠、孟宪欣、满江水、祝安军	黑龙江省市场监督管理局
5	G05	魏淑红	DB23/T 2762—2020	芸豆芍药间作生产技术规程	地方标准	2020.12.25	2021.01.24	黑龙江省农业科学院作物资源研究所	孟宪欣、王强、尹振功、郭怡璠、魏淑红、刘广阳、王秀君、祝安军、杨广东	黑龙江省市场监督管理局
6	G05	魏淑红	DB23/T 2764—2022	芸豆机械化大垄通透栽培技术规程	地方标准	2020.12.25	2021.01.24	黑龙江省农业科学院作物资源研究所	王强、杨广东、孟宪欣、尹振功、郭怡璠、魏淑红、刘广阳、王秀君、祝安军、项洪涛、杜朝霞、李祥羽	黑龙江省市场监督管理局

(续表)

序号	岗位编号	岗位人员	标准编号	标准名称	类型	发布日期	实施日期	起草单位	起草人	批准单位
7	G05	魏淑红	DB23/T 2766—2020	小白芸豆生产技术规程	地方标准	2020.12.25	2021.01.24	黑龙江省农业科学院作物资源研究所	王强、孟宪欣、尹振功、郭怡璠、魏淑红、刘广阳、王秀君、祝安军、项洪涛、杜朝霞、李祥羽、杨广东	黑龙江省市场监督管理局
8	G06	刘玉皎	DB63/T 1766—2019	蚕豆联合收割技术规程	地方标准	2019.10.18	2019.12.01	青海省农林科学院、青海鑫农科技有限公司	侯万伟、刘玉皎、丁宝军、李萍、张永春、严清彪、赵明月、许生福、赵璟云、张宪、侯正权、武学霞、张礼、滕长才、刘伟	青海省市场监督管理局
9	G10	张耀文	DB14/T 2203—2020	旱地机收绿豆栽培技术规程	地方标准	2020.09.25	2020.11.25	山西农业大学、山西圣天农牧业有限公司	赵雪英、闫虎斌、高伟、张耀文、朱慧珺、张泽燕、郑海泽、张春明、张红芳、刘增广	山西省市场监督管理局
10	G14	杨晓明	DB62/T 4227—2020	豌豆品种陇豌6号	地方标准	2020.08.25	2020.09.28	甘肃省农业科学院作物研究所	张丽娟、杨晓明、王昶、闫庚梅、杨佑福、陆建英、李城德、李园	甘肃省市场监督管理局
11	Z06	孔庆全	DB15/T 1688—2019	绿豆田防治绿豆象技术规程	地方标准	2019.10.25	2020.01.25	内蒙古自治区农牧业科学院	贺小勇、田晓燕、孔庆全、赵存虎、陈文晋	内蒙古自治区市场监督管理局
12	Z06	孔庆全	DB15/T 1689—2019	绿豆种子处理防治蚜虫技术规程	地方标准	2019.10.25	2020.01.25	内蒙古自治区农牧业科学院	贺小勇、田晓燕、孔庆全、赵存虎、陈文晋	内蒙古自治区市场监督管理局
13	Z06	孔庆全	DB15/T 1690—2019	种子处理预防绿豆细菌性晕疫病技术规程	地方标准	2019.10.25	2020.01.25	内蒙古自治区农牧业科学院	贺小勇、田晓燕、孔庆全、赵存虎、陈文晋	内蒙古自治区市场监督管理局
14	Z06	孔庆全	DB15/T 700—2019	绿豆地膜覆盖高产栽培技术规程	地方标准（修订）	2019.10.25	2020.01.25	内蒙古自治区农牧业科学院	孔庆全、赵存虎、贺小勇、陈文晋、田晓燕	内蒙古自治区市场监督管理局
15	Z06	孔庆全	DB15/T 931—2019	芸豆地膜覆盖高产栽培技术规程	地方标准（修订）	2019.10.25	2020.01.25	内蒙古自治区农牧业科学院	孔庆全、赵存虎、贺小勇、陈文晋、田晓燕	内蒙古自治区市场监督管理局
16	Z07	葛维德	DB21/T 3677—2022	红小豆绿色生产技术规程	地方标准	2022.12.30	2023.01.30	辽宁省农业科学院作物研究所	陈剑、葛维德、丰明、薛仁风、赵阳、王英杰、李韬、庄艳	辽宁省质量技术监督局
17	Z07	葛维德	DB21/T 3621—2022	绿豆绿色生产技术规程	地方标准	2022.08.30	2022.09.30	辽宁省农业科学院作物研究所	赵阳、葛维德、何伟峰、庄艳、丰明、薛仁风、陈剑、李韬、王英杰、黄宇宁、马丹	辽宁省市场监督管理局
18	Z07	葛维德	DB21/T 3622—2022	绿豆种子生产技术规程	地方标准	2022.08.30	2022.09.30	辽宁省农业科学院作物研究所	薛仁风、赵阳、孔庆伟、葛维德、李韬、丰明、陈剑、王英杰、庄艳、黄宇宁	辽宁省市场监督管理局
19	Z09	崔秀辉	DB23/T 2767—2020	绿豆机械化生产技术规程	地方标准	2020.12.25	2021.01.24	黑龙江省农业科学院齐齐哈尔分院	王成、曾玲玲、卢环、刘峰、崔秀辉	黑龙江省市场监督管理局
20	Z09	崔秀辉	DB23/T 2763—2020	芸豆机械化生产技术规程	地方标准	2020.12.25	2021.01.24	黑龙江省农业科学院齐齐哈尔分院	王成、卢环、曾玲玲、刘峰、崔秀辉	黑龙江省市场监督管理局

（续表）

序号	岗位编号	岗位人员	标准编号	标准名称	类型	发布日期	实施日期	起草单位	起草人	批准单位
21	Z13	朱旭	DB41/T 1873—2019	麦茬绿豆机械化生产技术规程	地方标准	2019.09.30	2019.12.30	河南省农业科学院、南阳市农业科学院	李君霞、朱旭、秦娜	河南省市场监督管理局
22	Z15	张继君	DB50/T 1005—2020	食用豆品种鉴定规范	地方标准	2020.05.20	2020.08.20	重庆市农业科学院、重庆市种子管理站	杜成章、张颖韬、张继君、李波、龙珏臣、王家喜、龚万灼、陈红、杨文军	重庆市质量技术监督局
23	Z21	王梅春	DB62/T 4071—2019	干旱半干旱区全膜双垄沟马铃薯套种豌豆栽培技术规程	地方标准	2019.10.23	2019.12.01	定西市农业科学研究院	连荣芳、肖贵、邓成贵、王梅春、墨金萍、魏家亮、曹宁、李成德、陈其鲜、李圆	甘肃省市场监督管理局
24	Z21	连荣芳	DB62/T 4371—2021	豌豆品种定豌6号	地方标准	2021.08.04	2021.09.04	定西市农业科学研究院	肖贵、马菁菁、墨金萍、连荣芳、曹宁、史丽萍、文殷花、冯梅、白琳、王梅春	甘肃省市场监督管理局
25	Z22	郭延平	DB62/T 2980—2019	蚕豆品种临蚕11号	地方标准	2019.03.07	2019.04.01	临夏回族自治州农业科学院	邵扬、贾西灵、郭延平、李龙、张芸、李强、张惠芳、张德智、李龙、祁占虎、丁国文	甘肃省市场监督管理局
26	Z22	郭延平	DB62/T 2981—2019	蚕豆品种临蚕12号	地方标准	2019.03.07	2019.04.01	临夏回族自治州农业科学院	李龙、李强、邵扬、郭延平、张芸、张惠芳、张德智、祁占虎、杨生华	甘肃省市场监督管理局
27	Z22	郭延平	DB62/T 2979—2019	蚕豆品种临蚕7号	地方标准	2019.03.07	2019.04.01	临夏回族自治州农业科学院	杨生华、李龙、邵扬、郭延平、李强、张芸、张惠芳、张德智	甘肃省市场监督管理局
28	Z23	季良	DB65/T 4424—2021	鲜食豌豆栽培技术规程	地方标准	2021.08.26	2021.10.01	新疆农业科学院粮食作物研究所	季良、彭琳	新疆维吾尔自治区质量技术监督局
29	Z23	季良	DB65/T 4424—2021	鲜食豌豆栽培技术规程	地方标准	2021.08.26	2021.10.01	新疆农业科学院粮食作物研究所	季良、彭琳	新疆维吾尔自治区市场监督局
30	Z23	季良	DB65/T 4424—2021	春播鲜食豌豆栽培技术规程	地方标准	2021.08.26	2021.10.01	新疆农业科学院粮食作物研究所	季良、彭琳、王仙、何权、赵春生、李明	新疆维吾尔自治区市场监督管理局
31	Z02	徐东旭	DB1307/T 301—2020	绿豆品种鹦哥1号	地方标准	2020.01.06	2020.01.21	张家口市农业科学院	高运青、姜翠棉、任红晓、李姝彤、尚启兵、徐东旭、何春英、王玉祥、李亚东、常玉霞、尹斌、徐敏、杨帆、刘雅祯、石俊春、高忠仁	张家口市市场监督管理局
32	Z02	徐东旭	DB1307/T 302—2020	绿豆品种鹦哥2号	地方标准	2020.01.06	2020.01.21	张家口市农业科学院	徐东旭、高运青、任红晓、尚启兵、李姝彤、姜翠棉、黄文胜、李亚东、杨帆、高忠仁、渠延峰、石俊春、刘雅祯、蔺玉军、常玉霞、王海敏	张家口市市场监督管理局

（续表）

序号	岗位编号	岗位人员	标准编号	标准名称	类型	发布日期	实施日期	起草单位	起草人	批准单位
33	Z02	徐东旭	DB1307/T 303—2020	芸豆品种冀张芸2号	地方标准	2020.01.06	2020.01.21	张家口市农业科学院	任红晓、李姝彤、高运青、尚启兵、姜翠棉、徐东旭、黄文胜、李亚东、杨帆、高忠仁、渠延峰、石俊春、刘雅祯、蔺玉军、常玉霞、王海敏	张家口市市场监督管理局
34	Z02	徐东旭	DB1307/T 304—2020	直立型芸豆机械化生产技术规程	地方标准	2020.01.06	2020.01.21	张家口市农业科学院	姜翠棉、何春英、王玉祥、高运青、任红晓、尚启兵、李姝彤、徐东旭、李亚东、常玉霞、尹斌、徐敏、杨帆、刘雅祯、石俊春、高忠仁	张家口市市场监督管理局
35	Z12	张晓艳	DB3702/T 305—2019	鲜食豌豆—花生双季高效种植技术规程	地方标准	2019.12.09	2020.01.01	青岛市农业科学研究院、青岛市农业技术推广中心	张晓艳、郝俊杰、朱彤丹、宋凤景、吴卓斌、李红卫、王黎	青岛市质量技术监督局
36	Z13	朱旭	DB4113/T 249—2018	麦后绿豆轻简化栽培技术规程	地方标准	2018.12.25	2019.01.10	南阳市农业科学院	朱旭、胡卫丽、杨厚勇、许阳、杨鹏程、宋江春、王建玉、冯春营、朱海燕、卢奇、杨廷勤、宁成献、李娟、张国松、张聚敏、孙静、郭延涛、王清坡、杨鸿超	南阳市质量技术监督局
37	Z17	张时龙	Q/520502+GZJK+J001	贵州高海拔地区鲜食蚕豆（通蚕鲜7号）错季节栽培技术规程	技术规程	2020.05.06	2020.05.06	乌蒙杂粮科技有限公司	杨珊、张时龙、何友勋	毕节市食品药品质量监督管理局
38	Z17	张时龙	Q/520502+GZJK+J002	"织金小蚕豆"生产技术规程	技术规程	2020.05.06	2020.05.06	乌蒙杂粮科技有限公司	赵龙、张时龙、杨珊	毕节市食品药品质量监督管理局
39	G06	刘玉皎	T/QHNX 019—2021	黑饲麦1号与小粒蚕豆混播饲草生产技术规范	团体标准	2021.07.06	2021.07.15	青海省农林科学院、湟源县种子站	李萍、张晓玲、刘玉皎、李生楷、赵明月、康清、许宁、侯万伟、滕长才、丁宝军、谢洪福、谢生录、冯宝辉	青海省农学会
40	G06	刘玉皎	T/QHNX 018—2021	青海13号蚕豆有机肥完全替代化肥生产技术规范	团体标准	2021.07.06	2021.07.15	青海省农林科学院、湟中区种子站、互助县种子站	李萍、刘玉皎、张晓玲、宋海涛、师延菊、辛元凤、赵明月、侯万伟、滕长才、丁宝军、邓万香、许生福、石霞、杨超	青海省农学会
41	G06	刘玉皎	T/QHNX 020—2021	青蚕14号蚕豆有机肥替代化肥生产技术规范	团体标准	2021.07.06	2021.07.15	青海省农林科学院、湟源县良种繁殖场、互助县种子站	李萍、刘玉皎、韩梅、宋海涛、王秀兰、侯正全、王建忠、辛元凤、王福雄、侯万伟、滕长才、丁宝军、王贵全、张宪、许永丽	青海省农学会
42	G15	陈新	T/JATEA 006—2021	玉米—蚕豆间作套种生产技术规程	团体标准	2021.12.29	2021.12.29	江苏省农业科学院	陈景斌、袁星星、陈新、薛晨晨、吴燕、闫强、吴然然、林云、张晓燕、黄璐、黄波	江苏省农业技术推广协会

(续表)

序号	岗位编号	岗位人员	标准编号	标准名称	类型	发布日期	实施日期	起草单位	起草人	批准单位
43	G15	陈新	T/JATEA 007—2021	玉米—绿豆间作套种生产技术规程	团体标准	2021.12.29	2021.12.29	江苏省农业科学院	袁星星、陈新、薛晨晨、陈景斌、闫强、吴然然、林云、张晓阳、崔晓艳、陈华涛、张红梅、刘晓庆、黄波	江苏省农业技术推广协会
44	G15	陈新	T/JATEA 011—2021	鲜食蚕豆绿色高效生产技术规程	团体标准	2021.12.29	2021.12.29	江苏省农业科学院	袁星星、陈新、闫强、陈景斌、薛晨晨、吴燕、吴然然、林云、张晓燕、黄璐、黄波、翟伟	江苏省农业技术推广协会
45	G15	陈新	T/JATEA 012—2021	鲜食蚕豆"苏蚕豆2号"生产技术规程	团体标准	2021.12.29	2021.12.29	江苏省农业科学院	闫强、袁星星、陈新、陈景斌、薛晨晨、吴燕、吴然然、林云、张晓燕、黄璐、黄波、翟伟	江苏省农业技术推广协会
46	G15	陈新	T/JATEA 013—2021	蚕豆赤斑病综合防控技术规程	团体标准	2021.12.29	2021.12.29	江苏省农业科学院	袁星星、陈新、陈景斌、薛晨晨、闫强、吴然然、林云、张晓燕、黄璐、崔晓燕、陈华涛、张红梅、刘晓庆、王琼、黄波	江苏省农业技术推广协会
47	G15	陈新	T/JATEA 014—2021	林下鲜食蚕豆生产技术规程	团体标准	2021.12.29	2021.12.29	江苏省农业科学院	吴然然、袁星星、陈新、陈景斌、薛晨晨、吴燕、闫强、林云、张晓阳、黄璐、黄波	江苏省农业技术推广协会
48	G15	陈新	T/JATEA 020—2021	鲜食豌豆"苏豌8号"生产技术规程	团体标准	2021.12.29	2021.12.29	江苏省农业科学院	林云、袁星星、陈新、闫强、陈景斌、薛晨晨、吴燕、吴然然、张晓燕、黄璐、黄波、翟伟	江苏省农业技术推广协会
49	G15	陈新	T/JATEA 021—2021	豌豆苏紫豌1号生产技术规程	团体标准	2021.12.29	2021.12.29	江苏省农业科学院	薛晨晨、陈新、赵江宁、袁星星、黄璐、张晓燕、栾春荣、王小军、朱江华、卢燕、黄晔、王忠辉、董佳琳、施瑜、黄波	江苏省农业技术推广协会
50	G15	陈新	T/JATEA 022—2021	林下鲜食豌豆生产技术规程	团体标准	2021.12.29	2021.12.29	江苏省农业科学院	吴燕、袁星星、陈新、吴然然、陈景斌、薛晨晨、闫强、林云、张晓燕、黄璐、黄波	江苏省农业技术推广协会
51	G19	周素梅	T/CCOA 42—2021	富含γ-氨基丁酸的谷物和豆类产品	团体标准	2021.05.17	2021.08.01	中国农业科学院农产品加工研究所、北京工商大学、江南大学等	周素梅、王立、刘厚清、刘丽娅、孙斌、王发文、华井田、刘洪津、张玉红、马玉玲、佟立涛、周闲容、王姗姗	中国粮油学会
52	Z10	王学军	T/NANTEA 0005—2021	鲜食蚕豆绿色标准化生产技术规程	团体标准	2021.05.17	2021.05.17	江苏沿江地区农业科学研究所、国家食用豆产业技术体系南通综合试验站	顾春燕、王学军、缪亚梅、赵娜、汪凯华、王永强、薛冬	南通市农业新技术推广协会
53	Z10	王学军	T/NRPTA 0018—2020	"'国庆稻'—鲜食蚕豆"生产技术规程	团体标准	2020.04.27	2020.05.01	江苏沿江地区农业科学研究所、海门区博涛农业发展有限公司、启东市农业技术推广中心	缪亚梅、王学军、张涛、董芙荣、赵娜、王永强、周瑶、薛冬	南通市农村专业技术协会

（续表）

序号	岗位编号	岗位人员	标准编号	标准名称	类型	发布日期	实施日期	起草单位	起草人	批准单位
54	Z10	王学军	T/NTRPTA 0019—2020	"林下'鲜食蚕豆—鲜食大豆'"生产技术规程	团体标准	2020.04.27	2020.05.01	江苏沿江地区农业科学研究所、国家食用豆产业技术体系南通综合试验站	赵娜、薛冬、王永强、葛红、缪亚梅、王学军、汪凯华、顾春燕、周瑶	南通市农村专业技术协会
55	Z10	王学军	T/NTRPTA 0021—2020	"西兰花—早夏鲜食大豆—秋豌豆"一年三熟高效种植技术规程	团体标准	2020.04.27	2020.05.01	江苏沿江地区农业科学研究所、国家食用豆产业技术体系南通综合试验站、海门区农业技术推广中心	王永强、赵娜、徐迎春、缪亚梅、陈满峰、葛红、汪凯华、顾春燕、王学军	南通市农村专业技术协会
56	Z10	王学军	T/NANTEA 0005—2021	鲜食蚕豆绿色标准化生产技术规程	团体标准	2021.05.17	2021.05.17	江苏沿江地区农业科学研究所、国家食用豆产业技术体系南通综合试验站	顾春燕、王学军、缪亚梅、赵娜、汪凯华、王永强、薛冬	南通市农业新技术推广协会
57	Z10	王学军	T/NTAASS 0005—2021	蚕豆全程机械化生产技术规程	团体标准	2021.12.23	2021.12.23	江苏沿江地区农业科学研究所、农业部南京农业机械化研究所、江苏省农业科学院等	王学军、夏先飞、缪亚梅、袁星星、江剑波、薛冬、杨光	南通市农学会
58	Z10	王学军	T/NTAASS 0006—2021	稻茬蚕豆绿色生产关键技术	团体标准	2021.12.23	2021.12.23	江苏沿江地区农业科学研究所、启东市农业农村局	赵娜、薛冬、姚梦楠、周瑶、周恩强、顾春燕、缪亚梅、王永强、汪凯华、王学军、魏利斌、李波	南通市农学会
59	Z10	王学军	T/NTAASS 0007—2021	荷兰豆标准化生产技术规程	团体标准	2021.12.23	2021.12.23	江苏沿江地区农业科学研究所、江苏省农业科学院经济作物研究所	姚梦楠、周瑶、周恩强、顾春燕、缪亚梅、赵娜、王永强、汪凯华、王学军、魏利斌、李波、薛冬	南通市农学会
60	Z10	王学军	T/NTAASS 0008—2021	秋播短季豌豆生产技术规程	团体标准	2021.12.23	2021.12.23	江苏沿江地区农业科学研究所、启东市农业农村局、江苏省农业科学院经济作物研究所	周瑶、姚梦楠、周恩强、缪亚梅、高雪、顾春燕、赵娜、王永强、汪凯华、王学军、李波、魏利斌、薛冬	南通市农学会
61	Z10	王学军	T/NTAASS 0009—2021	甜豌豆标准化生产技术规程	团体标准	2021.12.23	2021.12.23	江苏沿江地区农业科学研究所、江苏省农业科学院经济作物研究所	周恩强、周瑶、姚梦楠、缪亚梅、顾春燕、赵娜、王永强、汪凯华、王学军、李波、魏利斌、薛冬	南通市农学会
62	G16	杨丽	Q/HNWZ 004—2019	1SF-550轻简型深松机	企业标准	2019.07.23	2019.08.01	河南沃正实业有限公司、中国农业大学	杨丽、曹庆春、李玉环、魏亚男	企业标准信息公共服务平台
63	G16	杨丽	Q/SDGF J001—2019	1SF-750型高效联合深松机	企业标准	2019.07.13	2019.08.01	山东丰机械有限公司、中国农业大学	杨丽、郑振华、鹿秀凤、李玉环、魏亚男	企业标准信息公共服务平台
64	Z10	王学军	Q/320585 XSN 11—2020	2BFGK-6（8）260旋耕开沟智能施肥蚕豆播种机	企业标准	2020.08.01	2020.08.15	太仓市项氏农机有限公司、江苏沿江地区农业科学研究所（国家食用豆产业技术体系南通综合试验）站	项俊华、项裕、王学军、缪亚梅、汪凯华	太仓市项氏农机有限公司

附表7 2019—2021年度获准专利汇总（第一完成单位）

序号	岗位编号	岗位人员	专利名称	类别	申请日期	申请号	授权公告日	专利号	发明单位	发明人（设计人）
1	G15	陈新	绿豆抗豆象基因$VrPGIP$等位基因$VrPGIP1$-ACC41、分子标记及应用	PCT国际专利	2020.11.30	PCT/CN2019/087319	2022.07.27	2020/07446	江苏省农业科学院	陈景斌、Prakit Somta、薛晨晨、袁星星、林云、顾和平、张勤雪、陈新
2	G15	陈新	一种基于光谱成像技术的豆象危害情况观测技术	PCT国际专利	2019.06.25	PCT/CN2019/092863	2023.08.07	LU503449	江苏省农业科学院	薛晨晨、张勤雪、陈新、袁星星、陈景斌、张红梅、陈华涛、崔晓艳、刘晓庆、顾和平、闫强、吴然然、宋塔·普拉特（Somta Prakit）、斯乃文·披拉沙（Srinives Peera Srinives Peerasak）
3	G02	王述民	来源于绿豆的抗旱相关蛋白$VrERF1$及其编码基因和应用	国家发明专利	2017.03.28	201710191249.9	2019.11.26	ZL201710191249.9	中国农业科学院作物科学研究所、河北省农林科学院粮油作物研究所	王述民、刘长友、武晶、王兰芬、田静、范保杰、曹志敏
4	G02	王述民	来源于绿豆的抗旱相关蛋白$VrNAC1$及其编码基因和应用	国家发明专利	2017.03.28	201710191317.1	2020.04.14	ZL201710191317.1	中国农业科学院作物科学研究所、河北省农林科学院粮油作物研究所	王述民、刘长友、武晶、王兰芬、田静、范保杰、曹志敏
5	G02	王述民	来源于绿豆的抗旱相关蛋白$VrMYB1$及其编码基因和应用	国家发明专利	2017.03.28	201710191315.1	2020.04.14	ZL201710191315.1	中国农业科学院作物科学研究所、河北省农林科学院粮油作物研究所	王述民、刘长友、武晶、王兰芬、田静、范保杰、曹志敏
6	G03	田静	一套适于栽培绿豆品种鉴定的SSR引物组合及其应用	国家发明专利	2016.11.23	201611046993.1	2019.06.28	ZL201611046993.1	河北省农林科学院粮油作物研究所	刘长友、田静、范保杰、曹志敏、苏秋竹、张志肖、王彦
7	G03	田静	一种用于绿豆抗豆象基因Br3辅助选择的分子标记及其应用	国家发明专利	2015.12.11	201510919626.7	2019.10.09	ZL201510919626.7	河北省农林科学院粮油作物研究所	刘长友、田静、范保杰、曹志敏、苏秋竹、张志肖、王彦
8	G04	陈红霖	绿豆抗豆象基因$VrPGIP$、其功能性分子标记及应用	国家发明专利	2016.04.12	201610224823.1	2019.07.12	ZL201610224823.1	中国农业科学院作物科学研究所	陈红霖、程须珍、王丽侠、王素华
9	G04	陈红霖	绿豆抗豆象基因$VrPGIP$等位基因$VrPGIP1$-2及其应用	国家发明专利	2017.07.03	201710534645.7	2019.11.29	ZL201710534645.7	中国农业科学院作物科学研究所	陈红霖、程须珍、王丽侠、王素华
10	G04	陈红霖	绿豆抗豆象基因$VrPGIP$共分离分子标记及应用	国家发明专利	2016.05.26	201610362607.3	2020.06.09	ZL201610362607.3	中国农业科学院作物科学研究所	陈红霖、程须珍、王丽侠、王素华
11	G06	刘玉皎	蚕豆根系蛋白质组分学分析的样品制备方法	国家发明专利	2017.03.17	201710159164.2	2020.03.24	ZL201710159164.2	青海大学（青海省农林科学院）	李萍、刘玉皎

(续表)

序号	岗位编号	岗位人员	专利名称	类别	申请日期	申请号	授权公告日	专利号	发明单位	发明人（设计人）
12	G06	刘玉皎	构建蚕豆指纹图谱的引物组及遗传图谱与应用	国家发明专利	2020.09.02	202010907161.4	2023.03.24	ZL202010907161.4	青海省农林科学院	刘玉皎、滕长才、陈扣梅、侯万伟、李萍、丁宝军
13	G08	何宁	一种小豆地除草灭虫装置	国家发明专利	2019.01.14	201910033032.4	2021.01.05	ZL201910033032.4	黑龙江省农业科学院耕作栽培研究所	项洪涛、何宁、李琬、王雪扬、曹良子、曹大为、王曼力
14	G08	何宁	一种小豆花期施喷叶面肥装置	国家发明专利	2019.01.17	201910045018.6	2021.06.11	ZL201910045018.6	黑龙江省农业科学院耕作栽培研究所	李琬、项洪涛、何宁、王雪扬、曹大为、王彤彤、曹良子
15	G08	何宁	一种小豆种子分选及药粉搅拌器	国家发明专利	2019.01.14	201910032368.9	2019.07.26	ZL201910032368.9	黑龙江省农业科学院耕作栽培研究所	项洪涛、李琬、何宁、王雪扬、曹良子、王曼力、王彤彤
16	G08	何宁	一种红小豆抗寒性鉴定与评价的方法	国家发明专利	2017.04.20	201710262023.3	2020.02.21	ZL201710262023.3	黑龙江省农业科学院耕作栽培研究所	何宁、冷春旭、曹大为、王雪扬、曹良子、孟英、洛育、孙世臣、唐晓东、李一丹、崔秀辉、卢环、李柱刚、王立志、唐傲
17	G09	王瑞刚	一种低温溶磷中华根瘤菌及其菌剂	国家发明专利	2016.06.14	CN201610415006.4	2019.07.05	ZL201610415006.4	农业农村部环境保护科研监测所	郭军康、郭瑾、卢书华、冯人伟、王瑞刚、丁永桢
18	G09	王瑞刚	降解异丙甲草胺的草酸青霉及其应用	国家发明专利	2018.07.12	CN201810762390.4	2019.10.29	ZL201810762390.4	农业农村部环境保护科研监测所	孙扬、李永涛、赵丽霞、郝月崎、徐会娟、李晓晶、周斌
19	G09	王瑞刚	一种免用有机溶剂检测土壤中2,4-D的分析方法	国家发明专利	2019.11.27	CN201911177467.2	2020.04.03	ZL201911177467.2	农业农村部环境保护科研监测所	孙扬、常兴平、李永涛、周斌、赵丽霞、李晓晶
20	G10	张耀文	一种田间杂豆割倒装置	国家发明专利	2018.06.29	CN1089252288	2020.09.15	ZL201810698722.7	山西省农业科学院作物科学研究所	闫虎斌、张耀文、朱慧珺、张泽燕、赵雪英、张春明
21	G11	宗绪晓	一种蚕豆SSR指纹图谱的构建方法	国家发明专利	2016.11.25	201611062135.6	2020.02.11	ZL201611062135.6	中国农业科学院作物科学研究所	宗绪晓、张红岩、杨涛、刘荣
22	G11	宗绪晓	豌豆耐寒相关SSR引物组合及其应用	国家发明专利	2016.12.31	201611266919.0	2020.02.11	ZL201611266919.0	中国农业科学院作物科学研究所	宗绪晓、刘荣、杨涛、方俐、张红岩、张晓艳、郝俊杰
23	G11	宗绪晓	一种豌豆SSR指纹图谱的构建方法	国家发明专利	2016.12.29	201611247537.3	2020.02.11	ZL201611247537.3	中国农业科学院作物科学研究所	宗绪晓、张红岩、杨涛、刘荣
24	G11	宗绪晓	用于鉴定豌豆品种和纯度的核心SSR引物及试剂盒	国家发明专利	2017.09.15	201611266919.0	2020.04.24	ZL201710831156.8	中国农业科学院作物科学研究所	宗绪晓、张红岩、杨涛、刘荣

(续表)

序号	岗位编号	岗位人员	专利名称	类别	申请日期	申请号	授权公告日	专利号	发明单位	发明人（设计人）
25	G22	刘宏权	一种用于农业种植的播种施肥一体设备及其使用方法	国家发明专利	2021.10.20	202111221597.9	2022.08.26	ZL202111221597.9	河北农业大学	马立军、王会强、郭凤玉、邢艳秋、陈召亚、刘宏权、刘维娜、范晓飞、尹义蕾、孙玉林、田栋、王晓丽、薛宝松、田志平、马标、马天、刘艺梦、王小炜
26	G22	刘宏权	一种智能水肥一体化设备及其使用方法	国家发明专利	2021.07.26	202110845033.6	2022.05.17	ZL202110845033.6	河北农业大学	王会强、刘维娜、范晓飞、尹义蕾、刘宏权、孙玉林、田栋、王晓丽、薛宝松、田志平、马标、马天
27	G22	刘宏权	一种基于作物需水量测量的自动灌溉控制方法及控制系统	国家发明专利	2021.11.05	202111308189	2022.12.23	ZL202111308189.7	河北农业大学	马立军、郭凤玉、王会强、刘宏权、范晓飞、陈召亚、徐磊、吉欢欢、薛澄、刘维娜、尹义蕾、孙玉林、田栋、王晓丽
28	G13	万正煌	蚕豆对豌豆蚜抗性的快速鉴定方法	国家发明专利	2017.01.23	CN201710058972.X	2020.10.27	ZL201710058972.X	湖北省农业科学院粮食作物研究所	刘昌燕、万正煌、李阳、焦春海、李莉、陈宏伟、刘良军、伍广洪、王兴敏
29	G15	陈新	用于鉴定绿豆抗白粉病表型的分子标记VrMLOIndel2及其引物和应用	国家发明专利	2019.04.23	201910327315.X	2022.08.02	ZL201910327315.X	江苏省农业科学院	薛晨晨、塞班、陈新、袁星星、陈景斌、宋塔·普拉给特、斯乃文·披拉沙、闫强、吴然然、张红梅、陈华涛、崔晓艳、刘晓庆、顾和平
30	G15	陈新	用于鉴定绿豆抗白粉病表型的分子标记VrMLOIndel1及其引物和应用	国家发明专利	2019.04.23	201910327322.X	2022.08.16	ZL201910327322X	江苏省农业科学院	薛晨晨、塞班、陈新、袁星星、陈景斌、宋塔·普拉给特、斯乃文·披拉沙、闫强、吴然然、张红梅、陈华涛、崔晓艳、刘晓庆、顾和平
31	G15	陈新	用于鉴定绿豆抗白粉病表型的分子标记VrMLOIndel3及其引物和应用	国家发明专利	2019.04.23*	201910327421.8	2022.08.16	ZL20190327421.8	江苏省农业科学院	薛晨晨、塞班、陈新、袁星星、陈景斌、宋塔·普拉给特、斯乃文·披拉沙、闫强、吴然然、张红梅、陈华涛、崔晓艳、刘晓庆、顾和平
32	G15	陈新	菜豆普通花叶病毒的单克隆抗体、其杂交瘤细胞株及应用	国家发明专利	2019.12.05	201911238268.8	2022.08.30	ZL2019112382688	江苏省农业科学院	崔晓艳、秦嘉超、袁星星、陈华涛、张红梅、刘晓庆、陈景斌、薛晨、闫强、吴然然、陈新

(续表)

序号	岗位编号	岗位人员	专利名称	类别	申请日期	申请号	授权公告日	专利号	发明单位	发明人（设计人）
33	G15	陈新	绿豆抗豆象基因VrPGIP等位基因VrPGIP1-ACC41、分子标记及应用	国家发明专利	2018.05.18	2018104794766	2021.01.15	ZL2018104794766	江苏省农业科学院	陈景斌、拔杰宋他、薛晨晨、袁星星、林云、顾和平、张勤雪、陈新
34	G15	陈新	一种与豇豆耐盐相关性状紧密连锁的InDel分子标记及其引物与应用	国家发明专利	2018.03.27	201810258440.5	2021.07.06	ZL201810258440.5	江苏省农业科学院	张红梅、许文静、刘晓庆、陈新、陈景斌、陈华涛、崔晓艳、袁星星、薛晨晨
35	G15	陈新	一种基于光谱成像技术的豆象危害情况观测技术	国家发明专利	2018.12.12	201811519874.2	2021.07.13	ZL2018115198742	江苏省农业科学院	薛晨晨、张勤雪、陈新、袁星星、陈景斌、张红梅、陈华涛、崔晓艳、刘晓庆、顾和平、闫强、吴然然、普拉哈特宋塔
36	G15	陈新	绿豆叶斑病抗性基因VrTAF5的两个PARMS-SNP分子标记	国家发明专利	2021.01.21	202110081828.4	2021.09.23	ZL202110081828.4	江苏省农业科学院	吴然然、李灵慧、陈新、陈景斌、林云、袁星星、薛晨晨、闫强
37	G15	陈新	一种绿豆InDel分子标记检测引物组及其应用	国家发明专利	2021.04.22	202110435459.4	2021.11.26	ZL202110435459.4	江苏省农业科学院	陈景斌、李群三、王茜、陈新、袁星星、薛晨晨、闫强、吴然然、林云、刘金洋
38	G16	杨丽	一种具有辅助充种作用种盘的气吸式高速精量排种器	国家发明专利	2017.12.19	201711370047.7	2019.11.22	ZL201711370047.7	中国农业大学	杨丽、丁力、刘守荣、颜丙新、和贤桃
39	G16	杨丽	一种播种机单体定位方法	国家发明专利	2018.10.30	201811273497.9	2020.11.24	ZL201811273497.9	中国农业大学	杨丽、和贤桃、张东兴、崔涛、丁友强、李玉环、钟翔君、樊晨龙、刘彦伟
40	G16	杨丽	一种播种机单体转弯定位及补偿方法	国家发明专利	2018.10.30	201811274452.3	2021.02.12	ZL201811274452.3	中国农业大学	杨丽、和贤桃、张东兴、崔涛、丁友强、王云霞、钟翔君、樊晨龙、刘彦伟
41	G16	杨丽	一种适用于不规则种子的排种器	国家发明专利	2018.01.04	201810008787.4	2021.06.29	ZL201810008787.4	中国农业大学	杨丽、虞异茗、张东兴、崔涛、颜丙新、荆慧荣、王云霞、王镇东、和贤桃、韩丹丹、李玉环
42	G17	陈巧敏	一种用于食用豆联合收割机的清选机构及其工作方法	国家发明专利	2021.05.13	202110520192.9	2021.11.16	ZL202110520192.9	农业农村部南京农业机械化研究所	夏先飞、杨光、陈巧敏、宋志禹、梅松、金月、蒋清海、赵映、占才学、张健飞、韩余
43	G17	陈巧敏	一种大粒型食用豆联合收割机	国家发明专利	2021.04.20	202110422484.9	2022.01.14	ZL202110422484.9	农业农村部南京农业机械化研究所、青海省农林科学院	夏先飞、杨光、侯万伟、宋志禹、陈巧敏、杜成章、董军、梅松、金月、蒋清海、占才学、丁文芹、赵映、张健飞

(续表)

序号	岗位编号	岗位人员	专利名称	类别	申请日期	申请号	授权公告日	专利号	发明单位	发明人（设计人）
44	G17	陈巧敏	一种气力输送式食用豆联合收割机	国家发明专利	2021.07.12	202110783112.9	2022.09.30	ZL202110783112.9	农业农村部南京农业机械化研究所、重庆市农业科学院	夏先飞、杨光、杜成章、宋志禹、陈巧敏、金月、梅松、赵映
45	G17	陈巧敏	一种应用于食用豆脱粒设备的脱粒滚筒	国家发明专利	2021.03.02	202110231002.1	2022.04.12	ZL202110231002.1	农业农村部南京农业机械化研究所	占才学、夏先飞、杨光、陈巧敏、宋志禹、梅松、蒋清海、丁文芹、金月、赵映、韩余、张健飞、王文明
46	G17	陈巧敏	一种食用豆专用割晒机	国家发明专利	2021.12.22	202111576081.6	2022.09.27	ZL202111576081.6	农业农村部南京农业机械化研究所	夏先飞、宋志禹、杨光、陈巧敏、鲍君、梅松、金月
47	G19	周素梅	谷物浓浆除渣装置及方法	国家发明专利	2019.02.20	201910127312.1	2021.03.23	ZL201910127312.1	中国农业科学院农产品加工研究所	王丽丽、周素梅、佟立涛、刘丽娅、周闲容、张玉红
48	G19	周素梅	具有抗氧化活性的绿豆提取液的制备方法	国家发明专利	2018.07.05	201810729780.1	2022.06.07	ZL201810729780.1	中国农业科学院农产品加工研究所	周素梅、王丽丽、钟葵、佟立涛、刘丽娅、周闲容
49	G19	周素梅	富含GABA与AKG的绿豆乳及其制备方法	国家发明专利	2021.12.08	202111490662.8	2023.06.07	ZL202111490662.8	北京工商大学	周素梅、芦晶、侯殿志、孔春丽、任飞岳、郭毅龙
50	G20	任贵兴	一种具有降血糖效果的绿豆蛋白的制备方法	国家发明专利	2016.07.05	201610524319.3	2020.02.07	ZL201610524319.3	中国农业科学院作物科学研究所	任贵兴、么杨、桑伟
51	G21	张蕙杰	一种反演叶片氮素含量的方法	国家发明专利	2021.03.29	202110333918.8	2021.09.28	ZL202110333918.8	中国农业科学院农业资源与农业区划研究所、中国农业科学院农业信息研究所	高懋芳、王天丽、蕙杰、曹春玲
52	G21	张蕙杰	一种基于光谱新特征的反演叶片叶绿素含量的方法	国家发明专利	2021.04.19	202110459712	2021.12.07	ZL202110415971.2	中国农业科学院农业资源与农业区划研究所、中国农业科学院农业信息研究所	高懋芳、王天丽、张蕙杰、曹春玲、李顺国
53	Z02	徐东旭	一种智能打药机	国家发明专利	2020.11.11	202011253748.4	2022.05.20	ZL202011253748.4	张家口市农业科学院	黄文胜、徐东旭、赵芳、李姝彤、高运青、郑丽珍、李瑞海、尚启兵
54	Z03	刘振兴	一种红小豆种植方法	国家发明专利	2021.01.14	202110053114.2	2022.04.26	ZL202110053114.2	唐山市农业科学研究院	刘振兴、周桂梅、亚秀秀、陈健、孟庆祥
55	Z04	畅建武	一种基于转录组测序开发EST-SSR引物组及方法和应用	国家发明专利	2017.08.22	201710721379.9	2020.06.26	ZL201710721379.9	山西省农业科学院农作物品种资源研究所、中国农业科学院作物科学研究所	郝晓鹏、王燕、杨涛、刘荣、畅建武、宗绪晓、赵建栋、关现民

(续表)

序号	岗位编号	岗位人员	专利名称	类别	申请日期	申请号	授权公告日	专利号	发明单位	发明人（设计人）
56	Z05	邢宝龙	一种绿豆播种装置	国家发明专利	2020.06.18	202010560095.8	2022.08.05	ZL202010560095.8	山西省农业科学院高寒区作物研究所	邢宝龙、刘飞、王桂梅、冯钰、刘支平
57	Z05	邢宝龙	高效豌豆杂交育种方法	国家发明专利	2018.05.28	201810522567.3	2021.08.17	ZL201810522567.3	山西农业大学高寒区作物研究所	刘飞、邢宝龙、陈燕妮、刘冠男、马涛、王桂梅、杨芳、冯钰
58	Z07	葛维德	一种赤小豆的高产栽培方法	国家发明专利	2019.05.14	201910399695.8	2021.10.08	ZL201910399695.8	辽宁省农业科学院	陈剑、薛仁风、赵阳、丰明、王英杰、李韬、庄艳、葛维德
59	Z10	王学军	一种蚕豆耐盐性的鉴定方法	国家发明专利	2018.11.15	201811359335.7	2021.09.21	ZL201811359335.7	江苏沿江地区农业科学研究所	赵娜、缪亚梅、王学军、葛红、顾春燕、汪凯华、陈满峰
60	Z11	周斌	一种与绿豆始花期相关的主效QTL、分子标记及其应用	国家发明专利	2020.10.12	202011081932.5	2022.03.18	ZL202011081932.5	安徽省农业科学院作物研究所	叶卫军、张阴、王沛然、杨勇、田东丰、周斌
61	Z11	周斌	一种绿豆开花基因VrELF3的表达载体的应用	国家发明专利	2019.08.16	201910757723.9	2021.05.14	ZL201910757723.9	安徽省农业科学院作物研究所	叶卫军、周斌、杨勇、田东丰、张丽亚、张磊
62	Z11	周斌	一种含有绿豆开花基因VrFT5a的表达载体的应用	国家发明专利	2019.08.16	201910757965.8	2021.06.04	ZL201910757965.8	安徽省农业科学院作物研究所	叶卫军、周斌、杨勇、田东丰、张丽亚、张磊
63	Z11	周斌	一种含有绿豆开花基因VrFT2a的表达载体的应用	国家发明专利	2019.08.16	201910757986.X	2021.06.04	ZL201910757986.X	安徽省农业科学院作物研究所	叶卫军、周斌、杨勇、田东丰、张丽亚、张磊
64	Z11	周斌	一种与绿豆幼茎色紧密连锁的分子标记及应用	国家发明专利	2020.09.17	20201098662.7	2021.10.12	ZL202010981662.7	安徽省农业科学院作物研究所	叶卫军、张阴、王沛然、杨勇、田东丰、周斌
65	Z11	周斌	一组绿豆InDel分子标记及其开发方法	国家发明专利	2019.11.15	201911118584.1	2022.03.18	ZL201911118584.1	安徽省农业科学院作物研究所	叶卫军、周斌、杨勇、张丽亚、田东丰
66	Z12	张晓艳	提高豌豆耐冷耐湿性的微生物菌剂及其应用	国家发明专利	2019.12.05	201911233472.0	2021.02.12	ZL201911233472.0	青岛市农业科学研究院	郝俊杰、张晓艳、刘全兰、宋凤景、崔潇、王文娇、王涛、李磊、仇世佐
67	Z24	魏云山	单体双行绿豆播机	国家发明专利	2016.04.05	201610223424.3	2018.08.24	ZL201610223424.3	赤峰市农牧科学研究院	魏云山、丁素荣、张晓荣、刘迎春、周学超、李峰、王敏、廉宁、张洪涛
68	G07	何玉华	种子发芽率测定装置	国家实用新型专利	2019.11.08	201921923236.7	2020.11.03	ZL201921923236.7	云南省农业科学院粮食作物研究所	于海天、何玉华、王丽萍、吕梅媛、杨峰
69	G07	何玉华	一种植物病样表面消毒装置	国家实用新型专利	2020.08.20	202021757511.5	2021.12.03	ZL202021757511.5	云南省农业科学院粮食作物研究所	于海天、王丽萍、吕梅媛、何玉华、唐永生、杨峰、郑爱清

附 录

(续表)

序号	岗位编号	岗位人员	专利名称	类别	申请日期	申请号	授权公告日	专利号	发明单位	发明人（设计人）
70	G08	何宁	一种红小豆育种用良种筛选装置	国家实用新型专利	2019.01.09	201920031262.2	2019.06.21	ZL201920031262.2	黑龙江省农业科学院耕作栽培研究所	何宁、项洪涛、李琬、曹良子、王雪扬、曹大为、王彤彤
71	G08	何宁	一种红小豆多层光照式保温培养装置	国家实用新型专利	2018.11.06	201821815820.6	2019.07.05	ZL201821815820.6	黑龙江省农业科学院耕作栽培研究所	李琬、项洪涛、何宁、王彤彤、孙兵、王月溪、杨纯杰、王蕊
72	G08	何宁	一种红小豆育种快速取样盒	国家实用新型专利	2019.01.09	201920032159.0	2019.10.01	ZL201920032159.0	黑龙江省农业科学院耕作栽培研究所	李琬、项洪涛、何宁、曹良子、王雪扬、曹大为、王彤彤
73	G08	何宁	一种红小豆种子保护装置	国家实用新型专利	2019.01.09	201920032173.0	2019.10.01	ZL 2019 2 0032173.0	黑龙江省农业科学院耕作栽培研究所	项洪涛、李琬、何宁、曹良子、王雪扬、曹大为、王彤彤
74	G09	王瑞刚	一种禾本科豆科作物辅助种植设备	国家实用新型专利	2020.08.27	CN202021827750.3	2021.04.13	ZL202021827750.3	辽宁省农业科学院	邹晓锦、刘慧均、杨宁、王瑞刚
75	G09	王瑞刚	一种多作物播种施肥机	国家实用新型专利	2020.09.04	CN202021915277.4	2021.06.01	ZL202021915277.4	辽宁省农业科学院	邹晓锦、徐嘉翼、刘子琪、牛世伟
76	G09	王瑞刚	一种多行豆科收割机	国家实用新型专利	2020.09.03	CN202021900016.5	2021.03.19	ZL202021900016.5	辽宁省农业科学院	邹晓锦、牛世伟、徐嘉翼、杨宁
77	G22	刘宏权	一种缓释抗堵出水均匀的新型渗灌管	国家实用新型专利	2018.12.27	201822213190.1	2019.09.24	ZL201822213190.1	河北农业大学	刘宏权、樊达、樊华、王晓玲、高惠嫣、柴春岭、陈任强、田佳慧、张亚金、梁素韬、赵赫、卢晓鹏、董越、魏硕、杨晓奇
78	G22	刘宏权	一种新型省力的取土钻	国家实用新型专利	2018.12.27	201822213174.2	2019.09.24	ZL201822213174.2	河北农业大学	刘宏权、祁博伟、高慧嫣、柴春岭、陈任强、王晓玲、樊华、梁素韬、张蕾、陈聪、魏硕、赵赫、卢晓鹏、董越、杨晓奇
79	G22	刘宏权	一种新型螺旋杆取土钻	国家实用新型专利	2018.12.27	201822213193.5	2019.09.24	ZL201822213193.5	河北农业大学	刘宏权、陈聪、柴春岭、陈任强、高惠嫣、王晓玲、董领、田佳慧、张志宇、赵凤杰、卢晓鹏、董越、魏硕、赵赫、杨晓奇
80	G22	刘宏权	一种显示并记录土壤含水率的科研盆栽试验专用花盆	国家实用新型专利	2021.02.24	202120401718.7	2021.10.15	ZL202120401718.7	河北农业大学	刘宏权、赵赫、陈任强、高惠嫣、王晓玲、柴春岭、梁素韬、韩社成、苏伟、王军皓、吉欢欢、张西平、李秀梅、卢晓鹏、李海丽、刘超凡、付佳祥、朱睿、袁典、刘超伟、苗志远、李胜、任奕瑾

(续表)

序号	岗位编号	岗位人员	专利名称	类别	申请日期	申请号	授权公告日	专利号	发明单位	发明人（设计人）
81	G22	刘宏权	一种离散型培养皿种子计数辅助装置	国家实用新型专利	2021.02.19	202120376308.1	2021.09.07	ZL202120376308.1	河北农业大学	刘宏权、袁典、王晓玲、柴春岭、高惠嫣、范晓飞、梁素韬、苏伟、韩社成、王福顺、张志宇、张西平、冉彦立、卢晓鹏、赵赫、李海丽、刘超凡、付佳祥、朱睿、刘超伟、苗志远、李胜、任奕瑾
82	G22	刘宏权	一种新型的百粒重自动称量仪	国家实用新型专利	2021.02.01	202120267732.2	2021.12.14	ZL202120267732.2	河北农业大学	刘宏权、任敬君、邢丹婷、索雪松、王军皓、王福顺、王晓玲、苏伟、韩社成、张志宇、张西平、梁素韬、冉彦立、卢晓鹏、赵赫、李海丽、刘超凡、付佳祥、朱睿、袁典、刘超伟、苗志远、李胜、任奕瑾
83	G22	刘宏权	一种适应作物全生育期的新型节水灌溉装置	国家实用新型专利	2021.02.01	202120267722.9	2021.12.17	ZL202120267722.9	河北农业大学	刘宏权、朱雨、王伟鹏、郭家龙、张炯萌、齐恬鑫、高惠嫣、陈任强、柴春岭、王晓玲、韩社成、苏伟、王会强、索雪松、范晓飞、卢晓鹏、赵赫、李海丽、刘超凡、付佳祥、朱睿、袁典、刘超伟、苗志远、李胜、任奕瑾
84	G22	刘宏权	一种节水辅助种植盘	国家实用新型专利	2021.12.09	202123086300.0	2022.06.10	ZL202123086300.0	河北农业大学	马标、马天、王小玮、刘艺梦、田志平、王艳山、王会强、邢艳秋、张淼、张艺、刘宏权、尹义蕾、刘朝辉、王晓丽、马立军、范晓飞、吕海娜、张博、范伟
85	G22	刘宏权	一种智能省力测控的灌溉系统	国家实用新型专利	2019.12.16	201922253478.6	2020.09.15	ZL201922253478.6	河北农业大学	刘宏权、王晓玲、金鹏宇、张桂鹏、左俊康、王晓春、李勇、柴春岭、高惠嫣、陈任强、韩社成、梁素韬、王军皓、李秀梅、吉欢欢、张梅、刘宇
86	G22	刘宏权	一种新型节水抗堵的渗灌管	国家实用新型专利	2019.12.16	201922257933.X	2020.09.15	ZL201922257933.X	河北农业大学	刘宏权、柴春岭、杨雪怡、祁博伟、王泽源、陈任强、高惠嫣、王晓玲、韩社成、梁素韬、王军皓、张蕾、李秀梅、吉欢欢、张梅、张慧、张玲

附　录

（续表）

序号	岗位编号	岗位人员	专利名称	类别	申请日期	申请号	授权公告日	专利号	发明单位	发明人（设计人）
87	G22	刘宏权	一种十字形土壤含水率传感器	国家实用新型专利	2019.12.16	201922257935.9	2020.09.15	ZL201922257935.9	河北农业大学	刘宏权、陈任强、金鹏宇、张桂鹏、左俊康、王晓春、高惠嫣、柴春岭、王晓玲、韩社成、梁素韬、王军皓、李秀梅、吉欢欢、张梅、石志建
88	G22	刘宏权	一种便于均匀浇水的花盆	国家实用新型专利	2019.12.11	201922244468.6	2020.09.15	ZL201922244468.6	河北农业大学	刘宏权、韩社成、朱雨、王晓玲、柴春岭、陈任强、高惠嫣、梁素韬、王军皓、张蕾、吉欢欢、李秀梅、张慧、石志建、刘宇、董巧连
89	G22	刘宏权	一种新型全自动渗灌花盆	国家实用新型专利	2019.12.11	201922216042.X	2020.09.15	ZL201922216042.X	河北农业大学	高惠嫣、刘宏权、霍波帆、韩社成、柴春岭、陈任强、王晓玲、梁素韬、王军皓、李秀梅、吉欢欢、张梅、董巧连、张玲
90	G14	杨晓明	田间多功能插地标签牌	国家实用新型专利	2020.03.13	202020307852.6	2020.07.17	ZL202020307852.6	甘肃省农业科学院作物研究所	张丽娟、闫庚梅、杨晓明、王昶、陆建英
91	G15	陈新	一种绿豆根腐病抗性鉴定培养箱	国家实用新型专利	2021.09.13	202122204569.8	2022.03.22	ZL202122204509.8	江苏省农业科学院	闫强、胡亚群、袁星星、陈新
92	G16	杨丽	一种手推式小区播种器	国家实用新型专利	2018.11.19	201821902243.4	2019.07.26	ZL201821902243.4	中国农业大学	杨丽、李玉环、张东兴、崔涛、钟翔君、杨瑞梅、刘彦伟、张天亮、丁友强、樊晨龙、解春季、杜一童
93	G16	杨丽	一种通用精量播种排种器	国家实用新型专利	2018.09.20	201821540239.8	2019.05.14	ZL201821540239.8	中国农业大学	杨丽、丁力、李玉环、李东毅、武德浩、张东兴、崔涛、刘守荣
94	G16	杨丽	一种播种深度自动调节机构	国家实用新型专利	2019.12.23	201922328364.3	2020.10.23	ZL201922328364.3	中国农业大学	杨丽、刘江、张东兴、崔涛、杜一童
95	G17	陈巧敏	一种用于食用豆专用割晒机	国家实用新型专利	2021.12.22	202123235029.3	2022.08.23	ZL202123235029.3	农业农村部南京农业机械化研究所	杨光、夏先飞、宋志禹、陈巧敏、鲍君、梅松、金月
96	G17	陈巧敏	一种食用豆联合收割机	国家实用新型专利	2020.01.08	202020034519.2	2020.11.03	ZL202020034519.2	农业农村部南京农业机械化研究所	陈巧敏、夏先飞、宋志禹、占才学、肖宏儒、杨光、梅松、蒋清海、丁文芹、金月、赵映、韩余、张健飞
97	G17	陈巧敏	一种食用豆联合收割机输送机构	国家实用新型专利	2020.03.19	202020348312.2	2020.11.03	ZL202020348312.2	农业农村部南京农业机械化研究所	陈巧敏、夏先飞、宋志禹、占才学、肖宏儒、杨光、梅松、蒋清海、丁文芹、金月、赵映、韩余、张健飞

(续表)

序号	岗位编号	岗位人员	专利名称	类别	申请日期	申请号	授权公告日	专利号	发明单位	发明人（设计人）
98	Z02	徐东旭	应用于播种机的悬挂倒钩覆膜装置	国家实用新型专利	2018.09.18	2018215241837	2019.04.16	ZL201821524183.7	张家口市农业科学院	徐东旭、高运青、李姝彤、何春英、姜翠棉、李瑞海、尚启兵、郑丽珍
99	Z02	徐东旭	一种种子分层晾晒装置	国家实用新型专利	2018.09.21	2018215544030	2019.06.21	ZL201821554403.0	张家口市农业科学院	高运青、李姝彤、姜翠棉、徐东旭、王玉祥、郑丽珍、尚启兵、渠延峰
100	Z02	徐东旭	应用于播种机的平地防切膜装置	国家实用新型专利	2018.09.14	2018215098650	2019.05.24	ZL201821509865.0	张家口市农业科学院	黄文胜、姜翠棉、高运青、李姝彤、徐东旭、李瑞海、尚启兵、尹斌
101	Z02	徐东旭	一种农用高效自动施肥机	国家实用新型专利	2021.08.31	202122080594X	2022.01.18	ZL202122080594.X	张家口市农业科学院	李姝彤、徐东旭、尚启兵、高运青、赵芳、郑丽珍、渠延峰、何秀敏
102	Z02	徐东旭	一种改良土壤设备	国家实用新型专利	2021.09.26	2021223327865	2022.01.18	ZL202122332786.5	张家口市农业科学院	何春英、徐东旭、郑丽珍、高运青、尚启兵、赵芳、李姝彤、张永敬
103	Z02	徐东旭	一种高效耕地耙耱工具	国家实用新型专利	2021.08.11	202121871041X	2022.01.18	ZL202121871041.X	张家口市农业科学院	赵芳、徐东旭、高运青、尚启兵、李姝彤、郑丽珍、何秀敏、张永敬
104	Z05	邢宝龙	一种红小豆筛选装置	国家实用新型专利	2019.11.11	201921927960.7	2020.06.26	ZL201921927960.7	山西省农业科学院高寒区作物研究所	刘支平、刘锐、邢宝龙、杨芳、张旭丽、蒙秋霞
105	Z06	孔庆全	一种绿豆储存用防虫包装机	国家实用新型专利	2020.09.18	202022066661.8	2021.06.15	ZL202022066661.8	内蒙古农牧业科学院	孔庆全、陈文晋、赵存虎、贺小勇、张志强、洪钟
106	Z07	葛维德	一种绿豆收割去皮机	国家实用新型专利	2020.09.03	202021896566.4	2021.05.04	ZL202021896566.4	辽宁省农业科学院	赵阳、李韬、庄艳、陈剑、丰明、王英杰、葛维德、薛仁风、杨宁、李开宇
107	Z07	葛维德	一种绿豆覆膜播种机	国家实用新型专利	2020.09.03	202021896587.6	2021.05.04	ZL202021896587.6	辽宁省农业科学院	李韬、赵阳、陈剑、丰明、王英杰、庄艳、葛维德、薛仁风、杨宁、李开宇
108	Z13	朱旭	一种绿豆播种装置	国家实用新型专利	2021.01.02	202120682284.2	2021.12.24	ZL202120682284.2	南阳市农业科学院	朱旭、胡卫丽、许阳、杨厚勇、郭军
109	Z15	张继君	绿豆播种机	国家实用新型专利	2020.09.04	202021911712.6	2021.03.30	ZL202021911712.6	重庆市农业科学院	唐兴隆、杜成章、张涛、龙珏臣、张继君
110	Z15	张继君	一种绿豆收获机	国家实用新型专利	2020.09.07	202021930364.7	2021.05.25	ZL202021930364.7	重庆市农业科学院	唐兴隆、杜成章、张涛、龙珏臣、张继君
111	Z17	张时龙	一种白芸豆筛选装置	国家实用新型专利	2019.10.19	201921758498.2	2020.06.09	ZL201921758498.2	毕节市农业科学研究所	余莉、杨珊、王昭礼

（续表）

序号	岗位编号	岗位人员	专利名称	类别	申请日期	申请号	授权公告日	专利号	发明单位	发明人（设计人）
112	Z17	张时龙	一种便捷式芸豆采摘装置	国家实用新型专利	2019.10.19	201921759677.8	2020.07.09	ZL201921759677.8	毕节市农业科学研究所	杨珊、张时龙、余娟、余莉、李清超
113	Z17	张时龙	一种用于豆类培育的培养板	国家实用新型专利	2019.10.19	201921759785.5	2020.06.09	ZL201921759785.5	毕节市农业科学研究所	杨珊、程娜、赵龙、王朝贵、梁振娟
114	Z17	张时龙	一种用于试验的豆类培育装置	国家实用新型专利	2019.10.19	20192176004	2020.06.09	ZL20192176004	毕节市农业科学研究所	杨珊、杨财容、何友勋、葛平珍、陈春艳
115	Z17	张时龙	一种红小豆蒸煮装置	国家实用新型专利	2020.10.12	202022257885.7	2021.05.18	ZL202022257885.7	毕节市农业科学研究所	葛平珍、余莉、赵龙、何友勋、张时龙
116	Z18	唐永生	一种豌豆种植用除虫装置	国家实用新型专利	2018.12.25	20182214973	2019.08.09	ZL20182214973.1	曲靖市农业科学院	唐永生、钱成明、何玉华、蒋彦华、王勤方、张菊香、胡家权、于海天、郑云昆
117	Z18	唐永生	一种豌豆高效生产用播种机	国家实用新型专利	2018.12.25	201822184981.6	2019.10.18	ZL201822184981.6	曲靖市农业科学院	唐永生、何玉华、钱成明、胡家权、王勤方、蒋彦华、张菊香、杨峰、郑云昆
118	Z18	唐永生	一种豌豆种子灭菌装置	国家实用新型专利	2020.06.10	202021061956.X	2021.03.09	ZL202021061956.X	曲靖市农业科学院	唐永生、钱成明、何玉华、蒋彦华、王勤方、于海天、张菊香、胡家权、敖文、秦世宏、廖召发、郑云昆
119	Z20	王斌	平板式种子包衣机	国家实用新型专利	2020.06.19	202021156686.0	2021.02.02	ZL202021156686.0	榆林市农业科学研究院	王小英、王孟、陈占飞、强羽竹
120	Z20	王斌	精准中耕施肥一体设备	国家实用新型专利	2021.06.25	202121437553.5	2021.12.14	ZL202121437553.5	榆林市农业科学研究院	王小英、王孟、陈占飞、刘怀华
121	Z21	王梅春	一种豌豆育苗装置	国家实用新型专利	2019.10.23	201921788240.7	2020.08.21	ZL201921788240.7	定西市农业科学研究院	王梅春、连荣芳、肖贵、墨金萍、曹宁、马菁菁、冯梅
122	Z21	王梅春	一种豌豆种植用支架装置	国家实用新型专利	2019.11.12	201921938791.7	2020.08.07	ZL201921938791.7	定西市农业科学研究院	肖贵、连荣芳、墨金萍、曹宁、王梅春
123	G04	尹凤祥	基于互联网的无公害绿豆库存管理系统V1.0	计算机软件著作权	2020.10	软著登字第E0063586号	2021.01.11	2021SRE000672	吉林省白城市农业科学院	冷廷瑞、毕洪涛等
124	G09	王瑞刚	粮豆系统养分评价系统	计算机软件著作权	2021.05.16	软著登字第8184080号	2021.08.09	2021SR1461454	辽宁省农科院	徐嘉翼、邹晓锦、刘子琪
125	G17	陈巧敏	食用豆脱粒机作业质量检测控制系统V1.0	计算机软件著作权	2019.06.17	软著登字第4369117号	2019.09.11	2019SR0948360	农业农村部南京农业机械化研究所	陈巧敏、夏先飞、肖宏儒、杨光
126	G18	康玉凡	大宗特色果蔬冷链物流实时在线监控系统V1.0	计算机软件著作权	2020.09.09	软著登字第7736392号	2021.07.09	2021SR1013779	天津市农业科学院、浙江大学、中国农业大学	陈存坤、罗自生、薛文通

序号	岗位编号	岗位人员	专利名称	类别	申请日期	申请号	授权公告日	专利号	发明单位	发明人（设计人）
127	G18	康玉凡	大宗特色果蔬冷链物流保鲜预警和检测系统V1.0	计算机软件著作权	2020.09.04	软著登字第77364050号	2021.07.09	2021SR1013767	天津市农业科学院、中国农业大学	陈存坤、薛文通、陶莎
128	G18	康玉凡	大宗特色果蔬冷链物流在线培训系统V1.0	计算机软件著作权	2021.08.11	软著登字第7736393号	2021.07.09	2021SR1013766	天津市农业科学院、中国农业大学、浙江大学	陈存坤、薛文通、罗自生
129	G21	张蕙杰	食用豆管家系统V1.0	计算机软件著作权	2020.05.05	软著登字第5861946号	2020.08.25	2020SR0983250	中国农业科学院农业信息研究所	张蕙杰、岳慧丽、刘升平、张杰
130	Z12	张晓艳	绿豆间作经济作物栽培模式管理系统V1.0	计算机软件著作权	2018.11.05	软著登字第3760872号	2019.04.16	2019SR0340115	山东省潍坊市农业科学院	司玉君、曹其聪、陈雪、赵逢涛、王同芹、于海涛、姜官恒

附表8 2019—2021年度发表SCI收录论文汇总

序号	岗位编号	岗位人员	SCI论文题目	主要完成人	期刊名称（发表时间、期号、页码）	影响因子	单位
1	G01	王丽侠	Construction of a high density linkage map and genome dissection of bruchid resistance in zombi pea (Vigna vexillata (L.) A. Rich)	Amkul Kitiya, Lixia Wang, Somta Prakit, Suhua Wang, Xuzhen Cheng	Scientific Reports, 2019, 9: 11719.	4.0	中国农业科学院作物科学研究所
2	G01	王丽侠	Construction of a high-density adzuki bean genetic map and evaluation of its utility based on a QTL analysis of seed size	Lixia Wang, Jie Wang, Gaoling Luo, Xingxing Yuan, Dan Gong, Liangliang Hu, Suhua Wang, Honglin Chen, Xin Chen, Xuzhen Cheng	Journal of Integrative Agricuttural, 2021, 20 (7): 1753-1761.	1.4	中国农业科学院作物科学研究所
3	G02	王述民	Resequencing of 683 common bean genotypesidentifies yield component trait associations across a north-south cline	Jing Wu, Lanfen Wang, Junjie Fu, Jibao Chen, Shuhong Wei, Shilong Zhang, Jie Zhang, Yongsheng Tang, Mingli Chen, Jifeng Zhu, Lei Lei, Qinghe Geng, Chunliang Liu, Lei Wu, Xiaoming Li, Xiaowi Wang, Qiang Wang, Zhaoli Wang, Shilai Xing, Haikuan Zhang, Matthew W. Blair, Shumin Wang	Nature Genetics, 2020, 52: 118-125.	27.603	中国农业科学院作物科学研究所
4	G02	王述民	Marker-Trait Association Analysis of Seed Traits in Accessions of Common Bean (Phaseolus vulgaris L.) in China	Lei Lei, Lanfen Wang, Shunin Wang, Jing Wu	Frontiers in Genetics 2020, 11: 698.	3.258	中国农业科学院作物科学研究所
5	G02	王述民	Genome-wide association analysis of drought resistance based on seed germination vigor and germination rate at the bud stage in common bean	Lei Wu, Yujie Chang, Lanfen Wang, Shumin Wang, Jing Wu	Agronomy Journal, 2021, 1-11.	2.24	中国农业科学院作物科学研究所
6	G02	王述民	Transcriptome Analysis of Resistance to Fusarium Wilt in Mung Bean (Vigna radiata L.)	Yujie Chang, Feifei Sun, Suli Sun, Lanfen Wang, Jing Wu, Zhendong Zhu	Frontiers in Plant Science, 2021, 12: 679629.	5.753	中国农业科学院作物科学研究所
7	G02	王述民	Genetic dissection of drought resistance based on root traits at the bud stage in common bean.	Lei Wu, Yujie Chang, Lanfen Wang, Shumin Wang, Jing Wu.	Theoretical and Applied Genetics, 2021, 134: 1047-1061.	5.699	中国农业科学院作物科学研究所

(续表)

序号	岗位编号	岗位人员	SCI论文题目	主要完成人	期刊名称（发表时间、期号、页码）	影响因子	单位
8	G03	田静	A second *VrPGIP1* allele is associated with bruchid resistance (*Callosobruchus* spp.) in wild mungbean (*Vigna radiata* var. *sublobata*) accession ACC41	Anochar Kaewwongwal, Changyou Liu, Prakit Somta, Jingbin Chen, Jing Tian, Xingxing Yuan, Xin Chen	Molecular Genetics and Genomics doi.org/10.1007/s00438-019-01619-y	2.879	泰国农业大学、河北省农林科学院粮油作物研究所
9	G04	尹凤祥	Effects of multiple N, P, and K fertilizer combinations on Adzuki bean (*Vigna angularis*) yield in a semi-arid region of northeastern. China	Zhichao Yin, Wenyun Guo, Jie Liang, Huanyu Xiao, Xiyu Hao, Anfu Hou, Xuxiao Zong, Tingrui Leng, Yingjie Wang, Qingyu Wang and Fengxiang Yin.	Scientific Reports, 2019 (9): 19408.	4.011	吉林省白城市农业科学院
10	G04	陈红霖	Genome-wide identification and expression profiles of *AP2/ERF* transcription factor family in mung bean (*Vigna radiata* L.)	Honglin Chen, Liangliang Hu, Lixia Wang, Suhua Wang, Xuzhen Cheng	Joural of Applied Genetics, 2021, 63: 223-236	3.24	中国农业科学院作物科学研究所
11	G04	陈红霖	Effect of photoperiod on vitamin E and carotenoid biosynthesis in mung bean (*Vigna radiata*) sprouts	Jiaqi Li, Yanyan Lu, Honglin Chen, Lixia Wang, Suhua Wang, Xinbo Guo, Xuzhen Cheng	Food Chemistry, 2021. 358: 129915.	7.514	中国农业科学院作物科学研究所
12	G05	魏淑红	Effects of Drought Stress On Endogenous Hormones And Osmotic Regulatory Substances Of Common Bean (*Phaseolus Vulgaris* L.) At Seedling Stage	Qiang Wang, Lin Feng, Shuhong Wei, Xianxin Meng, Zhengong Yin, Yifan Guo, Guang dong Yang	Applied Ecology and Environmental Research, 2019, 17 (2): 4447-4457	0.73	黑龙江省农业科学院作物资源研究所
13	G05	魏淑红	Evaluation And Screening Of Low Phosphorus Stress Tolerance Of Common Bean (*Phaseolus Vulgaris* L.)	Xianxin Meng, Qiang Wang, Zhengong Yin, Yifan Guo, Shuhong Wei	Bangladesh J. Bot, 2021, 50 (3): 903-909.	0.308	黑龙江省农业科学院作物资源研究所
14	G05	魏淑红	Effects of Drought Stress On Antioxidant Enzymes In Common Bean (*Phaseolus Vulgaris* L.) Seedlings	Zhengong Yin, Xianxin Meng, Qiang Wang, Yifan Guo, Shuhong Wei, Yongcai Lai	Bangladesh J. Bot, 2021, 50 (3): 873-878.	0.308	黑龙江省农业科学院作物资源研究所
15	G06	刘玉皎	The influence of soil drought stress on the leaf transcriptome of faba bean (*Vicia faba* L.) in the Qinghai-Tibet Plateau	Xuexia Wu, Youcun Fan, Lanping Li, Yujiao Liu	3 Biotech, 2020, 10: 381.	1.8	青海大学农林科学院
16	G07	何玉华	Complete mitochondrial genome of the important phytopathogenic fungus *Macrophomina phaseolina* (*Botryosphaeriales*, Ascomycota)	Haitian Yu, Liping Wang, Feng Yang, Yuhua He & Meiyuan Lv	MITOCHONDRIAL DNA PART B, 2021, 6 (10): 2972-2974	1.375	云南省农业科学院粮食作物研究所
17	G07	何玉华	Pathogenicity, anastomosis groups, host range and genetic diversity of *Rhizoctonia* species isolated from soybean, pea and other crops in Alberta and Manitoba, Canada	Haitian Yu, Qixing Zhou, Sheau-Fang Hwang, Andrew J.Ho, Kan-Fa Chang, Stephen E. Strelkov, Yuhua He, Robert L. Conner, and Michael W. Harding	Canadian Journal of Plant Sciece, 2021, 0.885102 (2): 301-315	0.885	云南省农业科学院粮食作物研究所、加拿大阿尔伯塔农林局作物多样性北部中心
18	G08	何宁	Uniconazole foliar spray treatment alleviates cold stress in adzuki bean (*Vigna angularis*) seedling.	Hongtao Xiang, Wan Li, Dianfeng Zheng, Yuting Liang, Xueyang Wang, Xiaoyan Liang, Tongtong Wang, Manli Wang, Chunjie Yang, Jia Liu, Ning He.	International Journal of Agriculture and Biology, 2020, 23 (1): 235-240.	0.8	黑龙江省农业科学院耕作栽培研究所、黑龙江八一农垦大学农学院、黑龙江东方学院、黑龙江省农业科学院植物保护研究所
19	G08	何宁	Exogenous ABA foliar spry treatment alleviates flooding stress in adzuki bean (*Vigna angularis*) during the seedling stage.	Hongtao Xiang, Wan Li, Xueyang Wang, Ning He, Dawei Cao, Manli Wang, Jia Liu.	Notulae Botanicae Horti-Agrobotanici Cluj-Napoca, 2021, 49 (4): 12210.	1.249	黑龙江省农业科学院耕作栽培研究所、黑龙江省农业科学院大豆研究所、黑龙江省农业科学院植物保护研究所

(续表)

序号	岗位编号	岗位人员	SCI论文题目	主要完成人	期刊名称（发表时间、期号、页码）	影响因子	单位
20	G09	王瑞刚	Safe utilization of polluted soil by arsenic, cadmium and lead through an integrated sericultural measure	Renwei Feng, Qihong Zhu, Yingming Xu, Wushuang Li, Yongzhen Ding, Christopher Rensing, Ruigang Wang	Science of The Total Environment, 2019, 659: 1234-1241.	5.589	农业农村部环境保护科研监测所
21	G09	王瑞刚	Response of soil bacterial and fungal community structure succession to earthworm addition for bioremediation of metolachlor	Yang Sun, Lixia Zhao, Xiaojing Li, Huijuan Xu, Liping Weng, Lijuan Yang, Yongtao Li	Ecotoxicology and Environmental Safety, 2019, 189: 109926.	4.527	农业农村部环境保护科研监测所
22	G09	王瑞刚	Stimulation of earthworms (*Eisenia fetida*) on soil microbial communities to promote metolachlor degradation	Yang Sun1, Lixia Zhao1, Xiaojing Li, Yueqi Hao, Huijuan Xu, Liping Weng, Yongtao Li	Environmental Pollution, 2019, 248: 219-228.	5.714	农业农村部环境保护科研监测所
23	G10	张耀文	Attraction of bruchid beetles *Callosobruchus chinensis*（L.）（Coleoptera: Bruchidae）to host plant volatile	Hongmin Wang, Penghua Bai, Jing Zhang, Xuemin Zhang, Qin Hui, Haixia Zheng, Xianhong Zhang	Journal of Integrative Agriculture, 2020, 19（12）: 3035-3044.	2.848	山西农业大学农业经济管理学院、植物保护学院、天津农业科学院植物保护研究所
24	G10	张耀文	Genome-wide nalysis of ethylene-response factor family in adzuki bean and functional determination of *VaERF3* under saline-alkaline stress	Weiyu Li, Cheng Wang, Henghua Shi, Bo Wang, Jingxuan Wang, Yushu Liu, Jingyu Ma, Senya Tian, Yaowen Zhang	Plant Physiology and Biochemistry, 2020, 147: 215-222.	2.949	北京农学院、山西省农业科学院作物科学研究所
25	G11	宗绪晓	Density Enhancement of a Faba bean Genetic Linkage Map (*Vicia faba* L.) Based on Simple Sequence Repeats Markers	Tao Yang, Junye Jiang, Hongyan Zhang, Rong Liu, Stephen Strelkov, Sheau-Fang Hwang, Kan-Fa Chang, Feng Yang, Yamei Miao, Yuhua He, Xuxiao Zong	Plant Breeding, 2019, 138: 207-215.	1.662	中国农业科学院作物科学研究所
26	G11	宗绪晓	Two Novel er1 Alleles Conferring Powdery Mildew (*Erysiphe pisi*) Resistance Identified in a Worldwide Collection of Pea (*Pisum sativum* L.) Germplasms	Suli Sun, Dong Deng, Canxing Duan, Xuxiao Zong, Dongxu Xu, Yuhua He Zhendong Zhu	International Journal of Molecular Sciences, 2019, 20: 5071.	4.183	中国农业科学院作物科学研究所
27	G11	宗绪晓	Genetic diversity analysis for narrow-leafed lupin (*Lupinus angustifolius* L.) by SSR markers	Yishan Ji, Rong Liu, Jinguo Hu, Yuning Huang, Dong Wang, Guan Li, Md. Mosiur Rahman, Hongyan Zhang, Chenyu Wang, Mengwei Li, Tao Yang, Xuxiao Zong.	Molecular Biology Reports, 2020, 47: 5215-5224	2.316	中国农业科学院作物科学研究所
28	G11	宗绪晓	RNA-Seq analysis and development of SSR and KASP markers in lentil (*Lens culinaris* Medikus subsp. *culinaris*)	Dong Wang, Tao Yang, Rong Liu, Nana Li, Xiaomu Wang, Ashutosh Sarker, Xiaodong Zhang, Runfang Li, Yanyan Pu, Guan Li, Yuning Huang, Yishan Ji, Zhaojun Li, Qian Tian, Xuxiao Zong, Hanfeng Ding.	The Crop Journal, 2020, 8（6）: 953-965	4.407	山东省农科院作物种质资源中心、中国农业科学院作物科学研究所
29	G11	宗绪晓	Population genetic structure and classification of cultivated and wild pea (*Pisum* sp.) based on morphological traits and SSR markers	Rong Liu, Yu-Ning Huang, Tao Yang, Jin-Guo Hu, Hong-Yan Zhang, Yi-Shan Ji, Dong Wang, Guan Li, Chen-Yu Wang, Meng-Wei Li, Xin Yan, and Xu-Xiao Zong	Journal of Systematics and Evolution, 2021. doi: 10.1111/jse.127101674-491	4.098	中国农业科学院作物科学研究所
30	G11	宗绪晓	Development and application of the Faba bean 130K targeted next-generation sequencing SNP genotyping platform based on transcriptome sequencing	Chenyu Wang, Rong Liu, Yujiao Liu, Wanwei Hou, Xuejun Wang, Yamei Miao, Yuhua He, Yu Ma, Guan Li, Dong Wang, Yishan Ji, Hongyan Zhang, Mengwei Li, Xin Yan, Xuxiao Zong, Tao Yang	Theor Appl Genet, 2021, 134（10）: 3195-3207.	5.574	中国农业科学院作物科学研究所

(续表)

序号	岗位编号	岗位人员	SCI论文题目	主要完成人	期刊名称（发表时间、期号、页码）	影响因子	单位
31	G11	宗绪晓	Genetic diversity of *Lathyrus* sp collected from different geographical regions	Md. Mosiur Rahman, Md. Ruhul Quddus, Md. Omar Ali, Rong Liu, Mengwei Li, Xin Yan, Guan Li, Yishan Ji, Md. Monoar Hossain, Chenyu Wang, Ashutosh Sarker, Tao Yang, Xuxiao Zong.	Molecular Biology Reports, 2021, 49: 519-529	2.742	中国农业科学院作物科学研究所
32	G11	宗绪晓	Chromosome-length genome assemblies of six legume species provide insights into genome organization, evolution, and agronomic traits for crop improvement	Vanika Garg, Olga Dudchenko, Jinpeng Wang, Aamir W. Khan, Saurabh Gupta, Parwinder Kaur, Kai Han, Rachit K. Saxena, Sandip M. Kale, Melanie Pham, Jigao Yu, Annapurna Chitikineni, Zhikang Zhang, Guangyi Fan, Christopher Lui, Vinodkumar Valluri, Fanbo Meng, Aditi Bhandari, Xiaochuan Liu, Tao Yang, Hua Chen, Babu Valliyodan, Manish Roorkiwal, Chengcheng Shi, Hong Bin Yangm, Neva C. Durand, Manish K. Pandey, Guowei Li, Rutwik Barmuk, Xingjun Wang, Xiaoping Chen, Hon-Ming Lam, Huifang Jiang, Xuxiao Zong, Xuanqiang Liang, Xin Liu, Boshou Liao, Baozhu Guo, Scott Jackson, Henry T. Nguyen, Weijian Zhuang, Wan Shubo, Xiyin Wang, Erez Lieberman Aiden, Jeffrey L. Bennetzen, Rajeev K. Varshney	Journal of Advanced Research, 2022, 42: 315-329	12.822	中国农业科学院作物科学研究所（第十三单位）
33	G22	刘宏权	Effect of phosphorus-coupled nitrogen fertigation on clogging in drip emitters when applying saline water	Zhen Wang, Xiaoqi Yang, Jiusheng Li	Irrigation Science, 2020, 38: 337-351.	3.014	中国水利水电科学研究院、河北农业大学
34	G12	朱振东	Two novel er1 alleles conferring powdery mildew (*Erysiphe pisi*) resistance identified in a worldwide collection of pea (*Pisum sativum* L.)	Suli Sun, Dong Deng, Canxin Duan, Xuxiao Zong, Dongxu Xu, Yuhua He, Zhendong Zhu	International Journal of Molecular Sciences, 2019, 20（20）: 5071.	4.183	中国农业科学院作物科学研究所、张家口省农业科学院、云南省农业科学院
35	G12	朱振东	Confirmation of *Fusarium oxysporum* as a causal agent of mung bean wilt in China	Feifei Sun, Sulin Sun, Lin Zhu, Canxin Duan, Zhendong Zhu	Crop Protection, 2019, 117: 77-85.	2.172	中国农业科学院作物科学研究所
36	G12	朱振东	First report of charcoal rot caused by *Macrophomina phaseolina* on faba bean in China	Sulin Sun, Zhendong Zhu, Canxiao Duan, Pan Zhao, Feifei Sun, Dong Deng, Yuhua He.	Plant Disease, 2019, 103（6）, 1415.	3.583	中国农业科学院作物科学研究所、云南省农业科学院
37	G12	朱振东	First report of southern blight of mung bean caused by *Sclerotium rolfsii* in China	Sulin Sun, Feifei Sun, Dong Deng, Xu Zhu, Canxin Duan, Zhendong Zhu	Crop Protection, 2020, 130: 105055.	2.381	中国农业科学院作物科学研究所、南阳市农业科学院
38	G12	朱振东	A novel disease of mung bean, *Phytophthora* stem rot caused by a new forma specialis of *Phytophthora vignae*.	Feifei Sun, Sulin Sun, Yong Yang, Bin Zhou, Canlin Duan, Weixin Shan, Zhendong Zhu	Plant Disease, 2021, 105（8）: 2160-2168.	4.438	中国农业科学院作物科学研究所、安徽省农业科学院、西北农林科技大学
39	G12	朱振东	Three Sclerotinia species as the cause of white mold on pea in Chongqing and Sichuan of China	Dong Deng, Suli Sun, Chengzhang Du, Chao Xiang, Juechen Long, Weidong Chen, Zhendong Zhu	Journal of Integrative Agriculture, 2021, 20（11）: 2957-2965.	2.848	中国农业科学院作物科学研究所、重庆市农业科学院、四川省农业科学院
40	G12	朱振东	Transcriptome analysis of resistance to Fusarium wilt in mung Bean (*Vigna radiata* L.).	Yujie Chang, Feifei Sun, Suli Sun, Lanfen Wang, Jin Wu, Zhendong Zhu	Frontiers in Plant Science, 2021, 12: 1213.	5.753	中国农业科学院作物科学研究所
41	G12	朱振东	Wildfire, a new bacterial disease of mung bean, caused by *Pseudomonas syringae* pv. *tabaci*	Suli Sun, Changyou Liu, Canxing Duan, Zhendong Zhu	Journal of Plant Pathology, 2021, 103（2）: 649-653.	1.729	中国农业科学院作物科学研究所、河北省农林科学院

(续表)

序号	岗位编号	岗位人员	SCI论文题目	主要完成人	期刊名称（发表时间、期号、页码）	影响因子	单位
42	G12	朱振东	First Report of Paramyrothecium foliicola causing leaf spot on Vigna radiata in China.	Feifei Sun, Suli Sun, Jing Tian, Canxin Duan, Zhendong Zhu	Plant Disease, 2021, 105（4）：1207.	4.438	中国农业科学院作物科学研究所、河北省农林科学院
43	G12	朱振东	Genome sequence data of three formae speciales of Phytophthora vignae causing Phytophthora stem rot on different Vigna species	Feifei Sun, Suli Sun, Wenwu Ye, Canxin Duan, Benjin Li, Weixin Shan, Zhendong Zhu	Plant Disease, 2021, 105（11）：3732-3735.	4.438	中国农业科学院作物科学研究所、西北农林科技大学、南京农业大学
44	G13	万正煌	Transcriptome profile analysis of two Vicia faba cultivars with contrasting salinity tolerance during seed germination	FangwenYang, HongweiChen, Changyan Liu, Li Li, Liangjun Liu, Xuesong Han, ZhenghuangWan, Aihua Sha.	Scientific Reports, 2020, 10: 7250.	3.998	长江大学、湖北省农业科学院粮食作物研究所
45	G13	万正煌	Characterization of Drought-Responsive Transcriptome During Seed Germination in Adzuki Bean (Vigna angularis L.) by PacBio SMRT and Illumina Sequencing	Zhenzhen Zhu, Hongwei Chen, Ke Xie, Changyan Liu, Li Li, Liangjun Liu, Xuesong Han, Chunhai Jiao, Zhenghuang Wan, Aihua Sha	Frontiers in Genetics, 2020, 10: 3389.	3.258	长江大学、湖北省农业科学院粮食作物研究所
46	G13	万正煌	iTRAQ based protein profile analysis revealed key proteins involved in regulation of droughttolerance during seed germination in Adzuki bean	Xuesong Han, FangwenYang, Yongguo Zhao, Hongwei Chen, ZhenghuangWan, Li Li, Longqing Sun, Liangjun Liu, Chunhai Jiao, Changyan Liu	Scientific Reports, 2021, 11: 23725.	4.6	湖北省农业科学院粮食作物研究所、上海农业基因中心、广东石油化工学院等
47	G15	陈新	Development of an SNP-based high-density linkage map and QTL analysis for bruchid (Callosobruchus maculatus F.) resistance in black gram [Vigna mungo (L.) Hepper]	Prakit Somta, Jingbin Chen, Chutintorn Yundaeng, Xingxing Yuan, Tarika Yimram, Norihiko Tomooka, Xin Chen	Scientific Report, 2019, 9: 3930.	4.011	江苏省农业科学院
48	G15	陈新	Mapping and Functional Characterization of Stigma Exposed 1, a DUF1005 Gene Controlling Petal and Stigma Cells in Mungbean (Vigna radiata)	Yun Lin, Kularb Laosatit, Jingbin Chen, Xingxing Yuan, Ranran Wu, Kitiya Amkul, Xin Chen, Prakit Somta	Frontiers in Plant Science, 2020, 11: 575922.	6.627	江苏省农业科学院
49	G15	陈新	Candidate gene mapping reveals VrMLO12 (MLO Clade II) is associated with powdery mildew resistance in mungbean (Vigna radiata L. Wilczek)	Chutintorn Yundaeng, Prakit Somta, Jingbin Chen, Xingxing Yuan, Sompong Chankaew, Peerasak Srinives, Xin Chen	Plant Science, 2020, 298: 110594.	5.363	江苏省农业科学院
50	G15	陈新	Fine mapping of QTL conferring Cercospora leaf spot disease resistance in mungbean revealed TAF5 as candidate gene for the resistance	Chutintorn Yundaeng, Prakit Somta, Jingbin Chen, Xingxing Yuan, Sompong Chankaew, Xin Chen	Theoretical and Applied Genetics, 2020, 134（2）：701-714.	5.574	江苏省农业科学院
51	G15	陈新	QTL Mapping for Agronomic and Adaptive Traits Confirmed Pleiotropic Effect of mog Gene in Black Gram [Vigna mungo (L.) Hepper]	Prakit Somta, Jingbin Chen, Tarika Yimram, Chutintorn Yundaeng, Xingxing Yuan, Norihiko Tomooka, Xin Chen	Frontiers in Genetics, 2020, 11: 635.	4.599	江苏省农业科学院
52	G15	陈新	First Report of root rot on mungbean caused by Pythium myriotylum in China	Qiang Yan, Qinxue Zhang, Pei Ding, Xingxing Yuan, Ranran Wu, Jingbin Chen, Chenchen Xue, Xin Chen	Plant Disease, 2020, 105（1）：233.	4.614	江苏省农业科学院
53	G15	陈新	A review on the effects of light-emitting diode (LED) light on the nutrients of sprouts and microgreens	Xiaoyan Zhang, Zhonghua Bian, Xingxing Yuan, Xin Chen, Chungui Lu	Trends in Food Science & Technology, 2020, 99（0）：203-216.	16.002	江苏省农业科学院

附　录

（续表）

序号	岗位编号	岗位人员	SCI论文题目	主要完成人	期刊名称（发表时间、期号、页码）	影响因子	单位
54	G15	陈新	Evaluation and QTL Mapping of Salt Tolerance in Yardlong Bean [*Vigna unguiculata*（L.）Walp. Subsp. *unguiculata* Sesquipedalis Group] Seedlings	Hongmei Zhang, Wenjing Xu, Huatao Chen, Jingbin Chen, Xin Chen, Shanping Yang	Plant Molecular Biology Reporter, 2020, 38（2）: 294-304.	1.816	江苏省农业科学院
55	G15	陈新	Single-Molecule Real-Time and Illumina-Based RNA Sequencing Data Identified Vernalization-Responsive Candidate Genes in Faba Bean（*Vicia faba* L.）	Xingxing Yuan, Qiong Wang, Bin Yan, Jiong Zhang, Chenchen Xue, Jingbin Chen, Yun Lin, Xiaoyan Zhang, Wenbiao Shen, Xin Chen	Frontiers in Genetics, 2021, 12: 656137.	4.599	江苏省农业科学院
56	G15	陈新	Nutritional, phytochemical and antioxidant properties of 24 mung bean（*Vigna radiate* L.）genotypes	Fuhao Wang, Lu Huang, Xingxing Yuan, Xiaoyuan Zhang, Luping Guo, Chouchen Xue, Xin Chen	Food Production, Processing and Nutrition, 2021, 3（1）: 3-28.	4.7	江苏省农业科学院
57	G15	陈新	Occurrence of root rot caused by *Pythium aphanidermatum* on mung bean（*Vigna radiata*）in China	Qiang Yan, Yaqun Hu, Qinxue Zhang, Xingxign Yuan, Ranran Wu, Jingbin Chen, Chenchen Xue, Xin Chen	Plant Disease, 2021, 105（11）: 3764.	4.438	江苏省农业科学院
58	G15	陈新	Two polygalacturonase-inhibiting proteins（*VrPGIP*）of *Vigna radiata* confer resistance to bruchids（*Callosobruchus* spp.）	Qinxue Zhang, Qiang Yan, Xingxing Yuan, Yun Lin, Jingbin Chen, Ranran Wu, Chenchen Xue, Yuelin Zhu, Xin Chen	Journal of Plant Physioloy, 2021, 258-259.	3.549	江苏省农业科学院
59	G16	杨丽	Modeling the interaction of soil and a vibrating subsoiler using the discrete element method.	Yunxia Wang, Dongxing Zhang, Li Yang, Tao Cui, Huirong Jing, Xiangjun Zhong	Computers and Electronics in Agriculture, 2020, 174: 105518.	4.008	中国农业大学
60	G16	杨丽	Field performance of an electric-hydraulic control system for vibrating subsoiler with flexible tines	Yunxia Wang, Dongxing Zhang, Li Yang, Tao Cui, Wengyi Zhang, Bing Qi, Yuhuan Li, Xiangjun Zhong	Computers and Electronics in Agriculture, 2020, 172, 105377.	4.008	中国农业大学
61	G16	杨丽	Effects of subsoiling depth, period interval and combined tillage practice on soil properties and yield in the Huang-Huai-Hai Plain, China	Yunxia Wang, Shuping Chen, Dongxing Zhang, Li Yang, Tao Cui, Huirong Jing, Yuhuan Li	Journal of Integrative Agriculture, 2020, 19: 1596-1608.	1.984	中国农业大学
62	G16	杨丽	Experimental analysis on the variation law of sensor monitoring accuracy under different seeding speed and seeding spacing	Chunji Xie, Dongxing Zhang, Yang Li, Cui Tao, Tiancheng Yu, Decheng Wang, Tianpu Xiao	Computers and Electronics in Agriculture, 2021, 189: 106369.	5.565	中国农业大学
63	G16	杨丽	Application of swarm intelligence algorithms to the characteristic wavelength selection of soil moisture content	Dongxing Zhang, Jiang Liu, Xiantao He, Li Yang, Tao Cui, Tiancheng Yu, Abdalla N.O. Kheiry	International journal of agricultural and biological engineering 2020, 153-161.	2.032	中国农业大学
64	G18	康玉凡	Analysis of the polysaccharide fractions isolated from pea（*Pisum sativum* L.）at different levels of purification	Sujie Zhang, Tingting Hu, Yayan Chen, Shaoyu Wang, Yufan Kang	Journa of Food Biochemistry, 2020, 44（8）: 1-11.	2.720	中国农业大学
65	G18	康玉凡	Phenotypic diversity of pea（*Pisum sativum* L.）varieties and the polyphenols, flavonoids, and antioxidant activity of their seeds	Tianyao Zhao, Wenjin Su, Yang Qin, Liyun Wang, Yufan Kang	Ciencia Rural, 2020, 50（5）: 1-16.	0.8031	中国农业大学

（续表）

序号	岗位编号	岗位人员	SCI论文题目	主要完成人	期刊名称（发表时间、期号、页码）	影响因子	单位
66	G19	周素梅	The multi-scale structure, thermal and digestion properties of mung bean starch	Mengdi Yao, Yu Tian, Wenjian Yang, Mingquan Huang, Sumei Zhou, Xingxun Liu	International Journal of Biological Macromolecules, 2019, 131: 871-878.	4.784	中国农业科学院农产品加工研究所、南京财经大学
67	G19	周素梅	Effect of thermosonication pretreatment on mung bean (*Vigna radiata*) and white kidney bean (*Phaseolus vulgaris*) proteins: Enzymatic hydrolysis, cholesterol lowering activity and structural characterization	Jawad Ashraf, Liya Liu, Muhammad Awais, Tianzhen Xiao, Lili Wang, Xianrong Zhou, LiTao Tong, Sumei Zhou	Ultrasonics Sonochemistry, 2020, 66: 105121.	6.513	中国农业科学院农产品加工研究所
68	G19	周素梅	Effect of thermal processing on cholesterol synthesis, solubilisation into micelles and antioxidant activities using peptides of *Vigna angularis* and *Vicia faba*	Jawad Ashraf, Muhammad Awais, Liya Liu, Muhammad Issa Khan, LiTao Tong, Yuling Ma, Lili Wang, Xianrong Zhou, Sumei Zhou	LWT, 2020, 129: 109504.	4.006	中国农业科学院农产品加工研究所
69	G19	周素梅	Effects of carboxymethylcellulose and soybean soluble polysaccharides on the stability of mung bean protein isolates in aqueous solution	Si Ren, Liya Liu, Yan Li, Haifeng Qian, Litao Tong, Lili Wang, Xianrong Zhou, Li Wang, Sumei Zhou	LWT, 2020, 132: 109927.	4.006	江南大学、中国农业科学院农产品加工研究所
70	G19	周素梅	Effect of Controlled Hydrothermal Treatments on Mung Bean Starch Structure and Its Relationship with Digestibility	Muhammad Awais, Jawad Ashraf, Lili Wang, Liya Liu, Xiaoxue Yang, LiTao Tong, Xianrong Zhou, Sumei Zhou	Foods, 2020, 9 (5): 664.	4.092	中国农业科学院农产品加工研究所
71	G19	周素梅	Comparison of γ-aminobutyric acid accumulation capability in different mung bean (*Vigna radiata* L.) varieties under heat and relative humidity treatment, and its correlation with endogenous amino acids and polyamines	Yuling Ma, Litao Tong, Juan Li, Jawad Ashraf, Shanshan Wang, Bo Zhao, Liya Liu, Christophe Blecker, Sumei Zhou	International Journal of Food Science Technology, 2020, 56 (4): 1562-1573.	2.773	中国农业科学院农产品加工研究所
72	G19	周素梅	Plant protein reduces serum cholesterol levels in hypercholesterolemia hamsters by modulating the compositions of gut microbiota and metabolites	Li-Tao Tong, Tianzhen Xiao, Lili Wang, Cong Lu, Liya Liu, Xianrong Zhou, Aixia Wang, Wanyu Qin, Fengzhong Wang	iScience, 2021, 24 (12): 103435.	5.458	中国农业科学院农产品加工研究所
73	G19	周素梅	Changes in the quality and in vitro digestibility of brown rice noodles with the addition of ultrasound-assisted enzyme-treated red lentil protein	Zexue Lin, Lu Liu, Wanyu Qin, Aixia Wang, Mengzi Nie, Huihan Xi, Zhiying Chen, Yue He, Fengzhong Wang, LiTao Tong	International Journal of Food Science Technology, 2021, 57 (2): 1150-1160.	3.713	中国农业科学院农产品加工研究所
74	G19	周素梅	Influences of cooking and storage on γ-aminobutyric acid (GABA) content and distribution in mung bean and its noodle products	Yaling Ma, Aixia Wang, Mei Yang, Shanshan Wang, Lili Wang, Sumei Zhou, Christophe Blecker	LWT, 2022, 154: 112783.	6.056	中国农业科学院农产品加工研究所
75	G19	周素梅	Comparison of γ-aminobutyric acid accumulation capability in different mung bean (*Vigna radiata* L.) varieties under heat and relative humidity treatment, and its correlation with endogenous amino acids and polyamines	Yuling Ma, Litao Tong, Juan Li, Christophe Blecker, Sumei Zhou	International Journal of Food Science and Technology, 2021, 56: 1562-1573.	3.713	中国农业科学院农产品加工研究所

附　录

（续表）

序号	岗位编号	岗位人员	SCI论文题目	主要完成人	期刊名称（发表时间、期号、页码）	影响因子	单位
76	G19	周素梅	Comparison of physicochemical properties and volatile flavor compounds of pea protein and mung bean protein-based yogurt	Mei Yang, Nana Li, Litao Tong, Bei Fan, Lili Wang, Fengzhong Wang, Liya Liu	LWTm, 2021, 152: 112390.	4.952	中国农业科学院农产品加工研究所
77	G19	周素梅	Interactions between Pea Protein Isolate and Carboxymethylcellulose in Neutral and Acid Aqueous Systems	Ying Yue, Shujie Pang, Nana Li, Litao Tong, Lili Wang, Bei Fan, Chunhong Li, Fengzhong Wang, Liya Liu	Foods, 2021, 10（7）：1560.	4.35	中国农业科学院农产品加工研究所
78	G19	周素梅	Effects of Different Processing Methods and Internal Components on Physicochemical Properties and Glycemic Index of Adzuki Bean Powder	Feiyue Ren, Xiaoxue Yang, Lili Wang, Sumei Zhou	Foods, 2021, 10（8）：1685.	4.35	北京工商大学
79	G20	任贵兴	Mung Bean Protein Suppresses Undernutrition-Induced Growth Deficits and Cognitive Dysfunction in Rats via Gut Microbiota-TLR4/NF-kB Pathway	Zuchen Wei, Yuanji Wang, Zhenxing Shi, Nong Zhou, Guixing Ren, Xiyu Hao, Liang Zou, Yang Yao	Journal of Agricultural and Food Chemistry, 2021, 69（42）：12566-12577.	5.895	中国农业科学院作物科学研究所
80	G20	任贵兴	Peptides Released from Extruded Adzuki Bean Protein through Simulated Gastrointestinal Digestion Exhibit Anti-inflammatory	Zhenxing Shi, Baoqing Dun, Zuchen Wei, Changyou Liu, Jing Tian, Guixing Ren, Yang Yao	Journal of Agricultural and Food Chemistry, 2021, 69（25）：7028-7036.	5.895	中国农业科学院作物科学研究所
81	G20	任贵兴	Effect of extruded adzuki bean flour on the quality and α-glucosidase inhibitory activity of Chinese steamed bread	Yinhuan Chen, Xiushi Yang, Huimin Guo, Jincai Li, Guixing Ren	Food Science & Nutrition, 2019, 7（10）：3244-3252.	1.797	天津大学化学工程与技术学院，中国农业科学院作物科学研究所
82	G20	任贵兴	Peptides from extruded lupin（Lupinus albus L.）regulate inflammatory activity via the p38 MAPK signal transduction pathway in RAW 264.7 cells	Yue Gao, Xuna Zhang, Guixing Ren, Peiyou Qin, Yang Yao	Journal of Agricultural and Food Chemistry, 2020, 68：11702-11709.	5.279	中国农业科学院作物科学研究所
83	G20	任贵兴	Anti-obesity effects of α-amylase inhibitor enriched-extract from white common beans（Phaseolus vulgaris L.）associated with the modulation of gut microbiota composition in high-fat diet-induced obese rats	Zhenxing Shi, Yingying Zhu, Cong Teng, Yang Yao, Guixing Ren, Aurore Richel	Food & Function, 2020, 11：1624-1634.	3.241	中国农业科学院作物科学研究所
84	G21	张惠杰	Hyperspectral Inversion of Nitrogen in Maize Leaves based on Different Dimensionality Reduction Algorithms	Chunling Cao, Tianli Wang, Maofang Gao, Yang Li, Dandan LI, Huijie Zhang	Computers and Electronics in Agriculture, 2021, 190：106461	8.3	中国农业科学院农业信息研究所
85	Z07	葛维德	A methyl esterase 1（PvMES1）promotes the salicylic acid pathway and enhances Fusarium wilt resistance in common beans.	Renfeng Xue、MingFeng, Jian Chen, Weide Ge, Matthew Blair	Theoretical and Applied Genetics, 2021, 134：2379-2398.	5.69	辽宁省农业科学院、美国田纳西州立大学
86	Z11	周斌	InDel marker development and QTL analysis of agronomic traits in mung bean [Vigna radiate（L.）Wilczek]	Weijun Ye, Yong Yang, Peiran Wang, Yin Zhang, Liya Zhang, Dongfeng Tian, Lei Zhang, Lingling Zhang, Bin Zhou	Molecular Breeding（2021）41：66	2.589	安徽省农业科学院作物研究所
87	Z12	张晓艳	Community structure and associated networksof endophytic bacteria in pea roots throughout plant lifecycle	Xin Lv, Qiankun Wang, Xiaoyan Zhang, Junjie Hao, Li Li, Wang Chen, Haokun Li, Yuhui Wang, Cuiping Ma, Jialin Wang, Quanlan Liu.	Plant Soil, 2021, 468：225-238.	4.993	青岛科技大学，青岛市农业科学研究院

（续表）

序号	岗位编号	岗位人员	SCI论文题目	主要完成人	期刊名称（发表时间、期号、页码）	影响因子	单位
88	Z15	张继君	Genetic Diversity of Common Bean (*Phaseolus vulgaris* L.) Germplasm Resources in Chongqing, Evidenced by Morphological Characterization	Juechen Long, Jijun Zhang, Xiaochun Zhang, Jing Wu, Hong Chen, Ping Wang, Qiang Wang, Chengzhang Du	Frontiers in genetics, 2020, 11: 697.	3.2	重庆市农业科学院

附表9　2019—2021年度发表非SCI收录论文汇总

序号	岗位编号	岗位人员	论文题目	主要完成人	期刊名称（发表时间、期号、页码）	单位
1	G01	王丽侠	国家食用豆产业技术体系绿豆新品种（系）联合鉴定	公丹、潘晓威、王素华、王丽侠、程须珍	作物杂志，2019（4）：30-36	中国农业科学院作物科学研究所
2	G01	王丽侠	不同地理来源饭豆种植生态适应性及表型分析	张金涛、李建领、王素华、陈红霖、程须珍、沙爱华、王丽侠	植物遗传资源学报，2021，22：674-683	中国农业科学院作物科学研究所
3	G01	王丽侠	饭豆种质资源的主要品质性状评价	张金涛、么杨、王素华、陈红霖、程须珍、王丽侠	中国粮油学报，2021，36：23-26	中国农业科学院作物科学研究所
4	G02	王述民	普通菜豆根系相关性状的关联分析	吴磊、王兰芬、武晶、王述民	作物杂志，2019，2，61-70。	中国农业科学院作物科学研究所
5	G02	王述民	绿豆种质资源抗旱性鉴定评价	王兰芬、武晶、彭琳、季良、王述民	植物遗传资源学报，2019，5：1141-1150	中国农业科学院作物科学研究所、新疆农业科学院粮食作物研究所
6	G02	王述民	基于作物种质资源的优异等位基因挖掘：进展与展望	武晶、黎裕	植物遗传资源学报，2019，6：1380-1389。	中国农业科学院作物科学研究所
7	G02	王述民	菜豆属野生资源概述	常玉洁、王兰芬、王述民、武晶	植物遗传资源学报，2020，2（16）：1424-1434.	中国农业科学院作物科学研究所
8	G02	王述民	普通菜豆基因组研究进展	武晶	四川农业大学学报，2021，1：4-10	中国农业科学院作物科学研究所
9	G03	田静	基于新遗传连锁图谱的豇豆抗豆象QTL定位	王彦、范保杰、曹志敏、张志肖、苏秋竹、王珅、王学清、彭秀国、梅丽、武玉华、刘少兴、田胜民、徐俊杰、蒋春志、王伟娟、刘长友、田静	中国农业科学，2021，54（22）：4740-4749	河北省农林科学院粮油作物研究所
10	G03	田静	我国绿豆品种现状与发展趋势	田静、程须珍、范保杰、王丽侠、刘建军、刘长友、王素华、曹志敏、陈红霖、王彦、王珅	作物杂志，2021，6：15-21。	河北省农林科学院粮油作物研究所
11	G03	田静	不同消毒方式对绿豆愈伤组织培养的影响	王珅、范保杰、王彦、曹志敏、苏秋竹、张志肖、刘长友、田静	安徽农业科学，2021，49（23）：29-32	河北省农林科学院粮油作物研究所
12	G03	田静	小豆品种冀红16号的选育	范保杰、曹志敏、刘长友、王彦、张志肖、苏秋竹、田静	中国种业，2021（1）：93-95	河北省农林科学院粮油作物研究所
13	G03	田静	小豆品种冀红20号的选育	范保杰、王彦、王珅、刘长友、曹志敏、张志肖、苏秋竹、田静	中国种业，2021（8）：94-96	河北省农林科学院粮油作物研究所
14	G03	田静	冀红17号新品种选育及高产高效配套栽培技术	范保杰、刘长友、王彦、张志肖、苏秋竹、王珅、刘阳、田静	现代农村科技，2021，（7）：14-15	河北省农林科学院粮油作物研究所
15	G04	陈红霖	中国食用豆产业和种业发展现状与未来展望	陈红霖、田静、朱振东、张耀文、陈巧敏、周素梅、王丽侠、刘玉皎、何玉华、尹凤祥、魏淑红、程须珍	中国农业科学，2021，54（3）：493-503	中国农业科学院作物科学研究所
16	G04	陈红霖	绿豆种质资源苗期耐盐性鉴定及耐盐种质筛选	胡亮亮、王素华、王丽侠、程须珍、陈红霖	作物学报，2021，5（18）：1-13	中国农业科学院作物科学研究所

（续表）

序号	岗位编号	岗位人员	论文题目	主要完成人	期刊名称（发表时间、期号、页码）	单位
17	G04	陈红霖	基于SSR标记的小豆品种鉴定体系建立及应用	颜军、焦雄飞、张凯浙、马莹雪、李媛媛、程须珍、陈红霖、邓超、雷东阳	分子植物育种，2021（4）：6	中国农业科学院作物科学研究所
18	G04	尹凤祥	豇豆新品种吉豇1号的选育及栽培要点	郝曦煜、梁杰、王英杰、肖焕玉、尹凤祥	种子，2019, 38（4）：140-141	吉林省白城市农业科学院
19	G04	尹凤祥	白城市特色食用豆产业发展优势分析	郝曦煜、梁杰、郭文云、王英杰、肖焕玉、尹凤祥	东北农业科学，2019, 44（1）：87-90	吉林省白城市农业科学院
20	G04	尹凤祥	芸豆新品种白芸1号的选育及栽培要点	郝曦煜、梁杰、王英杰、肖焕玉、尹凤祥	农业科技通讯，2019（8）：322-324	吉林省白城市农业科学院
21	G04	尹凤祥	优化小豆产量及产量性状的NPK肥模型研究	肖焕玉、郝曦煜、梁杰、王英杰、郭文云	中国土壤与肥料，2020（4）：115-123	吉林省白城市农业科学院
22	G04	尹凤祥	播期与密度对鹰嘴豆物质积累运转及产量形成的影响	郝曦煜、梁杰、肖焕玉、王英杰、郭文云、刘婷婷、马信飞	中国生态农业学报，2020, 28（10）：1568-1580	吉林省白城市农业科学院
23	G04	尹凤祥	绿豆氮磷钾施肥效应与最优施肥量研究	郝曦煜、肖焕玉、梁杰、王英杰、郭文云	作物杂志，2020（5）：127-132	吉林省白城市农业科学院
24	G04	尹凤祥	制定《绿豆机械化生产技术规程》的方法探讨	郝曦煜、梁杰、肖焕玉、王英杰、郭文	农业科技通讯，2020（4）：191-194	吉林省白城市农业科学院
25	G04	尹凤祥	160份外引鹰嘴豆种质主要农艺性状的遗传多样性分析	郝曦煜、杨涛、梁杰、郭文云、肖焕玉、王英杰、马信飞、刘婷婷、宗绪晓	植物遗传资源学报，2020, 21（4）：875-883	吉林省白城市农业科学院
26	G05	魏淑红	普通菜豆晕疫病研究进展	尹振功、王强、孟宪欣、魏淑红、来永才	科技导报，2021, 39（6）：102-108	黑龙江省农业科学院作物资源研究所
27	G06	刘玉皎	青海高原耐旱蚕豆品种青海13号响应干旱胁迫蛋白质组学分析	李萍、侯万伟、刘玉皎	作物学报，2019, 45（2）：267-275	青海大学农林科学院
28	G06	刘玉皎	蚕豆ISSR反应体系的建立与优化	侯万伟	分子植物育种，2019, 17（15）：5032-5036	青海大学农林科学院
29	G06	刘玉皎	适应机械化收割的蚕豆新品种青蚕16号选育及其应用	刘玉皎、郭兴莲	青海农林科技，2020（2）：44-45	青海大学农林科学院
30	G06	刘玉皎	蚕豆重要数量性状的遗传模型分析	陈扣梅、田莹莹、滕长才、张红岩、樊有存、周仙莉、韩雪梅、侯万伟、李萍、武学霞、刘玉皎	青海大学学报，2020：（2）：8-14	青海大学农林科学院
31	G06	刘玉皎	28份蚕豆淀粉含量遗传多样性分析	韩雪梅、侯万伟	青海大学学报，2021, 39（2）：27-33	青海省农林科学院
32	G06	刘玉皎	蚕豆亚有限生长习性遗传规律分析及其基因初步定位	周仙莉、滕长才、张红岩、韩雪梅、林夕、刘玉玲、吴小燕、侯万伟、刘玉皎	分子植物育种，2021, 19（8）：2660-2667	青海大学农林科学院
33	G06	刘玉皎	蚕豆遗传图谱与QTL定位研究进展	周仙莉、滕长才、张红岩、林夕、刘玉玲、吴小燕、侯万伟、刘玉皎	江苏农业学报，2021, 37（1）237-245	青海大学农林科学院
34	G06	刘玉皎	青海省17份蚕豆种质资源淀粉含量遗传多样性分析	韩雪梅、刘玉玲、张红岩、周仙莉、侯万伟	分子植物育，2022, 20：5164-5171	青海大学农林科学院
35	G06	刘玉皎	盐胁迫下蚕豆不同组织实时荧光定量PCR内参基因的筛选	樊有存、张红岩、韩芹、杨旭升、武学霞、刘玉皎	青海大学学报，2021, 39（1）：16-23	青海大学农林科学院
36	G06	刘玉皎	青海省34份蚕豆资源抗赤斑病性评价分析	喻敏博、张贵、侯玉路、侯万伟、刘玉皎	分子植物育种，2021, 19（13）：4504-4516	青海大学农林科学院

(续表)

序号	岗位编号	岗位人员	论文题目	主要完成人	期刊名称(发表时间、期号、页码)	单位
37	G07	何玉华	低异交率短翼瓣型蚕豆材料的发掘及应用	于海天、王丽萍、杨峰、吕梅媛、宗绪晓、杨涛、何玉华	植物遗传资源学报,2019,20(5):1334-1339	云南省农业科学院粮食作物研究所、中国农业科学院作物科学研究所
38	G07	何玉华	云南省食用豆类产业现状及发展分析	于海天、王丽萍、吕梅媛、杨峰、严红斌、王勤方、胡朝芹、杨新、王玉宝、唐永生、何玉华	西南农业学报,32卷,80-86	云南省农业科学院粮食作物研究所、曲靖市农业科学院
39	G07	何玉华	外引鹰嘴豆云南适应性评价	于海天、杨峰、王丽萍、吕梅媛、何玉华	种子,2019,38(10):62-66	云南省农业科学院粮食作物研究所
40	G07	何玉华	早熟鲜食秋蚕豆主要农艺性状与鲜食产量相关及通经分析	于海天、王丽萍、吕梅媛、杨峰、唐永生、丁明亮、王勤方、胡朝芹、杨新、王玉宝、何玉华	西南农业学报,2020,33(4):711-717	云南省农业科学院粮食作物研究所
41	G07	何玉华	蚕豆异交率相关因素研究及应用进展	于海天、王丽萍、吕梅媛、杨涛、杨峰、刘荣、何玉华、宗绪晓	作物杂志,2020(4):9-15	云南省农业科学院粮食作物研究所、中国农科院作物所
42	G07	何玉华	菜用豌豆尖专用品种云豌1号的选育	于海天、杨峰、胡朝芹、杨新、王玉宝、吕梅媛、王丽萍	中国蔬菜,2020(8):92-94	云南省农业科学院粮食作物研究所
43	G07	何玉华	伊朗鹰嘴豆种质资源农艺性状遗传多样性分析及综合评价	于海天、吕梅媛、万述伟、杨峰、胡朝芹、杨新、张晓艳、王玉宝、何春华、林德明、王丽萍	南方农业学报,2021,52(3):769-778	云南省农业科学院粮食作物研究所
44	G08	何宁	苗期低温胁迫下烯效唑对红小豆根系抗寒生理及产量的影响	李琬、项洪涛、何宁、王雪扬、郑殿峰、王彤彤、梁晓艳、唐晓东、李一丹	草业学报,2019,28(7):92-102	黑龙江省农业科学院耕作栽培研究所、黑龙江八一农垦大学农学院
45	G08	何宁	烯效唑(S_{3307})提高作物抗逆性研究进展	李琬、项洪涛、何宁、王雪扬、刘淼、王曼力、王彤彤、唐晓东、李一丹	中国农学通报,2020,36(20):101-106	黑龙江省农业科学院耕作栽培研究所
46	G08	何宁	烯效唑对苗期低温胁迫下红小豆茎部抗逆生理及产量的影响	李琬、项洪涛、何宁、王雪扬、王彤彤、王曼力	干旱地区农业研究,2020,38(2):199-206	黑龙江省农业科学院耕作栽培研究所
47	G08	何宁	光温处理对小豆苗期生理性状及叶绿素合成前体的影响	何宁、王雪扬、曹良子、曹大为、洛育、姜连子、孟英、冷春旭、唐晓东、李一丹、万书明、卢环、程须珍	作物学报,2019,45(3):460-468	黑龙江省农业科学院耕作栽培研究所、东北农业大学食品学院、中国农业科学院作物科学研究所
48	G08	何宁	开花期喷施外源激素对小豆农艺性状及产量的影响	李琬、何宁、项洪涛、刘淼、王曼力、李博、王雪扬	中国农学通报,2021,37(8):8-13	黑龙江省农业科学院耕作栽培研究所
49	G08	何宁	淹水胁迫及外源脱落酸对红小豆幼苗茎部生理及产量的影响	李琬、项洪涛、何宁	河南农业科学,2021,50(7):48-56	黑龙江省农业科学院耕作栽培研究所、黑龙江省农业科学院植物保护研究所
50	G08	何宁	外源ABA对小豆株高的抑制效果及产量因子的调控	李琬、项洪涛、何宁	淮阴工学院学报,2021,30(1):1-3,9	黑龙江省农业科学院耕作栽培研究所、黑龙江省农业科学院植物保护研究所、黑龙江省农业科学院大豆研究所
51	G08	何宁	外源ABA对低温胁迫下小豆幼苗生理及产量的影响	项洪涛、李琬、郑殿峰、王诗雅、何宁、王曼力、王彤彤、杨纯杰、李博	干旱地区农业研究,2020,38(6):52-60	黑龙江省农业科学院耕作栽培研究所、广东海洋大学滨海农业学院、黑龙江八一农垦大学农学院
52	G08	何宁	幼苗期淹水胁迫及喷施烯效唑对小豆生理和产量的影响	项洪涛、李琬、郑殿峰、王诗雅、何宁、王曼力、杨纯杰	作物学报,2021,47(3):494-506	黑龙江省农业科学院耕作栽培研究所、广东海洋大学滨海农业学院、黑龙江八一农垦大学农学院

(续表)

序号	岗位编号	岗位人员	论文题目	主要完成人	期刊名称（发表时间、期号、页码）	单位
53	G08	何宁	植物对低温胁迫的生理响应及外源脱落酸缓解胁迫效应的研究进展	项洪涛、郑殿峰、何宁、李琬、王曼力、王诗雅。	草业学报，2021，30（1）：208-219.	黑龙江省农业科学院耕作栽培研究所、广东海洋大学农学院、黑龙江八一农垦大学农学院
54	G08	何宁	小豆幼苗对低温胁迫的生理应激及烯效唑缓解效应	项洪涛、李琬、何宁、刘佳、王诗雅、王曼力、王彤彤、杨纯杰	淮阴工学院学报，2021，30（3）：1-6	黑龙江省农业科学院耕作栽培研究所、黑龙江省农业科学院植物保护研究所、黑龙江八一农垦大学农学院
55	G10	张耀文	SSR标记鉴定绿豆F_1杂种试验	赵璇、张耀文	山西农业科学，2019，47（03）：307-309	山西农业大学生物工程学院、山西省农业科学院作物科学研究所
56	G10	张耀文	39个绿豆新品系品种比较试验	朱慧珺、赵雪英、闫虎斌、张泽燕、张春明、张耀文	山西农业科学，2019，47（07）：1178-1181	山西省农业科学院作物科学研究所
57	G10	张耀文	山西省绿豆种质资源的遗传多样性分析	朱慧珺、张耀文、赵雪英、张泽燕、闫虎斌、张春明	山西农业科学，2019，47（09）：1540-1543+1602	山西省农业科学院作物科学研究所
58	G10	张耀文	国外绿豆种质资源SSR标记的遗传多样性分析	乔玲、郑海泽、曲运琴、张红芳、姚勇、张耀文、陈红霖、程须珍	分子植物育种，2020，18（22）：7577-7587	山西农业大学小麦研究所、山西省农业科学院作物科学研究所、中国农业科学院作物科学研究所
59	G10	张耀文	不同种皮色绿豆黄酮类含量的初步研究	廉雪、张耀文	山西农业科学，2020，48（01）：55-57+113	山西大学生物工程学院、山西省农业科学院作物科学研究所
60	G10	张耀文	绿豆籽粒颜色的遗传分析	廉雪、张泽燕、张耀文	山西农业科学，2020，48（03）：324-326	山西大学生物工程学院、山西省农业科学院作物科学研究所
61	G10	张耀文	不同栽培条件下对绿豆产量与光合作用的影响	高伟、张泽燕、张耀文、朱慧珺、赵雪英、闫虎斌	农业开发与装备，2020，（04）：134-135	山西省农业科学院作物科学研究所
62	G10	张耀文	不同种植密度及覆膜对绿豆产量的影响	高伟、张泽燕、郝青婷、朱慧珺、闫虎斌、赵雪英、张耀文	山西农业科学，2020，48（10）：1602-1605	山西农业大学农学院
63	G10	张耀文	并绿9号绿豆新品种选育及全程机械化栽培技术研究	高伟、朱慧珺、张泽燕、赵雪英、闫虎斌、郝青婷、张耀文	东北农业科学，2020，45（05）：18-20+49	山西农业大学农学院
64	G10	张耀文	绿豆新种质成株期抗旱性鉴定	朱慧珺、张耀文、赵雪英、张泽燕、闫虎斌、高伟	耕作与栽培，2020，40（05）：27-30	山西农业大学农学院
65	G10	张耀文	绿豆胰蛋白酶抑制剂对绿豆象生长发育及体内解毒酶和保护酶活性的影响	樊艳平、党海燕、王宏民、郑海霞、成小芳、张耀文、张仙红	昆虫学报，2020，63（12）：1473-1481	山西农业大学植物保护学院、山西农业大学经济管理学院、山西农业大学基础部等
66	G10	张耀文	适宜机械化收获的绿豆新品种（系）选育	张泽燕、赵雪英、张耀文、闫虎斌、朱慧珺	种子，2020，39（12）：116-119+2	山西农业大学农学院
67	G11	宗绪晓	鹰嘴豆种子表型性状多样性评价	周生坛、陆艳鹏、郭瑞军、杨涛、刘荣、李冠、王栋、季一山、王晨瑜、黄宇宁、宗绪晓	中国种业，2019，1：54-59	中国农业科学院作物科学研究所
68	G11	宗绪晓	利用EST-SSR标记评价羽扇豆属（*Lupinus* L.）遗传多样性	张红岩、杨涛、刘荣、晋芳、张力科、于海天、胡锦国、杨峰、王栋、何玉华、宗绪晓	作物学报，2019，网络首发时间：2019-11-11 09：14：04	中国农业科学院作物科学研究所
69	G11	宗绪晓	根瘤菌对生态农业的重要意义及其影响因素	李玲、沈宝宇、宗绪晓	园艺与种苗，2019，39（03）：72-75	辽宁经济作物研究所、中国农业科学院作物科学研究所
70	G11	宗绪晓	豌豆根瘤菌耐酸性鉴定筛选	沈宝宇、张天静、李玲	辽宁农业科学，2019（1）：31-34	辽宁经济作物研究所

(续表)

序号	岗位编号	岗位人员	论文题目	主要完成人	期刊名称（发表时间、期号、页码）	单位
71	G11	宗绪晓	不同微生物菌肥对豌豆形态指标及产量的影响	沈宝宇、李玲	辽宁农业科学，2019（2）：88-90	辽宁经济作物研究所
72	G11	宗绪晓	山黧豆分子标记的开发及遗传多样性研究进展	严所、李孟伟、刘荣、李冠、王栋、季一山、王晨瑜、黄淑贤、宗绪晓、杨涛	农业科技通讯，2021，194-198	中国农业科学院作物科学研究所
73	G11	宗绪晓	利用EST-SSR标记评价羽扇豆属（*Lupinus* L.）遗传多样性	张红岩、杨涛、刘荣、晋芳、张力科、于海天、胡锦国、杨峰、王栋、何玉华、宗绪晓	作物学报，2020，46（3）：330-340	中国农业科学院作物科学研究所
74	G11	宗绪晓	利用2个F2群体整合中国豌豆高密度SSR遗传连锁图谱	刘荣、王芳、方俐、杨涛、张红岩、黄宁宁、王栋、季一山、徐东旭、李冠、郭瑞军、宗绪晓	作物学报，2020,46(10)：1496-1506	中国农业科学院作物科学研究所
75	G22	刘宏权	NaCl胁迫对绿豆种子萌发的影响	袁典、刘宏权、韩会玲	种子，2021，40（4）：90-95，100	河北农业大学
76	G22	刘宏权	Na_2CO_3胁迫对绿豆种子萌发的影响	袁典、方兴宇、贾逸清、吴文超、刘宏权、韩会玲	安徽农业科学，2021，49（20）：32-35.	河北农业大学
77	G22	刘宏权	光周期诱导对小豆顶端花序发育和花解剖学特性的影响	张磊、刘宇、韩丽丽、马艳杰、宁猛、肖凯、张月辰	河北农业大学学报，2021，44（4）：21-27	河北农业大学
78	G22	刘宏权	遮光处理下不同小豆品种花芽分化进程比较研究	董伟欣、张月辰	西北农业学报，2021，30（9）：1345-1354.	河北农业大学
79	G22	刘宏权	我国设施农业智能水肥一体化技术发展现状及分析	王会强、刘维娜、尹义蕾、孙玉林、范晓飞、刘宏权、田志平、马标、马天、田栋、王晓丽、薛宝松	河北农机，2021（10）：36-37	河北农业大学
80	G22	刘宏权	我国水肥一体化技术发展现状及分析	王会强、刘维娜、尹义蕾、孙玉林、范晓飞、刘宏权、田志平、马标、田栋、王晓丽、薛宝松	河北农机，2021（9）27-28	河北农业大学
81	G22	刘宏权	Effect of phosphorus fertigation on clogging in drip emitters applying saline water	Xiaoqi Yang, Zhen Wang, Jiusheng Li, Yanfeng Li, Hongquan Liu, Jun Wang	ASABE 2019 Annual International Meeting（2019.11：1-9）	中国水利水电科学研究院、河北农业大学
82	G22	刘宏权	微咸水滴灌条件下氮磷肥协同施入对灌水器堵塞的影响	杨晓奇、王珍、刘宏权、李久生	灌溉排水学报，2020（7）：68-76	河北农业大学、中国水利水电科学研究院
83	G22	刘宏权	蚯蚓粪肥在农业生产中的应用效果及研究进展	刘一凡、杨丽娟、王红、王鑫鑫	土壤通报，2021，52（2）：474-484	河北农业大学
84	G22	刘宏权	丛枝菌根真菌影响作物非生物胁迫耐受性的研究进展	张春楠、张瑞芳、王红、周大迈、王鑫鑫	微生物学通报，2020，47（11）：3880-3891	河北农业大学
85	G13	万正煌	小豆种子萌发期耐旱性评价及耐旱种质资源筛选	朱珍珍、陈宏伟、廖芳丽、李莉、杨访问、刘良军、孙虎、范如旖、毛政、沙爱华、万正煌	南方农业学报，2019，50（6）：1183-1190	湖北省农业科学院粮食作物研究所
86	G13	万正煌	秋播蚕豆8个农艺性状的相关分析和主成分分析	李莉、万正煌、刘昌燕、刘良军、陈宏伟	农业生物技术，2019，8（6）：23-26	湖北省农业科学院粮食作物研究所
87	G13	万正煌	湖北省随县农作物现状普查与分析	刘昌燕、王俊、万正煌、焦春海	湖北农业科学，2019，58（52）：275-276	湖北省农业科学院粮食作物研究所
88	G13	万正煌	蚕豆自噬基因鉴定及响应干旱胁迫分析	胡杨、刘昌燕、廖芳丽、李莉、陈宏伟、刘良军、韩雪松、万正煌、卢碧林、沙爱华	西南农业学报，2021，34（4）：689-696	长江大学、湖北省农业科学院粮食作物研究所
89	G13	万正煌	绿豆萌发期耐旱种质资源筛选评价和遗传多样性分析	黄年英、朱珍珍、刘昌燕、廖丽、李莉、陈宏伟、刘良军、韩雪松、万正煌、沙爱华	福建农业学报，2021，36（3）：255-263	长江大学、湖北省农业科学院粮食作物研究所、荆州市种子管理局
90	G14	杨晓明	豌豆根腐病研究进展	张丽娟、王昶、闵庚梅、杨晓明	植物保护，2019，45（4）：83-90	甘肃省农业科学院作物研究所

（续表）

序号	岗位编号	岗位人员	论文题目	主要完成人	期刊名称（发表时间、期号、页码）	单位
91	G14	杨晓明	芸豆新品种在河西走廊地区的生态适应性鉴定	闵庚梅、刘占鑫、杨晓明、张丽娟	甘肃农业科技，2020，10：64-67	甘肃省农业科学院作物研究所、张掖市农业科学研究院
92	G14	杨晓明	河西灌区鹰嘴豆抗旱节水栽培技术	闵庚梅、韩顺斌、吴学军、杨晓明、刘占鑫	甘肃农业科技，2020，8：92-94	甘肃省农业科学院作物研究所、张掖市农业科学研究院
93	G15	陈新	Transcriptomic analysis of salt tolerance-associated genes and diversity analysis using indel markers in yardlong bean (*Vigna unguiculata ssp. sesquipedialis*)	Hongmei Zhang, Wenjing Xu, Huatao Chen, Jingbin Chen, Xiaoqing Liu, Xin Chen, Shouping Yang	BMC Genomin Data, 2021, 22: 34	江苏省农业科学院
94	G15	陈新	绿豆黄花叶病研究进展	吴然然、陈景斌、崔晓艳、闫强、薛晨晨、陈译涛、张红梅、刘晓庆、缪亚梅、陈新	江苏农业科学，2019，47（20）：33-35	江苏省农业科学院
95	G15	陈新	油青荚豇豆新品种苏青豇1号的选育	张红梅、陈华涛、刘晓庆、崔晓艳、袁星星、陈新	长江蔬菜，2019（10）：60-62	江苏省农业科学院
96	G15	陈新	豇豆新品种"苏紫豇2号"的选育	张红梅、陈华涛、刘晓庆、崔晓艳、袁星星、陈新	中国瓜菜，2019，32（07）：50-52	江苏省农业科学院
97	G15	陈新	光质对小豆芽苗菜生长和类黄酮的影响及其机理初步探究	居鑫、陈沁、陈景斌、陈华涛、薛晨晨、袁星星、李娜、苏娜娜、崔瑾、陈新	食品工业科技，2019，40（16）：64-70	江苏省农业科学院
98	G15	陈新	Adzuki Bean (*Vigna angularis*): Research Progress and Comprehensive Utilization in China	张晓燕、陈新、薛晨晨、黄璐、袁星星	Legume Perspectives, 2021, 21: 15-17	江苏省农业科学院
99	G15	陈新	Mungbean production in China	吴然然、陈新、薛晨晨、陈景斌、闫强、林云、袁星星	Legume Perspectives, 2021, 21: 12-14	江苏省农业科学院
100	G15	陈新	绿豆雄性不育突变体msm2015-1的遗传学与细胞学分析	吴然然、林云、陈景斌、薛晨晨、袁星星、闫强、高营、李灵慧、张勤雪、陈新	作物学报，2021，47（5）：860-868	江苏省农业科学院
101	G15	陈新	绿豆根腐病病原菌分离和致病力鉴定	闫强、丁佩、张勤雪、胡亚群、袁星星、陈新.	江苏农业科学，2021，49（06）：86-92	江苏省农业科学院
102	G15	陈新	绿豆子叶节离体再生体系优化	张勤雪、闫强、袁星星、陈景斌、薛晨晨、陈新	安徽农业科学，2020，48（19）：34-37	江苏省农业科学院
103	G15	陈新	豌豆的遗传多样性及其在农业景观中的应用	周颖、薛晨晨、袁星星、陈新	江苏农业科学，2020，48（13）：112-115	江苏省农业科学院
104	G15	陈新	蚕豆种质资源主要农艺性状遗传多样性分析	张炯、严蕊、高营、薛晨晨、陈新、袁星星	浙江农业科学，2020，61（06）：1109-1114	江苏省农业科学院
105	G15	陈新	绿豆抗豆象研究进展	张勤雪、陈景斌、袁星星、吴然然、闫强、朱月林、薛晨晨、陈新	湖北农业科学，2020，59（11）：10-13	江苏省农业科学院
160	G15	陈新	意大利蜜蜂辅助绿豆不育系杂交授粉行为研究	周颖、李灵慧、宝雨欣、陈新、袁星星、吴然然、薛晨晨	江苏农业科学，2021，49（02）：53-57	江苏省农业科学院
107	G15	陈新	不同种皮颜色小豆及其芽苗菜功能性成分与抗氧化能力分析	张晓燕、薛晨晨、黄璐、袁星星、陈新	江苏农业科学，2021，49（07）：180-185	江苏省农业科学院
108	G15	陈新	豇豆耐盐种质资源鉴定	张红梅、许文静、陈华涛、陈景斌、刘晓庆、杨守萍、陈新	华北农学报，2021，36：39-52	江苏省农业科学院
109	G16	杨丽	豆类作物一器双行气吸式高速精量排种器设计与试验	李玉环、杨丽、张东兴、崔涛、丁力、潘ヨ男	农业机械学报，2019.7，50（7）：61-73	中国农业大学
110	G17	陈巧敏	我国食用豆机械化收获技术发展现状及对策	夏先飞、陈巧敏、肖宏儒、杨光、宋志禹、梅松	中国农机化学报，2019，40（5）：22-28	农业农村部南京农业机械化研究所

(续表)

序号	岗位编号	岗位人员	论文题目	主要完成人	期刊名称（发表时间、期号、页码）	单位
111	G17	陈巧敏	蚕豆脱粒设备研究现状及发展趋势	杨光、陈巧敏、肖宏儒、夏先飞、宋志禹	中国农机化学报，2019，40（3）：78-83	农业农村部南京农业机械化研究所
112	G17	陈巧敏	食用豆联合收获脱粒清选装置适用性分析	占才学、陈巧敏、肖宏儒、夏先飞、宋志禹、张健飞	中国农机化学报，2020，41（6）：13-19	农业农村部南京农业机械化研究所
113	G17	陈巧敏	4DL-5A型蚕豆联合收割机关键部件设计与优化	杨光、陈巧敏、夏先飞、陈建能、宋志禹	农业工程学报，2021，37（23）：10-18	农业农村部南京农业机械化研究所
114	G18	康玉凡	纳米硒喷施对绿豆芽生长特性、营养品质、酚类含量和抗氧化性的影响	王佑成、赵天瑶、芪淑敏、李少华、庞肖杰、郑琳琳、康玉凡	中国农业大学学报，2019，24（05）：39-46	中国农业大学
115	G18	康玉凡	农药胁迫和硒元素等干预对作物品质的影响	李栋、李佳奇、连文超、潘灿平	食品安全质量检测学报，2019，10（19）：6422-6431	中国农业大学
116	G18	康玉凡	豌豆芽菜多糖超声辅助提取优化及抗氧化研究	张淑杰、姜宏伟、康玉凡	食品科技，2019，44（10）：217-223	中国农业大学
117	G18	康玉凡	不同纯化程度豌豆水溶性多糖的电镜扫描分析	张淑杰、权威、姜宏伟、康玉凡	农业生物技术学报，2019，27（10）：1822-1830	中国农业大学
118	G18	康玉凡	浸种与光照时间对蚕豆芽苗菜生长与品质的影响	芪淑敏、陈茗、赵天瑶、庞肖杰、康玉凡	中国农业大学学报，2019，24（10）：1-9	中国农业大学
119	G18	康玉凡	生长调节物质对小豆豆芽营养成分影响和功能性评价	郑琳琳、常暖迎、康玉凡	中国农业大学学报，2019，24（08）：19-26	中国农业大学
120	G18	康玉凡	豌豆萌发过程中生长特性、酚类含量及抗氧化性变化	赵天瑶、芪淑敏、李少华、张晓艳、康玉凡	中国农业大学学报，2019，24（12）：1-9	中国农业大学
121	G18	康玉凡	豆类种子及其芽苗菜的营养品质、功能性成分及抗氧化性研究	赵天瑶、王丽云、姜宏伟、康玉凡	食品与发酵工业，2020，46（05）：83-90	中国农业大学
122	G18	康玉凡	真空包装结合低温处理对绿豆芽采后生理和品质的影响	胡婷婷、张淑杰、康玉凡	保鲜与加工，2020，20（02）：7-15	中国农业大学
123	G18	康玉凡	绿豆芽防褐变技术的研究进展	闫星羽、陈存坤、薛文通	食品研究与开发，2021，42（14）：185-192	中国农业大学
124	G19	周素梅	大豆蛋白和豌豆蛋白对体外发酵特性及合成微生物蛋白的影响	梁婷婷、佟立涛、耿栋辉、王丽丽、蒲华寅、周闲容、黄峻榕、周素梅	中国食品学报，2019，（12）：44-52	中国农业科学院农产品加工研究所、陕西科技大学
125	G19	周素梅	绿豆发酵制品及其功能活性研究	王立、任思、周素梅、易翠平、佟立涛、王丽丽、周闲容	食品机械，2019，38（2）：231-236	江南大学、中国农业科学院农产品加工研究所
126	G19	周素梅	豌豆分离蛋白-羧甲基纤维素纳静电复合物在乳液中的应用研究	庞淑婕、李娜娜、任思、刘丽娅、佟立涛、王丽丽、周闲容、周素梅	食品工业科技，2020，40（21）：75-80	中国农业科学院农产品加工研究所
127	G19	周素梅	羧甲基纤维素钠对绿豆分离蛋白乳液稳定性的影响	任思、刘丽娅、庞淑婕、李娜娜、周素梅、王立	食品与发酵工业，2020，46（18）：41-46	江南大学、中国农业科学院农产品加工研究所
128	G19	周素梅	加工方式对红小豆粉理化性质及预估血糖生成指数的影响	杨小雪、王丽丽、丁岚、周闲容、李春红、周素梅	中国粮油学报，2021，36（1）：33-38	中国农业科学院农产品加工研究所
129	G19	周素梅	豌豆粉添加对米粉品质特性的影响	丁岚、王丽丽、佟立涛	核农学报，2021，35（6）：1385-1393	中国农业科学院农产品加工研究所
130	G19	周素梅	加工方式对红小豆粉理化性质及预估血糖生成指数的影响	杨小雪、王丽丽、丁岚	中国粮油学报，2021，36（1）：33-38	中国农业科学院农产品加工研究所
131	G19	周素梅	湿热处理下富含γ-氨基丁酸芸豆品种的选择及筛选方法的建立	王中磊、马玉玲、王丽丽	中国粮油学报，2021，36（6）：36-44	中国农业科学院农产品加工研究所
132	G19	周素梅	杂豆对糙米米粉食用及营养品质的影响	刘璐、周素梅、王爱霞、佟立涛	中国食品学报，2021，21（9）：169-176	中国农业科学院农产品加工研究所

（续表）

序号	岗位编号	岗位人员	论文题目	主要完成人	期刊名称（发表时间、期号、页码）	单位
133	G19	周素梅	基于转录组学探究绿豆改善高脂饲养肥胖小鼠肝脂肪变性的潜在机制	侯殿志、唐健、郑博妍、沈群	食品科学技术学报，2021，39（6）：45-49	北京工商大学
134	G19	周素梅	无凝集活力花芸豆α-淀粉酶抑制剂提取物的制备及其对主食eGI的影响	汪云吉、刘丽娅、佟立涛、王立	食品与发酵工业，2021，47（13）：112-118	江南大学
135	G21	张蕙杰	美国农业风险管理政策体系构建及其2018年美国新农业法案动向的观察	赵将、段志煌、张蕙杰	农业经济问题，2019，（7）：134-144.	中国农业科学院农业信息研究所、中国人民大学农业与农村发展学院
136	G21	张蕙杰	世界和中国杂粮供需及贸易展望	李元鑫、曲佳佳、胡向东、麻吉亮、张蕙杰	农业展望，2019（10）：4-12	中国农业科学院农业信息研究所、中国农业科学院农业经济与发展研究所
137	G21	张蕙杰	我国小宗农产品国际贸易现状与形势	于爱芝、周建军、张蕙杰	中国农业资源与区划，2020，41（8）：110-120	中央财经政法大学、中国农业科学院农业信息研究所
138	G21	张蕙杰	世界杂粮生产及贸易形势与展望	李元鑫、曲佳佳、胡向东、麻吉亮、张蕙杰	2020，15（10）：4-12.	中国农业科学院农业信息研究所、中国农业科学院农业经济与发展研究所
139	G21	张蕙杰	新冠疫情下的全球农产品市场与贸易变化：问题与对策	顾善松、张蕙杰、赵将、陈天金、翟琳	世界农业，2021（1）：11-19+37.	中粮集团战略研究部、中国农业科学院国际合作局、中国农业科学院农业信息研究所
140	G21	张蕙杰	中国食用豆贸易演变特征及现状分析	钱静斐、张蕙杰	中国食物与营养，2021，27（2）：20-25	中国农业科学院农业信息研究所、中国农业科学院农业经济与发展研究所
141	G21	张蕙杰	中国杂粮生产及贸易形势展望	曲佳佳、麻吉亮、张蕙杰	农业展望，2021，17（5）：78-85	中国农业科学院农业信息研究所、中国农业科学院农业经济与发展研究所
142	G21	张蕙杰	中国农业科技水平的时空演变、区域关联与经济协同发展效应分析	岳慧丽、张蕙杰、张昭、刘升平、张杰	中国农业科学，2021，54（24），5251-5265	中国农业科学院农业信息研究所
143	G21	张蕙杰	中国种业科技对外合作策略分析	罗炬、张昭、张蕙杰	中国农村科技导报，2020，（9）：1-10	中国农业科学院农业信息研究所、中国农业科学院水稻研究所、农业农村部科技发展中心
144	G21	张蕙杰	美国的农业政策与WTO合规：2018-2020	赵将、张蕙杰、段志煌	农业经济问题，2021（8）：113-124	中国农业科学院农业信息研究所、中国人民大学农业与农村发展学院
145	G21	张蕙杰	美国北卡三角研究园区建设及其启示	纪媛、陈天金、张帅、岳慧丽、张蕙杰	农业展望，2021（10）：41-48	中国农业科学院农业信息研究所
146	Z01	李彩菊	丁子香酚对绿豆叶斑病的田间防治效果	周洪妹、李彩菊、张会永、胡永宏、邵秋红、李保佳、柳术杰	农业科技通讯，2021（4）：102-104	保定市农业科学院
147	Z01	李彩菊	早熟、直立、高产绿豆冀绿16号选育及应用	周洪妹、崔强、李彩菊、胡永宏、张广元、柳术杰	种子科技，2021（8）：50-51	保定市农业科学院
148	Z02	徐东旭	不同来源绿豆种质资源鉴定与评价	高运青、徐东旭、尚启兵、李姝彤、郑丽珍、丁洁	种子，2019，38（3）：53-56	张家口市农业科学院
149	Z02	徐东旭	施肥对蚕豆根瘤及产量的影响	高运青、李姝彤、尚启兵、石俊春、徐东旭	作物杂志，2019（2）：164-167	张家口市农业科学院

(续表)

序号	岗位编号	岗位人员	论文题目	主要完成人	期刊名称（发表时间、期号、页码）	单位
150	Z02	徐东旭	不同菌肥对蚕豆根瘤及产量的影响	高运青、李姝彤、尚启兵、徐东旭	农业科技通讯，2019（5）：151-153	张家口市农业科学院
151	Z02	徐东旭	冀西北直立芸豆轻简化栽培技术	何春英、高运青、姜翠棉、李姝彤、张宝英、任红晓、金颖璐、石俊春、蔺玉军、王玉祥、高韶斌、尚启兵、徐东旭	农业科技通讯，2019（3）：252-253	张家口市农业科学院
152	Z02	徐东旭	冀西北绿豆新品种鉴定筛选与评价	高韶斌、李姝彤、王玉祥、姜翠棉、刘晶晶、高忠仁、刘艳红、郑丽珍、李亚东、高运青	农业科技通讯，2020（2）：128-129	张家口市农业科学院
153	Z02	徐东旭	冀西北小豆新品种鉴定筛选与评价	王玉祥、高韶斌、李姝彤、刘晶晶、高忠仁、刘艳红、徐敏、郑丽珍、李亚东、高运青	农业科技通讯，2020（3）：87-89	张家口市农业科学院
154	Z02	徐东旭	绿豆种质资源筛选与评价	高运青、李姝彤、尚启兵、刘虎、徐东旭	种子，2020，39（8）：66-69	张家口市农业科学院
155	Z02	徐东旭	不同小豆新品种（系）综合评价分析	宋月卿、任红晓、高运青、李姝彤、赵芳、郑丽珍、姜翠棉、徐东旭	河北北方学院学报（自然科学版），2020，36（9）：20-22	张家口市农业科学院
156	Z02	徐东旭	绿豆新品种鹦哥1号的选育及栽培技术要点	赵芳、徐东旭、高运青、尚启兵、李姝彤、郑丽珍	陕西农业科学，2021，67（10）：112-114	张家口市农业科学院
157	Z02	徐东旭	张家口地区绿豆新品种（系）联合鉴定试验	黄文胜、郑丽珍、赵芳、高运青、李姝彤、任红晓、蔺玉军、尹红娜、徐东旭	农业科技通讯，2021，8：177-181	张家口市农业科学院
158	Z02	徐东旭	张家口地区小豆新品种（系）联合鉴定试验初报	黄文胜、任红晓、李姝彤、高运青、赵芳、郑丽珍、李亚东、刘红亮、徐东旭	农业科技通讯，2021，7：146-150	张家口市农业科学院
159	Z02	徐东旭	小豆种质资源鉴定与评价	高运青、李姝彤、郑丽珍、赵芳、尚启兵、徐东旭	耕作与栽培，2021，41（3）：45-48	张家口市农业科学院
160	Z02	徐东旭	张家口绿豆地方品种形态多样性分析	任红晓、高运青、姜翠棉、尚启兵、李姝彤、徐东旭	耕作与栽培，2021，41（1）：1-2，7	张家口市农业科学院
161	Z03	刘振兴	红小豆新品种冀红19的选育及栽培技术要点	刘振兴、周桂梅、陈健、亚秀秀	种子，2019，38（1）：110-112	唐山市农业科学研究院
162	Z03	刘振兴	小豆病害研究进展	亚秀秀、周桂梅、陈健、刘振兴	植物保护，2019，45（3）：36-40	唐山市农业科学研究院
163	Z03	刘振兴	红小豆品种高产特征分析与评价	刘振兴、周桂梅、亚秀秀、陈健、孟庆祥	河北农业大学学报，2019，42（5）：21-26	唐山市农业科学研究院
164	Z03	刘振兴	田间防控绿豆象的生物药剂筛选	周桂梅、刘振兴、陈健、亚秀秀	河北农业科学，2019，23（5）：48-50，79	唐山市农业科学研究院
165	Z03	刘振兴	红小豆新品种冀红21的选育及栽培技术要点	周桂梅、刘振兴、陈健、孟庆祥、亚秀秀、张英超	种子，2020，39（5）：121-123	唐山市农业科学研究院
166	Z03	刘振兴	种植密度对不同小豆品种植株形态及产量的影响	刘振兴、周桂梅、亚秀秀、陈健、孟庆祥、何国庆	作物杂志，2020，24（6）：137-142	唐山市农业科学研究院
167	Z03	刘振兴	小豆的经济价值及绿色节本增效栽培技术	刘振兴、周桂梅、亚秀秀、陈健、孟庆祥	现代农业科技，2021，11：29-31	唐山市农业科学研究院
168	Z04	畅建武	红芸豆品种品金芸3号及栽培技术	郝晓鹏、王燕、赵建栋、畅建武	中国种业，2019（4）：76-77	山西省农业科学院农作物品种资源研究所

(续表)

序号	岗位编号	岗位人员	论文题目	主要完成人	期刊名称（发表时间、期号、页码）	单位
169	Z04	畅建武	基于分光光度法的137份山黧豆种质资源ODAP含量分析	郝晓鹏、王燕、董雪、田翔、赵建栋、畅建武	山西农业科学，2021，49（2）：211-214	山西农业大学农业基因资源研究中心
170	Z04	畅建武	山西省普通菜豆核心种质普通细菌性疫病抗性的鉴定和评价	王燕、郝晓鹏、赵建栋、董雪、畅建武	中国蔬菜，2021（12）：46-52	山西农业大学农业基因资源研究中心
171	Z05	邢宝龙	晋北绿豆主要农艺性状变异及对产量构成的影响	刘兴叶、邢宝龙、吴瑞香、王桂梅、刘飞	作物杂志，2019（5）：69-75	大同市农业农村局、山西省农业科学院高寒区作物研究所
172	Z05	邢宝龙	晋北地区不同芸豆品种（系）的适应性评价	殷丽丽、邢宝龙	中国农业科技导报，2019（4）：151-157	山西大同大学、山西省农业科学院高寒区作物研究所
173	Z05	邢宝龙	膜下滴灌绿豆高产高效栽培技术	冯钰、邢宝龙、王桂梅	安徽农学通报，2019（14）：28-29	山西省农业科学院高寒区作物研究所
174	Z05	邢宝龙	种植密度对晋北区绿豆农艺性状及产量的影响	殷丽丽、邢宝龙、陈晓亮	中国农业科技导报，2020：124-129	大同大学、山西省农业科学院高寒区作物研究所
175	Z05	邢宝龙	5种茎叶除草剂对芸豆田杂草的防除效果及产量影响	刘飞、邢宝龙、王桂梅	安徽农学通报，2020，26（21）：84-86	山西省农业科学院高寒区作物研究所
176	Z05	邢宝龙	绿豆不同生长阶段各器官干物质积累动态及分配规律	丁婉、邢宝龙、王桂梅	山西农业科学，2020，48（10）：1596-1598	山西省农业科学院高寒区作物研究所
177	Z05	邢宝龙	8种除草剂对绿豆田间杂草防治效果的研究	王桂梅、邢宝龙	农业科技通讯，2020（11）：142-145	山西省农业科学院高寒区作物研究所
178	Z05	邢宝龙	芸豆品种主要农艺性状的主成分分析和聚类分析	王桂梅、邢宝龙	种子，2021（02）：76-79+85	山西农业大学高寒区作物研究所
179	Z06	孔庆全	鹰嘴豆种质资源主要农艺性状遗传多样性分析	陈文晋、孔庆全、赵存虎、贺小勇、田晓燕	北方农业学报，2018，45（5）：9-18	内蒙古农牧业科学院
180	Z06	孔庆全	蚕豆田除草剂筛选初报	赵存虎、孔庆全、陈文晋、贺小勇、田晓燕	作物杂志，2018（5）：167-172.	内蒙古农牧业科学院
181	Z06	孔庆全	二甲戊灵与扑草净混用防除绿豆田杂草的效果及对绿豆的安全性	程玉臣、赵存虎、贺小勇、孔庆全、张富荣、张辉	北方农业学报，2018，46（05）：80-84.	内蒙古农牧业科学院
182	Z06	孔庆全	鹰嘴豆营养功能研究进展	陈文晋、孔庆全、赵存虎、贺小勇、田晓燕	北方农业学报，2019，47（02）：119-123	内蒙古农牧业科学院
183	Z06	孔庆全	绿豆主要栽培品种农艺性状遗传多样性分析	陈文晋、孔庆全、赵存虎、贺小勇、田晓燕	北方农业学报，2020，48（3）：18-25	内蒙古农牧业科学院
184	Z06	孔庆全	吡虫啉不同配比对绿豆安全性初探	贺小勇、田晓燕、孔庆全、赵存虎、陈文晋	农学学报，2020（2）：34-37	内蒙古农牧业科学院
185	Z06	孔庆全	麦后复种鲜食菜豆经济效益分析	孔庆全、赵存虎、贺小勇、陈文晋、田晓燕	北方农业学报，2020，48（5）：17-20	内蒙古农牧业科学院
186	Z06	孔庆全	PCR快速检测种子携带绿豆晕疫病菌方法的应用	田晓燕、贺小勇、孔庆全、赵存虎、陈文晋	北方农业学报，2021，49（5）：106-111	内蒙古自治区农牧业科学院
187	Z06	孔庆全	绿豆晕疫病病原菌的分离和鉴定	田晓燕、孔庆全、贺小勇、赵存虎、陈文晋、马显民	北方农业学报，2021，49（2）：84-88	内蒙古农牧业科学院
188	Z07	葛维德	普通菜豆生长素调节蛋白基因$PvARP1$的克隆及表达分析	薛仁风、丰明、赵阳、陈剑、李韬、葛维德	河南农业科学，2019，48（9）：82-89	辽宁省农业科学院作物研究所
189	Z07	葛维德	绿豆病毒病田间绿色防治方法及其对绿豆生长特性的影响	薛仁风、陈剑、赵阳、葛维德	河南农业科学，2019，48（3）：90-94	辽宁省农业科学院作物研究所
190	Z07	葛维德	间作模式对谷子与绿豆生长和产量的影响	薛仁风、赵阳、王英杰、陈剑、葛维德	河南农业科学，2019，48（10）：37-40	辽宁省农业科学院作物研究所
191	Z07	葛维德	不同生物有机肥对绿豆生长与生理特性的影响	薛仁风、丰明、赵阳、李韬、庄艳、葛维德	东北农业科学，2019，44（4）：9-12, 71	辽宁省农业科学院作物研究所

(续表)

序号	岗位编号	岗位人员	论文题目	主要完成人	期刊名称（发表时间、期号、页码）	单位
192	Z07	葛维德	PvEG261对普通菜豆镰孢菌枯萎病抗性和抗旱性的影响	薛仁风、丰明、黄宇宁、Matthew BLAIR、Walter MESSIER、葛维德	中国农业科学，2021，54（20）：4274-4285	辽宁省农业科学院作物研究所、美国田纳西州立大学
193	Z07	葛维德	枣庄地区豌豆根瘤菌遗传多样性分析	黄宇宁、葛维德、张俊杰、杨涛、刘荣、尚益民、李冠、季一山、王晨瑜、李孟伟、严昕、宗绪晓	农业科技通讯，2021（6）：142-148	中国农业科学院作物科学研究所、辽宁省农业科学院作物研究所
194	Z07	葛维德	13个绿豆新品种（系）在沈阳地区的适应性评价	李韬、赵阳、陈剑、丰明、葛维德	辽宁农业科学，2020（6）：77-79	辽宁省农业科学院作物研究所
195	Z08	郭中校	施肥量及密度对直立型绿豆品种产量效应的影响	邓昆鹏、郭中校、王明海、包淑英、王桂芳、徐宁、刘洪霞	东北农业科学，2020，45（6）：32-36	吉林省农业科学院
196	Z08	郭中校	吉林省绿豆主栽品种综合评价	包淑英、贺明、杨波、邓昆鹏、梁杰、徐宁、王明海、王桂芳、韩丹、王树发、郭中校	东北农业科学，2020，45（4）：9-12+44	吉林省农业科学院
197	Z08	郭中校	绿豆主要株型性状的遗传	徐宁、曲祥春、王明海、邓昆鹏、王桂芳、窦忠玉、窦金光、郭中校	中国农业大学学报，2019，24（4）：24-35.	吉林省农业科学院
198	Z09	崔秀辉	不同浓度腐殖酸处理对绿豆发芽的影响	卢环、王成、曾玲玲、季生栋、刘峰、崔秀辉、姜元麒	黑龙江农业科学，2020，（4）：40-43	黑龙江省农业科学院齐齐哈尔分院
199	Z09	崔秀辉	黑龙江西部地区28份绿豆种质资源的鉴定与评价	卢环、曾玲玲、王成、季生栋、杨慧莹、崔秀辉、刘峰	种子科技，2021，（19）：3-6	黑龙江省农业科学院齐齐哈尔分院
200	Z10	王学军	不同食用型蚕豆籽粒中糖和淀粉变化的比较研究	赵娜、王学军、葛红、陈满峰、顾春燕、汪凯华、缪亚梅	江苏农业科学，2019，47（12）：96-99	江苏沿江地区农业科学研究所
201	Z10	王学军	蚕豆6×6双列杂交子代主要性状的遗传效应分析	赵娜、缪亚梅、薛冬、葛红、陈满峰、顾春燕、汪凯华、王学军	核农学报，2020，34（1）：45-54	江苏沿江地区农业科学研究所
202	Z10	王学军	Field efficacy trials of 10% cyantraniliprole OD against Phytomyza horticola gourean.	顾春燕、葛红、王学军、陈满峰、汪凯华、缪亚梅、赵娜	Plant disease and pests，2019，10（1）：31-32.	江苏沿江地区农业科学研究所
203	Z10	王学军	江苏沿江地区6个绿豆品种的比较试验	缪亚梅、王学军、汪凯华、顾春燕、葛红、赵娜	浙江农业科学，2019，60（12）：2321-2323	江苏沿江地区农业科学研究所
204	Z11	周斌	氮肥用量对绿豆品种科绿3号农艺性状及氮肥利用率的影响	叶卫军、杨勇、张丽亚、田东丰、张玲玲、周斌	作物杂志，2019（3）：137-141	安徽省农业科学院作物研究所
205	Z11	周斌	绿豆SSR标记的开发及遗传多样性分析	叶卫军、陈圣男、杨勇、张丽亚、田东丰、张磊、周斌	作物学报，2019（8）：1176-1188	安徽省农业科学院作物研究所
206	Z11	周斌	绿豆EMS诱变突变体库的构建及表型分析	叶卫军、杨勇、张丽亚、田东丰、张玲玲、周斌	中国农学通报，2020，36（17）：36-41	安徽省农业科学院作物研究所
207	Z11	周斌	基于分子标记的安徽省绿豆种质资源遗传多样性分析	叶卫军、杨勇、张丽亚、田东丰、张玲玲、周斌	分子植物育种，2020，18（14）：4782-4789	安徽省农业科学院作物研究所
208	Z11	周斌	皖蚕1号及其配套栽培技术要点	杨勇、叶卫军、田东丰、张丽亚、周斌	中国种业，2021（02）：109-110	安徽省农业科学院作物研究所
209	Z12	张晓艳	蚕豆幼苗内生固氮菌促生长特性的研究	王新南、罗家豪、郝俊杰、张晓艳、刘璐、付丽平、王家林、韩燕红、刘全兰	中国农业科技导报，2020，22（6）：33-39	青岛科技大学、青岛市农业科学研究院
210	Z12	张晓艳	高通量测序分析蚕豆种子内生细菌的多样性	刘璐、名晓东、张晓艳、郝俊杰、付丽平、王乾坤、吕鑫、陈旺、刘全兰	中国农业科技导报，2021，23（2）：73-80	青岛科技大学、青岛市农业科学研究院
211	Z13	朱旭	绿豆新品种宛绿2号的选育及轻简化栽培技术	朱旭、胡卫丽、许阳、杨厚勇、杨鹏程	中国种业，2020（7）：77-78	南阳市农业科学院
212	Z13	朱旭	南阳盆地豇豆荚螟化学防治药剂筛选	杨厚勇、徐青、胡卫丽、朱旭、许阳	农业科技通讯，2020（02）：121-123	南阳市农业科学院

(续表)

序号	岗位编号	岗位人员	论文题目	主要完成人	期刊名称(发表时间、期号、页码)	单位
213	Z13	朱旭	南阳盆地适宜机械化收获绿豆品种(系)农艺性状分析	朱旭、胡卫丽、杨厚勇、许阳、向臻、杨玲、杨鹏程	作物杂志, 2021(4): 93-98	南阳市农业科学院
214	Z13	朱旭	豌豆新品种宛豌1号及栽培技术	朱旭、胡卫丽、杨厚勇、许阳、杨鹏程、杨玲、张中敏	中国种业, 2021(11): 114-115	南阳市农业科学院
215	Z13	朱旭	绿豆新品种宛绿7号	胡卫丽、朱旭、许阳、杨厚勇、郭军、杨鹏程、刘廷甫	中国种业, 2021(12): 131-132	南阳市农业科学院
216	Z13	朱旭	河南省灾后秋粮田改种绿豆轻简栽培技术	朱旭、胡卫丽、杨厚勇、许阳、杨鹏程	农业科技通讯, 2021(11): 215-216, 220	南阳市农业科学院
217	Z14	罗高玲	适宜广西地区春播的优质小豆品种(系)筛选	陈燕华、罗高玲、李经成、蔡庆生	中国种业, 2018(7): 47-50	广西壮族自治区农业科学院水稻研究所、作物品种资源研究所、广西水稻遗传育种重点实验室等
218	Z14	罗高玲	适宜甘蔗间种的绿豆品种筛选	罗高玲、李经成、陈燕华	中国种业, 2019(8): 41-44	广西壮族自治区农业科学院水稻研究所、作物品种资源研究所、广西水稻遗传育种重点实验室等
219	Z14	罗高玲	甘蔗间套种绿豆适宜播期试验研究	罗高玲、李经成、陈燕华	农业科技通讯, 2019.11: 113-115+118	广西壮族自治区农业科学院水稻研究所、作物品种资源研究所、广西水稻遗传育种重点实验室等
220	Z14	罗高玲	甘蔗间种绿豆高效栽培技术	罗高玲、李经成、蔡庆生、陈燕华	作物研究, 2020, 34(02): 173-175	广西壮族自治区农业科学院水稻研究所、作物品种资源研究所、广西水稻遗传育种重点实验室等
221	Z14	罗高玲	豇豆早春小拱棚高效栽培技术规程	罗高玲、周作ண、李经成、陈燕华、陈梅、程越、陈荣云	长江蔬菜, 2020(03): 30-33	广西壮族自治区农业科学院水稻研究所、合浦县农业技术推广中心
222	Z14	罗高玲	木薯间种绿豆高效栽培技术.	罗高玲、李经成、陈燕华	中国种业, 2020(4): 79-80	广西壮族自治区农业科学院水稻研究所、作物品种资源研究所
223	Z14	罗高玲	基于灰色关联度分析法综合评价24个绿豆新品种(系)在桂南地区的田间性状表现	陈燕华、李经成、李荣丹、唐建淮、罗高玲	南方农业学报, 2020, 51(11): 2644-2652	广西壮族自治区农业科学院水稻研究所、作物品种资源研究所、广西水稻遗传育种重点实验室等
224	Z15	张继君	蚕豆赤斑病抗性的主基因+多基因遗传分析	杜成章、龙珏臣、龚万灼、朱振东、宗绪晓、张继君	植物保护, 2019, 45(6): 131-137	重庆市农业科学院
225	Z15	张继君	渝黑绿豆3号绿豆新品种的选育	简燕娟、李真熠、许良兵、胡斯刚、吴远明、杜成章	新农民, 2019(2): 71	重庆市农业科学院
226	Z15	张继君	重庆绿豆新收集种质资源的遗传多样性分析及抗枯萎病鉴定	龙珏臣、张继君、张晓春、刘剑飞、陈红、王萍、王强、杜成章	植物遗传资源学报, 2020, 21(5): 1167-1174	重庆市农业科学院
227	Z15	张继君	鲜食与绿肥兼用型蚕豆表型综合评价选择	杜成章、龙珏臣、黄祥、刘伟、肖若余、王学军、李真熠、张继君	南方农业, 2021, 15(31): 1-7	重庆市农业科学院
228	Z15	张继君	Research on Variable Selection of Protein in Soy Lysine Spectroscopy Based on Latent Projective Graph	Chengzhang Du, Juechen Long, Jijun Zhang.	Agricultural Biotechnology, 2021, 10(01): 103-108	重庆市农业科学院
229	Z15	张继君	去除不同节位花序对蚕豆花荚转化率及产量的影响初报	龙珏臣、刘帮银、张微微、杜成章、王强、陈红、王萍、吴剑波、张继君.	南方农业2021, 15(1): 37-39+51	重庆市农业科学院

(续表)

序号	岗位编号	岗位人员	论文题目	主要完成人	期刊名称（发表时间、期号、页码）	单位
230	Z16	项超	四川豌豆种质资源白粉病抗性及分子鉴定	项超、孙素丽、朱振东、宗绪晓、杨涛、刘荣、杨梅、鲜东锋、杨秀燕	作物杂志，2021（3）：51-56	四川省农业科学院作物研究所
231	Z16	余东梅	多种除草剂对蚕豆田间杂草及蚕豆生长和根瘤的影响	杨梅、陈新、袁星星、鲜东锋、余东梅、项超	中国农学通报，2020，36（25）：106-114	四川省农业科学院作物研究所、江苏省农业科学院经济作物研究所
232	Z16	余东梅	蚕豆新品种成胡22选育及栽培技术	鲜东锋、余东梅、杨梅、项超	农业科技通讯，2019，11：300-301	四川省农业科学院作物研究所、国家食用豆产业技术体系成都综合试验站
233	Z16	余东梅	不同除草剂对蚕豆田间杂草及蚕豆生长和根瘤的影响	杨梅、陈新、袁星星、鲜东锋、余东梅、项超	中国农学通报，2020，36（25）：106-114	四川省农业科学院作物研究所、江苏省农业科学院经济作物研究所
234	Z17	张时龙	芸豆新品种毕芸5号的选育及配套栽培技术	余莉、葛平珍、何友勋、梅俊、张时龙、王昭礼、赵龙、杨珊、余娟	种子，2019，38（10）：126-128	毕节市农业科学研究所
235	Z17	张时龙	芸豆新品种毕芸3号的选育及高产配套栽培技术	王昭礼、葛平珍、余莉、何友勋、张时龙、杨珊、余娟	贵州农业科学，2019，47（6）：1-3	毕节市农业科学研究所
236	Z17	张时龙	籽粒型芸豆品种主要农艺性状的主成分分析和聚类分析	余莉、葛平珍、王昭礼、何友勋、张时龙、赵龙、余娟、卢运	农业科技通讯，2019（6）：143-149	毕节市农业科学研究所
237	Z17	张时龙	粒用菜豆种质资源表型遗传多样性分析及综合性评价	葛平珍、王昭礼、余莉、何友勋、张时龙、赵龙	西南农业学报，2021，34（07）：1386-1389	毕节市农业科学研究所
238	Z17	张时龙	织金小蚕豆的选育及栽培技术	赵龙、余莉、张时龙、何友勋、葛平珍、杨珊、余娟、王昭礼	内蒙古科技，2020，39（8）：213-214	毕节市农业科学研究所
239	Z17	张时龙	基于主成分分析法的贵州芸豆品质评价	王何柱、朱勇、朱怡、何友勋、秦礼康、梁亚丽	食品与机械，2020，36（3）：48-53	毕节市农业科学研究所
240	Z17	张时龙	不同花色芸豆种皮酚类化合物组成及抗氧化活性	王何柱、朱勇、朱怡、何友勋、秦礼康、梁亚丽、陈月	食品科学，2020（12）：204-210	毕节市农业科学研究所
241	Z17	张时龙	122份国外普通菜豆资源聚类分析和主成分分析	杨珊、余莉、王昭礼、何友勋、赵龙、张时龙、余娟、卢运、罗希榕	种子，2021，40（02）：67-75	毕节市农业科学研究所
242	Z17	张时龙	秋播豌豆新品种（系）联合鉴定试验	杨珊、卢运、张时龙、吴宪志、赵龙	农家致富顾问，2020（7）：231	毕节市农业科学研究所
243	Z17	张时龙	小豆新品种联合鉴定试验	杨珊、余娟、张时龙、吴宪志、赵龙	农家科技，2020，626：56-57	毕节市农业科学研究所
244	Z17	张时龙	蚕豆新品种（系）联合鉴定试验	杨珊、余娟、张时龙、吴宪志、赵龙	新农民，2020（21）：30-31	毕节市农业科学研究所
245	Z17	张时龙	基于主成分分析的小豆种质资源的农艺性状评价与应用	葛平珍、余娟、友勋、赵龙、余莉、张时龙	贵州农业科学，2021，49（9）：1-7	毕节市农业科学研究所
246	Z17	张时龙	小杂粮病虫害的综合防控技术研究	赵龙、余莉、葛平珍、杨珊、张时龙、何友勋、余娟	江西农业，2021，217（10）：31-33	毕节市农业科学研究所
247	Z18	唐永生	曲靖市小荚豌豆生产现状及对策	范来兵、唐永生、蒋彦华、王勤方	现代农业科技，2019，03：77-78	曲靖市农业科学院
248	Z18	唐永生	曲靖市秋播豌豆生产关键技术措施	蒋彦华、唐永生、朱玉芬、郑云昆	云南农业科技，2019，06：35-36	曲靖市农业科学院

附　录

（续表）

序号	岗位编号	岗位人员	论文题目	主要完成人	期刊名称（发表时间、期号、页码）	单位
249	Z18	唐永生	蚕豆田间杂草群落调查及除草剂筛选应用	王勤方、唐永生、郑云昆、蒋彦华、张菊香	农业科技通讯，2019，05：160-164	曲靖市农业科学院
250	Z18	唐永生	猕猴桃—鲜食蚕豆套种栽培技术	蒋彦华、何琼、郑云昆、王勤方、唐永生	现代农业科技，2020，12：92-94	曲靖市农业科学院
251	Z18	唐永生	芸豆病毒病防控药剂试验	蒋彦华、郑云昆、王勤方、唐永生	云南农业科技，2020，02：6-8	曲靖市农业科学院
252	Z18	唐永生	豌豆根瘤菌肥（剂）筛选试验	蒋彦华、唐永生、郑云昆	云南农业科技，2020，01：6-8	曲靖市农业科学院
253	Z19	陈国琛	大理试点蚕豆病毒病绿色防控试验	段银妹，尹雪芬，陈国琛，李江	云南农业科技，2019，01：39-41	大理州农业科学推广研究院粮作所
254	Z19	陈国琛	多抗优质高产蚕豆新品种"凤豆20号"选育及栽培技术	尹雪芬、陈国琛、段银妹、李江、马玉云、杨雪春、毕虎、杨成武、雄朝生、张炳英、杨福善、官崇圭、杨启建	云南农业科技，2019，1：51-53	大理州农业科学推广研究院粮作所、弥渡县农业技术推广中心、洱源县种子管理站等
255	Z19	陈国琛	大理州优质蚕豆新品系比较试验	尹雪芬、段银妹、陈国琛、马玉云	云南农业科技，2019，2：51-53	大理州农业科学推广研究院粮作所
256	Z19	陈国琛	优质多抗高产蔬菜型蚕豆新品种凤豆21号选育及栽培技术	陈国琛、尹雪芬、段银妹、李江、张睿、马玉云、杨雪春、杨成武、赵子燕、张炳英、杨福善、李春梅、杨启建	农业科技通讯，2019，4：284-286	大理州农业科学推广研究院粮作所、弥渡县农业技术推广中心、洱源县种子管理站等
257	Z19	陈国琛	蚕豆根瘤菌肥（剂）筛选试验	段银妹、尹雪芬、陈国琛、李江	现代农业科技，2020，2：6-7	大理白族自治州农业科学推广研究院
258	Z19	陈国琛	大理州11个优质蚕豆新品系综合性状的比较分析	尹雪芬、段银妹、陈国琛、李江、马玉云、段容	现代农业科技，2020，2：33-35	大理白族自治州农业科学推广研究院
259	Z19	陈国琛	优质高蛋白高产蚕豆新品种凤蚕豆22号选育及栽培技术	尹雪芬、陈国琛、段银妹、李江、马玉云、杨雪春、李灿玫、沈飞飞、段江华、李春梅、张宽华、张鹏顺	农业科技通讯，2020，5：242-244	大理白族自治州农业科学推广研究院粮作所、弥渡县农业技术推广中心、洱源县种子管理站等
260	Z19	陈国琛	优质高蛋白高产蚕豆新品种"凤蚕豆22号"选育及栽培技术	陈国琛、尹雪芬、段银妹、李江、马玉云、杨雪春、李灿玫、沈飞飞	云南农业科技，2020，5：54-56	大理州农业科学推广研究院粮食作物研究所、弥渡县农业技术推广中心等
261	Z19	陈国琛	多抗高蛋白高产蚕豆新品种凤豆23号选育及栽培技术	段银妹、陈国琛、尹雪芬、李江、马玉云、杨芬、李灿玫、陈红文、张炳英、官崇圭、杨福善、张鹏顺	农业科技通讯，2021，6：291-293	大理白族自治州农业科学推广研究院、弥渡县农业技术推广中心、洱源县种子管理站等
262	Z19	陈国琛	多抗大粒高蛋白高产蚕豆新品种"凤豆23号"选育及栽培技术	陈国琛、尹雪芬、段银妹、李江、马玉云、杨芬、李灿玫、陈红文	云南农业科技，2021，4：51-53	大理白族自治州农业科学推广研究院、弥渡县农业技术推广中心、洱源县种子管理站等
263	Z20	王斌	不同氮肥用量对绿豆主要农艺性状及产量的影响	王小英、王孟、王斌、吴艳莉、张芳	中国农学通报，2020，36：95-98	榆林市农业科学研究院
264	Z21	连荣芳	旱地豌豆新品种定豌9号选育报告	连荣芳、墨金萍、肖贵、曹宁、王梅春	甘肃农业科技，2020，9：4-6	定西市农业科学研究院
265	Z21	连荣芳	旱地豌豆新品种定豌10号选育报告	墨金萍、肖贵、曹宁、王梅春、连荣芳	甘肃农业科技，2021，1：69-71	定西市农业科学研究院
266	Z21	王梅春	36份绿豆品种资源在定西市安定区的引种试验	冯梅、肖贵、王梅春、墨金萍、连荣芳	现代农业科技，2019，17：49-50+54	定西市农业科学研究院

· 387 ·

（续表）

序号	岗位编号	岗位人员	论文题目	主要完成人	期刊名称（发表时间、期号、页码）	单位
267	Z21	王梅春	2018年度定西市春播区豌豆新品种（系）联合鉴定试验	肖贵、王梅春、墨金萍、连荣芳	现代农业科技，2019，14：94-96	定西市农业科学研究院
268	Z21	王梅春	豌豆抗白粉病种质资源田间筛选鉴定	肖贵、连荣芳、墨金萍、王梅春、张明、李鹏程	现代农业科技，2020，15：95-96+98	定西市农业科学研究院
269	Z22	郭延平	8种杀菌剂对春蚕豆赤斑病的防治效果	李龙、张芸、郭延平、邵扬	植物保护，2019，3：245-248	临夏回族自治州农业科学院
270	Z22	郭延平	鲜食春蚕豆新品种临蚕14号	邵扬、李强、郭延平、李龙、张芸、黄青岩、汪学英	中国蔬菜，2019，7：112-113	临夏回族自治州农业科学院
271	Z22	郭延平	重离子束辐照对不同蚕豆品种的诱变效应	邵扬、李强、黄青岩、白云飞、汪学英、苟怀祥、郭延平	贵州农业科学，2019，10：5-9	临夏回族自治州农业科学院
272	Z22	郭延平	5种药剂对蚕豆病毒病的防治效果	杨生华、张芸、李龙、郭延平	植物保护，2020，46，1，276-278	临夏回族自治州农业科学院
273	Z22	郭延平	粮菜兼用型春蚕豆新品种临蚕13号	邵扬、郭延平、李强、张芸、黄青岩、李龙、汪学英	中国种业，2020，8：107-108	临夏回族自治州农业科学院
274	Z23	季良	新疆优势特色豆类作物简介	季良、彭琳、孙广平、徐新年	新疆农业科技，2019，2：22-23	新疆农业科学院粮食作物研究所
275	Z23	季良	新疆食用豆种业"十四五"发展研究报告	季良、彭琳、孙广平、徐新年	中国种业，2020，11：28-31	新疆农业科学院粮食作物研究所

附表10 2019—2021年出版著作汇总（第一完成单位）

序号	岗位编号	岗位人员	著作名称	出版社	出版时间	登记号	主编	副主编或主要编写人员
1	G01	王丽侠	Adzuki bean（*Vigna angularis*（Willd.）Ohwi and Ohashi）Breeding.	Advances in Plant Breeding Strategies：Legumes	2019年7月第一版	ISBN 978-3-030-23399-0 ISBN 978-3-030-23400-3（eBook）	Jameel M Ai-Khayri, Shri Mohan Jain, Dennis V. Johnson	Lixia Wang, Jie Wang, Xuzheng Cheng
2	G01	王丽侠	中国现代农业产业可持续发展战略研究——食用豆分册	中国农业出版社	2020年4月第一版	ISBN 978-7-109-22009-6	程须珍	张蕙杰、田静、朱振东、王述民、王丽侠、康玉凡
3	G04	陈红霖	协同创新 砥砺前行——国家食用豆产业技术体系建设十年成就	中国农业科学技术出版社	2021年1月第一版	ISBN 978-7-5116-5142-6	程须珍	王丽侠、王述民、王素华、田静、朱振东、张蕙杰、陈红霖、康玉凡、张耀文
4	G07	何玉华	云南省优异食用豆品种及栽培技术	云南省科技出版社	2021年7月第一版	ISBN978-7-5587-2936-2	何玉华	王丽萍、吕梅媛、杨峰、于海天
5	G11	宗绪晓	带您认识食用豆类作物	中国农业科学技术出版社	2019年1月第一版	ISBN 978-7-5116-3960-8	宗绪晓	杨涛、刘荣
6	G11	宗绪晓	Genomic Designing of Climate-Smart Pulse Crops：Chapter 6, Genomic Designing for Climate-Smart Pea（265-358）	Springer Nature Switzerland AG, Gewerbestrasse 11, 6330 Cham, Switzerland	2019年第一版	ISBN 978-3-319-96931-2，ISBN 978-3-319-96932-9（eBook）	Xuxiao Zong	Tao Yang, Rong Liu, Zhendong Zhu, Huijie Zhang, Ling Li, Xiaoyan Zhang, Yuhua He, Suli Sun, Quanlan Liu, Guan Li, Ruijun Guo, Xiangdong Hu, Baoyu Shen, Jiliang Ma and Tianjing Zhang

(续表)

序号	岗位编号	岗位人员	著作名称	出版社	出版时间	登记号	主编	副主编或主要编写人员
7	G11	宗绪晓	Advances in Plant Breeding Strategies: Legumes: Chapter 7, Faba Bean (*Vicia faba* L.) Breeding (265-286)	Springer Nature Switzerland AG, Gewerbestrasse 11, 6330 Cham, Switzerland	2019年第一版	ISBN 978-3-030-23399-0, ISBN 978-3-030-23400-3（eBook）	Xuxiao Zong	Tao Yang, and Rong Liu
8	G14	杨晓明	小扁豆	中国农业科学家技术出版社	2021年4月第一版	【ISBN】978-7-5116-5149-5	杨晓明、王梅春	连荣芳、肖贵、闫庚梅、张丽娟、曹宁、墨金萍
9	G15	陈新	The Mungbean Genome: Chapter 10, Genomic Approaches to Biotic Stresses	Springer Nature Switzerland AG	2020年第一版	ISBN 978-3-030-20007-7, ISBN 978-3-030-20008-4（eBook）	Xin Chen	Peerasak Srinives, Prakit Somta
10	G15	陈新	食用豆优质高效绿色生产技术	江苏凤凰科学技术出版社	2020年3月第一版	ISBN978-7-5713-0642-7	袁星星	王丽侠、缪亚梅、陈新、姜汉舜
11	G15	陈新	农事指南系列丛书：食用豆产业关键实用技术100问	中国农业出版社	2021年8月第一版	ISBN978-7-109-28736-5	陈新	袁星星、薛晨晨、张晓燕
12	G18	薛文通	教育部"一村一品大学生技术"教材——食品工厂设计与设备（第2版）	国家开放大学出版社	2021年1月第一版	ISBN 978-7-304-10732-1	薛文通	陶莎、胡立峰、马长路、刘毅
13	G21	张蕙杰	Genomic Designing of Climate-Smart Pulse Crops: Chapter 6, Genomic Designing for Climate-Smart Pea, Brief Account on Social, Political and Regulatory	中国农业科学院农业信息研究所、中国农业科学院农业经济与发展研究所	2021年12月第一版	SPRINGER出版，2019.3	张蕙杰	麻吉亮、胡向东
14	G21	张蕙杰	中国食用豆产业与发展	农业出版社	2021年12月第一版	ISBN 978-7-109-27730-4	张蕙杰	麻吉亮、岳慧丽、钱静斐
15	Z02	徐东旭	张家口地区农牧业主推技术	电子科技大学出版社	2020年8月第一版	ISBN 978-7-5647-8191-0	李生、马新宇、鲁建斌	任红晓、李姝彤、郑丽珍、徐东旭、高运青
16	Z05	邢宝龙	中国北方小扁豆栽培	气象出版社	2021年8月第一版	ISBN 978-7-5029-7485-5	邢宝龙、刘小进、王小英	王桂梅、刘飞、冯钰
17	Z06	孔庆全	中国北方寒旱区主要农作物种质资源目录：豆薯类分册	农业出版社出版	2021年10月第一版	ISBN978-7109-28188-2	白晨	孔庆全、李强、曹春梅
18	Z09	崔秀辉	黑龙江省西部主要农作物种植农事图	黑龙江科学技术出版社	2018年5月第一版	ISBN978-7-5388-9711-1	崔秀辉、刘峰	王成、卢环、曾玲玲
19	Z14	罗高玲	广西农作物种质资源——食用豆类作物卷	科学出版社	2020年6月第一版	ISBN 978-7-03-064974-4	邓国富	罗高玲、李经成、陈燕华、蔡庆生、周作高、陈梅、江洪平、李荣丹、黄治焕、程越、唐进淮、陈季红、李裕健、温柱、林元夫、黄文、蒋士宋、陈忠林
20	Z21	王梅春	箭筈豌豆	中国农业科学技术出版社	2019年3月第一版	ISBN 978-7-5116-4050-5	王梅春、邢宝龙	肖贵、连荣芳、墨金萍、丁婉、冯钰、马涛、王桂梅